뉴스 영어

네이티브 영어표현력 사전

672

POWER-UP NEWS ENGLISH EXPRESSIONS

뉴스 영어 네이티브 영어표현력 사전

지은이 이창수
펴낸이 정규도
펴낸곳 (주)다락원

초판 1쇄 발행 2024년 11월 18일
초판 2쇄 발행 2025년 1월 3일

편집 김은혜, 허윤영
디자인 하태호, 이승현

경기도 파주시 문발로 211
내용문의: (02)736-2031 (내선 522)
구입문의: (02)736-2031 (내선 250~252)
Fax: (02)732-2037
출판등록 1977년 9월 16일 제406-2008-000007호

ISBN 978-89-277-0183-5 13740

www.darakwon.co.kr

다락원 홈페이지를 방문하시면 여러 도서의 상세한 출판 정보와 함께 동영상 강좌, MP3 자료 등 다양한 어학 정보를 얻으실 수 있습니다.

뉴스 영어

네이티브 영어표현력 사전

Prof. Changsoo Lee 지음

정보와 지식의 지평을 넓히는 영어 표현 672

DARAKWON

'뉴스 영어 표현'이 따로 있을까?

'뉴스 영어'라는 영어 카테고리가 따로 존재한다고 생각하는 학습자가 많다. 그래서 뉴스에만 등장하는 특별한 용어나 표현을 공부해야 할 것이라고 오해하기 쉽다. 그러나 뉴스에서만 들을 수 있는 영어 표현이라는 건 존재하지 않는다. 뉴스에서 사용되는 영어 단어나 표현의 99퍼센트는 사회적 이슈를 논하는 모든 상황에서 쓴다. 다시 말해 토론, 세미나, 연설, 지인과의 대화 등 다양한 상황에서 쓰는 영어인 것이다. go live(생방송하다), stay tuned(그 채널을 계속 시청하다), sign off(방송을 끝내다)처럼 방송과 관련된 매우 제한된 몇 가지 표현을 제외하면 말이다.

'뉴스 영어' 학습을 climate change(기후변화), extreme weather events(기상이변), carbon footprint(탄소 발생량), desertification(사막화), greenhouse gas(온실가스), heat island(열섬), carbon neutrality(탄소중립) 같은 시사 영어 표현을 배우는 것으로 이해하는 사람도 있다. 물론, 관련 뉴스를 제대로 이해하려면 이런 용어를 알아야 한다. 그러나 용어는 뉴스를 이해하기 위한 배경 지식일 뿐이니 달달 외우기보다는 평소에 꾸준히 뉴스를 접하면서 한국어에 대응하는 영어 표현을 익혀두면 된다.

또 '뉴스'라고 하면 딱딱하게 정제된 표현을 많이 사용할 것이라 생각할 수 있다. 하지만 미국의 뉴스는 그렇지 않은 경우가 훨씬 많다. 기사나 성명문처럼 '글'로 정보를 전달하는 경우에는 딱딱한 문어체를 쓰는 경향이 있지만, '말'로 정보를 전달할 때는 좀 더 편하고 일상적인 문장과 단어로 말하려고 하기 때문이다. 뉴스에는 앵커나 아나운서뿐만 아니라 기자, 각 분야의 전문가나 정치인, 경찰, 시민, 외국인 등 다양한 사람이 등장한다. 그래서 뉴스는 말의 빠르기나 억양, 발음이 각양각생인 구어체 영어(spoken English)를 들을 수 있는 가장 리얼한 영상 영어 교재라고 할 수 있다. 이 책은 이 점을 감안해서 미국 뉴스 방송에 많이 나오는 자연스러운 영어 문장을 담으려고 노력하였다.

뉴스 영어 학습은
'내용을 예측할 수 있는 동사 구문'이 핵심이다!

영어 뉴스를 바로 이해하려면 어떻게 공부해야 할까? 이 질문에 대한 해답은 문장의 첫 마디만 듣고도 문장 구조와 내용을 미리 내다보는 '예측(anticipation)'에 있다. 영어 뉴스는 물론이고 일상 대화에서도 상대방이 말할 내용을 예측하는 것은 매우 중요하다. 모든 단어를 귀로 듣는 순간부터 해석하기 시작한다면 말의 속도를 쫓아가기 어렵기 때문이다. 실제로 우리는 의식하지 못하지만 말의 앞부분을 듣고 어떤 식으로 이야기가 전개될지 예측하고, 그 예측에 맞춰서 귀에 들리는 단어를 끼워 넣는 식으로 대화하고 있다. 이런 예측을 가능하게 하는 가장 중요한 단어가 '동사'다. 동사는 앞으로는 주어, 뒤로는 목적어와 결합하여 문장의 틀을 짜는 역할을 한다. 따라서 동사나 동사 구문을 듣는 순간 상대방이 어떤 식의 문장을 짜고 어떤 내용을 말할지를 예측할 수 있다. 예시 문장을 통해 예측이 작동하는 과정을 확인해보자.

뒤에 '문제를 다루다'라는 의미의 표현이 나올 것을 예측

» **More on our top story / the Fed chair is scrambling to**

다음 톱뉴스로는 / 연준 의장은 ~하기 위해 황급하게 움직이고 있습니다

이 표현과 자주 함께 쓰는 단어 예측
inflation, violence, speculation...

tamp down / speculations in the financial market that

~을 진화하려고 / …라는 금융 시장 내에서의 추측을

that 뒤에 '추측'하는 내용이 나올 것이라 예측

'은행'을 보고 '금리'나 연준의 '정책' 표현이 나올 것을 예측

the central bank might ease up on / interest hikes.

중앙은행은 ~의 속도를 늦출 수도 있습니다 / 금리 인상

위의 정보 처리 과정을 보면 scramble to, tamp down, ease up on 등의 동사 구문이 등장할 때마다 앞으로 어떤 내용이 나올지를 예측했다. 이런 예측이 실시간으로 작동해야 영어 뉴스를 듣고 쉽게 이해할 수 있다. 문장을 끝까지 듣고 그 순간부터 이해하려 한다면 정보 처리에 과부하가 걸리기 때문이다. 아무리 들어도 영어 뉴스가 안 들린다는 학습자들의 답답함과 궁금증을 풀어줄 해답이 바로 여기에 있다.

예시 문장에 나온 동사 콜로케이션이나 구동사 등의 동사 구문은 위와 같은 예측이 작동하도록 도와주는 방아쇠 역할을 한다. 또한, scramble to, tamp down, ease up on 뒤에 어떤 동사나 명사를 자주 어울려 쓰는지 예문을 통해 익혀둔다면, 이런 구문을 듣는 순간 앞으로의 내용을 예측할 수 있고 이해가 쉬워진다.

뉴스 영어 빅데이터에서 사용빈도가 가장 높은 표현만 뽑았다!

모든 영어 구문을 외운다는 건 당연히 불가능하다. 공부할 시간은 제한적이고 배울 것은 많기 때문이다. 그렇다면 시간 대비 효과가 가장 높은 영어 표현부터 공부해야 한다. 그래서 이 책은 CNN, NPR, Bloomberg, FOX 등 미국 TV와 라디오 방송 뉴스에서 사용된 뉴스 스크립트로 구성된 영어 뉴스 빅데이터를 텍스트 마이닝 기법으로 분석하여 동사 구문과 구문 패턴, 이디엄 등으로 정리했고, 사용빈도가 가장 높은 순서대로 제시하고 있다. 이와 더불어 각 구문과 가장 많이 어울려 쓰는 단어를 설명과 예문으로 보여주고, 대체 표현과 관련 표현까지 한눈에 확인할 수 있도록 했다.

영어 표현을 분야에 국한하면 제대로 활용할 수 없게 된다. 경제 분야에서 사용하는 표현을 교육 분야에서도 쓸 수 있기 때문이다. 이 책은 표현의 활용력을 향상시키고자 '구문'을 중심으로 한 새로운 학습 방법을 제안한다. '분야'보다 중요한 건 동사가 가진 '의미'와 '콜로케이션'이다. 이것을 중심으로 학습하면 하나의 표현을 여러 분야에서 할용할 수 있게 된다. 필자는 학습자들이 이 책과 함께 영어 문장의 틀과 내용을 예측하는 '예측 듣기'를 훈련하여 영어 뉴스를 자유롭게 보고, 듣게 되기를 희망한다.

저자 이창수 드림

빅데이터에서 뽑은 사용빈도 높은 영어 표현입니다. 이탤릭으로 표기된 부분에 다른 단어를 넣어 활용하면 됩니다. 설명에서는 자주 어울려 쓰는 단어를 함께 제시합니다.

큐알코드를 스마트폰으로 찍어서 네이티브가 녹음한 음원을 들어보세요.

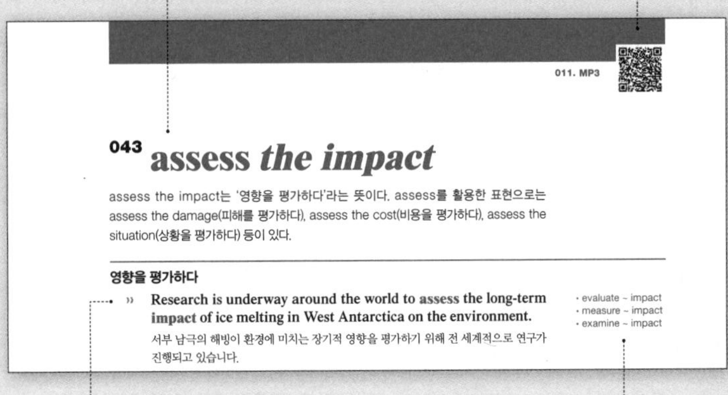

011. MP3

043 assess *the impact*

assess the impact는 '영향을 평가하다'라는 뜻이다. assess를 활용한 표현으로는 assess the damage(피해를 평가하다), assess the cost(비용을 평가하다), assess the situation(상황을 평가하다) 등이 있다.

영향을 평가하다

» **Research is underway around the world to assess the long-term impact of ice melting in West Antarctica on the environment.**

서부 남극의 해빙이 환경에 미치는 장기적 영향을 평가하기 위해 전 세계적으로 연구가 진행되고 있습니다.

- evaluate ~ impact
- measure ~ impact
- examine ~ impact

예문으로 표현의 활용 방법을 확인하세요. 예문에 나온 내용은 가상의 뉴스입니다.

바꿔 쓸 수 있는 대체 표현입니다. 대체 표현은 문장의 시제나 주어, 앞뒤 단어에 맞춰서 형태 변형이 필요합니다. 각 예문의 맥락에 맞춘 표현이니 그 상황에서만 쓰는 것이 좋습니다.

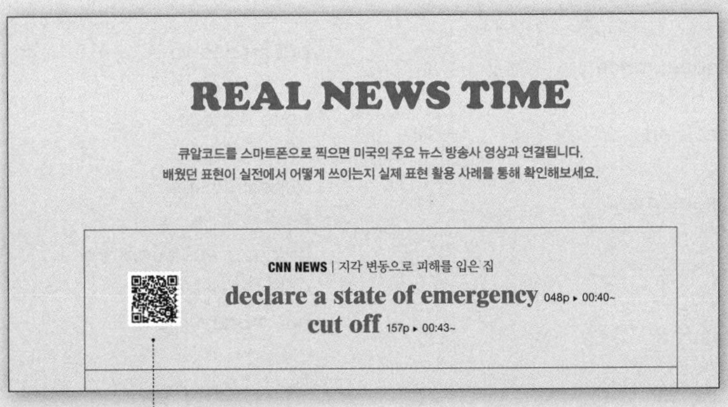

REAL NEWS TIME

큐알코드를 스마트폰으로 찍으면 미국의 주요 뉴스 방송사 영상과 연결됩니다.
배웠던 표현이 실전에서 어떻게 쓰이는지 실제 표현 활용 사례를 통해 확인해보세요.

CNN NEWS | 지각 변동으로 피해를 입은 집

declare a state of emergency 048p ▸ 00:40~

cut off 157p ▸ 00:43~

큐알코드를 스마트폰으로 찍으면 실제 뉴스 영상과 연결됩니다. 배운 표현을 실제 뉴스에서 확인해보세요. 표기된 시간은 재생 환경에 따라 차이가 있을 수 있습니다.

영어 뉴스에서 많이 쓰는

PART 1 동사 구문

do something/nothing (about) 28
(~에 대해) 조치를 취하다/아무것도 하지 않다

take action (to) 28
(−하기 위한) 조치를 취하다

take a look (at) 29
(~을) 살펴보다

get a *response* 29
반응이나 답변을 받다

give *A* a sense of *B* 30
A에게 B에 대해 설명해주다, 알려주다

give (~) *specifics* about 30
(~에게) ~에 대한 구체적인 정보나 내용을 제공하다

have coverage (of) 31
방송에서 (~에 대해) 보도하다

find *a way* (to) 31
(−할) 방법을 찾다

follow *a story* 32
뉴스를 계속 찾아서 보다, 취재하다

do good/harm 32
도움이 되다, 효과가 있다/해롭다, 해를 끼치다

send *a message* (to) that 33
(~에게) …라는 메시지나 암시를 보내다, 알려주다

make *an appearance* 33
모습을 드러내다, 참석하다

make *a decision* 34
결정을 하다

reach *an agreement* 34
합의에 도달하다

take the time to 35
−할 시간을 내다

It takes *effort* to 35
−하는 데 노력이 필요하다

put *pressure* on 36
~에 압력을 가하다

see *A* as *B* 36
A를 B로 여기다

have an impact on 37
~에 영향을 주다

take responsibility (for) 37
(~에 대한) 책임을 지다

claim *responsibility* (for) 38
(~에 대한) 책임을 자처하다

have/lose access to 38
~을 이용할 수 있다/~을 더 이상 이용할 수 없다

do business (with) 39
(~와) 거래하다, 사업을 하다

pay attention to 39
~에 관심을 갖다, 신경을 쓰다

make progress 40
진전을 이루다, 성과를 내다

cause *trouble* 40
문제를 발생시키다

monitor *a situation* 41
상황을 모니터하다, 감독하다

make a deal 41
합의하다, 계약을 맺다

break *a law* 42
법을 위반하다

give *a speech* 42
연설을 하다

put an end to 43
~을 끝내다, 종식시키다

raise *the age* 43
연령을 올리다

raise *an issue* 44
문제를 제기하다

hold *a press conference* 44
기자회견을 하다, 열다

put *money* into 45
~에 돈을 투자하다

show signs of 45
~한 징조를 보이다/징조를 보이지 않다

seek *asylum* 46
망명을 신청하다

address *a problem* 46
문제를 해결하려 하다, 문제를 언급하다

make a point (that) 47
(…라는) 점을 지적하다, 주장하다

show *support* 47
지지를 보여주다, 표명하다

fight *inflation* 48
인플레이션을 해결하려 하다

declare *a state of emergency* 48
비상사태를 선포하다

assess *the impact* 49
영향을 평가하다

run *the country* 49
국가를 운영하다

do *an interview* 50
인터뷰를 하다

cover *a story* 50
이야기를 취재하다, 보도하다

send ~ -ing 51
~이 -하게 만들다

fix *a problem* 51
문제를 해결하다

play *a role* in 52
~에서 역할을 하다, 작용하다

win *an election* 52
선거에서 이기다

make remarks 53
발언을 하다

make an effort to 53
-하기 위해 노력을 기울이다

stop *violence* 54
폭력을 막다, 근절하다

commit *a crime* 54
범죄를 저지르다

pose *a threat* 55
위협이 되다

form *an alliance* 55
동맹을 구성하다, 만들다

mourn *the loss* of 56
~의 죽음을 애도하다

release *a statement* 56
성명서를 발표하다, 공개하다

enter *a market* 57
시장에 진출하다

join *a campaign* 57
캠페인에 참여하다

describe *a situation* 58
상황을 묘사하다, 설명하다

begin *a process* 58
작업을 시작하다

slow (down) *an economy* 59
경제 성장을 둔화시키다

lead *a team* 59
팀을 이끌다, 책임지다

run the risk of -ing 60
-할 위험을 감수하다, 위험이 있다

reduce *the risk* 60
위험성이나 위험 요소를 줄이다

get a glimpse of 61
~을 언뜻 보다, 엿보다

voice *one's opinion* 61
~의 의견을 표명하다

bring *charges* against 62
~을 기소하다

ensure *safety* 62
안전을 보장하다

face *a crisis* 63
위기에 직면하다

make *changes* (to) 63
(~에) 변화를 일으키다

shock *the market* 64
시장에 충격을 주다

pass *a bill* 64
법안을 통과시키다, 의결하다

see *an increase/a decline* 65
증가하다/감소하다

prevent *a crisis* 65
위기를 막다, 예방하다

keep ~ from -ing 66
~이 -하는 것을 막다

take center stage 66
주목을 받다, 중심에 서다

file *a complaint* 67
불만이나 고소장을 제기하다

set *an example* 67
모범을 보이다, 본보기가 되다

cast (one's) vote(s) 68
투표하다

take shelter 68
안전한 곳으로 피신하다, 쉴 곳을 찾다

wage *war* 69
전쟁을 벌이다

drive *change* 69
변화를 주도하다, 촉진하다

take *pride* in 70
~에 긍지를 느끼다

represent *an increase* 70
상승에 해당하다

mark *an anniversary* 71
(몇) 주년을 맞이하다

devote *A* to *B* 71
A를 B에 바치다, 할애하다

challenge *a claim* 72
주장에 이의를 제기하다

navigate *a system* 72
시스템을 이해하고 이용하다

compromise *security* 73
보안을 약화시키다

harness *the potential* 73
잠재력을 개발하다, 활용하다

drop *a charge* 74
기소를 취하하다

neutralize *a threat* 74
위협을 무력화하다, 막다

derail *talks* 75
회담을 결렬시키다, 회담에 차질을 빚게 하다

upend *an economy* 75
경제를 뒤집다, 교란하다

calibrate *one's response* 76
~의 대응 수위를 조절하다

fund *the government* 76
정부에 자금을 지원하다

prioritize *A* (over *B*) 77
(B보다) A를 우선하다

garner *attention* 77
관심을 받다, 모으다

score *a win* 78
승리를 따내다

gross+금액 78
얼마의 총수익을 올리다

top+숫자 79
숫자를 넘어서다, 그 이상이다, 1위를 차지하다

spell *trouble* (for) 79
(~에게) 문제가 될 가능성이 크다, 조짐이 보이다

영어 뉴스에서 많이 쓰는

PART 2 구문 패턴

CHAPTER 1 동사+to부정사

get to 82
-하게 되다, -할 기회를 갖다

need to 82
-할 필요가 있다, -해야 한다

lead to 83
~가 -하게 만들다, ~한 결과로 이어지다,
환경에 의해 -하게 되다

prepare to 84
-할 준비하다

look to 84
-할 계획이다, 예정이다

decide to 85
-하기로 결정하다/-하지 않기로 결정하다

appear to 85
-한 것 같다, -한 것처럼 보이다

agree to 86
-하기로 합의하다, 동의하다

struggle to 86
-하려고 애쓰다, -하는 데 어려움을 겪다

cause ~ to 87
~이 -하게 하다

allow ~ to 87
~이 -할 수 있게 해주다

tend to 88
-하는 경향이 있다

fail to 88
-하지 못하다, 실패하다, -하지 않다

opt to 89
-하기로 결정하다, 선택하다

shape up to be 89
~이 되어 가고 있다, 될 것으로 보이다

threaten to 90
-하겠다고 위협하다, -할 위험성이 있다

decline to 90
-하는 것을 거절하다, -하지 않다

move to 91
-하려는 움직임을 보이다, 조치를 취하다

intend to 91
-할 작정이다, -하려고 의도하다

attempt to 92
-하려고 하다, 시도하다

seek to 92
-하려고 노력하다, -하는 것을 목표로 하다

aim to 93
-하는 것을 목적으로 하다

arrange (for) to 93
(~이) -하도록 주선하다

deserve to 94
-할 권리가 있다, -하는 게 마땅하다

offer to 94
-하겠다고 나서다, 제안하다

scramble to 95
긴급하게 -하려고 하다

fight to 95
-하기 위해 적극적으로 노력하다

happen to 96
우연히 -하다, 혹시 -하다

push to 96
-하기 위해 노력하다, ~이 -하도록 압박하다

strive to 97
-하려고 열심히 노력하다

stand to 97
-할 가능성이 있다

manage to 98
어려움에도 불구하고 그럭저럭 -하다

act to 98
-하기 위해 조치를 취하다

propose (to) to 99
(~에게) -하겠다고 제안하다

race to 99
-하기 위해 긴급히 움직이다, 경쟁적으로 -하다

vow to 100
-하겠다고 공언하다

volunteer to 100
-하겠다고 자원하다, 자발적으로 나서서 -하다

neglect to 101
(실수로) -하지 않다

venture to 101
(조심스럽게) -하다, (모험하듯) -하다

yearn to 102
-하는 것을 갈망하다

allege to 102
-하다고 주장하다

scheme to 103
-할 계략을 꾸미다

call on ~ to 103
~에게 -하라고 요청하다, 촉구하다

inspire ~ to 104
~이 -하도록 영감을 주다, 고취시키다

prompt ~ to 104
~이 (신속하게) -하게 하다, ~이 -하게 되다

urge ~ to 105
~에게 -하도록 촉구하다, ~에게 -하도록 권고하다

drive ~ to 105
~이 -하게 만들다, 동기를 부여하다

require ~ to 106
~이 -하도록 요구하다, ~이 -해야 한다

convince ~ to 106
~이 -하도록 설득하다, ~이 -하게 되다

challenge ~ to 107
~에게 -한 도전적인 일을 해보라고 권하다,
~에게 할 수 있으면 -해보라고 하다

trust ~ to 107
~이 -할 수 있을 거라고 신뢰하다

mandate ~ to 108
~이 -하도록 의무화하다, 규정하다

CHAPTER 2 **동사+부사**

go on 110
벌어지다, 진행 중이다

come up 110
언급되다, 발생하다

come out 111
나오다, 알려지다, 밝혀지다, 출시되다,
~에서 전해지다, 나오다, ~에서 벗어나다

come back 112
다시 돌아오다, 재개하다, 속개하다,
~으로 되돌아가다, 다시 논의하다

find out (about) 112
(~에 대해) 알게 되다, ~을 알게 되다, 밝혀내다

go up 113
오르다, 상승하다, 증가하다, 급증하다, 건설되다

go down 114
추락하다, 침몰하다, 다운되다, 내려가다

go forward 114
계획대로 시작되다, 진행되다, 앞으로, 미래에

end up -ing 115
결국 -하게 되다, 한 문제를 갖게 되다

work out 116
해결되다, 잘 풀리다, 효과가 있다, ~을 해결하다,
~을 도출하다, 만들어내다, ~을 마련하다

come together 117
단결하다, 구체화되다, 자리를 잡아가다,
순조롭게 진행되다

turn around 118
호전되다, 회복되다, ~을 회복세로 돌려놓다

go away 118
사라지다, 해결되다, 잠잠해지다

step down 119
사임하다, 자리에서 물러나다

step up 119
~을 강화하다

play out 120
벌어지다, 전개되다, 어떻게 받아들여지다

point out 120
~을 지적하다, 특별히 언급하다

fall apart 121
무너지다, 와해되다, 무산되다, 실패하다

shut down 121
문을 닫다, ~의 영업을 정지시키다, ~을 폐쇄하다

turn out 122
참석하러 나오다, 결과적으로 어떻게 되다

show up 122
나타나다, 참석하다, 찾아가다

put out 123
~을 발동하다, 발표하다, ~을 발매하다, 출간하다,
~을 올리다, ~을 끄다

set up 124
~을 설립하다, ~을 설치하다, 개설하다

bring in 124
~을 초대하다, 영입하다, ~을 벌어들이다

pick up 125
속도가 빨라지다, ~을 탈것에 태우다, 데리러 가다,
~을 가지러 가다, 찾아가다, 사다, ~을 배우다,
~을 체포하다, ~을 이어가다

figure out 126
~을 알아내다, 밝혀내다, ~을 찾다, 모색하다

carry out 127
~을 수행하다, 일을 벌이다, ~을 실행하다, 감행하다

come along 127
잘 진행되다

set off 128
~을 야기하다, 촉발하다, ~을 터트리다, 울리게 하다

take over 128
넘겨받다, 후임자가 되다, ~을 장악하다

give up 129
~을 포기하다, 양보하다, ~을 끊다, 중단하다

take *A* away from *B* 130
B에게서 A를 빼앗다, 허락하지 않다, B에게서 A를 얻다

carry on 131
계속하다, 이어가다, ~을 계속하다, 이어가다

put together 131
~을 만들다, 조직하다

lay out 132
~을 자세하게 설명하다, 규정하다

pay off 132
성과나 효과가 있다, ~을 다 갚다

put forward 133
~을 제안하다, 주장을 펼치다

go off 133
(폭탄, 총 등이) 터지다, 발사되다, 벨이 울리다,
작동하다, 새로운 것을 하기 시작하다

push back (on) 134
(~에) 저항하다, 반대하다

break down 134
고장 나다, 결렬되다, ~을 분석해서 설명하다

bring about 135
~을 야기하다

line up 136
줄을 서다, 경쟁하다, ~을 확보하다, 섭외하다

set out 137
-하기 시작하다, 나서다, ~을 향해 출발하다,
~을 수립하다, 명시하다, 규정하다

come forward 138
나서다

kick off 138
시작되다, ~을 시작하다, 촉발하다

bounce back (from) 139
(~에서) 재기하다, 회복하다

break out 139
발생하다, 발발하다

weigh in (on) 140
(~에) 의견을 제시하다

stand out (to) 140
(~이 보기에) 눈에 띄다, 특출나다

kick in 141
발동하다, 적용되다, 작용하다

gear up 141
대비하다, 준비하다

bail out (of) 142
(~에서) 탈출하다, 어려움에 처한 ~을 돕다, 구제하다

pop up 142
발생하다, 생겨나다

team up (with) 143
(~과) 협력하다

back down (from) 143
(~에서) 물러나다, 철회하다

drag on 144
늘어지다, 길어지다

drag out 144
~을 길게 끌다

build up 145
증가하다, 쌓이다, ~을 쌓다, 구축하다

lose out (to) 146
피해를 보다, ~에게 지다

clean up 146
치우다, 청소하다, ~을 치우다, 정화하다

follow up (with) 147
(~으로) 후속 행동을 취하다

turn up 147
나타나다, 나오다, ~을 찾아내다, 발견하다,
~을 올리다, 높이다

factor in 148
~을 요소로 고려하다

wrap up 148
끝나다, ~을 끝내다, 마치다

speed up 149
속도를 내다, 속도가 올라가다, ~의 속도를 높이다, 촉진하다

add up 149
축적되다, 논리적으로 말이 되다, ~을 합산하다

ramp up 150
증가하다, 강화되다, ~을 늘리다, 강화하다

hold back 151
~을 자제하다, 꺼리다, ~을 참다, 억제하다, ~의 접근을 막다, ~을 숨기고 말하지 않다

open up 152
열리다, 개방되다, 생기다, ~을 생기게 하다, 제공하다

take out 153
~을 얻다, 받다, ~을 제거하다, 무력화하다

bring up 153
~을 거론하다, 꺼내다

bring back 154
~을 불러오다, 되살리다, 다시 유행하게 하다

roll out 154
나오다, 시작되다, ~을 내놓다, 개설하다

hold up 155
유지되다, 타당하다, 효과가 있다, 잘 견디다, ~을 지연시키다

turn down 156
~을 거절하다

put off 156
~을 연기하다, 뒤로 미루다

pull off 157
~을 달성하다, 해내다

cut off 157
~을 끊다, 단절하다

call off 158
~을 취소하다

check out 158
사실로 확인되다, ~을 둘러보다, 알아보다, 살펴보다

rule out 159
~을 배제하다

sort out 159
~을 해결하다, 해소하다 ~을 쉽게 풀어주다, 분석해서 설명해주다

keep up 160
~을 유지하다

call *A* out for *B* 160
B에 대해 A를 비난하다, 비판하다

set in 161
본격적으로 시작되다, 엄습하다, 실감나다

shore up 161
~을 지탱하다, ~을 강화하다

hand over 162
~을 넘기다

get underway 162
시작되다, ~을 시작하다

move on (to) 163
(~으로) 옮겨가다, 넘어가다, 새 인생을 살다, ~에 대한 절차를 진행시키다

win over 164
~의 지지를 얻다, ~을 끌어들이다

spill over 164
다른 곳으로 번지다

make up 165
~을 차지하다, ~을 지어내다, ~을 벌충하다, 메우다

get out 166
~을 대중에게 알리다

fizzle out 166
흐지부지되다, 힘을 잃다

drive up 167
~을 상승시키다

shape up 167
형성되다

lock in 168
~을 확정하다, 확보하다

play up 168
~을 부각시키다, 강조하다

roll back 169
~을 되돌리다, 점진적으로 철폐하다, ~을 축소하다, 약화시키다

strike down 169
법원이 ~을 무효화하다, 위헌으로 판결하다

write off 170
~을 중요하지 않은 것으로 치부하다, (빚을) 탕감하다

CHAPTER 3 동사+부사+전치사

get out of 172
~에서 내리다, 나오다, ~에서 탈출하다,
-해야 하는 일에서 빠져나가다

look forward to 173
~을 기대하며 기다리다

come up with 173
~을 생각해내다, 내놓다

reach out to 174
~에게 연락하다, ~에게 먼저 손을 내밀다

run out of 174
~이 떨어져 가다, 바닥나다

sit down with 175
~와 만나다, ~에 응하다

come down to 175
~으로 귀결되다, ~이 핵심이다

pull out of 176
~에서 중간에 빠지다, 철수하다

pull back from 176
~에서 점차 발을 빼다

check in with 177
~에게 연락하다, ~과 연결하다

come out with 177
~을 내놓다

lead up to 178
~으로 이어지다, ~한 일이 있기 전에

hold on to 178
~을 팔거나 버리지 않고 가지고 있다, ~을 지키다,
포기하지 않다

catch up with 179
~을 찾아가서 만나다, ~을 따라잡다, 반영하다

crack down on 180
~을 억제하다, 저지하다, ~을 단속하다, 탄압하다

get away with 180
~에 대한 처벌을 받지 않다, 아무런 문제가 없다

stand up to 181
~에 맞서다, 반대하다, ~에서 유효하다, 통과하다

stand up for 181
~을 옹호하다, 대변하다

go along with 182
~에 협조하다, ~을 지지하다, 받아들이다,
~와 맞다, 부합하다

sign off on 182
~에 서명하다, ~을 결재하다

stay away from 183
~을 피하다, 멀리하다

live up to 183
~을 지키다, 이행하다, ~을 충족하다, ~에 부응하다

walk away from 184
~을 그만두다, 중단하다, ~을 포기하다, ~을 회피하다,
~에 더는 관여하지 않다

keep up with 185
~을 계속 추적해서 파악하다, ~을 따라가다, 충족하다,
~에 맞춰 변화하다

move forward with 186
~을 실행하다, 추진하다

lash out at 186
~을 신랄하게 비판하다

follow up on 187
~에 대해 추가로 알아보다,
~에 뒤이은 추가 조치를 취하다

double down on 187
~을 강화하다, ~에 더 집중하다

pick up on 188
~에 덧붙이다, 추가하다, ~을 직감적으로 알아차리다

make up for 189
~을 보완하다, 해결하다, ~을 만회하다, 보상하다,
~을 바로잡다

face up to 190
~을 인정하다, 받아들이다

put up with 190
~을 참고 견디다, 겪으면서 살다

watch out for 191
~을 주의하다, ~을 항상 의식하고 찾아보다,
~을 보호하다

come forward with 192
~을 제보하다, 제공하다, ~을 내놓다, 주장하다

miss out on 192
~을 놓치다, 달성하지 못하다

cut back on 193
~을 줄이다

break away from 193
~에서 이탈하다, 벗어나다

go up against 194
~과 맞붙다, ~을 상대하다

shy away from 194
~을 피하다

back out of 195
~을 철회하다, 취소하다, ~에서 빠지다

gear up for 195
~에 대한 준비를 하다, 태세를 갖추다

look out for 196
~을 보호하다, 챙기다, 옹호하다, ~을 예의주시하다

get down to 196
~을 본격적으로 시작하다, ~에 집중하다, 초점을 맞춰 논의하다

speak out for/against 197
~에 찬성/반대하는 목소리를 내다

date back to 197
~까지 거슬러 올라가다

wake up to 198
어떤 소리에 깨다, (잠에서 깨어나듯) ~을 알게 되다

look back on 198
~을 되돌아보다

fill in for 199
~의 역할을 임시적으로 대신하다

close in on 199
~에 가까워지다, 접근하다

drop out of 200
~을 중간에 그만두다, ~에서 빠져나가다

hang on to 200
~을 붙잡고 있다, 가지고 있다

zero in on 201
~에 (관심 등을) 집중하다, ~을 표적으로 삼다

tune in (to) 201
(~을) 시청하다, 청취하다, (~에) 관심을 기울이다

bode well/ill for 202
~에게 희소식/악재다, ~의 전망을 밝히다/어둡게 하다

do away with 202
~을 제거하다

push ahead with 203
~을 밀고 나가다, 실행하다

come out against/in favor of 203
~에 반대/찬성하다, 지지하다

get in on 204
~에 끼다, 참여하다

face off against 204
~을 상대로 싸우다

boil down to 205
~으로 귀결되다

bear down on 205
위협적인 기세로 ~에 다가가다

cave in to 206
~에 굴복하다, 결국 들어주다

chip away at 206
~을 조금씩 해결하다, ~을 조금씩 허물다, 무너뜨리다

not sit well with 207
~이 받아들이기 어렵다, ~의 마음에 들지 않다

hold out (for) 207
(~을 바라며) 버티다, 주장을 굽히지 않다

come away with 208
~을 받다, 느끼다

line up with 208
~와 일치하다

drill down on 209
~을 자세히 조사하다, 연구하다, 논의하다

not measure up to 209
~에 부응하지 못하다, ~을 충족하지 못하다, ~와 동등하지 않다, ~에 뒤지다

link up with 210
~와 연계하다, 협력하다, A와 B를 연결해주다

ease up on 210
~의 강도를 완화하다, 양을 줄이다, ~의 섭취를 줄이다

CHAPTER 4 동사+전치사

look at 212
~을 보다, 검토하다, ~을 고려하다

go on 212
~을 시작하다, ~에 들어가다

hear from 213
~에게서 연락을 받다, 브리핑을 받다

deal with 213
~을 겪다, ~을 다루다

come from 214
~에서 나오다

look for 214
~을 찾다, 구하다, ~을 꾀하다

go into 215
~에 들어가다, ~을 하다

go through 215
~을 거치다, 겪다

call for 216
~을 촉구하다, 요구하다

tap into 216
~을 사용하다, 활용하다, 개발하다, ~에 진출하다

get into 217
~에 참여하다, 처하다, ~을 논의하기 시작하다, 다루다, ~ 분야에 진출하다, 뛰어들다

work on 218
~을 연마하다, 향상시키다, ~을 만들다, 진행하다, ~을 해결하기 위해 작업하다, -하는 것에 노력을 집중하다

depend on 219
~에 달려있다, ~에 의지하다, 기대하다, ~이 -할 것이라 믿고 기대하다

run for 219
~에 출마하다

stand by 220
~을 고수하다, ~을 지지하다, 대기하다, 방관하다

take on 221
~을 맡다, ~을 부담하다, 떠안다, ~을 상대하다, 맞서다

go after 222
~을 공격하다, ~을 문제 삼아 공격하다

come off 222
~에서 내리다, ~을 따낸 기세를 이어가다, ~을 막 마치다, 끝내다, ~에서 (연기나 냄새, 열기)가 나다

look into 223
~을 조사하다, ~을 검토하다

pay for 224
~에 대한 비용을 지불하다, ~에 대한 대가를 치르다

emerge from 225
~에서 내리다, ~에서 벗어나다, 나오다, ~에서 이야기나 뉴스가 들려오다, ~에서 비롯되다

agree with 226
~과 같은 의견이다, ~에 동의하다

head for 226
~을 향해 가다

~ come 시간 after 227
…한 지 얼마 후에 ~이 일어나다

file for 227
~을 신청하다

go for 228
~하러 가다, ~을 타깃으로 공격하다, ~을 선택하다, ~을 받아들이다, ~에 적용되다

get through 229
~을 견디다, 극복하다, ~을 통과하다

turn to 229
~에 조언이나 도움을 구하다, 의지하다, ~으로 화제를 돌리다

react to 230
~에 대한 입장을 표명하다, ~에 대응하다

add to 231
~을 악화시키다, ~을 심화하다

push for 231
~을 추진하다, ~을 요구하다

rely on 232
~에 기대하다, 믿다

point to 232
~을 손으로 가리키다, ~을 지적하다, 보여주다

stem from 233
~에서 생기다, 비롯되다

go with 233
~을 선택하다, ~에 수반되다, 따르다

brace (oneself) for 234
~에 대비하다

help with 234
~에 도움이 되다

serve as 235
~을 역임하다, ~이 되다, 작용하다

withdraw from 235
~에서 빠지다, 탈퇴하다, 철수하다, 사퇴하다

come under 236
~을 받다

stick to 236
~을 고수하다

grapple with 237
~을 놓고 고심하다, ~을 해결하려 노력하다

rebound from 237
~에서 반등하다, 회복하다

act on 238
~을 해결하기 위한 조치를 취하다,
~에 따른 조치를 취하다,
~을 실행하기 위한 조치를 취하다

comply with 239
~을 준수하다, 따르다

go by 239
~을 근거로 삼다, 기준으로 하다

come across 240
~을 우연히 만나다, 마주치다, ~을 발견하다

stand for 240
~의 준말이다, ~을 상징하다, 나타내다, ~을 대변하다,
옹호하다, ~을 용납하다, 허용하다

engage with 241
~의 관심을 끌다, 참여를 이끌어내다, ~과 협력하다,
소통하다

go over 242
~을 검토하다, 논의하다

allow for 242
~을 허락하다, 가능하게 하다, ~을 제공하다, 갖게 하다,
~을 감안하다

deliver on 243
~을 이행하다, 실천하다, ~을 성취하다, 달성하다

benefit from 244
~으로부터 이익을 얻다, ~이 도움이 되다

touch on 244
~을 간단하게 언급하다

care for 245
~을 돌보다, ~을 중시하다

go against 245
~에 반대하다, ~을 거스르다, 어기다

come by 246
~을 얻다, 입수하다

resort to 246
~에 의존하다, ~을 사용하다

account for 247
~을 차지하다, ~을 설명하다, ~의 원인이 되다

rest on 247
~에 달려 있다, 좌우되다

triumph over 248
~을 이기다, ~을 극복하다, 해결하다

connect with 248
~과 연락하다, 의사소통하다, ~과 교감하다,
마음이 통하다

amount to 249
(금액이) ~에 이르다, ~에 해당하다, ~이 되다

lean towards 249
~으로 마음이 기울다

cling to 250
~을 붙잡고 놓지 않다, ~에 집착하다, 고수하다

cater to 250
~을 충족하다, ~을 대상으로 하다, ~의 구미에 맞추다

fit into 251
~에 들어가다, ~에 속하다, ~에 적응하다, 융합하다,
~과 관계가 있다

capitalize on 252
~을 기회주의적으로 이용하다

fall behind 252
~에 뒤처지다

enter into 253
~을 맺다, ~에 진출하다, 참여하다

go beyond 253
~을 넘어서다, 국한되지 않다

rush into 254
성급하게, 서둘러서 ~을 하다

tack on 254
~을 더하다

CHAPTER 5 동사+형용사

make sure (that) 256
반드시 (…하도록) 하다

run low on 256
~이 다 떨어져 가다

be short on 257
~이 모자라다

stop short of 257
~까지 하지는 않다

fall short of 258
~에 미치지 못하다, -하지 못하다

come up short of 258
~에 미치지 못하다, -하지 못하다

get+형용사 259
~하게 되다

go+형용사 260
~한 상태로 가다

go+과거분사 261
~한 상태로 가다

find ~ 형용사 262
~을 어떻게 판단하다, 생각하다

leave ~ 형용사 263
~을 어떤 상태로 만들다, ~이 어떤 상태가 되다

come+형용사 264
~한 상태로 오다

remain+과거분사 265
~한 상태를 유지하다

report live 266
생방송으로 보도하다

stay+형용사 266
~한 상태를 있다, 상태를 유지하다

hold true (for) 267
사실이다, (~에게도) 유효하다, 적용되다

hold *A* accountable (for *B*) 268
A에게 (B에 대한) 책임을 묻다

hold steady 268
어떤 수준으로 유지하다, ~을 현 수준으로 유지하다

make clear 269
~을 분명히 하다

make public 269
~을 대중에게 공개하다

loom large (for) 270
(~에게) 점점 다가오다

go easy on 270
~을 관대하게 봐주다, ~을 많이 먹지 않다

test positive/negative for 271
~에 대한 검사 결과가 양성/음성으로 나오다

break free (from) 271
(~에서) 벗어나다

stand firm (on) 272
(~에 있어서) 완강히 버티다, 강경한 입장을 취하다

be susceptible to 272
~에 민감하다, 쉽게 영향을 받다

be apt to 273
-하는 경향이 있다, -할 가능성이 크다

be due to 273
-할 예정이다

be sure to 274
-할 것이 확실하다, 꼭 -하다

be keen to 274
매우 -하고 싶어 하다

be eligible to 275
-할 자격이 있다

be reluctant to 275
-하는 것을 꺼리다, 주저하다

be desperate to 276
필사적으로 -하려 하다

be unfit to 276
-할 자격이나 능력이 없다, 건강 상태가 아니다

CHAPTER 6 과거분사 구문

be involved in 278
~에 참여하다, 개입되다, 연루되다

be based on 278
~에 기초하다, 입각하다, ~을 놓고 보면

be beset by 279
~에 직면해 있다, ~을 겪고 있다, 시달리고 있다

be concerned about 279
~을 우려하다

be seen as 280
~로 여겨지다, 간주되다

be focused on 280
~에 초점이 맞춰져 있다

be joined by 281
~이 합류하게 되다

be hit hard (by) 281
(~에 의해) 큰 타격을 받다

be arrested 282
체포되다

be found guilty/not guilty 282
유죄/무죄 판결을 받다

be sentenced to 283
~형을 선고받다

get caught in 283
~한 상황에 처하다, ~을 만나다, ~을 들키다

get caught up in 284
~에 연루되다, 휘말리다, ~에 매몰되다, 몰두하다

be expected to 284
-할 것으로 예상되다, -해야 한다

be forced to 285
어쩔 수 없이 -하다, -할 수밖에 없다

be set for 285
~으로 예정되어 있다

be called 286
~이라고 불리다

be flooded with 286
~이 홍수처럼 밀려들다, 쇄도하다

be criticized for 287
~으로 비난이나 비판을 받다

be followed by 287
~이 뒤따르다, (순위에서) ~이 다음이다

be asked about 288
~에 대한 질문을 받다

be impressed/unimpressed by 288
~에서 좋은 인상을 받다, 감명받다/
~을 대수롭지 않게 생각하다, 실망하다

be taken to 289
~로 이송되다

be aimed at -ing 289
-하는 것을 목적으로 하다

be disappointed with 290
~에게 실망하다

be accompanied by 290
~이 동반되다, ~과 동행하다

be removed from 291
~으로부터 분리되다, ~에서 해임되다,
~에서 제거되다, 삭제되다

be included in 292
~에 포함되다

be made up of 292
~으로 구성되어 있다, 만들어져 있다

be associated with 293
~과 관계나 관련이 있다, ~에 관여하다

be known to 293
-한 것으로 알려지다

be committed to 294
~에 의지가 강하다, 반드시 -하겠다

be attributed to 294
~이 원인이다, ~ 덕분이다

be meant to 295
-하게 되어 있다, -하는 것이 목적이다

be charged with 295
~한 혐의로 기소되다

be tasked with -ing 296
-하는 임무를 부여받다, 일을 맡고 있다

be bound to 296
-할 가능성이 크다, 거의 확실시되다,
-해야 할 의무가 있다

be compelled to 297
-해야 하다

be bent on 297
~하려고 작심하다

be met with 298
반응이 ~하다

be entitled to 298
-할 권리가 있다

CHAPTER 7 전치사 구문

in charge (of) 300
(~의) 책임을 맡은, 담당하는

on camera 300
카메라 앞에서, 촬영이나 방송 중인

on board (with) 301
(~을) 지지하는, 동의하는, 동참하는, 협력하는

in a position to 301
-할 수 있는 위치에 있는

on/off the table 302
고려 대상인/논의 대상이 아닌,
선택 가능한/선택이 가능하지 않은

on strike 302
파업 중인

on track to 303
-할 것으로 예상되는, 보이는

in touch with 303
~과 연락하고 있는

on display 304
전시된, 명백하게 드러난

on one's way to 304
~으로 가고 있는, -할 가능성이 큰

on hold 305
보류된, 중지된

on the lookout for 305
~에 대비해 경계 태세인, ~을 찾기 위해 기회를 엿보는,
세심히 주위를 살펴보는

on the verge of 306
~을 하기 직전인, 곧 할 것으로 보이는

of importance 306
중요한

in power 307
집권하고 있는

in favor of 307
~에 찬성하는

in control of 308
~을 통제하고 있는, 점령하고 있는

out of control 308
통제가 안 되는, 통제를 벗어난

in response (to) 309
(~에 대한) 대응으로, 답변으로

in line with 309
~과 일치하는, ~을 따르는

on the ballot 310
선거 후보 명단에 있는, 주민 투표에 부쳐진

in attendance 310
참석한

at large 311
잡히지 않은

up in the air 311
미정인, 불확실한

at stake 312
걸려 있는, 달려 있는

in dispute 312
논쟁의 대상인, 문제가 되고 있는

on the agenda 313
안건에 올라 있는

in need 313
어려움에 처한, 궁핍한, 도움이 필요한

under+명사 314
~ 중인, ~하고 있는

in+감정 315
~한 감정을 느끼는

at the forefront of 316
~의 전면에, 앞장선

in good/bad shape 316
상태가 좋은/나쁜

on (the) alert 317
경계 중인, 방심하지 않는

in effect 317
발효 중인, 시행 중인

in violation of 318
~을 위반하는

in play 318
경합지인, 영향을 미치는, 작용하는

on the job 319
작업하는 동안, 회사에 근무 중인

on duty 319
공직에 있거나 교대 근무 중인

on site 320
작업이나 행사, 사건 현장에

on the ground 320
행사나 사고, 전투 현장에

on the scene 321
행사나 사건, 범죄 현장에

at work 321
작용하는, -하려고 노력 중인

in question 322
해당하는, 논의되고 있는, 불확실한, 의문시되는

in support of 322
~을 지지하는, 찬성하는

in possession of 323
~을 소지하고 있는, 소유하고 있는

under the impression that 323
…라는 인상을 받는, …라고 생각하는

in agreement 324
동의하는, 의견이 같은

in store for 324
~에게 예보된, 예상되는

in the interest of 325
~에 이익이 되는, ~을 도모하기 위해, -하기 위해

under oath 325
선서를 한

on the mend 326
회복 중인

in the works 326
준비 중에 있는, 추진 중에 있는

at the helm (of) 327
(~의) 대표인, 책임자인

on the rise/decline 327
증가세나 상승세/감소세나 하락세에 있는

out of context 328
맥락을 생략한, 맥락을 고려하지 않은

at fault (for) 328
(~에 대해) 잘못한, 과실이 있는

at the height of 329
~이 한창일 때, 절정일 때

in full swing 329
한창인, 본격적이 단계인

for fear (of) 330
(~이) 걱정되는, 두려운

on edge 330
불안한, 신경이 날카로운

in the spotlight 331
언론의 관심을 받는, 주목을 받는

at the root of 331
~의 근본적인 원인인

at the core of 332
~의 핵심인

in the know/dark (about) 332
알고/모르고 있는

in the news 333
뉴스에서, 뉴스에 나온

en route (to) 333
(~으로) 가는/오는 중인

around the clock 334
하루 종일, 24시간 내내

on the horizon 334
일어날 조짐이 있는, 앞으로 다가온, 준비하고 있는

at war/peace (with) 335
(~와) 전쟁 중인/(~을 받아들여) 마음이 평화로운, 영면한

in action 336
활동 중인, 경기에 나선, 전투 중인

in close proximity (to) 336
(~과) 가까운 거리에 있는

on the offensive/defensive 337
공격에 나선, 공세적인/방어 태세인, 수세에 몰린

in droves 338
(사람들이) 대거, 떼 지어

in limbo 338
불확실한, 애매한 상태인

at pains to 339
애써 -하는, -하려고 애쓰는

in keeping with 339
~과 일치하는, ~을 따르는

on (a) par with 340
~과 동등한

on pause 340
중단된, 멈춰선

at risk (of) 341
(~의) 위험에 처한

at a stalemate 341
입장 차이를 좁히지 못하고 있는, 교착 상태인

at odds (with) 342
(~과) 의견이 일치하지 않는

on a collision course (with) 342
(~과) 충돌 상황으로 가고 있는

in shambles 343
엉망인, 난장판인

in the doldrums 343
부진한, 침체에 빠진

out of bounds 344
지나친, 용납할 수 없는

out of step with 344
~과 보조를 맞추지 않는, ~과 맞지 않는

out in full force 345
대거 동원된, 배치된, 대거 몰려나온, 참석한

영어 뉴스에서 많이 쓰는

PART 3 이디엄

take place 348
발생하다, 일어나다, 열리다

keep in mind 348
~을 명심하다, 염두에 두다

take part in 349
~에 참여하다

make sense 349
타당하다, 합리적이다, 이해되다, ~을 이해하다

keep an eye on 350
~을 예의주시하다, 관심을 갖고 지켜보다

make a difference (in) 350
(~에) 영향을 미치다, 중요한 요소가 되다,
(~에) 기여하다, 도움이 되다

make one's way 351
가다, 이동하다, 통과하다, 거치다

get word (of) 351
(~의) 소식을 입수하다, 듣다

take advantage of 352
~을 기회로 활용하다, 이용하다

take control of 352
~을 장악하다, 주도권을 잡다

take office 353
취임하다

put in place 353
실시하다, 실행하다

pave the way for 354
~을 가능하게 해주다

stay on top of 354
~을 계속 취재해서 방송하다, ~을 통제하다

take into account 355
~을 고려하다, 염두에 두다

point the finger at 355
~을 탓하다, ~에게 책임을 묻다

make a case for 356
~의 필요성이나 당위성을 주장하다, …라는 주장을 펴다

take effect 356
발효되다, 시행에 들어가다

take a toll on 357
~에 피해를 주다, ~을 손상시키다, 해치다

sound the alarm (about) 357
(~에 대해) 경종을 울리다, 우려를 표명하다

raise alarm bells (about) 358
(~에 대해) 경종을 울리다, 우려를 표명하다

open the door to 358
~이 일어나게 하다, 가능하게 하다

make good on 359
~을 지키다, 실행하다

hit the market 359
출시되다, 시장에 나오다

join hands (with) 360
(~와) 힘을 합치다, 협력하다

make no mistake about 360
~에 대해 분명히 알다

set the stage for 361
~의 원인이 되다, ~이 가능하게 해주다,
~의 배경이 되다, ~에 기여하다

set the tone for 361
~의 방향, 흐름, 분위기에 영향을 주다

lead the way 362
앞장서다, 선도하다

keep track of 362
~을 계속 관찰하다, 추적하다, 파악하다

come to pass 363
실제로 일어나다, 실현되다

go a long way toward(s) -ing 363
-하는 데 큰 도움이 되다, 기여하다

take a stand (for/against) 364
(~을 옹호하는/~에 반대하는) 입장을 정하다, 밝히다

take the stand 364
증언대에 서다, 법정에서 증언하다

raise the bar (for) 365
(~의) 기대 수준을 끌어올리다, (~의) 기준을 강화하다

turn the tide 365
전세를 역전시키다, 상황을 반전시키다

beg the question 366
이런 의문이 들다

take aim at 366
~을 공격과 비난의 표적으로 삼다

gain ground 367
세력을 확장하다, 더 강해지다, 상승하다

put ~ into perspective 367
~을 알기 쉽게 설명하다, 이해를 돕다

draw a line 368
한계를 설정하다, 안 된다는 입장을 분명히 하다,
~만은 안 하겠다고 선을 긋다

hold the line 368
방어선을 지키다, 입장을 고수하다, 양보하지 않고 버티다

bear the brunt of 369
~에서 가장 큰 피해를 입다

hang in the balance 369
걸려 있다, 불확실하다

take hold 370
퍼지다, 확실한 효과를 내다, 뿌리를 내리다, 자리를 잡다

lay the groundwork for 370
~을 위한 기틀, 발판을 마련하다

call into question 371
~에 의문을 제기하다

fall in line 371
명령, 규정을 따르다

get a grip on 372
~을 수습하다, 통제하다

come to light 372
밝혀지다, 알려지다

take the heat 373
비난을 받다, ~에 대한 비난을 완화하다, ~을 진정시키다

feel the heat 374
압박, 압력을 받다

do the math 374
계산하다, 계산기를 두드리다

paint a picture (of) 375
(~을) 설명하다, 묘사하다

make (the) headlines 375
언론에 주요 기사로 보도되다

carry weight (with) 376
(~에게) 영향력이 있다

kick into gear 376
시작되다, ~을 시작하다

move the needle (on) 377
(~에) 긍정적인 영향을 주다, 변화를 야기하다

stay the course 377
방침을 유지하다

feel the pinch (of) 378
(~의) 위기나 경제적 어려움을 피부로 느끼다

cross the line 378
선을 넘다, 도가 지나치다

(at the) top of one's mind 379
~의 최대 관심사(인)

shed light on 379
~을 밝히다, ~을 잘 설명해주다

pull the plug on 380
~을 중단하다, 중지시키다

wreak havoc on 380
~에 큰 피해를 주다, 차질을 빚게 하다

take a (deep) dive into 381
~을 자세히 검토하다, 심층적으로 조사하다

get a foothold 381
발판을 마련하다

keep an eye out for 382
~을 조심하다, ~이 있는지 유심히 관찰하다,
관심을 갖고 ~을 기다리다

put the squeeze on 382
~을 압박하다, ~을 경제적으로 쪼들리게 하다

take a turn for the better/worse 383
좋아지다/악화되다

put a lid on 384
~을 억제하다, 완화하다

come to terms with 384
~을 인정하다, 받아들이다

take a shot at 385
~을 공격하다, 비난하다, ~을 한번 시도해보다

put the spotlight on 385
~을 조명하다, 부각시키다

make a dent in 386
~에서 진척이 있다, ~을 먹어서 양을 줄이다,
~을 완화하다, 줄이다, ~에 악영향을 주다

put a damper on 387
~을 위축시키다, 흥을 깨다, ~에 차질을 빚게 하다

get a feel for 388
~을 이해하다, ~에 대한 감을 잡다

see the light of day 388
출판되다, 공개되다

put a pause on 389
~을 일시적으로 중단시키다, 막다

put a spin on 389
~에 독창적인 변화를 가미하다, ~을 해석하다,
그럴듯하게 말하다

take a page out of one's (play)book 390
~의 선례나 전략을 참고하다

put a cap on 390
~에 상한선을 설정하다

take a hard line on/against 391
~에 강경한 정책을 취하다, 강경 대응하다/
~에 대항하여 강경한 태도를 취하다

A* give way to *B 391
A가 B로 바뀌다, A가 끝나고 B가 시작되다

go hand in hand (with) 392
(~과) 밀접한 관계다, 함께 가다

bring ~ to justice 392
~에게 법의 심판을 받게 하다

put to the test 393
~을 시험대에 세우다, ~을 검증하다

sign into law 393
~에 서명하여 법으로 제정하다

live up to one's billing 394
~의 기대에 부응하다

play catch-up (with) 394
(~을) 따라 잡으려 노력하다, 추격하다

run out of steam 395
활력을 거의 다 잃어가다, 시들해지다

go up in smoke 395
헛수고가 되다, 날아가다

go up in flames 396
불길에 휩싸이다, 전소되다

go down to the wire 396
끝까지 경합하다

go up in arms 397
분노하며 반대하다

go down in history 397
역사에 남다

come out of the woodwork 398
난데없이 여기저기에서 나타나다

not come out of nowhere 398
갑자기 등장한 것이 아니다, 배경이 있다

sing a different tune 399
의견이나 태도를 바꾸다

put ~ on the map 399
~을 유명하게 만들다

front and center 400
중요한

raise red flags 400
우려하거나 경계해야 할 일이다

run afoul of 401
~에 어긋나다, ~을 위반하다

put ~ on the back burner 401
~을 보류하다, 제쳐두다

take a back seat to 402
~에게 뒷전으로 밀리다

come to a head 402
크게 악화되다

go toe-to-toe (with) 403
(~과) 정면으로 대결하다

go back to the drawing board 403
처음부터 재검토하다, 다시 설계하다

hit the ground running 404
즉각적으로 신속하게 일을 시작하다

REAL NEWS TIME 405

영어 뉴스에서 많이 쓰는

PART 1
동사 구문

미국 영어 뉴스 빅데이터를 분석했을 때, 가장 사용빈도가 높은 동사는 do, say, go, know, get, see, think, come, take, make, want, look 순서였다. 우리에게 익숙한 동사지만, do를 '~을 하다'라고만 알고 있다면 사실은 모르는 것과 마찬가지다. 제시된 동사는 대부분 자주 같이 쓰는 명사와 그렇지 않은 명사가 있고, 이 조합에 의해 의미가 달라진다. 이렇게 자주 함께 쓰는 단어 조합을 '콜로케이션(collocation)'이라고 한다. do는 사용빈도 1위 표현인 do something부터 everything, nothing 등 -thing과 함께 뉴스에서 '무엇에 대해 어떤 대책을 취하다'라는 의미로 자주 쓴다. 또 do one's job처럼 job과도 자주 어울려 쓴다. 영어 뉴스를 듣고 바로 이해하려면, 뉴스에서 자주 쓰는 '콜로케이션'을 익혀야 한다. 여기 나온 동사 구문 중에서 명사를 바꿔서 활용이 가능한 경우에는 기울어진 글자로 표기했다.

001 do something/nothing (about)

do something (about)은 '(~에 대해) 조치를 취하다'라는 의미의 표현이다. something 자리에 everything이나 anything, many things 등을 넣어 활용한다. 반대로 do nothing (about)은 '(~에 대해) 아무런 조치도 취하지 않다'라는 말이다.

(~에 대해) 조치를 취하다

» **We need to do something about climate change before things get out of hand.**

손 쓸 수 없는 상황이 되기 전에 기후 변화에 대해 뭔가 조치를 취해야 합니다.

- take action on
- tackle
- respond to

● |참고| **We're going to do everything we can to protect senior citizens from online scammers.**

저희는 인터넷 사기꾼들로부터 노년의 시민을 보호하기 위해 할 수 있는 모든 조치를 취할 겁니다.

(~에 대해) 아무것도 하지 않다

» **It's shameful that Congress has so far done nothing to help the homeless population.**

의회가 지금까지 노숙자들을 돕기 위해 아무것도 하지 않은 것은 유감스럽습니다.

- take no action
- make no effort
- neglect

002 take action (to)

take action (to) 역시 '(-하기 위한) 조치를 취하다'라는 뜻이다. action은 steps나 measures처럼 단계, 조치를 뜻하는 다른 단어로 바꿔도 된다. action 앞에 effective(효과적인)나 swift(신속한) 등을 붙여서 말하기도 한다.

(-하기 위한) 조치를 취하다

» **The governor promised that he would take action to prevent scenes like this from happening again.**

주지사는 이와 같은 상황이 다시 발생하지 않도록 조치를 취하겠다고 약속했습니다.

» **The Kremlin took swift action to crack down on these groups, labeling them as anti-government agitators.**

Kremlin 크렘린 궁전(러시아 정부를 의미) *crack down on* ~을 단속하다

러시아 정부는 이들 집단을 반정부 선동가들로 규정하고, 그들을 단속하기 위해 신속한 조치를 취했습니다.

003 take a look (at)

take a look (at)은 '(~을) 살펴보다'라는 뜻이다. '자세히 살펴보다'라고 할 때는 look 앞에 good이나 close, in-depth 등을 붙인다. 참고로 '한번 들어보시죠'라고 할 때는 Have a listen.이라고 한다.

(~을) 살펴보다

» **Let's take a look at how the President's job approval rating has shifted since the beginning of his term in office.**
취임 이래 대통령의 직무 수행 지지율이 어떻게 달라졌는지 한번 알아보도록 하겠습니다.

» **Our feature report takes an in-depth look at the life and legacy of the late Queen Elizabeth II.**
특집 보도에서는 고 엘리자베스 2세 여왕의 삶과 유산에 대해 자세히 알아보겠습니다.

· examine
· explore
· look into

004 get a response

get a response는 '반응이나 답변을 받다'라는 뜻이다. 동사 get은 information, update, help, attention, criticism 등 뉴스와 일상에서 다양한 명사와 어울려 쓴다.

반응이나 답변을 받다

» **We attempted many times to get a response from the Senator, but she declined to talk to us.**
저희는 그 상원의원에게서 답변을 들으려고 여러 번 시도했지만, 의원은 대화를 거절했습니다.

· obtain a response

● |참고| **One of the issues we're going to focus on is public health care. This is an issue that will get a lot of attention in the upcoming election.**
저희가 집중하려는 문제 중 하나는 공공 보건 의료입니다. 이 문제는 다가오는 선거에서 많은 관심을 끌 것입니다.

005 give *A* a sense of *B*

give *A* a sense of *B*는 'A에게 B에 대해 설명해주다, 알려주다'라는 뜻이다. a sense는 idea나 some sense, some idea라고 해도 된다. 관련 표현으로 get a sense of(~을 이해하다, 파악하다)가 있다.

A에게 B에 대해 설명해주다, 알려주다

» **My brief stint in prison gave me a sense of how inhumane certain aspects of the penal system can be.** *stint* 일정한 활동 기간
잠시 교도소에 있었던 경험으로 저는 형벌 제도의 특정 부분이 얼마나 비인간적인지 알게 되었습니다.

- help *A* understand *B*
- allow *A* to grasp *B*

» **Can you give us some sense of how the negotiations are coming along and highlight the major sticking points?**
현재 협상이 어떻게 진행되고 있는지 알려주시겠어요? 주요 쟁점 사안도 알려주십시오.

- tell *A* about *B*
- brief *A* about *B*

006 give (~) *specifics* about

이 표현은 '(~에게) ~에 대한 구체적인 정보나 내용을 제공하다, 알려주다'라는 뜻이다. specifics는 details라고 해도 되고, about은 경우에 따라 on으로 바꿀 수 있다. give 뒤에 us나 me처럼 사람을 넣어도 된다. give an update on[about](~에 대한 최신 정보를 알려주다)이나 give (~) some context for(~에 대한 배경 정보를 알려주다)라는 표현도 자주 쓴다.

(~에게) ~에 대한 구체적인 정보나 내용을 제공하다

» **Police refused to give specifics about the investigation, stating that disclosing detailed information could compromise its integrity.**
경찰은 자세한 내용을 공개하는 것이 수사의 객관성을 해칠 수 있다고 언급하며 구체적인 정보를 제공하지 않았습니다.

- go into specifics about
- share details about

● 참고 **Can you give us an update on how widespread the wildfire is and if any progress has been made in trying to contain it?**
산불이 얼마나 광범위하게 퍼졌는지, 그리고 산불 진화에 얼마나 진전이 있는지에 관한 최근 소식을 전해주시겠습니까?

- give us the latest on
- share new information on

007 have coverage (of)

have coverage (of)는 '방송에서 (~에 대해) 보도하다'라는 뜻이다. coverage는 '방송 보도'라는 뜻으로, have coverage (of) 형태 외에도 TBC's special coverage of ~ starts now.(지금 TBC의 ~에 대한 특별 방송을 시작합니다.)처럼 활용한다.

방송에서 (~에 대해) 보도하다

» **We've got live, full coverage of the ceremony. Hazel Graham is on the scene to bring you all the latest updates.**
저희는 그 행사를 생방송으로 전부 보도합니다. 모든 최신 소식을 전달하기 위해 헤이즐 그레이엄 기자가 현장에 나가 있습니다.

• |참고| **We'll continue with our coverage of Hurricane Katrina after a station break.**
station break 잠시 방송을 멈추는 것
잠시 화면을 넘겼다가 태풍 카트리나 관련 방송을 계속하겠습니다.

008 find a way (to)

find a way (to)는 '(-할) 방법을 찾다'라는 뜻이다. way를 solution으로 바꿔서 '(-할) 해결책을 구하다'라는 의미로도 자주 쓴다. 참고로 find a solution to 뒤에는 보통 find a solution to our energy crisis(에너지 위기에 대한 해결책을 찾다)처럼 명사가 오지만, 아래 예문처럼 동사도 올 수 있다.

(-할) 방법을 찾다

» **With limited resources at our disposal, it's imperative for us to find a way to ensure that they are directed toward addressing the most pressing needs of our community.**
우리가 갖고 있는 재원은 한정적입니다. 그 재원이 우리 지역 사회에서 가장 시급한 문제를 해결하는 데 쓰이도록 보장할 수 있는 방안을 찾는 것이 필요합니다.

- find a path to
- figure out a way to
- devise a method to

• |참고| **The leaders of both parties are scrambling to find a solution to head off an imminent shutdown of the federal government.**
scramble to 긴급히 -하려 노력하다 *head off* ~을 막다
양당의 지도자들은 임박한 연방정부의 폐쇄를 막기 위한 해결책을 강구하려고 긴급히 움직이고 있습니다.

- work out a solution to

009 follow a story

follow a story는 '뉴스를 계속 찾아서 보다'나 '어떤 이야기(뉴스)를 계속 취재하다'라는 뜻이다. story 외에도 case, situation 등을 자주 함께 쓴다. 참고로 문맥상 알려진 이야기는 the story라고 하고 처음 거론되는 이야기의 경우에는 a story라고 한다. 보통 뉴스에서는 문맥상 알려진 내용을 말하는 경우가 많다.

뉴스를 계속 찾아서 보다, 취재하다

» **If you haven't been following the story, Harris is a 17-year-old young man who got caught up in an extraordinary tragedy.**

이 뉴스를 처음 접하신다면, 해리스는 엄청난 비극에 휘말린 17살짜리 소년입니다.

• |참고| **The only victim who survived the shooting is taking the stand as the prosecutor's witness today. Dan Ryan has been following the case.**

총격 사건의 유일한 생존자가 오늘 검찰 측 증인으로 증언대에 섭니다. 댄 라이언이 이 사건을 계속 취재해왔습니다.

010 do good/harm

do good은 '이롭다, 도움이 되다'나 '효과가 있다'라는 뜻이다. 반대로 '해롭다, 해를 끼치다'라는 말은 do harm[damage]나 동사 harm이라고 한다. good/harm 앞에 a lot of(많은)나 serious(심각한) 등을 붙이기도 한다.

도움이 되다, 효과가 있다

» **A victory in the upcoming game will do a lot of good to boost the team's morale.**

이번 경기에서 이긴다면 팀의 사기를 올리는 데 큰 도움이 될 겁니다.

- help greatly
- contribute greatly to -ing

해롭다, 해를 끼치다

» **Misinformation can do serious harm to society, particularly when it concerns health issues.**

잘못된 정보, 특히 건강 문제에 관한 것은 사회에 큰 해악을 끼칠 수 있습니다.

- be detrimental
- cause damage

003. MP3

011 send a message (to) that

send a message (to) that은 '(~에게) …라는 메시지나 암시를 보내다, 알려주다'라는 뜻이다. message 앞에 clear(분명한) 등을 붙이기도 하며, message는 signal로 바꿔도 된다.

(~에게) …라는 메시지나 암시를 보내다, 알려주다

» **This bill, if it passes Congress, will send a clear message to fake news creators that there will be consequences for spreading misinformation.**

이 법안이 의회에서 통과된다면, 가짜 뉴스를 만드는 사람들에게 가짜 정보를 퍼뜨릴 경우 상응하는 처벌이 있을 것이라는 분명한 메시지를 전달할 수 있습니다.

• make it clear to ~ that
• signal to ~ that

» **It seems that Moscow's action is intended to send a signal to the US and NATO that it will back out of the grain deal if they keep supplying arms to Ukraine.** *back out of* ~을 철회하다

러시아의 이번 조치는 미국과 나토가 우크라이나에 계속해서 무기를 공급할 경우, 곡물 협정을 철회할 것이라는 메시지를 보내는 것이 목적으로 보입니다.

• communicate a message to ~ that

012 make an appearance

make an appearance는 '모습을 드러내다, 참석하다'라는 뜻이다. appearance 앞에 first[initial](처음), public(대중의) 등을 붙이기도 한다. 이렇게 자주 쓰는 [make+동작 명사]에는 make a comeback(복귀하다), make an arrest(체포하다) 등이 있다.

모습을 드러내다, 참석하다

» **David Coleman is scheduled to make his initial appearance in court Tuesday to enter a plea.** *plea* 변론, 간청

데이비드 콜먼은 변론을 하기 위해 화요일에 처음 법정에 출두할 예정입니다.

• appear
• attend (a court hearing)

» **Joyce made several appearances on the campaign trail to drum up support for his father's bid for governorship.**

조이스는 아버지의 주지사 출마에 대한 지지를 호소하기 위해 선거 유세 현장에 여러 번 모습을 드러냈습니다.

• show up (at campaign events)

013 make *a decision*

make a decision은 '결정을 하다'라는 뜻이다. 유사한 의미의 make 관련 표현으로는 make a choice(선택을 하다), make a determination(결심을 하다) 등이 있다. 참고로 일반적으로는 a decision이라고 하지만 문맥상 이미 알려진 결정인 경우에는 the decision이라고 한다.

결정을 하다

» **She said she would make a decision about whether to run in the 2026 election or not within the next couple of months.**
그녀는 몇 달 안으로 2026년 선거 출마 여부를 결정하겠다고 밝혔습니다.

• decide (whether)
• come to a decision

» **While in college, he made the decision to pursue a career in politics and joined the campaign staff for Senator Johnson.**
그는 대학을 다니면서 정치 쪽에 커리어를 갖기로 결심하고 존슨 상원의원의 선거 운동에 참여했습니다.

• decide
• choose
• opt

014 reach *an agreement*

'합의에 도달하다'라는 뜻으로, agreement 자리에 compromise, stalemate, turning point, point where 등을 넣어 여러 의미로 활용할 수 있다. reach는 come to로 바꿔도 좋다.

합의에 도달하다

» **Since the two parties are on the same page about most issues, they're expected to reach an agreement fairly quickly.**
양측이 대부분의 문제에서 의견이 같기 때문에 빠르게 합의에 도달할 수 있을 것으로 기대됩니다.

• strike a deal

• |참고| **We've reached a point where we need to rethink our strategies going forward.** *going forward* 앞으로
우리는 앞으로의 전략을 재고해야 할 시점에 도달했습니다.

• |참고| **It appears that the two parties have reached a stalemate in their negotiations on a tax reform bill, with neither willing to compromise or budge from their respective positions.**
not budge from ~에서 조금도 물러서지 않다
양당은 세제 개혁 협상에서 합의하거나 각자의 입장에서 조금도 물러설 의사가 없기 때문에 교착상태에 빠진 양상입니다.

015 take the time to

take the time to는 '–할 시간을 내다'라는 뜻이다. 참고로 take some time to라고 하면 '시간을 갖고 –하다'라는 뜻이 된다.

–할 시간을 내다

» **I'm appalled by how careless some job applications are. They don't even take the time to check for simple errors or typos in their applications.**

일부 입사 지원서의 무신경은 경악스러울 정도입니다. 그들은 시간을 내서 입사 지원서에 단순한 오류나 오타가 있는지 검토조차 하지 않습니다.

» A **I appreciate you taking the time to talk to us tonight.**

B **Thank you for having me.**

A 저녁 시간에 시간을 내서 대담에 응해주셔서 감사합니다.

B 초대해주셔서 감사합니다.

● |참고| **This is an exciting opportunity, but we don't want to rush into it. We're going to take some time to map out the best course of action going forward.** *map out* ~을 계획하다

이번 건은 좋은 기회입니다만, 저희는 그걸 서두를 생각은 없습니다. 시간을 좀 갖고 앞으로의 최선의 진로 방향을 구상할 예정입니다.

016 It takes *effort* to

It takes effort to라고 하면 '–하는 데 노력이 필요하다'라는 뜻이다. effort 자리에 time, effort, work, courage 등을 넣어 다양하게 활용한다. take 대신 좀 더 격식체로 말하려면 require, necessitate 등을 쓸 수 있다.

–하는 데 노력이 필요하다

» **It takes a lot of effort to expand the services. We need to increase our workforce and acquire additional resources.**

서비스를 확대하려면 많은 시간과 노력이 필요합니다. 우리는 인력을 늘리고 추가적인 재원을 확보해야 합니다.

● |참고| **It takes courage to stand up for what you believe in.**

자신의 신념을 지키려면 용기가 필요합니다.

017 put *pressure* on

put pressure on은 '~에 압력을 가하다, 부담을 주다'라는 뜻이다. pressure를 동사로 사용하거나 put the squeeze on이라고 해도 같은 의미를 표현할 수 있다. 참고로 pressure 대신에 strain을 넣으면 어떤 상황이 무엇에 '부담이 되다'가 된다.

~에 압력을 가하다

» **Civilian watchdogs are putting pressure on the Fed to tighten their oversight of the banking sector.**

the Fed(the Federal Reserve System) 미국 연방준비제도

민간 감시 기구들은 연준에 금융 분야 감독을 강화하라는 압박을 가하고 있습니다.

• |참고| **Extreme summer temperatures are putting a strain on the nation's power grid as people are cranking up their ACs.**

여름 이상 고온으로 사람들이 에어컨 가동을 늘리면서 국가 전력망에 부담이 가중되고 있습니다.

018 see *A* as *B*

see *A* as *B*는 'A를 B로 여기다, 생각하다'라는 뜻이다. 대체 표현으로 consider *A B*가 있다. see 자리에 view나 regard, perceive, look upon 등을 넣어도 된다.

A를 B로 여기다

» **TalkTalk is rapidly gaining ground among marketers as they see it as an effective avenue for connecting with younger audiences.**

gain ground 입지를 넓히다 *avenue* 길, 방안

마케터들이 톡톡을 젊은 관객과 소통하는 효과적인 채널로 판단하면서, 톡톡은 그들 사이에서 빠른 속도로 입지를 넓혀가고 있습니다.

» **Many individuals from the Gen Z see our society as corrupt and favoring the rich at the expense of the less privileged.**

많은 Z 세대 사람들은 우리 사회가 부패했으며 사회적 약자를 희생시켜 부유층에 혜택을 주고 있다고 생각합니다.

» **In the survey, only 28 percent of retirees considered themselves financially stable, while over half reported struggling to make ends meet.**

make ends meet 생계를 잇다

그 여론 조사에서는 은퇴자 중 28퍼센트만이 자신이 경제적으로 안정되었다고 생각하는 반면, 절반 이상은 생계를 유지하기 위해 애쓰고 있다고 보고했습니다.

005. MP3

019 have an impact on

이 표현은 '~에 영향을 주다'라는 뜻이다. impact는 effect로 바꿔도 좋다. impact 앞에 여러 형용사를 붙여 어떤 영향인지 표현할 수도 있다.

~에 영향을 주다

» **Increasing the number of green buildings in cities will have a positive impact on the environment and ecosystems.**
도시에 친환경 빌딩이 늘어나는 것은 환경과 생태계에 긍정적 영향을 줄 것입니다.

» **It is well-documented that long and irregular hours without sufficient rest or breaks have an adverse impact on both physical and mental health.**
충분히 휴식하거나 중간에 쉬지 않고 긴 시간 동안 불규칙적으로 일하는 것이 육체 및 정신 건강에 악영향을 준다는 것은 충분히 검증된 사실입니다.

» **It is feared that the shutdown of the US federal government will have far-reaching ripple effects on major economies around the world.**
미 연방정부가 문을 닫게 되면 전 세계 주요 경제에 광범위한 파급 효과를 줄 것으로 우려됩니다.

• have repercussions on

020 take responsibility (for)

take responsibility for는 '(~에 대한) 책임을 지다'라는 뜻을 가지고 있다. take 자리에 어떤 일을 맡아서 감당한다는 의미의 동사 assume, accept, bear를 써도 된다.

(~에 대한) 책임을 지다

» **The state should step back and allow individual communities to take greater responsibility for educating their children.**
국가는 한 발 뒤로 물러나고 개별 지역 사회가 아이들의 교육에 더 큰 책임을 지도록 해야 합니다.

• assume ~ responsibility for

» **She voluntarily stepped down, taking responsibility for her party's poor showing in the election.** *step down* 자리에서 물러나다
그녀는 선거에서 당이 좋은 결과를 내지 못한 것에 대한 책임을 지고 자발적으로 자리에서 물러났습니다.

• hold oneself responsible for

021 claim *responsibility* (for)

이 표현은 '(~에 대한) 책임을 자처하다, 자기가 벌인 일이라고 주장하다'라는 뜻이다. 동사 claim은 claim victory(승리를 선언하다), claim credit(공을 주장하다) 등의 표현으로도 자주 쓴다.

(~에 대한) 책임을 자처하다

» **A faction of the ISIS terrorist group claimed responsibility for the bombing attack in Berlin.**

ISIS 테러 집단의 한 분파는 베를린의 폭탄 테러가 자신들 소행이라고 밝혔습니다.

● |참고| **The President claimed credit for creating a million jobs since taking office.**

대통령은 취임 후에 백만 개의 일자리를 창출한 것에 대한 공을 주장했습니다.

022 have/lose access to

'~을 이용할 수 있다'라는 뜻이다. have 자리에 get이나 gain을 넣으면 '~을 이용할 수 있게 되다'라는 말이 된다. 반대로 '~을 더 이상 이용할 수 없다'는 lose access to라고 한다.

~을 이용할 수 있다

» **This bill is essential for upholding the principle that everyone should have access to quality basic health care, regardless of their income and wealth.**

이 법안은 소득이나 재산과 상관없이 누구나 양질의 기본 의료 서비스를 받을 수 있어야 한다는 원칙을 지키는 데 매우 중요합니다.

» **Current DoctorPro personal and corporate subscribers will gain access to the new services at no additional charge.**

현재 닥터프로를 구독하는 개인과 기업은 추가 비용 없이 새로운 서비스를 이용할 수 있습니다.

~을 더 이상 이용할 수 없다

» **In the latest worm virus attack, numerous bank customers lost access to their accounts for up to six hours.**

최근 웜 바이러스 공격으로 수많은 은행 고객이 최대 6시간까지 본인의 계좌를 이용할 수 없었습니다.

006. MP3

023 do business (with)

do business (with)는 '(~와) 거래하다, 사업을 하다'라는 뜻을 가진 표현이다.

(~와) 거래하다, 사업을 하다

» **If you're looking for a partner to do business with in our city, we're here to assist you with unparalleled expertise and a commitment to fostering mutual success.** *unparalleled* 비할 데 없는

저희 도시에서 사업을 같이 할 파트너를 찾고 계시다면 최고의 전문성과 상호 성공 증진에 대한 확고한 의지를 가지고 있는 저희가 여러분을 도와드리겠습니다.

» **Companies that continue to do business with the country may face sanctions from the US.**

그 국가와 계속해서 거래를 하는 기업은 미국으로부터 제재를 받을 수 있습니다.

024 pay attention to

pay attention to는 '~에 관심을 갖다, 신경을 쓰다'라는 뜻이다. attention 앞에 close(철저한) 등의 형용사를 붙여 얼만큼 관심을 가지고 있는지 강조할 수 있다.

~에 관심을 갖다, 신경을 쓰다

» **In the survey, we asked voters what aspects they pay attention to when comparing candidates. Surprisingly, the majority of them consider their looks to be a significant factor.**

• focus on

이번 여론 조사에서 저희는 후보를 비교할 때 어떤 점에 관심을 갖는지 유권자에게 물었습니다. 놀랍게도, 다수가 후보들의 외모를 중요한 요소로 고려하고 있었습니다.

» **Fans are curious about how she manages to stay in good shape, so we asked her about it, and she said she pays close attention to her diet.** *stay in good shape* 좋은 체형을 유지하다

• watch ~ closely
• keep a close eye on

팬들은 그녀가 어떻게 항상 멋진 체형을 유지하는지 궁금해합니다. 그래서 저희가 그녀에게 그 점을 물어보았더니 식단에 특별히 신경을 쓴다고 말했습니다.

025 make progress

make progress는 '진전을 이루다, 성과를 내다'라는 뜻이다. progress 대신 '진전'이라는 의미의 단어 strides나 headway 등을 넣어도 된다. progress 앞에 significant(중대한) 등의 형용사를 붙여 얼마나 큰 성과인지 표현할 수 있다.

진전을 이루다, 성과를 내다

» **Management and the union have made significant progress in their negotiations overnight, and it appears that they are close to reaching an agreement.**

밤사이 사측과 노조의 협상에서 큰 진전이 있었습니다. 곧 협상이 타결될 것으로 보입니다.

» **Ecuador is making significant strides in its quest to save the endangered species on the Galapagos Islands.**

에콰도르는 갈라파고스 군도에 있는 멸종 위기종을 보존하기 위한 노력에서 큰 성과를 거두고 있습니다.

026 cause *trouble*

cause trouble은 '문제를 발생시키다'라는 뜻이다. trouble을 panic, anger, damage, distress 등의 단어로 바꿔서 여러 의미로 활용할 수 있다. 참고로 특정 문제를 가리킬 경우 the trouble이라고 한다.

문제를 발생시키다

» A **Have they found what caused the trouble?**

B **A comprehensive investigation is in progress, but an initial examination points to a mechanical failure.**

A 문제를 일으킨 원인은 찾아냈나요?

B 현재 종합적인 조사가 진행 중입니다만, 초기 조사에 따르면 기계적 고장으로 보입니다.

• |참고| **The actor sued the YouTuber, alleging that he caused irreparable damage to his reputation by spreading false information about him.**

그 배우는 거짓 정보를 퍼뜨려서 자기의 명예에 회복할 수 없는 피해를 끼친 혐의로 그 유튜버를 고소했습니다.

027 monitor *a situation*

'상황을 모니터하다, 감독하다'라는 뜻이다. monitor 뒤에는 progress, activities, performance, impact, the implementation of(~의 이행 상황) 등을 자주 어울려 쓴다.

상황을 모니터하다, 감독하다

» **The spokesman said they are closely monitoring the situation while working on contingency plans for various possible scenarios.**

대변인은 가능성 있는 여러 상황에 대한 대비책을 마련하면서 상황을 면밀하게 모니터하고 있다고 말했습니다.

● |참고| **The White House has set up a special committee directly under the President to monitor the implementation of the roadmap for carbon neutrality by 2050.**

백악관은 2050년까지 탄소중립을 달성하기 위한 로드맵 실행을 감독할 특별 위원회를 대통령 직속으로 설치했습니다.

028 make a deal

make a deal은 협상을 통해 '합의하다, 계약을 맺다'라는 뜻이다. make는 '(계약 등)을 맺다, (합의)에 도달하다'라는 의미인 strike나 cut, reach로 바꿀 수 있다.

합의하다, 계약을 맺다

» **The Chinese company made a deal to purchase Zara, a Silicon Valley software developer, last June. The deal, however, was derailed when the State Department stepped in to investigate it for security reasons.** *derail* 무산시키다

그 중국 기업은 지난 6월 실리콘 밸리 소프트웨어 개발업체인 자라 사를 인수하는 계약을 맺었습니다. 그렇지만 국무성이 안보를 이유로 이 거래를 조사하기 위해 개입하면서 계약이 무산되었습니다.

» **He struck a deal with Minority Leader Donovan to fast-track the energy bill in exchange for an increase in infrastructure funding.**

그는 소수당 지도자인 도노반과 인프라 예산을 증액하는 대신 에너지 법안을 신속 처리하기로 합의했습니다.

029 break *a law*

break a law는 '법을 위반하다'라는 뜻이다. law 외에 '위반하다'라는 뜻의 break는 rules, code of ethics, promise 등과 자주 함께 쓴다.

법을 위반하다

» **Her lawyer argued that while she may have bent or broken the rules, she didn't break the law.** *bend a rule* 규정을 융통성 있게 적용하다

그녀의 변호사는 그녀가 규정을 느슨하게 적용하거나 어겼을 수도 있지만 법을 위반한 것은 아니라고 주장했습니다.

- |참고| **The committee found that Benjamin had broken the NBA's code of ethics and put him on a 70-game suspension.**

  put ~ on suspension ~의 자격을 정지하다

  위원회는 벤자민이 NBA의 윤리 규정을 위반했다는 것을 파악하고 70경기 출장 정지 처분을 내렸습니다.

030 give *a speech*

give a speech는 '연설을 하다'라는 뜻이다. give 뒤에 여러 단어를 넣어 give a press conference(기자회견을 하다), give a concert(콘서트를 하다), give a presentation(발표를 하다) 등으로 활용할 수 있다.

연설을 하다

» **Senator Gannon is taking a break from the campaign trail today to give a speech at a fund-raising event for the American Red Cross in Jacksonville.**

개논 상원의원은 오늘 유세를 잠시 쉬고 잭슨빌에서 열리는 미 적십자회 모금 행사에 참석해 연설을 합니다.

- |참고| **The old members of the legendary rock band are reuniting to give a free concert in Central Park on July 7th.**

  그 전설적인 록 밴드의 옛 멤버들은 7월 7일(미국의 독립기념일)에 센트럴 파크에서 무료 콘서트를 열기 위해 재결합을 합니다.

031 put an end to

put an end to는 '~을 끝내다, 종식시키다'라는 뜻이다. put은 bring으로 바꿔도 된다. 목적어가 길 경우 bring ~ to an end 형태로 쓸 수도 있다.

~을 끝내다, 종식시키다

» **Gun violence costs many children's lives every year. It's high time we put an end to this shameful epidemic in our country.**

high time 더는 미룰 수 없이 꼭 해야 할 때 *epidemic* 유행(병)

총기 폭력으로 매년 많은 아이들이 목숨을 잃고 있습니다. 우리나라에서 이 수치스러운 유행을 끝내야만 할 때입니다.

• end

» **His passing puts an end to an important era in the country's modern history.**

그의 죽음으로 그 나라 현대사의 중요한 한 시대가 막을 내렸습니다.

» **The warring parties are working behind the scenes to bring the conflict to an end.**

전쟁 중인 양측은 분쟁을 끝내기 위해 막후에서 노력하고 있습니다.

032 raise *the age*

raise the age는 말 그대로 '연령을 올리다'라는 뜻이다. 그 외에도 뉴스에서 '올리다'라는 의미의 raise와 자주 어울려 쓰는 명사로는 interest rates, awareness, prices, voice 등이 있다.

연령을 올리다

» **With pension funds depleting rapidly, there's talk about raising the age at which individuals can claim their first benefits.**

연금 기금이 빠르게 고갈되면서 연금 수급 개시 연령을 올리자는 논의가 있습니다.

• increase the age

● [참고] **Steep wage hikes are likely to force manufacturers to raise prices to pass the costs onto consumers.**

급격한 임금 상승은 제조업체가 가격을 인상해서 비용을 소비자에게 전가하게 할 수 있습니다.

• increase prices
• jack up prices

033 raise *an issue*

raise an issue는 '문제를 제기하다'라는 뜻이다. raise는 뭔가 제기한다는 의미로 자주 쓰는데, 이때 raise 뒤에 자주 오는 명사로는 concern, question, doubts 등이 있다.

문제를 제기하다

» **The growing number of homeless people poses a threat to the city. I've tried time and again to raise this issue at the city council, but each time it has fallen on deaf ears.**

time and again 여러 번 *fall on deaf ears* 아무도 귀담아듣지 않다

노숙자가 늘어나는 것은 우리 도시에 위협적인 문제입니다. 저는 시의회에서 이 문제를 여러 번 제기하려 했지만 매번 관심을 끌지 못했습니다.

• |참고| **The President dropped the idea when his legal advisor raised concerns about potential violations of the Constitution.**

drop 포기하다

대통령은 법률 참모가 그 아이디어의 잠재적인 위헌성에 대하여 우려를 제기했을 때 아이디어를 포기했습니다.

034 hold *a press conference*

hold a press conference는 '기자회견을 하다, 열다'라는 뜻이다. 동사 hold는 '(행사)를 개최하다'라는 뜻을 가지고 있다. 그래서 hold a summit meeting(정상회담을 개최하다)이나 hold a seminar(세미나를 열다)처럼 쓴다.

기자회견을 하다, 열다

» **House Speaker Evans is scheduled to hold a press conference tomorrow before heading off on vacation.**

House 미국의 하원

에번스 하원의장은 내일 휴가를 떠나기 전에 기자회견을 할 예정입니다.

• |참고| **The two leaders were originally going to hold a summit in October, but it got pushed back two months.**

push back ~을 연기하다

두 지도자는 원래 10월에 정상회담을 할 예정이었으나 회담이 두 달 뒤로 연기되었습니다.

009. MP3

035 put *money* into

put money into는 '~에 돈을 투자하다'라는 말이다. money를 time으로 바꾸면 '~에 시간을 들이다', effort나 work, energy로 바꾸면 '~에 심혈을 기울이다, 에너지를 쏟다' 등의 표현을 만들 수 있다.

~에 돈을 투자하다

» **We've put a great deal of money and work into addressing the issues our customers brought to our attention.**

bring A to B's attention A를 B에게 알려주다

저희는 고객이 알려주신 문제들을 해결하기 위하여 많은 돈을 투자하고 공을 들였습니다.

● |참고| **We put a lot of time and effort into making sure that your visit to the park will be a memorable experience.**

저희는 여러분의 공원 방문이 기억에 남는 경험이 되도록 많은 시간과 노력을 투자하고 있습니다.

• invest ~ time and effort into

036 show signs of

show signs of는 '~한 징조를 보이다, ~할 기미가 보이다'라는 뜻을 가진 표현이다. 반대로 어떠한 기미가 보이지 않는다면 show no signs of라고 한다.

~한 징조를 보이다

» **The job figures are encouraging, but economic gurus say it'll take some time before the economy starts showing real signs of recovery.**

guru 전문가

취업률 수치는 고무적입니다만, 경제 전문가들은 경제가 본격적인 회복세를 보이기 시작하려면 시간이 좀 더 걸릴 것이라고 말합니다.

~한 징조를 보이지 않다

» **The diplomatic row between China and Australia shows no signs of easing.**

row 대립, 다툼

중국과 호주 사이의 외교 갈등은 완화될 기미가 보이지 않고 있습니다.

037 seek *asylum*

'망명을 신청하다'라는 뜻이다. 동사 seek 관련 표현으로는 seek help(도움을 청하다)와 seek advice(조언을 구하다), seek re-election(재선을 노리다) 등을 많이 쓴다.

망명을 신청하다

» **Thousands of refugees seek asylum every year, but only a fraction of them are granted permanent residence.**

매년 수천 명의 난민이 망명을 신청하지만 그들 중 일부만이 영구 거주가 허락됩니다.

- apply for asylum

● |참고| **He desperately tried to seek help from the ranger station, but communication was down because of the hurricane.**

그는 간절하게 공원관리소에 도움을 청하려 했지만 태풍 때문에 통신이 두절된 상태였습니다.

- get help
- obtain help
- request help

038 address a *problem*

address a problem은 '문제를 해결하려 하다', '문제를 언급하다'라는 뜻이다. problem 외에도 issue, challenge, crisis, concerns 등의 단어를 address와 자주 어울려 쓴다.

문제를 해결하려 하다

» **We're in close communication with the local community to address the environmental problems raised about the wind farm we're planning to build in Southland.**

저희는 사우스랜드에 건설하고자 하는 풍력발전소에 제기된 환경 문제를 해소하기 위하여 지역 사회와 긴밀하게 소통하고 있습니다.

- tackle ~ problems
- act on ~ problems
- deal with ~ problems

문제를 언급하다

» **Initially, Santos was expected to address the problems over his campaign funds in yesterday's press conference, but he spent most of his time laying out his ideas about border control.**

당초 산토스는 어제 기자회견에서 자신의 선거 자금과 관련된 문제를 언급할 것으로 예상되었습니다. 하지만 그는 국경 통제에 관한 자신의 구상을 설명하는 데 대부분의 시간을 할애했습니다.

- discuss the problems
- tackle the problems
- deal with the problems

039 make a point (that)

make a point (that)는 '(…라는) 점을 지적하다, 주장하다'라는 뜻이다. make a point만 쓸 수도 있고, 뒤에 that으로 시작하는 절을 붙여 point에 해당하는 내용을 설명할 수도 있다. 지적 사항이 여러 개라면 make two points처럼 숫자를 붙여 말한다.

(…라는) 점을 지적하다, 주장하다

» **She argued that healthcare costs are spiraling out of control. She also made the point that many families are falling through the cracks of our broken healthcare system.**

fall through the cracks 약자가 소외되다

그녀는 의료비가 통제 불가능한 수준으로 치닫고 있다고 주장했습니다. 또한 많은 가구가 망가진 의료 제도 때문에 제대로 보호를 받지 못하고 있다고 지적했습니다.

- point out that
- stress that
- emphasize that

» **Johnson made two points to argue that the court's gag order violated his freedom of speech.**

존슨은 법원의 함구령이 자신의 발언의 자유를 침해했다는 주장을 펴기 위해 두 가지를 지적했습니다.

040 show *support*

show support는 '지지를 보여주다, 표명하다'라는 뜻의 표현이다. 뉴스에서 show와 자주 어울려 쓰는 다른 명사로는 courage, restraint, unity, leadership 등이 있다.

지지를 보여주다, 표명하다

» **Hundreds of people braved the chilly rain to attend the rally and show support for the jailed student activist.**

brave 용감히 대면하다

수백 명의 사람들이 차가운 빗속에서도 용기 있게 집회에 참석해서 수감된 학생 운동가에 대한 지지를 표명했습니다.

- express support

● |참고| **While squabbling over the debt ceiling issue, both parties showed unity in condemning the Hamas attack on Israel.**

squabble 옥신각신하다

채무 한계를 놓고 다투고 있는 중에도 양당은 이스라엘에 대한 하마스의 공격을 비난하는 것에서는 단합된 모습을 보였습니다.

- demonstrate unity

041 fight *inflation*

fight inflation은 '인플레이션에 맞서 싸우다, 해결하려 하다'라는 뜻이다. fight terrorism(테러리즘에 맞서 싸우다)이나 fight racism(인종차별에 맞서 싸우다)처럼 fight는 주로 맞서 싸워서 해결하고 싶은 문제와 결합해서 쓴다. fight는 combat이나 battle로 바꿔도 된다.

인플레이션을 해결하려 하다

» **The government is tightening its monetary policy to fight persistently high inflation.**

계속해서 고공 행진하고 있는 인플레이션을 잡기 위하여 정부는 통화 정책의 고삐를 죄고 있습니다.

● [참고] **France is doubling down on its effort to fight terrorism in the wake of Friday's attacks in Paris.**

프랑스는 금요일에 파리에서 발생한 공격 이후 테러리즘과 맞서 싸우기 위한 노력을 강화하고 있습니다.

042 declare *a state of emergency*

declare a state of emergency는 '비상사태를 선포하다'라는 뜻이다. 그 외에도 자주 쓰는 declare 관련 표현으로는 declare victory(승리를 선언하다)나 declare war(전쟁을 선포하다) 등이 있다.

비상사태를 선포하다

» **As cases of the unknown respiratory virus are on a rapid rise, the government has declared a state of public health emergency.**

미확인 호흡기 바이러스 감염 사례가 급격히 증가하면서 정부는 공중 보건 비상사태를 선포했습니다.

● [참고] **Oregon has declared war on illegal logging, calling it a crime against Mother Nature.**

오리건주는 불법 벌목을 대자연에 대한 범죄라고 규정하고, 이에 대한 전쟁을 선포했습니다.

011. MP3

043 assess *the impact*

assess the impact는 '영향을 평가하다'라는 뜻이다. assess를 활용한 표현으로는 assess the damage(피해를 평가하다), assess the cost(비용을 평가하다), assess the situation(상황을 평가하다) 등이 있다.

영향을 평가하다

›› **Research is underway around the world to assess the long-term impact of ice melting in West Antarctica on the environment.**

서부 남극의 해빙이 환경에 미치는 장기적 영향을 평가하기 위해 전 세계적으로 연구가 진행되고 있습니다.

- evaluate ~ impact
- measure ~ impact
- examine ~ impact

● |참고| **The President arrived here an hour ago to visit the disaster area and assess the damage firsthand.** *firsthand* 직접

대통령은 재난 지역을 방문해서 직접 피해 상황을 살펴보기 위해 한 시간 전에 이곳에 도착했습니다.

- evaluate the damage
- inspect the damage
- check out the damage

044 run *the country*

run the country는 '국가를 운영하다'라는 뜻이다. run은 '~을 운영하다'라는 뜻으로, run the Justice Department(법무부를 이끌다), run an investigation(수사를 담당하다), run a business(기업을 운영하다)처럼 쓴다.

국가를 운영하다

›› **If we let ourselves be swayed by populism, we'll keep electing clowns to run this country.** *sway* 영향을 끼치다

우리가 포퓰리즘에 끌려다니면 계속 광대 같은 정치인을 뽑아 나라의 운영을 맡기게 될 겁니다.

- lead this country
- steer this country

● |참고| **From your extensive experience in FBI leadership, what would you prioritize if you were the agent running this investigation?** *prioritize* ~을 우선시하다

FBI 고위직에서 쌓은 많은 경험에 비춰볼 때, 만약 선생님이 이 수사를 담당하고 있다면 어떤 점을 우선적으로 고려하시겠습니까?

- lead this investigation
- in charge of this investigation

045 do an interview

do an interview는 단어 그대로 '인터뷰를 하다'라는 뜻이다. 뉴스에서 이런 식으로 do와 자주 어울리는 다른 명사로는 investigation, analysis, search, survey, test, review 등이 있다.

인터뷰를 하다

» **In June, Secretary Baker did an interview on FOX TV, in which he hinted at the possibility of running for the presidency.**

6월에 베이커 장관은 폭스 TV에서 인터뷰를 했습니다. 그때 장관은 대통령 선거에 출마할 가능성을 내비쳤습니다.

• give an interview

● |참고| **The most sensible thing to do at this stage is to do a thorough and in-depth analysis of where our policy has failed, so that we'll have a clear idea of how to remedy it.**

이 단계에서 해야 할 가장 합리적인 일은 우리의 정책 실패 부분을 철저하게 심층 분석하는 것입니다. 그래야 개선 방안을 명확히 파악할 수 있습니다.

• conduct ~ analysis
• carry out ~ analysis

046 cover a story

'이야기를 취재하다, 보도하다'라는 뜻이다. a story는 문맥에 맞게 the story나 this story 등으로 바꿀 수 있고, case, trial, war 등의 단어를 넣어 여러 의미로 활용한다.

이야기를 취재하다, 보도하다

» **Curtis Ryan is a former New York Times reporter. He covered this story for a long time and later wrote a book about it.**

커티스 라이언은 전직 뉴욕 타임스 기자입니다. 커티스는 이 이야기를 오랜 시간 취재했고, 나중에 그에 대한 책을 냈습니다.

» **Faith Parker spent 20 years covering the story, eventually revealing the truth. He was nominated for a Pulitzer Prize last year.**

페이스 파커는 20년 동안 그 이야기를 취재해서 결국 진실을 밝혔습니다. 그는 작년에 퓰리처상 후보가 되었습니다.

» **Joining us now from Nigeria is Faith Parker, who's there as part of the TBC news team covering the case.**

그러면 나이지리아에 있는 페이스 파커를 연결해보겠습니다. 파커는 현장에서 사건을 취재하고 있는 TBC 뉴스팀의 일원입니다.

012. MP3 

047 send ~ -ing

send ~ -ing는 '~이 -하게 만들다'라는 뜻이다.

~이 -하게 만들다

» **Fed Chair Jerome Powell hinted at another imminent interest rate hike yesterday, which sent major stock indexes plummeting.**
어제 미 연방준비제도의 제롬 파월 위원장은 또 다른 금리 인상이 임박했다는 점을 시사했습니다. 이로 인해 주요 주식 지표가 곤두박질쳤습니다.

• cause ~ to

» **A bomb exploded in an empty restaurant early this morning. The explosion was so strong it sent broken glass and debris flying up and down the block.**
오늘 아침에 아무도 없는 한 식당에서 폭탄이 폭발했습니다. 이 강력한 폭발로 깨진 유리와 잔해가 이 구역 전체로 날아가 떨어졌습니다.

048 fix a problem

fix는 기본적으로 car, road 등의 고장이나 파손을 '고치다'라는 뜻이다. 이것을 뉴스에서는 problem, bug 등이나 문제가 있는 economy, relationship 등을 '해결하다'라는 뜻으로 자주 쓴다.

문제를 해결하다

» **Orax released a software update to fix its flagship cellphone's overheating problems.** *flagship* 주력 상품
오락스는 자사의 대표 휴대폰의 과열 문제를 해결하기 위한 소프트웨어 업데이트를 발표했습니다.

• resolve ~ problems
• address ~ problems

• [참고] **The leaked DOD report did considerable damage to the relationship between the US and Israel, sending the White House scrambling for ways to fix it.** *scramble for* 급히 ~을 찾다
유출된 국방부 보고서는 미국과 이스라엘의 관계에 큰 손상을 입혔고, 백악관은 손상된 관계를 복원하기 위한 방안을 서둘러 모색했습니다.

• mend it
• repair it

049 play *a role* in

play a role in은 '~에서 역할을 하다, 작용하다'라는 뜻이다. role은 part로 바꿔도 된다. 핵심적인 역할을 강조하고 싶다면 play a key role in이라고 한다. 이런 의미의 play와 관련된 표현으로 play host to(~한 행사를 주최하다)와 play (the) mediator(중재자 역할을 하다)도 기억해두자.

~에서 역할을 하다, 작용하다

» **Samuel Adams is credited with playing a key role in the company's return to profitability.**

새뮤얼 애덤스는 그 기업이 흑자로 돌아서는 데 핵심적 역할을 한 것으로 평가받고 있습니다.

» **Multiple factors played a part in the downfall of California's Silicon Valley Bank, including a classic bank run.**

캘리포니아주의 실리콘 밸리 은행의 파산에는 여러 요소가 작용했습니다. 전형적인 예금 인출 사태를 포함해서요.

050 win *an election*

win an election은 '선거에서 이기다'라는 뜻이다. 참고로 '선거에서 지다'는 lose an election이라고 한다. 이외에도 win은 '~을 얻다, 따내다, 상을 타다'라는 뜻을 가지고 있어서 win a nomination(지명을 받다), win an award(상을 타다), win the support of(~의 지지를 얻다)처럼 쓴다.

선거에서 이기다

» **Flores tried to make the case that he was the only Republican candidate with a real chance of winning the upcoming presidential election against Democratic nominee Scott Cooper.**

make the case that …을 주장하다

플로레스는 민주당 지명자인 스콧 쿠퍼에 대항하여 대선에서 승리할 수 있는 실질적 가능성을 가진 공화당 후보는 자기밖에 없다는 점을 주장하려 했습니다.

• |참고| **Winning the support of stakeholders in the health care industry is key to getting this health care bill across the finish line.**

get ~ across the finish line ~을 완결하다

보건 산업 이해당사자들의 지지를 얻어내는 것이 이 보건 법안을 통과시키는 일의 핵심입니다.

- get the support of
- secure the support of
- garner the support of

013. MP3

051 make remarks

remark는 '발언, 언급, 논평'이라는 뜻이다. remarks는 comments로 바꿔도 된다.

발언을 하다

» **The editorial called on the Vatican for action against the priest for making derogatory remarks about women during a recent press interview.** *call on A for B* A에게 B를 하라고 요구하다

신문 사설은 그 신부가 최근 언론 인터뷰에서 여성 비하 발언을 한 것에 대하여 조치를 취하라고 바티칸 로마 교황청에 촉구했습니다.

» **In the post, she accused her opponent of making racist comments about her son, referring to his skin color.**

그 게시물에서 그녀는 상대방이 자신의 아들의 피부색을 거론하며 인종차별적 발언을 했다고 비난했습니다.

» **Johnson said yesterday that he was going to make a run for president. He made his remarks in a Zoom meeting with reporters.** *make a run for* ~에 도전하다, 출마하다

존슨은 어제 대통령 선거에 도전하겠다고 말했습니다. 존슨은 기자들과의 줌 화상 미팅에서 그와 같은 발언을 했습니다.

052 make an effort to

'-하기 위해 노력을 기울이다'라는 뜻이다. 엄밀히 구분하지는 않지만 effort는 일반적인 노력을 의미하고, an effort는 의식적인 특정한 노력을 의미하며, efforts는 다방면에서 계속 노력한다는 뉘앙스를 가지고 있다.

-하기 위해 노력을 기울이다

» **The two nations are making diplomatic efforts to mend their relations in the aftermath of a recent clash over fishing rights in the South China Sea.**

양국은 남중국해에서의 어업권을 놓고 최근에 충돌을 빚은 후에 관계 개선을 위한 외교적 노력을 기울이고 있습니다.

» **Large tech firms are under pressure to make greater efforts to embrace diversity and inclusivity.**

대형 기술 기업들은 다양성과 포용성을 수용하기 위해 더 많은 노력을 하라는 압박을 받고 있습니다.

- mount ~ effort to
- exert ~ effort to
- put in ~ effort to

053 stop *violence*

stop violence는 말 그대로 '폭력을 막다, 근절하다'라는 뜻이다. stop을 활용한 표현으로는 stop corruption(부패를 근절하다), stop the spread of(~의 확산을 막다), stop the use[flow] of(~의 사용[흐름]을 막다) 등이 있다.

폭력을 막다, 근절하다

» **McCall won the election on the promise to stop violence against women and children.**

맥콜은 여성과 아동에 대한 폭력을 근절시키겠다는 공약을 내세워 선거에서 승리했습니다.

- end violence
- curb violence
- eliminate violence

● |참고| **The President cut a deal with his Mexican counterpart to stop the flow of immigrants from Mexico into the United States.** *counterpart* 동일한 지위에 있는 상대

대통령은 멕시코에서 미국으로 유입되는 이민자의 흐름을 막기 위해 멕시코 대통령과 협상을 통해 합의했습니다.

- end the flow of
- halt the flow of
- stem the flow of

054 commit *a crime*

commit a crime은 '범죄를 저지르다'라는 의미다. commit는 crime 외에 felony, murder, fraud, plagiarism 등의 범죄 관련 단어나 violence, atrocity 같은 단어도 함께 쓸 수 있다.

범죄를 저지르다

» **The bill mandates that the federal government deport illegal immigrants who have committed felonies or major violent crimes.** *mandate* ~을 명령하다 *felony* 중죄

그 법안은 연방정부가 중대 범죄나 주요 폭력 범죄를 저지른 불법 이민자를 추방하도록 규정하고 있습니다.

● |참고| **Neighbors said James was a gentle and affable person, and that they had never imagined him committing such an atrocity.**

이웃들은 제임스가 점잖고 상냥한 사람이었으며, 그 사람이 그런 흉악한 일을 저지를 것이라고는 상상하지 못했다고 말했습니다.

055 pose a threat

pose a threat는 '위협이 되다'라는 뜻의 표현이다. 동사 pose는 뉴스나 일상에서 pose a challenge(도전 과제가 되다), pose a danger(위험 요소가 되다) 등의 표현으로 많이 쓴다.

위협이 되다

» **Global warming poses a profound threat to the natural world and human civilization.**

지구온난화는 자연 세계와 인간 문명에 심각한 위협입니다.

● |참고| **The start-up faced great difficulty in attracting investors, which posed a significant challenge to its plans to scale up its operations.**

그 신생 업체는 투자자를 끌어모으는 데 큰 어려움을 겪었습니다. 그로 인해 사업을 확장하려는 계획이 난관에 부딪혔습니다.

056 form an alliance

form an alliance는 '동맹을 구성하다, 만들다'라는 뜻이다. 이런 의미의 form과 뉴스에서 자주 쓰는 다른 명사로는 coalition, committee, union, task force 등이 있다.

동맹을 구성하다, 만들다

» **Major opposition parties have agreed to form an alliance to challenge the ruling party.**

주요 야당들은 여당에 대항하기 위하여 동맹을 구성하기로 합의했습니다.

- create an alliance
- build an alliance
- forge an alliance

● |참고| **The government plans to form a special committee directly under the President to oversee the implementation of educational reforms.**

정부는 교육 개혁 실행을 감독하기 위해 대통령 직속 특별 위원회를 구성할 계획입니다.

- establish ~ committee
- create ~ committee

057 mourn *the loss* of

mourn the loss of는 '~의 죽음을 애도하다, 불행을 슬퍼하다'라는 의미다. mourn은 grieve라고 해도 되고, loss도 death나 passing 등으로 바꿔 말할 수 있다.

~의 죽음을 애도하다

» **At this hour, the President and First Lady are heading to Florida to mourn the loss of the six astronauts aboard the Explorer spacecraft.**

지금 이 시각, 대통령과 영부인은 플로리다로 향하고 있습니다. 익스플로러 우주선에 탑승했다 목숨을 잃은 6명의 우주인을 애도하기 위해서입니다.

» **I interviewed some of the people who gathered in the plaza, mourning the deaths of their beloved from the blast. Take a listen.**

저는 그 폭발로 인해 사망한 가족들의 죽음을 애도하려고 광장에 모인 사람들 중 몇 명을 인터뷰했습니다. 한번 들어 보시죠.

058 release *a statement*

release a statement는 '성명서를 발표하다, 공개하다'라는 뜻이다. 자주 쓰는 release 활용 표현으로는 release report(보고서를 내다, 보도하다), release a video clip(동영상을 공개하다) 등이 있다.

성명서를 발표하다, 공개하다

» **The terrorist group released a statement online, denying any involvement in the bombing attack in Istanbul.**

그 테러 집단은 인터넷에 이스탄불 폭탄 공격 개입설을 부인하는 성명서를 발표했습니다.

- issue a statement
- put out a statement

● 참고 **The environmental group released a video on YouTube yesterday showing a polar bear with a slogan spray-painted on its back, triggering worldwide outrage.**

그 환경 단체는 등에 스프레이 페인트로 슬로건이 그려져 있는 북극곰 영상을 어제 유튜브에 공개하여 전 세계의 공분을 불러일으켰습니다.

- post a video
- upload a video
- share a video

059 enter a market

enter a market은 '시장에 진출하다'라는 뜻이다. enter가 어떤 분야나 장소에 들어가는 것을 의미하기 때문에 enter a race(경선이나 경주에 참여하다), enter a stage(단계에 진입하다) 등으로 활용한다.

시장에 진출하다

» **The decision to enter the Chinese market has been made, and they're angling for the right time to launch their first product locally.**

중국 시장에 진출하는 것이 결정되었습니다. 그래서 그들은 현재 중국 시장에 첫 번째 제품을 언제 출시할지 적절한 시기를 저울질하고 있습니다.

• get into ~ market

● |참고| **An inside source tipped me off that the AI chip has entered the final stage of development. They're looking at early next year for the beginning of commercial production.**

tip off ~에게 귀띔해주다

내부 소식통이 저에게 알려준 것에 의하면 그 AI 칩은 개발의 마지막 단계에 진입했다고 합니다. 내년 초에 상업 생산을 시작할 수 있을 것으로 예상하고 있습니다.

• advance to ~ stage
• move to ~ stage

060 join a campaign

join a campaign은 '캠페인에 참여하다'라는 뜻이다. join a race(경선이나 경주에 합류하다), join the cabinet(내각에 참여하다), join the effort(노력에 합세하다) 등도 함께 알아두자. 또 join 뒤에 사람을 쓰면 '~와 함께하다'라는 뜻이 된다.

캠페인에 참여하다

» **The renowned singer joined a campaign in New York to promote awareness about abandoned pets.**

그 유명 가수는 뉴욕에서 버려진 반려동물에 대한 인식을 증진시키기 위한 캠페인에 참여했습니다.

● |참고| **Senator Wright's children joined him on the campaign trail today, attending rallies in Georgia and North Carolina.**

오늘 라이트 상원의원 자녀들이 선거 유세에 합류했고 조지아와 노스 캐롤라이나의 집회에 참석했습니다.

061 describe *a situation*

describe a situation은 '상황을 묘사하다, 설명하다'라는 뜻이다. describe는 describe the mood(분위기를 설명하다), describe the suffering(고통을 묘사하다), describe the suspect(용의자를 묘사하다)처럼 활용한다. describe 자리에 표현하고 설명한다는 의미인 동사 depict나 portray, explain을 넣어도 된다.

상황을 묘사하다, 설명하다

» **In an online chat, she described the situation on the ground, calling it "complete mayhem".**

on the ground 현장에서

인터넷 채팅에서 그녀는 '극심한 대혼란'이라고 말하며 현장의 상황을 설명했습니다.

● |참고| **Emerging from the room for lunch break, Secretary Walker described the mood at the negotiation table as "friendly" and "candid".**

워커 장관은 점심 식사를 위해 방에서 나오면서 협상 테이블의 분위기가 '우호적이면서도 솔직했다'라고 표현했습니다.

· characterize the mood

062 begin *a process*

begin a process는 '작업을 시작하다, 과정을 시작하다'라는 말이다. 이미 언급된 적 있는 과정이면 the process라고 한다. begin을 활용한 표현으로는 begin an investigation(수사를 시작하다), begin a project(프로젝트를 시작하다) 등이 있다. begin은 같은 의미인 start나 undertake, embark on으로 바꿔도 된다.

작업을 시작하다

» **When Susie found out that she had been adopted, she began the long process of finding and reconnecting with her birth parents.**

수지는 자신이 입양아란 사실을 안 뒤에 친부모를 찾아 재회하기 위해 기나긴 과정을 시작했습니다.

● |참고| **The drug company began a deceptive, aggressive marketing campaign that helped to kickstart the opioid crisis.**

kickstart ~을 활성화하다

그 제약회사는 현혹적이면서 공격적인 마케팅 캠페인을 시작했고, 그것이 오피오이드(약물 중독) 사태를 발생시키는 데 중요한 역할을 했습니다.

063 slow (down) *an economy*

slow an economy는 '경제 성장의 속도를 늦추다, 성장을 둔화시키다'라는 뜻이다. slow 뒤에 down을 붙이기도 한다. slow를 활용한 표현으로는 slow the spread(확산 속도를 늦추다), slow the decline(하락세를 둔화시키다) 등이 있다.

경제 성장을 둔화시키다

» **The government is jacking up interest rates to curb inflation at the risk of slowing (down) the economy.** *jack up* ~을 인상하다

정부는 인플레이션을 잡기 위해 경제 성장이 둔화될 위험성을 무릅쓰고 금리를 인상하고 있습니다.

- decelerate the economy
- dampen the economy

● |참고| **After suffering consecutive years of devastating losses from wildfires, the state has turned to planting fire-resistant trees as a strategic measure to slow the spread of future blazes.**

turn to -ing –하는 것을 시작하다

여러 해에 걸쳐 연속적인 산불로 큰 피해를 입은 후, 그 주는 앞으로 일어날 화재의 확산 속도를 늦추기 위한 전략적인 수단으로 내화성 나무를 심기 시작했습니다.

- limit the spread
- mitigate the spread

064 lead *a team*

lead a team은 '팀을 이끌다, 책임지다'라는 뜻이다. lead는 lead a foundation(재단을 이끌다), lead an effort(노력을 주도하다)처럼 활용한다. lead 자리에 같은 뜻인 동사 head를 넣어도 된다.

팀을 이끌다, 책임지다

» **On several occasions, Doctor Roberts led a medical team dispatched to a disaster scene.**

로버츠 박사는 여러 차례 재난 지역에 파견된 의료팀을 이끈 경험이 있습니다.

● |참고| **We've interviewed several potential candidates to lead the foundation and are very close to making a decision.**

be close to -ing 곧 –할 것이다

저희는 재단을 이끌 잠재적 후보자 몇 명과 면접을 마쳤고 조만간 결정을 내릴 것입니다.

065 run the risk of -ing

run the risk of -ing는 '-할 위험을 감수하다, -할 위험이 있다'라는 뜻이다. run a significant risk(중대한 위험을 무릅쓰다) 형태로도 많이 쓴다. 참고로 risk를 동사로 써서 risk -ing(-할 위험이 있다)처럼 표현해도 된다.

-할 위험을 감수하다, 위험이 있다

» **If we push ahead with this military operation, we'll run the risk of putting innocent lives in jeopardy.**

• risk -ing

put ~ in jeopardy ~을 위험에 빠뜨리다

저희가 이 군사 작전을 밀고 나간다면, 무고한 사람들을 위태롭게 할 위험을 감수하게 될 것입니다.

» **Any further delays would run a significant risk of throwing the whole project off track.**

더 이상 지체되면 그 프로젝트 전체가 좌초될 위험성이 매우 큽니다.

066 reduce *the risk*

reduce the risk는 '위험성이나 위험 요소를 줄이다'라는 말이다. reduce와 관련된 표현으로는 reduce a number(수를 줄이다), reduce costs(비용을 줄이다), reduce a price(가격을 낮추다), reduce troops(규모를 줄이다) 등이 있다.

위험성이나 위험 요소를 줄이다

» **The African Union has agreed to set up a buffer zone to reduce the risk of armed conflict in a region often billed as Africa's powder keg.**

• minimize the risk
• lower the risk

billed 묘사되는

아프리카 연합은 아프리카의 화약고라 불리는 지역에서 종종 발생하는 무력 충돌의 위험성을 줄이기 위하여 완충 지대를 설치하는 데 합의했습니다.

» **Managing stress levels and exercising regularly can help reduce risks for heart disease.**

스트레스를 관리하고 규칙적으로 운동하면 심장병의 위험을 줄이는 데 도움이 됩니다.

● |참고| **The government will temporarily slash tariffs on imported oil by 15 percent to reduce fuel prices.**

• lower ~ prices
• bring down ~ prices

정부는 연료 가격을 낮추기 위하여 수입 석유 관세를 일시적으로 15퍼센트 인하하기로 했습니다.

067 get a glimpse of

get a glimpse of는 '~을 언뜻 보다, 엿보다'라는 뜻이다. get은 catch로 바꿔도 되고, of 역시 into로 바꿀 수 있다.

~을 언뜻 보다, 엿보다

» **Most of these folks have been here since early in the morning, hoping to get a glimpse of the Pope as he leaves St. Patrick's after the mass.** *mass* 미사

이 사람들 대부분은 미사가 끝나고 성 패트릭 성당을 떠나는 교황의 모습을 잠시라도 보기 위하여 이른 아침부터 이곳에 있었습니다.

» **I toured a couple of villages in the Kathmandu area and got a glimpse into how this war is wreaking havoc on people's lives.** *wreak havoc on* ~을 파괴하다

저는 카트만두 지역의 마을 몇 군데를 돌아보면서 이 전쟁이 사람들의 삶을 어떻게 황폐화하는지 엿볼 수 있었습니다.

068 voice *one's* opinion

voice one's opinion은 '~의 의견을 표명하다'라는 뜻이다. voice와 자주 어울리는 다른 명사로는 concerns, opposition, support, anger 등이 있다. voice는 express로 바꿔 쓸 수 있다.

~의 의견을 표명하다

» **The students have every right to freely voice their opinions about issues likely to impact their well-being.**

학생들은 자신들의 안위에 영향을 줄 수 있는 문제들에 대하여 자유롭게 자신의 의사를 표명할 권리가 있습니다.

• |참고| **Among the celebrities who voiced their opposition to the documentary film, Kate Porter was particularly outspoken, condemning the film in strong language.** *outspoken* 거침없는

그 다큐멘터리 영화에 반대 의사를 표명한 유명 인사 중에 케이트 포터는 특히 강한 어조로 영화를 거침없이 규탄했습니다.

069 bring *charges* against

bring charges against는 '~을 기소하다'라는 뜻이다. charge는 '기소, 고발'이라는 의미를 가지고 있다. 유사한 맥락에서 bring a lawsuit against는 '~를 고소하다'가 된다. charges 자리에 a case, legal action 같은 단어를 넣어도 기소한다는 말이 된다.

~을 기소하다

» **Last month, Memphis prosecutors brought charges against three officers involved in the shooting death of Wesley Colson.**
지난달 멤피스 검사들은 총격으로 인한 웨슬리 콜슨의 죽음에 연루된 3명의 경찰을 기소했습니다.

• file charges against

● |참고| **A number of Los Angeles residents brought a lawsuit against a local radiologist, accusing him of conducting MRI scans without their consent.**
많은 LA 주민이 본인 동의 없이 MRI 검사를 실시했다는 이유로 한 방사선 전문의를 고소했습니다.

• file a lawsuit against

070 ensure *safety*

ensure safety는 '안전을 보장하다'라는 뜻이다. ensure에는 '반드시 되게 하다'라는 뜻이 있다. 그래서 ensure success(성공을 보장하다), ensure accuracy(정확성을 보장하다), ensure support(지원을 보장하다)처럼 활용한다.

안전을 보장하다

» **The airline said that their new check-in app will go a long way toward ensuring the safety and security of passengers and cargo.**
go a long way toward ~에 큰 도움이 되다
그 항공사는 새로운 체크인 앱이 고객과 화물의 안전과 보안을 보장하는 데 큰 기여를 할 것이라고 밝혔습니다.

• guarantee the safety
• secure the safety

● |참고| **The program is aimed at ensuring continued federal support for providing quality education to children with special needs.**
이 프로그램은 특수 장애 아동에게 양질의 교육을 제공하는 데 연방정부의 지원이 계속될 수 있도록 보장하는 것을 목표로 합니다.

• secure ~ support
• make sure of ~ support

018. MP3

071 face a crisis

face a crisis는 '위기에 직면하다'라는 뜻이다. face를 활용한 표현으로는 face pressure(압력을 받게 되다), face charges(기소 위기에 처하다), face difficulty in -ing(~하는 데 어려움을 겪다) 등이 있다. face는 confront로 바꿔도 좋다.

위기에 직면하다

» **With social media emerging as a popular platform for news consumption, traditional news media are facing an unprecedented crisis.**

소셜 미디어가 뉴스를 소비하는 인기 플랫폼으로 부상하면서, 전통 뉴스 매체는 전례 없는 위기를 맞고 있습니다.

• |참고| **The governor is facing growing pressure to resign over sexual harassment allegations.**

주지사는 성희롱 혐의와 관련하여 사임 압력을 점점 더 강하게 받고 있습니다.

072 make changes (to)

make changes (to)는 '(~에) 변화를 일으키다, 바꾸다'라는 뜻이다. 참고로 일회성 변화를 뜻할 때는 make a change라고 하고, 광범위하고 계속적인 변화를 의미할 때는 make changes라고 한다. 내용이나 절차를 수정한다는 의미일 때의 유사 표현으로는 make adjustments to(~을 조정하다), make modifications to(~을 수정하다) 등이 있다.

(~에) 변화를 일으키다

» **The story shows that you can make positive changes in your community by just being a good neighbor.**

· bring about ~ changes

이 이야기는 단순히 좋은 이웃이 되는 것만으로도 지역 사회에 긍정적 변화를 불러일으킬 수 있다는 것을 보여줍니다.

• |참고| **The TSA chief said his agency will make significant modifications to airport security and screening procedures to make them more expedient and less invasive.**

· change
· modify

invasive 신체의 자유나 사생활을 침해하는

미 교통안전청 청장은 편리함은 높이면서 사생활 침해는 덜기 위해 공항 보안과 검색 절차에 상당한 수정을 감행할 것이라고 말했습니다.

073 **shock *the market***

'시장에 충격을 주다'라는 뜻이다. 동사 shock는 shock the community(지역 사회에 충격을 주다), shock the industry(산업에 충격을 주다)처럼 활용한다.

시장에 충격을 주다

» **The central bank's sharp cut in interest rates shocked the stock market, causing it to nosedive to the lowest level this year.**

nosedive 급락하다

중앙은행의 급격한 금리 인하는 주식 시장에 충격을 주었고, 이 때문에 주식이 올해 최저치로 급락했습니다.

- jolt ~ market
- shake ~ market
- rattle ~ market

● [참고] **The random street stabbing shocked the community, prompting the police to ramp up patrols.** *ramp up* ~을 강화하다

길거리에서 발생한 묻지마 칼부림 사건은 지역 사회에 충격을 주었으며, 그로 인해 경찰은 순찰을 강화했습니다.

- jolt the community
- stun the community

074 **pass *a bill***

pass a bill은 '법안을 통과시키다, 의결하다'라는 뜻을 가진 표현이다. 동사 pass를 활용한 표현으로 pass a resolution(결의안을 통과시키다), pass a measure(대책 방안을 통과시키다) 등이 있다.

법안을 통과시키다, 의결하다

» **Virginia's legislature passed a bill to set aside a special budget for revamping the state's dilapidated roads and bridges.**

버지니아주 의회는 주 내의 노후한 도로와 다리 보수를 위한 특별 예산을 편성하는 법안을 통과시켰습니다.

- enact a bill
- approve a bill
- adopt a bill

● [참고] **In 2024, Congress passed a resolution mandating the FTC to investigate whether there was foul play in Pinstar's acquisition of TDR.**

2024년, 의회는 핀스타 사가 TDR 사를 인수하는 데 불법 행위가 있었는지 미 연방통상위원회가 조사하도록 하는 내용의 결의안을 의결했습니다.

- adopt a resolution
- approve a resolution

075 see *an increase/a decline*

see an increase는 '증가하다, 증가세를 경험하다', see a decline은 '하락하다, 감소하다'라는 뜻이다. see a surge(급상승을 보이다), see a recovery(회복을 경험하다) 등의 표현도 자주 쓴다. see 자리에 experience나 witness, record 등을 써도 된다.

증가하다

» **The real estate market continued to chug along last month as it saw an increase in apartments and office space changing hands.**

아파트와 사무실 거래 건수가 증가하면서 부동산 시장은 지난달에도 꾸준히 성장세를 이어갔습니다.

감소하다

» **Enpico saw a decline in revenues in the third quarter, hit by skyrocketing oil prices.**

엔피코 사는 유가 급등으로 타격을 받아서 3분기 매출이 감소했습니다.

076 prevent *a crisis*

'~을 막다, 예방하다'라는 뜻의 prevent는 crisis, war, tragedy 같은 명사나 a surge in(~의 급등), the spread of(~의 확산), the collapse of(~의 붕괴) 등의 표현과도 자주 어울려 쓴다.

위기를 막다, 예방하다

» **The conference called on industrialized nations to take on a leadership role in preventing the looming climate crisis.**

그 회의는 다가오는 기후 위기를 막는 일에 선진국이 지도자적 역할을 맡을 것을 촉구했습니다.

- avert ~ crisis
- stave off ~ crisis
- head off ~ crisis

● [참고] **In her UN address, the Sudanese president stressed the need to ramp up UN intervention efforts to prevent the spread of Ebola in Africa.**

수단의 대통령은 UN 연설에서 아프리카에 에볼라 바이러스가 확산되는 것을 저지하기 위한 UN의 개입 노력을 강화해야 할 필요성이 있다고 강조했습니다.

- curb the spread of
- stave off the spread of

077 keep ~ from -ing

keep ~ from -ing는 '~이 -하는 것을 막다'라는 뜻이다. keep은 같은 의미의 동사 prevent와 바꿔 쓸 수 있다.

~이 -하는 것을 막다

» **We're inviting the Republican leadership to put their heads together with us over ways to create jobs by keeping American companies from moving offshore.**

미국 기업이 타국으로 이전하는 것을 막아서 일자리를 창출하는 방안에 대하여 저희와 머리를 맞대고 같이 논의할 것을 공화당 지도부에 제안합니다.

- curb ~ from -ing
- dissuade ~ from -ing

» **The goal of our operation is to prevent Afghanistan from being a safe haven for Islamic terrorist groups.**

저희 작전의 목적은 아프가니스탄이 이슬람 테러 단체의 피난처가 되는 것을 막는 것입니다.

- curb ~ from -ing
- deter ~ from -ing
- forestall ~ from -ing

078 take center stage

'주목을 받다, 중심에 서다'라는 뜻이다. 참고로 take the stage는 '무대에 오르다'라는 말이다.

주목을 받다, 중심에 서다

» **Hate crime took center stage at the music industry's biggest event, with one awardee after another condemning it in their acceptance speeches.**

수상자들이 수상 소감으로 혐오 범죄를 규탄하면서 이 문제가 음악 분야 최대 행사에서 주목을 받았습니다.

- be front and center
- garner a lot of attention
- take the spotlight

» **The Fed will take center stage this week, with the world on tenterhooks, waiting to find out whether they will go through with another significant rate hike or not.** *on tenterhooks* 초조한

연준이 또 대규모 금리 인상을 단행할지 전 세계가 초조하게 지켜보고 있습니다. 이번 주에는 연준에 이목이 집중될 것입니다.

- be in the spotlight

● |참고| **She took the stage to thunderous cheers and gave her victory speech, expressing gratitude for the opportunity to serve America.**

그녀는 우레와 같은 환호를 받으며 무대에 올라 승리 연설을 했습니다. 그녀는 미국을 위해 봉사할 수 있는 기회를 갖게 된 것에 감사를 표했습니다.

- go on the stage
- mount the stage

020. MP3

079 file a complaint

여기서 file은 공식적으로 뭔가를 '제기하다'라는 뜻이고, complaint는 '공식 문서 형태의 불만이나 고소장'을 의미한다. 따라서 이 표현은 맥락에 따라 file a lawsuit(소송을 제기하다)와 같은 의미로도 쓸 수 있다. file을 활용한 표현으로는 file a motion(법원 신청을 제기하다), file a petition(청원을 제출하다) 등이 있다.

불만이나 고소장을 제기하다

» **China called the US measure "unfair" and said it's considering filing a complaint with the WTO.**

• lodge a complaint

중국은 미국의 조치를 '불공정하다'고 평가했으며, WTO에 제소하는 것을 고려하고 있다고 말했습니다.

» **The Residents' Association has filed a complaint with the construction company about the noise transmission between floors in the apartment buildings.**

• lodge a complaint

입주민 연합은 아파트 건물의 층간 소음과 관련해서 건설 회사에 공식적으로 불만을 제기했습니다.

● 참고 **Porter's attorney filed a motion to suppress the statements he made to the police officers immediately after his arrest.**

• submit a motion

포터의 변호사는 체포된 직후 그가 경찰에게 했던 진술을 (심리에서) 배제해달라고 법원에 신청했습니다.

080 set an example

set an example은 '모범을 보이다, 본보기가 되다'라는 뜻의 표현이다. 동사 set을 활용한 표현으로는 set a precedent(선례를 만들다), set a new record(신기록을 세우다), set standards(표준이 되다) 등이 있다.

모범을 보이다, 본보기가 되다

» **California is pioneering an all-electric vehicle future, setting an example for other states to follow.** *pioneer* ~을 개척하다

캘리포니아주는 100퍼센트 전기 자동차의 미래를 선도하며 다른 주에게 모범이 되고 있습니다.

● 참고 **The QX-8 is setting the standard for luxury electric SUVs.**

QX8 모델은 럭셔리 전기 SUV 차량의 표준이 되고 있습니다.

081 cast (one's) vote(s)

cast one's vote는 '투표하다'라는 뜻이다. 여러 명이 투표한다고 할 때는 cast one's votes 라고 하고 one's를 생략하기도 한다. vote는 ballot으로 바꿔 쓸 수 있다.

투표하다

» **Since early morning, voters have been lining up at polling stations across the nation to cast their votes in today's presidential election.**

이른 아침부터 전국의 투표장에는 오늘 대통령 선거에 투표하려는 사람들이 줄을 서고 있습니다.

» **The polls will close at 7 p.m., but individuals who have arrived before that time will still be able to cast ballots.**

투표는 오후 7시에 마감됩니다만, 그 시간 전까지 도착한 사람은 투표를 할 수 있습니다.

082 take shelter

take shelter는 '안전한 곳으로 피신하다'나 '쉴 곳을 찾다'라는 뜻이다. take는 동사 find나 seek로 대체해 말하기도 한다.

안전한 곳으로 피신하다

» **The key to preventing heat stroke is to take shelter from the sun and hydrate regularly.**

일사병을 예방하는 가장 좋은 방법은 햇볕에서 벗어나서 규칙적으로 수분을 섭취하는 것입니다.

쉴 곳을 찾다

» **Faith and her two children have been living on the streets for two months. She says finding shelter where she can stay safely with her children in San Francisco is extremely difficult.**

페이스와 그녀의 두 자녀는 지난 두 달 동안 거리에서 생활했습니다. 페이스는 샌프란시스코에서 자녀와 안전하게 머물 수 있는 쉼터를 찾는 것은 매우 어렵다고 말합니다.

021. MP3

083 wage *war*

wage war는 '전쟁을 벌이다'라는 뜻이다. war 앞에는 관용적으로 관사를 붙이지 않는다. 여기서 wage는 '~을 수행하다, 어떤 일을 벌이다'라는 의미로, wage a campaign(캠페인을 벌이다), wage an attack(공격을 가하다) 등의 표현으로 자주 쓴다.

전쟁을 벌이다

» **The newly elected president is determined to follow through on his promise to wage war on drug trade.**

follow through on ~을 지키다

신임 대통령은 마약 거래와의 전쟁을 벌이겠다는 공약을 지키려는 의지가 확고합니다.

● |참고| **Hackers used Zeron's cloud service to wage an attack on Chicago's hospital network.**

해커는 제론의 클라우드 서비스를 이용해서 시카고의 병원 네트워크를 공격했습니다.

- launch an attack
- mount an attack
- initiate an attack

084 drive *change*

drive change는 '변화를 주도하다, 촉진하다'라는 뜻이다. 동사 drive는 '~을 야기하다'라는 의미를 가지고 있어서 drive inflation(인플레이션을 야기하다), drive growth(성장을 촉진하다)처럼 쓴다.

변화를 주도하다, 촉진하다

» **We, as a company, are interested not only in generating profits but in driving positive change in the communities we serve.**

저희는 하나의 기업으로 단순히 이익을 창출하는 것뿐만 아니라 저희가 섬기는 지역 사회에서 긍정적인 변화를 주도하는 것에도 관심이 있습니다.

- lead ~ change
- foster ~ change
- spearhead ~ change

● |참고| **We are constantly on the lookout for emerging technology that could drive our future growth.**

on the lookout for ~을 찾고 있는

저희는 저희의 미래 성장의 동력이 될 수 있는 새롭게 떠오르는 기술을 끊임없이 찾고 있습니다.

- fuel ~ growth
- propel ~ growth
- spur ~ growth

085 take *pride* in

take pride in은 '~에 긍지를 느끼다'라는 뜻이다. 이처럼 take 뒤에 감정 명사가 오는 경우로는 take comfort in(~에 위안을 느끼다), take pleasure in(~에 기쁨을 느끼다), take offense at(~에 불쾌감을 느끼다) 등이 있다.

~에 긍지를 느끼다

» **Isabella described her late husband as someone who took a lot of pride in helping others, even at his own expense.**

at one's expense ~을 희생하며

이사벨라는 먼저 간 남편에 대해 자신을 희생해서라도 남을 돕는 것을 매우 자랑스럽게 생각했던 사람이었다고 설명했습니다.

- pride oneself on -ing
- be (very) proud of -ing

● |참고| **Rodney Turner said he took no pleasure in contradicting the President on the issue but he stood his ground because he believed the President was making a mistake.**

stand one's ground 입장을 고수하다

로드니 터너는 그 문제에서 대통령에게 반대하는 것이 기분 좋진 않았지만, 대통령이 잘못된 판단을 하고 있다고 믿었기 때문에 자신의 입장을 고수했다고 말했습니다.

- (not) enjoy -ing
- take (no) delight in -ing

086 represent *an increase*

'상승에 해당하다'라는 말이다. 여기서 represent는 be동사처럼 '~이다, ~에 해당하다'라는 의미다. 그 밖에도 represent는 뉴스에서 increase, opportunity, shift, breakthrough, escalation 등의 명사와 함께 쓴다.

상승에 해당하다

» **The city's homeless population hit a record number of 30,000 in June. This represents a 30 percent increase over the same period last year.**

그 도시의 노숙자 인구는 6월에 사상 최고인 3만 명에 달했습니다. 이것은 작년 동기 대비 30퍼센트 증가한 숫자입니다.

- mark ~ increase

● |참고| **The research published in the British Journal of Cancer represents a major breakthrough in efforts to prevent metastasis.**

영국 암 저널에서 출간된 그 연구는 암의 전이를 막으려는 노력에서 볼 때 중대한 돌파구입니다.

087 mark *an anniversary*

기념일이 '(몇) 주년을 맞이하다'라는 말이다. 여기서 mark는 be동사처럼 '~이다'라는 뜻인데, 뒤에 오는 내용이 중요하거나 경축할 일이라는 의미를 표현한다. 이런 의미일 때 mark는 mark a turning point(전환점을 이루다), mark a milestone(기념비적인 일이다)처럼 쓴다.

(몇) 주년을 맞이하다

›› **This year marks the 20th anniversary of diplomatic ties between the two countries, and a variety of events are lined up to celebrate the landmark.**

올해는 양국 간의 외교 관계가 수립된 지 20년이 되는 해로, 기념비적인 해를 축하하기 위하여 다양한 행사들이 준비되어 있습니다.

· commemorate the 20th anniversary

● |참고| **Lydia's decision to take on the role of a single mom in the film marked a turning point in her acting career.**

그 영화에서 싱글맘 역을 맡기로 결정한 것은 리디아의 연기 생활에 전환점이 되었습니다.

· become a turning point

088 devote *A* to *B*

이 표현은 'A를 B에 바치다, 할애하다'라는 뜻으로, time, money, resources, space, one's speech 등과 함께 쓴다. devote는 devote oneself to(~에 헌신하다) 형태나 *A* be devoted to *B*(A는 B에 할애되다)처럼 수동태로도 자주 쓴다.

A를 B에 바치다, 할애하다

›› A **What are your plans after leaving Capitol Hill?**

B **I plan to take a break from everything for a while, devoting more time to my family and diving into hobbies I never got around to.**

A 국회의사당을 떠나신 후 계획은 무엇인가요?

B 한동안은 모든 일에서 손을 떼고 좀 쉴 생각입니다. 가족과도 시간을 더 많이 보내고 전혀 즐기지 못했던 취미 생활도 좀 하고요.

· dedicate *A* to *B*
· spend *A* with *B*

›› **The President devoted much of his speech to highlighting the steps he had taken to create jobs by bringing American businesses back home from abroad.**

대통령은 연설의 상당 부분을 외국에 나간 미국 기업을 국내로 불러들여 일자리를 창출하고자 했던 조치를 강조하는 데 할애했습니다.

· focus ~ on -ing
· center ~ around -ing

089 challenge *a claim*

challenge a claim은 '주장에 이의를 제기하다'라는 뜻이다. challenge에는 '~에 도전하다'라는 뜻 외에도 '~에 이의를 제기하다'라는 뜻이 있다. 그래서 뉴스에서는 주장에 이의를 제기한다는 표현과 더불어 challenge a court ruling(법원 판결에 이의를 제기하다), challenge a report(보고서에 이의를 제기하다) 등으로 다양하게 활용한다.

주장에 이의를 제기하다

» **The bereaved family challenged the suspect's claim and urged the police to search his parents' house and office.**

유가족들은 용의자의 주장에 이의를 제기했고, 용의자 부모의 집과 사무실을 수색할 것을 경찰에게 촉구했습니다.

- contest ~ claim
- dispute ~ claim
- object to ~ claim

● |참고| **Ecolife challenged the court ruling in a Facebook post, calling it "skewed" and "short-sighted", arguing that it could slow the US' progress toward green energy.**

에코라이프 사는 페이스북 포스트에서 해당 판결이 '왜곡되었고 근시안적'이라며 이 판결로 미국은 그린에너지로의 전환이 늦춰질 것이라고 이의를 제기했습니다.

- contest the court ruling
- object to the court ruling
- protest against the court ruling

090 navigate *a system*

navigate는 바다를 항해하듯이 도전적 상황이나 문제를 '이해하고 적응하다, 활용하다, 대처하다'라는 의미다. 그래서 navigate a system이라고 하면 어떤 복잡한 시스템을 이용하려 노력한다는 뜻이 된다. 그 외에 navigate a crisis(위기에 대처하다), navigate a process(과정을 거치다) 등으로 활용한다.

시스템을 이해하고 이용하다

» **There's a widespread perception that the tax system is too complicated to navigate without the aid of an expert.**

조세 제도는 전문가의 도움 없이 활용하기에 너무 복잡하다는 인식이 널리 펴져 있습니다.

● |참고| **Global companies are reevaluating their product development strategies as they try to navigate AI-powered work processes.**

글로벌 기업들은 AI에 기초한 업무 프로세스에 적응하려고 노력하면서 제품 개발 전략을 재평가하고 있습니다.

091 compromise *security*

'보안을 약화시키다'라는 뜻이다. 동사 compromise는 '~을 위태롭게 하다'라는 뜻을 가지고 있다. 그래서 compromise safety(안전을 저해하다), compromise an investigation(수사에 차질을 주다) 등으로 활용한다.

보안을 약화시키다

» **Trojan viruses are posing a great threat to banking systems with their potential for compromising the security of transactions and user data.**

트로이 바이러스는 금융 거래와 고객 데이터의 보안을 약화시킬 잠재력이 있어서 금융 시스템에 큰 위협이 되고 있습니다.

- undermine the security
- weaken the security

● [참고] **Experts warn that the recent cyberattack on the power grid could compromise the safety of millions of citizens if not addressed swiftly.**

전문가들은 최근 발생한 전력망에 대한 사이버 공격에 신속히 대응하지 않으면 시민 수백만 명의 안전이 위협받을 수 있다고 경고합니다.

- jeopardize the safety
- endanger the safety

092 harness *the potential*

'잠재력을 개발하다, 활용하다'라는 뜻이다. '~을 이용하다'라는 의미를 가진 harness는 harness solar power(태양에너지를 활용하다), harness information(정보를 이용하다) 등의 표현으로 쓴다.

잠재력을 개발하다, 활용하다

» **A two-year-old Silicon Valley startup is keen on harnessing the potential of wearable technology to give the visually impaired more freedom of movement.**

설립 2년이 된 실리콘 밸리 스타트업은 시각 장애인에게 활동의 자유를 더 많이 제공하는 웨어러블 기술의 잠재력을 활용하는 데 관심을 갖고 있습니다.

- utilize the potential
- leverage the potential
- tap into the potential

● [참고] **VEC has a plan to deploy an experimental satellite to harness solar power from space by 2030.** *deploy* ~을 배치하다

VEC는 2030년까지 우주에서 태양에너지를 개발하기 위한 실험용 위성이 자리 잡게 하는 것을 목표로 하고 있습니다.

- utilize solar power
- tap into solar power
- unlock solar power

093 drop a charge

동사 drop은 '~을 취소하다, 취하하다, 그만두다'라는 뜻을 가지고 있다. 그래서 drop a charge는 '기소를 취하하다'라는 뜻이다. 비슷한 맥락에서 drop a case(사건을 그만두다), drop an investigation(수사를 그만두다)처럼 쓴다.

기소를 취하하다

» **Attorneys for former President Donald Trump have filed a motion with a federal court to drop all charges against him in the classified documents case.**

도널드 트럼프 전 대통령의 변호사들은 연방법원에 비밀 문건과 관련된 트럼프에 대한 모든 기소를 취하해달라는 신청서를 제출했습니다.

• dismiss ~ charges

● |참고| **Former White House Chief of Staff Coleman is being accused of pressuring FBI Director Robert Drew to drop the investigation into Senator Mikie Smith's relations with Russian officials.**

콜먼 전 백악관 비서실장은 로버트 드류 FBI 국장에게 미키 스미스 상원의원과 러시아 관리들의 관계에 대한 수사를 중지하도록 압력을 넣은 혐의를 받고 있습니다.

• halt the investigation

094 neutralize a threat

'위협을 무력화하다, 막다'라는 뜻이다. 이 표현처럼 neutralize는 맥락에 따라 막거나 제거, 무력화한다는 뜻을 가진 eliminate나 incapacitate, disable처럼 쓴다. neutralize a virus(바이러스를 제거하다), neutralize a conflict(갈등을 막다) 등의 표현도 알아두자.

위협을 무력화하다, 막다

» **This missile enables a fighter plane to neutralize enemy threats without getting into the range of air defense artillery.**

이 미사일은 전투기가 방공포의 사정권에 들어가지 않고 적의 위협을 무력화할 수 있게 해줍니다.

● |참고| **Canadian researchers are developing innovative vaccines to neutralize emerging virus strains and prevent outbreaks.**

캐나다 연구진들은 새로운 바이러스 변종을 막아서 발병을 예방할 수 있는 혁신적인 백신을 개발하고 있습니다.

095 derail *talks*

derail talks는 '회담을 결렬시키다, 회담에 차질을 빚게 하다'라는 뜻이다. derail은 기차를 탈선시키는 것처럼 방해하거나 지장을 준다는 의미다. 이 동사는 derail a project(프로젝트를 무산시키다), derail one's career(~의 커리어에 차질을 야기하다)처럼 활용한다.

회담을 결렬시키다, 회담에 차질을 빚게 하다

» **There is concern that this could derail the talks and set the two countries on a path to a prolonged bloody war.**

이 일로 인하여 회담이 결렬되고 양국이 장기간에 걸친 유혈 전쟁을 벌일 것이라는 우려가 있습니다.

• disrupt the talks
• knock the talks off course

• |참고| **Scott said that the knee injury, which derailed his career as a football player, ultimately turned out to be a blessing in disguise.**

blessing in disguise 전화위복

스콧은 자신의 미식축구 선수 생활에 마침표를 찍게 만든 무릎 부상이 궁극적으로는 전화위복이 되었다고 말했습니다.

096 upend *an economy*

upend an economy는 '경제를 뒤집다, 교란하다'라는 뜻이다. upend가 '거꾸로 뒤집다'라는 뜻이기 때문에 같은 뜻을 가진 관용구인 turn ~ upside down이나 일반 동사 disrupt로 바꿔 쓸 수 있다. upend someone's life(~의 인생을 뒤집다), upend a market(시장을 교란하다)처럼 활용한다.

경제를 뒤집다, 교란하다

» **The war upended the global economy, sending prices soaring in the US and other major economies.**

그 전쟁으로 인해 미국과 다른 주요 경제권에서 휘발유 가격이 급등하면서 세계 경제가 요동쳤습니다.

• disrupt ~ economy
• turn ~ economy upside down

• |참고| **The Smiths are one of the numerous families whose lives have been upended by the wildfire.**

스미스 일가는 산불로 인해 삶이 뒤집혀버린 수많은 가족 중 하나입니다.

097 calibrate *one's response*

calibrate는 표준치에 맞게 계기를 '조정하다'라는 뜻으로, 비유적 의미로 써서 calibrate one's response라고 하면 '~의 대응 수위를 조정하다, 조절하다'가 된다. 이런 의미일 때 calibrate a policy(정책의 수위를 조정하다), calibrate one's expectations(~의 기대치를 조정하다)처럼 활용한다.

~의 대응 수위를 조정하다

» **A high-ranking government official said that they will calibrate their responses to the ongoing global financial crisis by closely monitoring situations in the US and Europe.**

정부의 고위 관리는 미국과 유럽의 상황을 면밀하게 모니터해서 진행 중인 국제 금융 위기 상황에 대한 대응책을 조정하겠다고 말했습니다.

- adjust one's responses
- fine-tune one's responses

● |참고| **As long as you calibrate your expectations, you might enjoy this goofy and somewhat corny romance.**

너무 큰 기대를 하지 않는다면 바보 같고 조금 진부한 이 로맨스 영화를 즐길 수 있을 겁니다.

- adjust one's expectations
- manage one's expectations

098 fund *the government*

fund the government는 '정부에 자금을 지원하다'라는 뜻이다. fund는 finance처럼 '~에 자금을 대다'라는 뜻이다. fund a project(프로젝트에 예산을 지원하다), fund development(개발에 자금을 지원하다)처럼 쓴다.

정부에 자금을 지원하다

» **The Senate has just approved another stopgap budget to fund the federal government into April and avert a government shutdown.**

상원은 4월까지 연방정부에 예산을 지원해서 정부 폐쇄를 막기 위한 또 다른 임시 예산안을 통과시켰습니다.

● |참고| **Global mining company KMC has lined up a consortium of global lenders to fund its $2 billion gold project in Australia.**

line up ~을 확보하다

국제 광산 기업인 KMC는 호주에서 진행할 20억 달러 규모의 광산 개발 사업에 자금을 대출 국제 대출기관 컨소시엄을 확보했습니다.

099 prioritize *A* (over *B*)

prioritize *A* (over *B*)는 '(B보다) A를 우선하다, (B보다) A에게 우선순위를 주다'라는 뜻이다. 문맥상 비교하는 대상이 명백할 경우 over *B*는 생략되기도 한다. prioritize는 '~을 최우선으로 다루다'라는 의미를 가지고 있다.

(B보다) A를 우선하다

» **We operate three shelters for the homeless throughout the city. We prioritize women with children (over others).**

저희는 도시 전역에서 3개의 노숙자 쉼터를 운영하고 있습니다. 저희는 (다른 사람들보다) 아이가 있는 여성에게 우선권을 주고 있습니다.

• give priority to *A* over *B*

» **We prioritize protecting the coral reefs over reaping profits from coastal development.** *reap* ~을 거두다

저희는 연안 개발을 통해 이익을 얻는 것보다 산호초를 보호하는 것을 더 우선시합니다.

• focus more on *A* than *B*

100 garner *attention*

garner attention은 '관심을 받다, 모으다'라는 뜻이다. 이런 의미일 때 자주 함께 쓰는 다른 명사로는 support나 praise 등이 있다.

관심을 받다, 모으다

» **One area of innovative cancer treatment that is garnering attention is "immunotherapy," which involves neutralizing cancer's ability to hide from the immune system, enabling immune cells to spot and fight off cancer cells.**

fight off ~을 물리치다

최근 관심을 끌고 있는 혁신적 암 치료 분야 중 하나가 '면역 치료법'입니다. 면역 체계로부터 자신을 숨기는 암의 능력을 무력화해서 면역 세포가 암 세포를 발견해서 퇴치하도록 하는 것입니다.

• attract attention
• draw attention

● |참고| **Only a few people in modern history have garnered such respect and praise from around the world.**

근대 역사에서 전 세계적으로 그와 같은 존경과 칭송을 받은 인물은 몇 명뿐입니다.

• earn ~ respect and praise
• gain ~ respect and praise
• win ~ respect and praise

101 score a win

score는 '득점을 올리다'라는 뜻으로, score a goal(골을 넣다)처럼 스포츠 경기에서 자주 쓴다. 이 score를 뉴스에서는 achieve나 pull off처럼 '~을 따내다'라는 의미로 쓴다. score a job(일자리를 얻다), score a contract(계약을 따내다) 등의 표현도 알아두자.

승리를 따내다

» **Germany's Democrats scored a narrow win over Manfred Arnold's Socialist Party in yesterday's landmark election.**

독일의 민주당은 어제 중요한 선거에서 맨프레드 아놀드가 이끄는 사회당에 근소한 차이로 승리를 거두었습니다.

● |참고| **As a young artist, Lisa got her first break in 2016 when she scored a recording contract with a major record label.**

젊은 예술가였던 리사는 2016년에 대형 음반사와 음반 계약을 맺으면서 첫 행운을 잡았습니다.

102 gross+금액

[gross+금액]은 '얼마의 총수익을 올리다'라는 뜻이다. 수익과 관련된 표현으로는 [net+금액(얼마의 순이익을 내다)], [profit+금액(얼마의 이익을 거두다)], [pocket+금액(얼마를 개인 수입으로 벌다)] 등이 있다.

얼마의 총수익을 올리다

» **The film was picked up by Warner Bros. and grossed more than $15 million, making it one of the most successful indies in recent history.**

- earn ~ in revenue
- bring in ~ in revenue

그 영화는 워너 브라더스 사를 통해 배급되었고, 1천 5백만 달러 이상의 총수익을 기록하며 최근 역사상 가장 성공적인 인디 영화가 되었습니다.

● |참고| **Phoenix Funds, one of the biggest U.S. mutual funds, netted $28.5 billion last year.**

- earn ~ in net profits
- rake in ~ in net profits

미국에서 가장 큰 뮤추얼 펀드 중 하나인 피닉스 펀드는 작년에 285억 달러의 순이익을 기록했습니다.

103 top+숫자

[top+숫자]는 '숫자를 넘어서다, 그 이상이다'라는 뜻이다. 또 top은 '차트에서 1위를 차지하다'라는 의미도 가지고 있다.

숫자를 넘어서다, 그 이상이다

» **The death toll from Chile's wildfires topped 130, with more than 300 people missing.**

칠레의 산불로 인한 사망자 수가 130명을 넘어섰고 300명 이상이 실종되었습니다.

- exceed 130
- surpass 130
- go over 130

» **At four this morning, the storm's winds topped 150 miles per hour, equivalent to a category five hurricane.**

오늘 새벽 4시에는 태풍의 풍속이 시속 150마일을 넘어 5급 태풍의 위력에 버금갔습니다.

1위를 차지하다

» **"All I Want Is You", a song from Jerrold O'Connor's latest album, *Confession*, has topped the Billboard Hot 100 for four weeks in a row.** *in a row* 연속해서

제럴드 오코너의 최신 앨범 〈고백〉에 수록된 노래인 '내가 원하는 것은 당신뿐'이 4주 연속 빌보드 핫 100 차트 1위를 기록했습니다.

- stay at the top of
- occupy the No.1 spot on
- dominate

104 spell *trouble* (for)

뉴스에서 spell은 '~한 결과를 야기할 가능성이 크다, 조짐이 보이다'라는 의미로 쓴다. 보통 목적어로는 trouble, disaster, danger, uncertainty 같은 부정적인 명사를 어울려 쓰지만, 드물게 success나 opportunity 같은 긍정적 명사와 쓰기도 한다.

(~에게) 문제가 될 가능성이 크다, 조짐이 보이다

» **The new polling spells trouble for McCarthy as it shows her efforts to reach out to Black Democrats have fallen flat.**

이번 새 여론조사 결과는 매카시에게 문제가 될 가능성이 큽니다. 그녀가 흑인 민주당 유권자들을 끌어들이려고 한 노력이 효과가 없다는 것을 보여주기 때문입니다.

- suggest trouble
- indicate trouble
- signal trouble

● |참고| **Climate change spells disaster for the fishing industry, as warming oceans and disrupted ecosystems lead to declining fish populations.**

기후 변화에 따른 해양 온도 상승과 생태계 교란은 어자원 감소로 이어져서 어업에 큰 재앙이 될 것입니다.

- mean disaster
- signal disaster
- portend disaster

영어 뉴스에서 많이 쓰는

PART 2
구문 패턴

CHAPTER 1 » 동사+to부정사

이 챕터에서는 영어 뉴스에서 통계적으로 가장 많이 등장하는 to부정사 구문을 사용 빈도 순서로 소개한다. 동사 뒤에 to부정사가 붙는 구문은 많지 않지만, 영어 뉴스에서는 매우 빈번하게 등장한다. to 뒤에 다양한 동사를 넣어 활용하기 좋기 때문이다. 가령, need to 뒤에는 do, get, go, make, take, know, see, happen 등이 순서대로 많이 나온다. 여기서 need to make는 다시 need to make sure that, need to make a decision처럼 수많은 의미의 문장을 만들어 낸다. 이처럼 [동사+to부정사] 구문은 영어 뉴스에서 다양한 형태로 자주 등장하기 때문에 구문의 활용 형태와 예문을 많이 익혀두는 것이 중요하다.

105 get to

get to는 '-하게 되다, -할 기회를 갖다'라는 뜻이다. 이 표현은 to 뒤의 내용에 다가간다는 뉘앙스를 가지고 있기 때문에 각 상황에 맞게 자연스럽게 해석해야 한다.

-하게 되다, -할 기회를 갖다

» **We've been through a lot together as a team. That allowed us to get to know each other better.**
우리는 한 팀으로 많은 것을 함께했습니다. 그로 인해 서로를 더 잘 알 수 있게 되었습니다.

- have the opportunity to
- be able to

» **Participants were pleased to get to learn the skills of craftsmen, making them fond of this experiential program.**
참가자들은 장인의 기술을 배우게 되어 기뻐했고, 이 체험 프로그램을 좋아했습니다.

106 need to

need to는 '-할 필요가 있다, -해야 한다'라는 의미로 일상과 뉴스, 기사 등에서 아주 많이 쓴다.

-할 필요가 있다, -해야 한다

» **We're providing financial assistance to women in the low-income bracket who need to travel out of state for abortions.**
bracket 계층
저희는 낙태 수술을 받기 위해 다른 주로 이동해야 하는 저소득층 여성들에게 재정적 지원을 제공합니다.

- have to
- be forced to

» **You don't need to get this updated vaccine if you aren't in the high-risk group or have been infected with the virus before.**
고 위험군이 아니거나 이전에 바이러스에 감염된 적이 있는 경우에는 이번에 업데이트된 백신을 맞을 필요가 없습니다.

- have to

» **The judge sentenced her to 30 days in prison, so she needs to report to a San Diego County jail by October 23.** *report* 출두하다
판사는 그녀에게 30일 형을 선고했습니다. 그래서 그녀는 10월 23일까지 샌디에이고 카운티 교도소에 출두해야 합니다.

- must
- be required to

027. MP3

107 lead to

lead to는 '~가 –하게 만들다'라는 뜻이다. 또 lead to 뒤에 명사가 나오면 '~한 결과로 이어지다'라는 뜻이 된다. 참고로 be led to(환경에 의해 –하게 되다) 형태로도 자주 쓴다.

~가 –하게 만들다

» **He spent the last two seasons mostly on the bench, which led him to start seeking out other career paths.**

그는 지난 두 시즌을 대부분 벤치에서 보냈습니다. 그 때문에 그는 다른 직업을 찾아보기 시작했습니다.

- cause ~ to
- prompt ~ to
- bring ~ to

» **The high volatility in the market is leading many investors to liquidate their stocks.**

시장의 높은 변동성 때문에 많은 투자자들이 주식을 매각하고 있습니다.

- cause ~ to
- drive ~ to
- compel ~ to

» **Franklin's outburst led the judge to issue a strong admonition to him and warn his attorney that he could be held in contempt if (he was) not kept in check.** *keep ~ in check* ~을 억제하다

프랭클린이 큰 소리로 항의하자 판사는 그를 엄중히 질책했고, 그의 변호사에게 프랭클린이 통제되지 않는다면 법정모독죄를 적용받을 수 있다고 경고했습니다.

- cause ~ to
- prompt ~ to

~한 결과로 이어지다

» **The news report set in motion events that ultimately led to the president's resignation.** *set in motion* ~이 시작되게 하다

그 뉴스 보도로 여러 사건이 시작되었고, 결국 대통령의 사임으로 이어졌습니다.

- result in
- bring about
- culminate in

» **Glioma can lead to life-threatening complications when it goes untreated for a long time.**

신경교종은 오랫동안 치료하지 않으면 생명을 위협하는 합병증을 유발할 수 있습니다.

- result in
- cause
- bring about

환경에 의해 –하게 되다

» **Growing up in a poor family, I was led to believe that money was the solution for everything.**

가난한 가정에서 자란 저는 돈이면 모든 것이 해결된다고 믿게 되었습니다.

- come to

108 prepare to

prepare to는 '-할 준비하다'라는 뜻이다. equip oneself to(-하려고 장비나 재원을 준비하다), get into a position to(-할 태세를 갖추다), position oneself to(-할 자세를 잡다)도 함께 알아두자.

-할 준비하다

» **The city is preparing to reopen parks and other public facilities as the recovery from the typhoon is progressing rapidly.**
그 도시는 태풍 복구 작업이 빠르게 진행됨에 따라 공원과 다른 공공장소를 다시 개방할 준비를 하고 있습니다.

» **The rebels are preparing to launch another major offensive on the capital.**
offensive (군사적) 공격
반군은 수도에 또 다른 대규모 공격을 개시할 준비를 하고 있습니다.

- get ready to
- gear up to

109 look to

look to는 '-할 계획이다, 예정이다'라는 뜻이다. look에는 '보다'라는 뜻 외에도 여러 의미가 있기 때문에 문맥을 보고 해석해야 한다.

-할 계획이다, 예정이다

» **The band is currently working on a new album, which they're looking to release in the fall.**
그 밴드는 현재 새로운 앨범을 준비 중이며, 이번 가을에 발표할 계획입니다.

» A **When do you think this new plant will go into operation?**
B **We're looking to get it up and running by June.**
up and running 완전히 작동되는
A 이 새로운 공장은 언제쯤 가동할 것이라 생각하십니까?
B 저희는 6월까지는 공장을 가동시킬 계획입니다.

- plan to
- plan on -ing
- intend to

028. MP3

110 decide to

decide to는 '-하기로 결정하다'라는 뜻이다. 참고로 decide on은 '~을 선택하다'라는 뜻이니 함께 알아두자. 반대말인 '-하지 않기로 결정하다'는 decide[choose, opt] not to나 decide[opt] against -ing라고 한다.

-하기로 결정하다

» **The prosecution doesn't have much to go on, so it's likely that they will decide to drop the case.** *have ~ to go on* 근거로 삼을 ~이 있다

검찰에게는 증거가 별로 없습니다. 그래서 이 사건을 취하하기로 결정할 가능성이 있습니다.

• choose to
• opt to
• opt for -ing

-하지 않기로 결정하다

» **The Supreme Court decided not to weigh in on this matter, stating that it falls outside the scope of federal jurisdiction.**

weigh in on ~에 의견을 내다

대법원은 해당 사건이 연방 관할권 범위 밖이라는 이유로 이 문제에 대하여 의견을 제시하지 않기로 결정했습니다.

111 appear to

appear to는 '-한 것 같다, -한 것처럼 보이다'라는 뜻이다.

-한 것 같다, -한 것처럼 보이다

» **An Idaho store that appears to be straight out of the 90s because of its decor has gone viral, attracting passers-by in droves.** *go viral* 입소문이 나다 *in droves* 줄줄이

아이다호주의 한 상점은 마치 90년대로 온 것 같은 실내 장식 덕분에 입소문을 타서 지나가던 사람을 줄줄이 끌어들이고 있습니다.

• seem to

» **When we arrived at the scene, black smoke was still billowing from the attacked bus, and it was covered with what appeared to be marks from machine gun fire.**

저희가 현장에 도착했을 때는 공격을 당한 버스에서 아직도 검은 연기가 솟아오르고 있었습니다. 그리고 그 버스는 기관총 사격 흔적으로 보이는 것들로 뒤덮여 있었습니다.

• seem to

112 agree to

agree to는 '-하기로 합의하다, 동의하다'라는 뜻의 표현이다.

-하기로 합의하다, 동의하다

» **In a deal brokered by the UN, the two nations agreed to set up a safe passage corridor for civilians escaping the area.**

UN의 중재로 양국은 그 지역을 탈출하려는 민간인을 위한 안전 통행로를 설치하는 것에 합의했습니다.

- reach an agreement to

» **She agreed to testify at the trial on the condition of doing it behind closed doors.**

그녀는 비공개로 진행한다는 조건으로 그 재판에서 증언하는 데 동의했습니다.

113 struggle to

struggle to는 '-하려고 애쓰다, -하는 데 어려움을 겪다'라는 뜻이다.

-하려고 애쓰다, -하는 데 어려움을 겪다

» **Many hospitals are struggling to stay afloat with rising costs and empty beds.** *stay afloat* 재정적 어려움에 빠지지 않다

많은 병원들이 운영비 증가와 빈 병상 때문에 재정적 안정을 유지하는 데 애를 먹고 있습니다.

- face challenges in -ing
- find it difficult to

» **These communities are still struggling to recover from the devastating hurricane that left thousands of people homeless.**

이 여러 지역 사회는 아직도 수천 명의 이재민을 발생시킨 파괴적인 태풍의 피해를 복구하는 데 어려움을 겪고 있습니다.

- face difficulty in -ing
- fight to

» **Most candidates are struggling to raise money for TV ads, which, on average, cost twice as much as in the last election cycle.**

대부분의 후보들은 지난 선거철보다 평균 2배가 오른 TV 광고비를 마련하느라 애를 먹고 있습니다.

- have a hard time -ing
- hard-pressed to

114 cause ~ to

cause ~ to는 '~이 –하게 하다'라는 뜻이다. 주어 때문에 '~이 –하다'라고 해석해도 좋다.

~이 –하게 하다

» **Investigators are still looking into what caused the aircraft to land short of the runway.**
조사원들은 무엇 때문에 비행기가 활주로에 못 미쳐 착륙했는지를 아직 조사 중입니다.
• lead ~ to

» **The news leak caused Tacom to pull out of the deal.**
그 소식이 외부로 유출되면서 타콤 사는 협상에서 발을 뺐습니다.
• lead ~ to
• prompt ~ to
• force ~ to

» **Tell us about what caused you to take this approach to starting a business of your own.**
선생님은 어떤 계기로 회사를 설립하면서 이와 같은 방법을 썼는지 말씀해주시죠.
• prompt ~ to
• motivate ~ to

115 allow ~ to

이 표현은 '~이 –하게 허락하다, –할 수 있게 해주다'라는 뜻이다. '누가 뭔가를 할 수 있게 되다'라고 해석할 수도 있다. 또 be allowed to(–하게 허락받다, –할 수 있다)처럼 수동태로도 많이 쓴다.

~이 –할 수 있게 해주다

» **The data we get from our customers is essential for our business. It allows us to formulate effective product development and marketing plans going forward.**
고객으로부터 얻는 데이터는 저희 사업에 매우 중요합니다. 이 데이터 덕분에 저희가 계속 효과적으로 제품을 개발하고 마케팅 계획을 세울 수 있습니다.
• enable ~ to
• permit ~ to
• empower ~ to

» **This technology will allow us to more efficiently deliver renewable energy produced in remote areas to population centers.**
이 기술을 사용하면 외진 곳에서 생산된 재생에너지를 인구 밀집 지역으로 더 효율적으로 전송할 수 있게 됩니다.
• enable ~ to
• make it possible for ~ to

116 tend to

tend to는 '-하는 경향이 있다'라는 뜻이다. 뉴스뿐 아니라 일상생활에서도 많이 쓰는 표현이다.

-하는 경향이 있다

» **Home prices tend to go up during summer and fall during winter.**
주택 가격은 여름에는 상승했다 겨울에는 떨어지는 경향이 있습니다.

- have a tendency to
- typically

» **In general, cities tend to be hotter than the suburbs due to a phenomenon referred to as the urban heat island effect.**
도시 열섬 효과라고 불리는 현상 때문에 일반적으로 도시는 교외 지역보다 온도가 더 높은 경향이 있습니다.

- have a tendency to
- typically

117 fail to

fail to는 단어 그대로 '-하지 못하다, 실패하다', '-하지 않다'라는 뜻의 표현이다.

-하지 못하다, 실패하다

» **The film created a lot of buzz before release but failed to live up to the hype.**
그 영화는 개봉 전에 많은 화제를 모았지만 그 기대에 부응하지는 못했습니다.

- do not
- fall short of -ing

» **The Republicans failed to get the Vice President on board to pass the bill.**
공화당은 그 법안을 통과시키기 위한 부통령의 협력을 얻어내는 데 실패했습니다.

- do not
- fail in one's attempt to

-하지 않다

» **The university president stepped down amid accusations that she failed to stand up to racism on campus.** *amid* ~하는 가운데
그 대학 총장은 학내에서의 인종차별에 단호한 입장을 취하지 않았다는 비난 속에 총장직에서 물러났습니다.

- do not

118 opt to

opt to는 '-하기로 결정하다, 선택하다'라는 뜻으로, choose to와 같은 의미의 표현이다.

-하기로 결정하다, 선택하다

» **After years of losing money, Nexport opted to cut its losses and withdraw from the market.**

넥스포트 사는 수년 동안 적자를 기록한 끝에 손실을 줄이기 위해 시장에서 철수하기로 결정했습니다.

» **Alan chose to start his business in San Jose because of the relatively lower office rent while still being close to Silicon Valley.**

앨런은 상대적으로 사무실 임대료가 저렴하고 실리콘 밸리와 가까운 산호세에서 사업을 시작하기로 했습니다.

119 shape up to be

shape up to be는 things, season, election, race 등을 주어로 해서 '~이 되어 가고 있다, 될 것으로 보이다'라는 뜻으로 쓴다. 이 표현은 물론이고 대체 표현도 주로 진행형으로 쓴다.

~이 되어 가고 있다, 될 것으로 보이다

» **With election day just a month away, it's shaping up to be a tight race between the two frontrunners.**

투표일이 한 달 앞으로 다가온 가운데, 선거는 두 명의 선두 주자 간의 치열한 경쟁이 되어 가고 있습니다.

• turn into
• develop into

» **With half of the year behind, 2025 is shaping up to be a remarkably eventful year.**

올해의 반이 지난 상황에서 2025년은 정말 다사다난한 한 해가 될 것으로 보입니다.

• likely to become
• poised to become

120 threaten to

threaten to는 '-하겠다고 위협하다, 협박하다', 상황이 '-할 위험성이 있다'라는 뜻을 가지고 있다. 그러니 문맥을 보고 어떤 뜻으로 쓴 것인지 파악해야 한다.

-하겠다고 위협하다

» **Courex threatened to stop buying from us if we went ahead with our deal with Exlog.** *go ahead with* ~을 실행에 옮기다

큐렉스 사는 우리가 엑스로그 사와의 거래 계약을 진행할 경우 우리 회사의 물건을 구매하지 않겠다고 위협했습니다.

-할 위험성이 있다

» **At one point, we were expanding so fast that our overhead costs threatened to consume us.**

사업이 너무 빨리 확장되다 보니 어느 순간에는 경상비가 회사를 집어 삼킬 위험에 처하기도 했습니다.

- have the potential for -ing
- be feared to

121 decline to

decline to는 '-하는 것을 거절하다, -하지 않다'라는 뜻이다. refuse to도 같은 의미인데, refuse보다 decline이 조금 더 공손한 뉘앙스가 있다. 주로 comment, answer, speak 등 말하기 관련 동사와 함께 쓴다.

-하는 것을 거절하다, -하지 않다

» **When Thomas emerged from the hall, reporters shouted a barrage of questions at him, but he declined to answer and was whisked away in his limousine.** *barrage* (질문 등의) 세례

토마스가 회관에서 나왔을 때 기자들이 일제히 질문을 던졌습니다만, 토마스는 답변하지 않고 재빠르게 리무진을 타고 가버렸습니다.

» **Bruce Manning refused to buckle under pressure from his former boss at the CIA and testified before the Senate Committee on Foreign Relations.** *buckle under* 무너지다

브루스 매닝은 전 CIA 국장의 압력에 굴복하지 않고 상원 외교관계위원회에 출두해서 증언했습니다.

122 move to

move to는 '-하려는 움직임을 보이다, 조치를 취하다'라는 뜻이다.

-하려는 움직임을 보이다, 조치를 취하다

» **What is the likelihood of the Democrats actually moving to impeach the president?**

민주당이 실제로 대통령을 탄핵하려고 나설 가능성은 얼마나 됩니까?

- make a move to
- pursue -ing
- push to

» **As the real estate market shows signs of overheating, the government is likely to move to cool it down.**

부동산 시장이 과열 조짐을 보임에 따라 정부가 과열을 식히기 위한 조치를 취할 가능성이 높습니다.

- take action to
- take steps to

123 intend to

intend to는 '-할 작정이다, -하려고 의도하다'라는 뜻이다. be intended to(-하는 것을 목적으로 하다) 형태로도 자주 쓴다.

-할 작정이다, -하려고 의도하다

» **He was tried for aiding a group of people intending to commit terrorist acts and was sentenced to life in prison.**

be tried 재판을 받다

그는 테러 행위를 자행할 의도를 갖고 있는 집단에 도움을 준 혐의로 재판을 받고 종신형을 선고받았습니다.

- plan to

» **The government said it intends to appeal a federal court ruling yesterday that overturned a single-use plastic ban.**

연방법원은 어제 일회용 플라스틱 사용 금지를 무효화하는 판결을 내렸습니다. 정부는 이에 항소할 것이라고 밝혔습니다.

- plan to
- be intent on -ing

● [참고] **Congress passed a bill intended to ban the sale of commercial aircraft to Iran.**

의회는 이란에 상용항공기 판매를 금지하는 것이 목적인 법안을 가결했습니다.

- designed to
- aimed at -ing

124 attempt to

attempt to는 '-하려고 하다, 시도하다'라는 뜻이다.

-하려고 하다, 시도하다

›› **The former CIA agent is accused of attempting to pass secrets to an informant working for the Chinese security police.**

그 전직 CIA 요원은 중국 보안 경찰의 정보원에게 기밀을 넘기려 한 혐의를 받고 있습니다.

• try to

›› **The police officers at the scene attempted in vain to hold back the mob of protesters trying to enter the court building.**

in vain 허사가 되어 *hold back* ~을 저지하다

현장에 있던 경찰들이 법원 건물로 들어가려는 시위자들을 저지하려고 했지만 허사였습니다.

• try to

125 seek to

seek to는 '-하려고 노력하다', '-하는 것을 목표로 하다'라는 뜻이다.

-하려고 노력하다

›› **She sought to discredit the report, arguing it was riddled with factual errors.** *riddle with* ~가 가득한

그녀는 그 보고서가 사실적 오류로 가득 찼다며 보고서의 신뢰성을 깎아내리려고 했습니다.

• try to
• attempt to

›› **The defense attorney sought to cast doubt on Maria's testimony by highlighting her potential conflict of interest in the case.**

피고 측 변호사는 마리아가 이 사건에 잠재적 이해 상충이 있음을 강조함으로써 그녀의 진술에 의구심을 제기하려고 애썼습니다.

• try to
• attempt to

-하는 것을 목표로 하다

›› **The company is seeking to raise a minimum of $500 million through the public offering.** *raise* (자금 등)을 모으다

그 기업은 기업 공개를 통해서 최소한 5억 달러의 자금을 마련하는 것을 목표로 하고 있습니다.

• intend to
• aim to

032. MP3

126 aim to

aim to는 '–하는 것을 목적으로 하다, 노리다'라는 뜻이다.

–하는 것을 목적으로 하다

» **The campaign aims to raise awareness about the need for blood donors.** *raise* (수준 등)을 올리다

이 캠페인은 헌혈의 필요성에 대한 사회적 인식을 재고하는 것을 목적으로 합니다.

• be aimed at -ing
• be designed to

» **That startup company aims to attract a large number of early users by hosting a one-month free trial event.**

그 스타트업 회사는 1개월 무료 사용 이벤트를 개최하여 초기 사용자를 대거 유치하는 것을 목표로 삼고 있습니다.

• be looking to
• be seeking to

» **Senator Long is aiming to capitalize on conservative voters' discontent with the President's immigration policy to pull off an upset victory in Wisconsin.** *pull off* ~을 해내다

롱 상원의원은 위스콘신에서 역전승을 거두기 위해 대통령의 이민 정책에 대한 보수층 유권자들의 불만을 이용하는 것을 목표로 삼고 있습니다.

• look to
• seek to

127 arrange (for) to

arrange (for) to는 '(~이) –하도록 주선하다'라는 뜻이다. 어떤 일이 일어나도록 미리 손을 써놓는 상황에서 쓴다.

(~이) –하도록 주선하다

» **The New York Times broke the story today that former California governor Asher Moore had arranged to pay Lisa Jones $3 million to keep her silent about their affairs.**

뉴욕 타임스는 오늘 애셔 무어 전 캘리포니아 주지사가 리사 존스와 밀애를 했으며, 그녀의 입을 막으려고 3백만 달러를 지급하기로 했다는 기사를 터뜨렸습니다.

» **The State Department arranged for two commercial airplanes to fly to Sudan and pick up American citizens stranded at Khartoum International Airport.** *stranded* 발이 묶인

두 대의 민간 항공기가 수단으로 날아가 하르툼 국제공항에 고립되어 있는 미국 시민들을 수송해오도록 국무성이 주선했습니다.

128 deserve to

이 표현은 긍정적 맥락에서는 '-할 권리가 있다', 부정적 맥락에서는 '-하는 게 마땅하다'라는 뜻으로 쓴다.

-할 권리가 있다

» **House Minority Leader Martha Campbell said, "The American people deserve to know the full facts about Russia's interference in our election."**

하원 소수당 대표인 마사 캠벨은 "미국 국민은 러시아가 우리 선거에 개입한 것에 관한 모든 사실을 알 권리가 있다"고 말했습니다.

- have a right to
- be entitled to

-하는 게 마땅하다

» **At this detention camp, the conditions are shocking—cramped spaces, no basic hygiene, and severe overcrowding. No one deserves to be treated like this.**

이 수용소의 환경은 공간이 비좁고, 기본적인 위생은 미비하며, 심각한 인원 과밀로 충격적입니다. 누구도 이런 취급을 받아 마땅한 사람은 없습니다.

- should
- warrant -ing

129 offer to

offer to는 '-하겠다고 나서다, 제안하다'라는 뜻이다.

-하겠다고 나서다, 제안하다

» **Numerous people have come forward to offer to help the refugees who arrived here by bus from Florida yesterday.**

수많은 사람들이 어제 플로리다에서 버스를 타고 이곳에 도착한 난민들에게 도움을 제공하겠다고 나섰습니다.

- volunteer to

» **The witness said that a man matching the fugitive's description offered to pay him 200 dollars for a ride to the Mexican border.**

목격자는 도주범과 인상착의가 비슷한 한 남자가 멕시코 국경까지 차를 태워주면 200달러를 주겠다고 제안했다고 말했습니다.

- propose to

» **In Chile, all 34 active bishops have offered to resign over the alleged cover-up of sexual abuse.**

칠레에서는 성적 학대 은폐 의혹과 관련해 34명의 현직 주교들이 사의를 표명했습니다.

- express one's willingness to

130 scramble to

scramble to는 '긴급하게 –하려고 하다'라는 뜻이다. 동사 scramble에는 '위기 상황이나 기회를 보고 재빨리 움직이다'라는 뜻이 있다.

긴급하게 –하려고 하다

» **With rapid advances in AI, governments around the world are scrambling to figure out how to regulate the technology.**

AI가 빠르게 발전하면서 전 세계 정부들은 이 기술을 규제할 방법을 찾기 위해 서두르고 있습니다.

- act urgently to
- hasten to
- rush to

» **Pharmaceutical firms are scrambling to secure partnerships to cash in on the telemedicine boom.** *cash in on* ~에서 경제적 이득을 취하다

제약회사들은 원격 진료 붐을 매출 확대의 기회로 삼고자 제휴사를 확보하려고 발 빠르게 움직이고 있습니다.

131 fight to

fight to는 싸우기라도 하는 것처럼 '–하기 위하여 적극적으로 노력하다'라는 말이다. battle to도 같은 의미다. 두 표현 모두 어려운 일을 해내기 위해 투쟁한다는 뉘앙스를 가지고 있다. 참고로 예문에 종종 나오는 in an effort to(–하기 위한 노력으로)는 in order to나 to라고 해도 되고 생략해도 된다.

–하기 위하여 적극적으로 노력하다

» **In an effort to ride out the recession, companies are fighting to keep costs down while revving up their innovation drives.**

ride out ~이 끝날 때까지 견디다

불황을 버티기 위해 기업들은 혁신을 강화하는 동시에 비용을 낮추려고 노력하고 있습니다.

- strive to
- put in efforts to

» **The film portrays an Arabic community fighting to preserve its cultural identity.**

이 영화는 자신들의 문화적 정체성을 지키기 위해 적극적으로 노력하는 아랍 지역 사회를 그리고 있습니다.

- strive to
- struggle to

132 happen to

happen to는 '우연히 –하다, 혹시 –하다'라는 뜻이다.

우연히 –하다, 혹시 –하다

» His conviction **happened to** coincide with the release of a new film featuring a character involved in a similar crime.

그가 유죄 판결 받은 날은 우연히 비슷한 범죄에 관계 있는 인물을 그린 영화가 개봉된 날이었습니다.

• coincidentally

» If you **happen to** live in an area with good 5G coverage, you can take advantage of this device to experience truly immersive augmented reality.

당신이 혹시 5G가 잘 통하는 지역에 살고 있다면 이 장치를 이용해 아주 몰입적인 증강 현실을 경험할 수 있습니다.

• by chance

133 push to

push to는 '–하기 위해 노력하다', push ~ to는 '~이 –하도록 압박하다'라는 뜻이다. 형태에 따라 뜻이 달라지니 주의해야 한다.

–하기 위해 노력하다

» The federal government is **pushing to** boost domestic wheat production in the interest of food self-sufficiency.

연방정부는 식량 자급자족을 위해 국내 밀 생산량을 증가시키려 노력하고 있습니다.

• work hard to
• make efforts to
• strive to

~이 –하도록 압박하다

» Environmental activists are **pushing** the EPA **to** release its documents on the landfill.

환경 운동가들은 미 환경보호국에 해당 매립지의 문서를 공개하라고 강력하게 요구하고 있습니다.

• call on ~ to
• demand that (the EPA)

» Several civil rights groups are joining forces to **push** Congress **to** toughen federal oversight of state police departments amid allegations of police racial discrimination.

경찰의 인종차별 의혹이 제기된 가운데, 주 경찰에 대한 연방정부의 감독을 강화하도록 의회를 압박하기 위해 여러 시민 권리 단체들이 힘을 합치고 있습니다.

• press ~ to
• pressure ~ to

034. MP3

134 strive to

strive to는 '-하려고 열심히 노력하다'라는 뜻이다. 이 표현은 어떤 일에 매진하는 것을 묘사할 때 쓴다.

-하려고 열심히 노력하다

» **Three months into the outbreak, China is still striving to contain the avian flu that has already wreaked havoc on its poultry industry.** *wreak havoc on* ~에 큰 피해를 입히다

조류 독감이 발생한 지 3개월이 지난 지금도 중국은 양계 산업에 막대한 피해를 준 조류 독감을 억제하기 위하여 노력 중입니다.

- work hard to
- fight to
- struggle to

» **I strive to be a role model for the students I teach.**

저는 제가 가르치는 학생들의 롤 모델이 되기 위해 노력합니다.

- work hard to
- make an effort to

135 stand to

stand to는 '-할 가능성이 있다'라는 뜻이다. 이 표현은 주로 뭔가 얻는다는 뜻의 동사 benefit이나 earn, gain, 잃는다는 뜻의 동사 lose와 같이 쓴다.

-할 가능성이 있다

» **Talks are underway to merge their streaming services into a single platform. If the deal goes through, HBO stands to make a fortune.**

현재 그들의 여러 스트리밍 서비스를 하나의 플랫폼으로 통합하는 논의가 진행 중입니다. 이런 합의가 성사된다면 HBO는 돈방석에 앉게 됩니다.

- may
- be likely to
- be in a position to

» **The law explicitly states that a witness to a will should not be someone who stands to benefit from it.**

유언으로 혜택을 받을 수 있는 사람은 유언의 증인이 될 수 없다고 법에 분명히 명시되어 있습니다.

136 manage to

manage to는 '어려움에도 불구하고 그럭저럭 -하다'라는 뜻이다. 이 표현에는 어려운 일을 어떻게 해서든 해낸다는 의미가 내포되어 있다.

어려움에도 불구하고 그럭저럭 -하다

» **Today, Turner managed to regain some of the ground she lost to Elliot Parker in the last debate.**

오늘 터너는 지난 토론에서 엘리엇 파커에게 잃었던 점수를 어느 정도 만회했습니다.

» **In today's ballot, the two Amazon warehouses in Alabama didn't manage to garner enough support for unionization.**

오늘 투표에서 앨라배마에 있는 아마존 창고 두 곳은 노조를 결성하기에 충분한 지지를 얻어내지 못했습니다.

137 act to

act to는 '-하기 위해 조치를 취하다'라는 뜻이다. 뒤에 나오는 내용을 위해서 행동한다는 의미를 가지고 있다.

-하기 위해 조치를 취하다

» **The President said his administration would act to tackle the climate crisis even if Congress refused to cooperate.**

대통령은 의회가 협력을 거부해도 행정부는 기후 위기를 해소하기 위한 대책을 취할 것이라고 말했습니다.

· take action to
· take steps to
· take measures to

» **The group urged the government to act quickly to protect schools and students from cybercriminals.**

그 단체는 정부에 학교와 학생을 사이버 범죄자들로부터 보호하기 위한 신속한 조치를 취하라고 촉구했습니다.

· move ~ to

» **European nations need to act together to address the ongoing refugee crisis before it becomes unmanageable.**

유럽 국가들은 통제 불가능이 되기 전에 현재 진행 중인 난민 위기를 해결하기 위해 함께 대책을 마련해야 합니다.

· work ~ to

138 propose (to) to

propose (to) to는 '(~에게) –하겠다고 제안하다'라는 뜻이다.

(~에게) –하겠다고 제안하다

›› **Reportedly, the White House has proposed to Russia to swap Sergey Novak, a Russian arms dealer serving a life sentence in the US, for the American reporter held in custody in Russia.**

swap A for B A를 B와 교환하다

보도에 따르면, 백악관은 미국에서 종신형을 살고 있는 러시아 무기상 세르게이 노박과 러시아에 구금되어 있는 미국인 기자를 맞교환하자고 러시아에 제안했습니다.

- put forth a proposal to ~ to
- put forward to ~ the idea of -ing

›› **The Muslim community erupted in protest when the president proposed to ban all Muslims from traveling to the country.**

무슬림 커뮤니티는 그 대통령이 모든 무슬림이 그 나라로 여행 오는 것을 금지하겠다고 제안했을 때 크게 반발했습니다.

- suggest -ing
- put forward the idea of -ing

139 race to

race to는 '–하기 위해 긴급히 움직이다'라는 뜻이다. 또 '경쟁적으로 –하다'라는 의미도 가지고 있다.

–하기 위해 긴급히 움직이다

›› **New developments tonight on the southern border as Texas is racing to stem the growing flow of immigrants crossing into the country.**

텍사스주가 급증하는 이민자 유입을 막기 위해 긴급 대책을 강구하고 있는 가운데, 오늘 밤 남부 국경에서 새로 발생한 사태를 전해드립니다.

- scramble to
- rush to

경쟁적으로 –하다

›› **Global battery makers are racing to develop all-solid-state batteries that are anticipated to lead the future EV market.**

글로벌 배터리 제조업체들은 미래 전기차 시장을 주도할 것으로 예상되는 전고체 배터리를 개발하기 위한 경쟁을 벌이고 있습니다.

- compete to
- in a race to

140 vow to

vow to는 '-하겠다고 공언하다'라는 뜻이다. pledge to도 같은 의미인데, pledge는 선거 공약처럼 약속한다는 뉘앙스를 가지고 있다.

-하겠다고 공언하다

» **Beijing vowed to retaliate with tariffs of their own if the US pushes ahead with punitive tariffs on car imports from China.**

push ahead with ~을 강행하다

중국 정부는 미국이 중국에서 수입하는 차에 징벌적 관세 부과를 강행한다면 자국도 관세로 보복하겠다고 공언했습니다.

» **The global leaders attending the summit today vowed to step up their efforts to tackle the climate crisis.**

오늘 정상회의에 참석한 세계 지도자들은 기후 위기에 대응하는 노력을 더욱 강화하겠다고 공언했습니다.

141 volunteer to

volunteer to는 '-하겠다고 자원하다, 자발적으로 나서서 -하다'라는 뜻이다.

-하겠다고 자원하다, 자발적으로 나서서 -하다

» **You volunteered to donate one of your kidneys to the Dunns' daughter, even though you had never met them before. What motivated you to do so?**

• offer to
• come forward to

당신은 만나본 적도 없는 던스 부부의 딸에게 당신의 신장 하나를 기증하겠다고 나섰습니다. 그렇게 하게 된 동기는 무엇인가요?

» **Ted and his friends regularly volunteer to pick up groceries from neighborhood markets for elderly people who are unable to drive.**

• step forward to

테드와 그의 친구들은 운전을 할 수 없는 노인들을 위해 근처 슈퍼마켓에서 식료품을 가져다주는 일을 주기적으로 하고 있습니다.

036. MP3

142 neglect to

neglect to는 '(실수로) -하지 않다'라는 뜻이다. 참고로 유사 표현인 forget to는 '깜빡 잊고 -하지 않다'라는 뜻이고, neglect to는 부주의나 실수로 '-하지 않다'라는 의미다.

(실수로) -하지 않다

» **If there is any income you neglected to include in your ITR, you have until the end of the month to correct the mistake.** • fail to

have until ~ to ~까지 -할 수 있다

소득세 신고에 누락된 수입이 있다면, 이달 말까지 실수를 정정할 수 있습니다.

» **When Secretary of Defense Austin recently took a three-day leave for medical treatment, the Pentagon neglected to immediately report it to the White House.** • fail to

최근 오스틴 국방장관이 치료를 위해 3일 휴가를 떠났을 때, 국방부는 이 사실을 즉각 백악관에 보고하지 않았습니다.

143 venture to

venture to는 '(조심스럽게) -하다'라는 뜻이다. 이런 의미일 때 to 뒤에는 say, guess, suggest 등의 동사를 자주 쓴다. 또 '(모험하듯) -하다'라는 의미도 가지고 있다.

(조심스럽게) -하다

» **I would venture to guess that most Americans aren't even aware of the legislation, despite its potentially significant impact on them.**

제가 감히 추측해보자면, 대부분의 미국인은 이 법안이 자신에게 큰 영향을 미칠 수 있는데도 불구하고 존재 자체를 모르고 있을 겁니다.

(모험하듯) -하다

» **Sara quit her job at the fashion house and ventured to create her own brand, which she launched three years ago.** • take on the challenge of -ing • set out to

사라는 패션 회사를 그만두고 과감히 자신의 브랜드를 만들어서 3년 전에 론칭했습니다.

144 yearn to

yearn to는 '-하는 것을 갈망하다'라는 뜻이다. yearn에 '몹시 하고 싶어 하다'라는 뜻이 있다.

-하는 것을 갈망하다

» **Close to 80 percent of people in Gaza are displaced, and they're yearning to go back home to their communities.**

가자 지구의 주민 80퍼센트 가까이는 고향을 잃은 실향민이며, 이들은 자신이 살던 지역 사회로 돌아가기를 갈망합니다.

- long to
- strongly wish to
- keen to

» **As an aspiring writer, Laurel yearned to travel the world and write about the cultures and people she would encounter.**

로렐은 작가 지망생이었을 때 전 세계를 여행하며 그녀가 만나게 될 문화와 사람에 관한 글을 쓰는 꿈을 갖고 있었습니다.

- dream of -ing
- long to

145 allege to

allege to는 '-하다고 주장하다'라는 뜻이다. 그래서 be alleged to라고 하면 '(목격자에 의해) -했다고 주장되다'라는 말이 된다. be alleged to는 be said to(-했다고 일컬어지다)나 be reported to(-했다고 신고되다)로 바꿔 쓸 수 있다.

-하다고 주장하다

» **The YouTube video of a woman alleging to have been sexually harassed at a bar by actor Brian Castor has turned out to be AI-faked.**

한 여성이 술집에서 영화배우 브라이언 캐스터에게 성추행을 당했다고 주장하는 유튜브 영상은 AI가 만든 가짜로 드러났습니다.

- claim to

● |참고| **The police are chasing down an Asian male who is alleged to be lurking near the scene when the explosion occurred.**

chase down ~을 추적하다

경찰은 폭발이 일어났을 당시 현장 근처에서 서성거렸다는 제보가 들어온 아시아계 남자를 추적하고 있습니다.

- allegedly

037. MP3

146 scheme to

scheme to는 '-할 계략을 꾸미다'라는 뜻이다. 대체 표현으로는 plot to, attempt to, conspire to가 있다. 참고로 conspire to는 두 명 이상이 '공모하다, 모의하다'라는 맥락에서 쓴다. 엄밀하게 구분하지는 않지만, 범죄나 부정 행위와 연관해서는 주로 scheme to를 많이 쓰는 편이다.

-할 계략을 꾸미다

» **Today, the New York Prosecutor's Office indicted the former president on 15 counts of criminal activity including falsifying business records and scheming to cover it up.**

오늘 뉴욕검찰청은 업무 기록을 조작하고 이 사실을 덮으려고 계획한 혐의를 포함하여 15개의 죄목으로 전직 대통령을 기소했습니다.

» **Federal prosecutors nabbed five Somali Americans for scheming to sneak into Syria and join ISIS.**

nab ~을 체포하다 *sneak into* ~로 몰래 들어가다

연방검사들은 시리아로 잠입해서 ISIS 가입을 공모한 혐의로 5명의 소말리아계 미국인을 체포했습니다.

147 call on ~ to

call on ~ to는 '~에게 -하라고 요청하다, 촉구하다'라는 뜻의 표현이다.

~에게 -하라고 요청하다, 촉구하다

» **Actress Julia Raskin staged a one-man protest on Capitol Hill today, calling on Congress to act on the fentanyl crisis, which she said is "destroying American families."**

• urge ~ to
• press ~ to

배우 줄리아 래스킨은 오늘 의사당 앞에서 일인 시위를 벌였습니다. 그녀는 의회에 '미국 가정을 파괴하는' 펜타닐 약물 위기에 대한 대책을 세우라고 촉구했습니다.

» **The watchdog group issued a statement, calling on all parties to put politics aside and keep their focus on what's in the best interest of people.**

put ~ aside ~을 제쳐놓다

• urge ~ to
• appeal to ~ to

오늘 시민 감시 단체는 모든 정당들에게 정치를 배제하고 국민에게 가장 이익이 되는 것에 집중하라고 촉구하는 성명을 발표했습니다.

148 inspire ~ to

inspire ~ to는 '~이 -하도록 영감을 주다, 고취시키다'라는 뜻이다.

~이 -하도록 영감을 주다, 고취시키다

» **The librarian who inspired Scott to become a writer was tragically killed in a car accident just before his first novel was published.**

스콧이 작가가 되도록 영감을 불어넣어 준 그 사서는 안타깝게도 스콧의 첫 번째 소설이 출판되기 얼마 전에 교통사고로 사망했습니다.

- motivate ~ to
- influence ~ to

» **The problem with these crime documentaries is that they inspire people to commit copycat crimes.**

이런 범죄 다큐멘터리가 사람들에게 모방 범죄를 저지르도록 부추긴다는 점이 문제입니다.

- motivate ~ to
- encourage ~ to
- incite ~ to

149 prompt ~ to

prompt ~ to는 '~이 -하도록 촉발하다'라는 뜻으로, '~이 -하게 되다'라는 의미를 나타낼 때 유용한 표현이다. prompt에는 뭔가 빨리 하도록 재촉하다는 뉘앙스가 있다.

~이 (신속하게) -하게 하다, ~이 -하게 되다

» **What prompted you to leave your job and start this venture? What advice would you offer to others who want to follow a similar path?**

어떤 계기로 직장을 그만두고 자신의 사업을 시작하게 되셨습니까? 같은 길을 가고 싶어하는 다른 분들에게 어떤 조언을 주실 수 있을까요?

- motivate ~ to
- encourage ~ to
- inspire ~ to

» **The rash of break-ins prompted the FBI to issue a warning, urging business owners in Southern California to be vigilant about a burglary ring targeting small stores.**

rash of ~의 빈발 *burglary ring* 절도 조직

침입 사건이 잇따라 발생하자 FBI는 남부 캘리포니아의 소규모 상점을 노리는 빈집털이 조직을 경계하라는 주의보를 발령했습니다.

- cause ~ to

150 urge ~ to

urge ~ to는 '~에게 -하도록 촉구하다', '~에게 -하도록 권고하다'라는 의미다. 앞서 나왔던 call on ~ to와 유사한 표현이다.

~에게 -하도록 촉구하다

» **The prime minister went on TV to urge people to go to the polls, saying that the nation's future is at stake in this election.**

go to the polls 투표하러 가다 *as stake* 걸려 있는

수상은 TV에 출연해서 이번 선거에 나라의 미래가 걸려 있다며 국민들에게 투표하러 가줄 것을 호소했습니다.

• encourage ~ to
• appeal to ~ to

~에게 -하도록 권고하다

» **A manhunt for a suspect wanted in the shooting of a Watertown police officer is ongoing, and the mayor is urging people to stay indoors.**

워터타운 경찰 총격으로 수배된 용의자에 대한 추적이 계속되고 있는 가운데, 시장은 주민들에게 실내에 머물러 달라고 부탁했습니다.

• advise ~ to

151 drive ~ to

drive ~ to는 '~이 -하게 만들다, 동기를 부여하다'라는 의미다. 동사 drive는 뒤에 나오는 목적어를 어디로 몰아간다는 의미를 가지고 있다.

~이 -하게 만들다, 동기를 부여하다

» **Our public health system is in shambles, driving people to depend on private insurance and care.**

우리나라의 공중보건제도는 엉망이어서 사람들은 민간보험과 치료에 의존할 수밖에 없습니다.

• force ~ to
• compel ~ to

» **After his release from jail, the pressure from his former associates drove him to commit a crime again.**

그는 교도소에서 출소한 후 전 동료의 강압 때문에 또 다시 범죄를 저지르고 말았습니다.

• force ~ to
• lead ~ to

152 require ~ to

require ~ to는 '~이 -하도록 요구하다, ~이 -해야 한다'라는 뜻이다. 또 be required to (-하도록 요구받다, -해야 한다)처럼 수동태로도 자주 쓴다.

~이 -하도록 요구하다, ~이 -해야 한다

» **The appellate court upheld the lower court's decision requiring Jill Davis to testify in her father's fraud case.**

항소법원은 질 데이비스에게 아버지의 사기 사건에서 증언하라는 하급법원의 판결을 인용했습니다.

• order ~ to

» **The humanitarian pause in the Gaza conflict is a step in the right direction, but the unfolding humanitarian crisis requires us to do much more.**

가자 분쟁에서의 인도주의적 휴전은 올바른 방향으로 가는 대책이지만, 현재 진행 중인 인도주의적 위기 상황을 놓고 볼 때 우리는 더 많은 것을 해야 합니다.

• make it imperative for ~ to

153 convince ~ to

convince ~ to는 '~이 -하도록 설득하다'라는 뜻이다. 주어가 무생물인 경우에는 주어 때문에 '~이 -하게 되다'라는 의미를 표현한다.

~이 -하도록 설득하다 , ~이 -하게 되다

» **I heard that you initially had some reservations about taking on the role. What convinced you to change your mind?**

reservation 거리낌

처음에는 이 배역을 맡는 것을 약간 꺼렸다고 들었는데, 어떤 이유로 생각이 바뀌셨나요?

• make
• motivate ~ to
• prompt ~ to

» **The White House is counting on Russia to convince Syria to get on board with the peace deal, but analysts say that Russia's sway over Damascus has considerably waned over the years.**

sway 장악, 지배 *Damascus* 시리아의 수도(시리아 정부를 의미) *wane* 줄어들다

백악관은 러시아 쪽에서 시리아를 평화협정에 참여하도록 설득해주기를 기대하지만, 분석가들에 따르면 시리아에 대한 러시아의 영향력은 지난 수년간 크게 줄었다고 합니다.

• talk ~ into -ing

154 challenge ~ to

challenge ~ to는 '~에게 -한 도전적인 일을 해보라고 권하다, 촉구하다'라는 뜻이다. 또한 '~에게 -할 수 있으면 해보라고 하다'라는 의미로 도전하는 맥락에서도 사용한다.

~에게 -한 도전적인 일을 해보라고 권하다

» **Before he died, he challenged me to write my own Broadway play. I rose to his challenge, and that set me on a path that has brought me to where I am today.**

그는 죽기 전에 저에게 용기를 내서 직접 브로드웨이 연극 작품을 써보라고 권했습니다. 저는 그의 말대로 도전했고 그것이 지금의 제가 있게 된 계기가 되었습니다.

- encourage ~ to
- urge ~ to

~에게 할 수 있으면 -해보라고 하다

» **We set the bar for nuclear safety in the world. I challenge you to come up with another energy company with a better safety record in running nuclear power plants than us.**

set the bar 기준을 세우다

저희는 세계의 핵 발전 안전 표준을 선도합니다. 저희보다 더 나은 핵 발전소 안전 운전 기록을 가진 에너지 기업을 찾기는 어려울 것입니다.

- invite ~ to
- dare ~ to

155 trust ~ to

trust ~ to는 '~이 -할 수 있을 거라고 신뢰하다'라는 뜻이다.

~이 -할 수 있을 거라고 신뢰하다

» **Any candidate can make promises, but the real question is whether you can trust them to deliver.**

어떤 후보든 공약은 할 수 있지만 정말 중요한 것은 여러분이 그 후보가 약속을 지킬 수 있다고 믿을 수 있느냐는 것입니다.

- rely on ~ to
- count on ~ to

» **The survey shows that most users don't trust social media platforms to protect their privacy.**

여론 조사에 따르면 대부분의 사용자는 SNS 플랫폼이 개인의 사생활을 보호해줄 것이라고 기대하지 않는다고 합니다.

- have confidence in ~ -ing
- rely on ~ to

156 mandate ~ to

mandate ~ to는 '~이 -하도록 의무화하다, 규정하다'라는 뜻이다. mandate that(…하는 것을 의무화하다) 형태로도 자주 쓴다. mandate vaccination(예방접종을 의무화하다), mandate safety measures(안전 대책을 의무화하다) 등의 표현도 알아두자.

~이 -하도록 의무화하다, 규정하다

» **The Texas legislature today approved a law mandating schools to inform parents when sexually explicit materials are used in the classroom.**

텍사스주 의회는 오늘 수업에서 노골적인 성적 표현이 담긴 자료를 사용할 경우 학교가 부모에게 알리도록 하는 법안을 통과시켰습니다.

- require ~ to
- make it mandatory for ~ to

● |참고| **The amendment mandates that the federal budget deficit not exceed 10 percent of GDP.**

해당 법 수정안은 연방정부의 예산 적자가 GDP의 10퍼센트를 초과하지 못하도록 규정하고 있습니다.

- require that
- stipulate that

영어 뉴스에서 많이 쓰는

PART 2
구문 패턴

CHAPTER 2 » 동사+부사

[동사+부사] 형태의 구동사 구문에 대해 알아보자. 먼저 come처럼 자동사로만 써서 come along(순조롭게 진행되다)과 같이 뒤에 부사가 붙는 경우가 있다. 또 build처럼 build up(축적되다) 자동사 구문과 build up military force(군사력을 키우다) 타동사 구문까지 양쪽으로 쓰는 경우가 있다. 그리고 동사 뒤에 목적어가 들어가는 경우도 있다. 자동사 구문인 경우엔 어떤 주어와 자주 어울려 쓰는지, 타동사 구문일 경우에는 어떤 목적어와 자주 어울려 쓰는지를 익히는 것이 핵심이다. 이런 구동사는 영어 뉴스에 수도 없이 자주 등장하기 때문에 바로 듣고 이해할 수 있을 정도로 학습해야 영어 뉴스 청취가 가능해진다.

157 go on

go on은 어떤 일이 '벌어지다, 일어나다, 진행 중이다'라는 뜻이다. 뒤에 to를 붙여 go on to 라고 하면, '계속해서 ~하다'라는 말이 된다.

벌어지다, 진행 중이다

» **It's obvious that something's going on in the Kremlin, though we don't know what that is at the moment.**

크렘린 궁(러시아 정부)에서 뭔가 일이 벌어지고 있는 것은 분명합니다. 현재로선 그것이 무엇인지는 알 수 없습니다.

• happen

» **The investigation is still going on, and we expect to have more details to share with you in a couple of days.**

수사가 아직 진행 중이며, 며칠 내로 여러분께 더 자세한 내용을 말씀드릴 수 있을 것으로 예상합니다.

• continue
• ongoing
• underway

158 come up

이 표현은 대화에서 '언급되다, 거론되다'라는 뜻이다. 이때 name, issue, topic 등이 주어로 나온다. 또 opportunity, problem, situation 등을 주어로, '발생하다, 생기다'라는 뜻으로 쓴다.

언급되다

» **The issue concerning India never came up during the talks between the two heads of state.**

두 정상의 회담에서 인도와 관련된 문제는 전혀 거론되지 않았습니다.

• be mentioned
• be brought up
• be discussed

발생하다

» **We just heard from a White House official that a crucial political situation has come up in the Middle East, though she didn't provide any further details.**

방금 백악관 관리로부터 중동에 매우 중요한 정치적 상황이 발생했다는 소식을 들었습니다만, 그 관리는 그 이상의 자세한 내용은 언급하지 않았습니다.

• occur
• arise
• develop

159 come out

come out은 '나오다, 알려지다, 밝혀지다'라는 뜻으로, facts, evidence, report 등의 명사와 함께 쓴다. 또 '출시되다'라는 의미일 때는 album 등이 발매된다는 뜻이다. 참고로 come out of라고 하면 '~에서 전해지다, 나오다', '~에서 벗어나다'라는 뜻이 된다.

나오다, 알려지다, 밝혀지다

» **We will continue to investigate the corruption scandal and provide more details as they come out.**

저희는 이 부패 사건을 계속해서 조사할 예정입니다. 세부 내용이 나오는 대로 알려드리겠습니다.

» **The latest report that came out yesterday says that prices jumped 1.5 percent from May to June, indicating that inflation is still a big worry.**

어제 나온 최신 보고서에 따르면, 4월에서 5월 사이 물가가 1.5퍼센트 상승했습니다. 이는 인플레이션이 여전히 심각한 우려사항이라는 것을 보여줍니다.

- emerge
- become available
- be revealed

출시되다

» **Apple's upcoming new VR headset is generating a lot of market buzz, but it's uncertain at the moment when it'll come out.**

애플이 새로 내놓을 VR 헤드셋에 대한 소문이 시장에 자자하지만, 현재로서는 이 제품이 언제 출시될지 불확실합니다.

- be released
- be unveiled

~에서 전해지다, 나오다

» **One of the biggest stories coming out of Washington D.C. today is the landmark Supreme Court decision that will have far-reaching implications for gay rights in this nation.**

오늘 워싱턴 정가에서 나온 톱뉴스 중 하나는 이 나라의 동성애자 권리 문제에 광범위한 영향을 줄 수 있는 대법원 판결에 관한 것입니다.

~에서 벗어나다

» **There are some encouraging signs that the economy is slowly coming out of the recession. For example, consumer spending is on the rise, housing market activity is picking up, and exports are gaining momentum.** *pick up* 속도가 증가하다 *momentum* 기세, 탄력

경제가 불황에서 천천히 벗어나고 있다는 것을 보여주는 긍정적 징후들이 있습니다. 가령, 소비 지출이 상승세에 있고, 주택 시장의 거래가 늘어나고 있으며, 수출도 활력을 찾고 있습니다.

- recover from
- emerge from

160 come back

come back은 '다시 돌아오다'라는 뜻이다. 그래서 어떤 일을 쉬었다가 '재개하다, 속개하다'라는 뜻으로 쓴다. 참고로 come back to 뒤에 문제나 이슈를 붙이면 '그 문제로 되돌아가다, 다시 논의하다'라는 의미가 된다.

다시 돌아오다

» **With the recovery work in high gear, tourists are beginning to come back.** *in high gear* 본격적으로 진행 중인

복구 작업이 본격적으로 진행되면서 관광객도 다시 찾아오기 시작했습니다.

• return

재개하다, 속개하다

» **The House is coming back tomorrow, and the first order of business will be voting on the immigration bill.**

내일 하원이 회기를 속개합니다. 첫 번째 안건은 이민법에 대한 표결입니다.

• reconvene
• resume
• return

~으로 되돌아가다, 다시 논의하다

» **I want to come back to the question of China's alleged role in the presidential race. How substantial do you think the allegations are?**

대통령 선거에서 중국이 어떤 역할을 했다고 주장하는 문제로 되돌아가 보죠. 그 주장이 얼마나 신빙성이 있다고 생각하시나요?

• go back to
• return to
• circle back to

161 find out (about)

find out (about)은 '(~에 대해) 알게 되다'라는 뜻이다. find out 뒤에 reason, answer, cause 등을 넣어 '~을 알게 되다, 밝혀내다'라는 의미로도 쓴다.

(~에 대해) 알게 되다

» **When did you find out about your daughter's involvement with the cult, and what actions did you take to get her out of it?**

따님이 그 사이비 종교에 연루되어 있다는 것을 언제 아셨나요, 그리고 따님을 거기서 빼내기 위해 어떤 조치를 취하셨나요?

• discover
• learn about
• become aware of

~을 알게 되다, 밝혀내다

» As you can see, the site is swarming with investigators, and it may take weeks or even months to **find out** the cause of the crash.

지금 보시는 것처럼 사고 현장에는 많은 조사원들이 나와 있습니다. 충돌의 원인을 밝혀내는 데는 몇 주 혹은 몇 달까지 걸릴 것으로 보입니다.

• determine
• identify
• ascertain

162 go up

'오르다, 상승하다'라는 뜻일 때는 prices, spirits 등의 명사와 함께 쓰고, '증가하다, 급증하다'라는 뜻일 때는 numbers 등의 명사와 함께 쓴다. barriers나 buildings처럼 건물과 관련되면 '세워지다, 건설되다'라는 뜻이 된다.

오르다, 상승하다

» I'm feeling the pinch of inflation and scared to see how fast the prices are **going up** at the pump.

물가가 높은 걸 피부로 느껴요. 기름값도 보기가 겁날 정도로 빠르게 오르고 있고요.

• increase
• rise
• climb

» The coach said his team's spirits are **going up** in the run-up to the final match as they believe they have a real chance at the championship this time.

in the run-up to ~을 앞두고

코치는 선수들이 이번에 우승 가능성이 높다고 믿기 때문에 결승전을 앞두고 팀의 사기가 올라가고 있다고 말했습니다.

• rise
• soar

증가하다, 급증하다

» Meat consumption is **going up** fast in China and other developing Asian nations.

중국을 비롯한 아시아 개발도상국에서 육류 소비가 빠른 속도로 증가하고 있습니다.

• increase

건설되다

» New apartments are **going up** across the city, which should ease its housing shortage.

도시 전역에 새로운 아파트가 건설되고 있어서 주택난이 완화될 것입니다.

• under construction
• be built
• spring up

» As immigrants are flooding in, new barriers are **going up** across Europe.

이민자들이 밀려들면서 유럽 전역에 새로운 (이민) 장벽이 세워지고 있습니다.

• be erected

163 go down

'추락하다, 침몰하다'라는 의미로, plane, ship 등과 함께 쓴다. '다운되다'라는 뜻일 때는 system, network 등과 어울려 쓰고, '내려가다'라는 뜻일 때는 prices, interest rates 등의 명사와 어울려 쓴다. 뜻이 여러 가지이므로 각 맥락에 맞게 해석해야 한다.

추락하다, 침몰하다

» **The Coast Guard is continuing its search of the waters where the ship went down, hoping to find more survivors.**

해안 경비대는 생존자를 더 발견할 수 있기를 기대하며 선박이 침몰한 해역을 계속해서 수색 중입니다.

- sink
- go under

다운되다

» **Pacific Airlines grounded all flights after their flight control system went down.**

퍼시픽 항공사는 자사의 항공 통제 시스템이 다운된 후에 모든 항공편 운항을 중지했습니다.

- crash
- stop working
- fail

내려가다

» **As mortgage rates keep going down toward near zero, the housing market is heating up.**

주택담보 대출 금리가 0퍼센트대로 내려가면서 주택 시장이 과열되고 있습니다.

- decline
- fall
- drop

164 go forward

go forward는 '앞으로 나아가다'라는 뜻이다. 그래서 이 표현을 '계획대로 시작되다, 진행되다'라는 의미로 쓴다. 보통 사람이나 case, plan 등과 함께 쓴다. 참고로 going forward라고 하면 '앞으로, 미래에'라는 뜻이다.

계획대로 시작되다, 진행되다

» **Earlier today, a judge in Los Angeles allowed the defamation case to go forward.**

오늘 오전, 로스앤젤레스의 판사는 그 명예훼손 재판이 진행되도록 허락했습니다.

- proceed
- move forward

» The plan to redevelop the old town **went forward** despite strong objections from the local historical society.

구시가지를 재개발하는 계획은 그 지역 역사 학회의 강력한 반발에도 불구하고 예정대로 진행되었습니다.

앞으로, 미래에

» It's one of the key issues in this election that we need to keep an eye on **going forward**.

그 건은 이번 선거의 주요 이슈 중 하나라 앞으로도 계속 우리가 지켜보아야 합니다.

- moving forward
- moving ahead

» There may be a couple more hearings **going forward** before the committee wraps up its investigation. *wrap up* ~을 끝내다

위원회가 조사를 마무리하기 전에 앞으로 몇 차례 청문회가 더 열릴 수 있습니다.

- in the future
- down the road

165 end up -ing

end up은 '결국 –하게 되다, –한 상황에 처하게 되다, –한 문제를 갖게 되다'라는 뜻을 가지고 있다. 뒤에 주로 -ing가 나오지만, 과거분사나 in, with가 나오기도 한다.

결국 –하게 되다, –한 문제를 갖게 되다

» He **ended up dropping** out of the race after his campaign ran out of money. *drop out of* ~에서 중도에 하차하다

그는 선거 자금이 바닥나자 결국 경선에서 중도 사퇴했습니다.

- be forced to
- have to
- wind up -ing

» She overdosed on sleeping pills and **ended up in** the hospital.

그녀는 수면제를 과다 복용해서 결국 병원에 입원했습니다.

- wind up in
- find oneself in

» I went all-in on a stock, believing it could be a top performer, but instead, I **ended up with** a big pile of debt.

저는 어떤 주식이 고수익을 낼 거라고 믿고 전부 투자했는데, 결과적으로 빚더미에 올라앉게 됐습니다.

- wind up with
- be left with

166 work out

이 표현이 '해결되다, 잘 풀리다'라는 뜻일 때는 things, problem, dispute 등과 함께 쓰고, '효과가 있다'라는 의미일 때는 move, strategy 등을 함께 쓴다. '~을 해결하다, 해소하다'라는 뜻이면, 목적어로 difference, issue, problem, bug, kink 등이 나온다. 또 '~을 도출하다, 만들어내다'라는 의미일 때는 목적어로 deal, compromise 등이 나오고, '~을 마련하다'라는 의미일 때는 solution, plan, strategy, details 등이 나온다.

해결되다, 잘 풀리다

›› **The city had an ambitious plan to revamp its traffic-clogged downtown with bike lanes and pedestrian walkways, but things didn't work out as planned.**

시 정부는 자전거와 보행자 전용로를 만들어 차량 정체가 심한 도심을 개조할 야심찬 계획을 세웠지만, 일이 계획대로 풀리지 않았습니다.

- go
- turn out

›› **Despite the initial deadlock, the trade dispute between the two nations eventually worked out.**

양국의 무역 분쟁은 초기에는 교착 상태였지만 결국 해결되었습니다.

- be settled
- be sorted out

효과가 있다

›› **This is a bold move on the part of the prime minister. However, if it doesn't work out for him, Israel may be headed for a re-election.**

이것은 총리 입장에서는 대범한 조치입니다. 그렇지만 이 조치가 효과가 없다면, 이스라엘은 재선거를 치를 가능성이 있습니다.

- (be not) effective
- prove successful
- pan out well

~을 해결하다

›› **The DMV assured that they expect to work out the kink in the new vehicle registration system within a week or two.**

kink 문제점, 결함

미 차량관리국에서는 1~2주 안에 새로운 차량 등록 시스템의 문제를 해결할 수 있을 것이라고 확언했습니다.

- fix
- resolve
- work through

›› **They have managed to work out some of the differences over the weekend, but they're still far from striking a deal.**

그들은 주말 동안 어느 정도 의견 차이를 해소했습니다만, 합의까지 도달하기에는 여전히 갈 길이 멉니다.

043. MP3

~을 도출하다, 만들어내다

›› **While the two parties remain deadlocked on this issue, there are whispers of behind-the-scenes activity to work out a deal.**

양당이 이 문제에 있어 교착 상태인 상황에서, 합의를 이끌어내기 위한 막후 활동이 진행되고 있다는 소문이 있습니다.

- make
- reach
- negotiate

~을 마련하다

›› **We're currently working out plans to aid farmers who are at risk of losing out on the trade deal.**

저희는 현재 무역 협정 때문에 피해를 입을 수 있는 농민을 구제하기 위한 계획을 마련하고 있습니다.

- put together
- develop
- work on

167 come together

주어가 조직이나 사람이 '뭉치다, 단결하다', plan, bill 등이면 '구체화되다', team, committee 등이면 '자리를 잡아가다, 순조롭게 진행되다'라는 뜻이다.

단결하다

›› **Addressing this issue requires us all to come together and put on a united front.**

이 문제를 해결하기 위해선 우리 모두가 단결해서 공동 전선을 구축해야 합니다.

- unite
- collaborate
- band together

구체화되다

›› **A plan to overhaul the entire Medicaid program is coming together in the Senate.**

메디케이드 프로그램을 전체적으로 개혁하려는 계획이 상원에서 구체적으로 논의되고 있습니다.

- shape up
- take shape
- be prepared

자리를 잡아가다, 순조롭게 진행되다

›› **My team is coming together nicely, and we'll be ready to reign when the league kicks off.**

우리 팀은 순조롭게 자리를 잡아가고 있습니다. 리그가 시작되면 리그를 평정할 준비가 되어 있을 겁니다.

- get organized
- shape up
- fall into place

168 turn around

이 표현은 '호전되다, 회복되다', '~을 회복세로 돌려놓다'라는 의미다. 보통 things, economy, one's health, relationship, ties 등과 함께 쓴다.

호전되다, 회복되다

» **In his speech today, the President said he was confident that the economy would turn around by the end of the year.**

오늘 연설에서 대통령은 연말까지는 경제가 회복세로 돌아설 것이라 확신했습니다.

- recover
- rebound
- bounce back

~을 회복세로 돌려놓다

» **Secretary Morgan's meeting with his Iranian counterpart today will provide a chance for them to explore ways to turn around the rocky relationship between the two nations.**

counterpart 대응 관계에 있는 사람

모건 장관과 이란 장관 간의 오늘 회담은 경색된 양국 관계를 풀 수 있는 방법을 모색하는 기회가 될 것입니다.

- improve
- thaw
- mend

169 go away

go away는 뭔가가 '없어지다, 사라지다'라는 뜻이다. problem, scandal, threat 등이 없어져서 '해결되다, 잠잠해지다'라는 의미로 쓴다.

사라지다, 해결되다, 잠잠해지다

» **Cyber threats aren't a problem you can make go away just by installing the latest antivirus software.**

사이버 위협은 최신 바이러스 백신 프로그램을 설치하는 것만으로 해결할 수 있는 문제가 아닙니다.

- disappear
- vanish

» **The scandal isn't going away anytime soon. The only way to get through it is to lie low and ride it out.**

lie low 눈에 안 띄게 처신하다 *ride out* ~이 끝날 때까지 견디다

그 스캔들은 쉽게 가라앉지 않을 겁니다. 유일한 대처 방법은 눈에 안 띄게 처신하고 스캔들이 잠잠해질 때까지 견디는 겁니다.

- disappear
- subside
- die down

170 step down

step down은 뒤로 물러난다는 단어 뜻 그대로 어떤 자리에서 '사임하다, 물러나다'라는 의미로 쓴다.

사임하다, 자리에서 물러나다

» **Finance First's stock tanked today after its CEO, Cassandra Wheeler, announced she was stepping down.**

오늘 파이낸스 퍼스트 사의 CEO인 카산드라 휠러가 사임하겠다고 발표하자 그 회사의 주가가 폭락했습니다.

- resign
- quit one's job
- leave one's position

» **The Chief of Police is facing increasing pressure to step down in the wake of the corruption scandal that occurred under his watch.**

in the wake of ~의 여파로

경찰청장은 자신의 감독 하에서 발생한 부패 사건의 여파로 사퇴 압력을 점점 더 받고 있습니다.

- resign
- bow out

171 step up

step up은 '~을 강화하다'라는 의미다. efforts, security, pressure, cooperation 등의 명사와 자주 함께 쓴다.

~을 강화하다

» **Law enforcement authorities stepped up security around Jewish facilities in the wake of the Hamas attack on Israel.**

하마스가 이스라엘을 공격한 이후에 사법 당국은 유대인 시설물에 대한 보안을 강화했습니다.

- strengthen
- increase
- beef up

» **The G7 summit agreed to step up cooperation in setting up global regulatory guidelines for artificial intelligence.**

G7 정상회의는 인공지능에 대한 국제 규제 지침을 만들기 위한 협력을 강화하기로 합의했습니다.

- strengthen
- enhance
- ramp up

» **The organization called on governments to step up their efforts to curb global warming before it's too late.**

그 기구는 너무 늦기 전에 지구온난화를 막기 위한 노력을 강화할 것을 각국의 정부에 촉구했습니다.

- strengthen
- intensify
- ramp up

172 play out

어떤 상황이 '벌어지다', 수사 등이 '전개되다'라는 뜻이다. how *A* play out with *B*(A가 B에게 어떻게 받아들여지다) 형태로 자주 쓴다. A에는 주로 policy, idea, proposal 등이 온다.

벌어지다, 전개되다

» **Apparently, the White House isn't satisfied with how the negotiations have played out this week, which is why we're hearing murmurs of pulling out of them.** *murmurs* 소문, 웅성거림

백악관은 이번 주 협상 진행 과정에 불만이 있는 것이 분명해 보입니다. 협상을 중단한다는 소문이 나오는 것도 그 이유 때문입니다.

• unfold
• progress

» **Tonight, a new legal battle is playing out in Texas that could have significant consequences for the future of journalism.**

오늘 밤 (뉴스로는) 텍사스에서 벌어지고 있는 새로운 법정 공방 소식입니다. 이는 저널리즘의 미래에 중요한 영향을 미칠 수 있습니다.

• unfold
• be underway

어떻게 받아들여지다

» **It's an innovative idea, but it's uncertain how it will play out with the local voters.**

그것은 혁신적인 아이디어입니다만, 지역 유권자에게 어떻게 받아들여질지는 알 수 없습니다.

• be received (by the local voters)

173 point out

'~을 지적하다'라는 뜻으로, need, fact, risks, irony, difference 등의 명사와 함께 쓴다. 맥락에 따라 '특별히 언급하다'라는 의미도 갖는다.

~을 지적하다, 특별히 언급하다

» **I want to point out the need for us to be on our toes to effectively navigate the current high volatility in the market.**

저는 현재 시장의 높은 변동성에 잘 대처하기 위해서 우리가 긴장감을 갖고 잘 대비할 필요가 있다는 것을 지적하고자 합니다.

• emphasize
• stress
• highlight

» **I should point out that the investigation is in its early stages, so we aren't ruling out any possibilities.**

수사가 초기 단계라서 현재 어떤 가능성도 배제하지 않고 있다는 점을 말씀드리겠습니다.

• stress
• emphasize

174 fall apart

'무너지다, 와해되다, 무너질 정도로 낡다'라는 뜻이다. 이 경우 country, society, system, building, machine 등의 명사와 함께 쓴다. '무산되다, 실패하다'라는 뜻일 때는 deal, scheme, plan 등의 명사와 어울려 쓴다.

무너지다, 와해되다

» **An exodus of people leaving a country is a sure sign of it falling apart.**

국민이 대거 나라를 탈출하는 현상은 그 국가가 붕괴되고 있다는 확실한 징조입니다.

• collapse
• unravel
• crumble

» **The oil alliance is on the verge of falling apart over widening ideological differences.** *on the verge of* ~하기 직전인

그 오일 동맹은 이념적 갈등이 커지면서 와해 위기에 직면해 있습니다.

• break up
• splinter

무산되다, 실패하다

» **Her scheme fell apart when local authorities began to investigate irregularities in her business practices.**

지역 당국이 그녀의 사업 행태의 부정을 수사하기 시작하면서 그녀의 계략은 실패했습니다.

• unravel
• collapse
• disintegrate

175 shut down

'문을 닫다'라는 뜻일 경우, 흔히 government, school, business 등의 명사와 어울려 쓴다. '~의 문을 닫게 하다'라는 의미로 쓸 경우, 목적어로 plant, bank, school, airport 등이 자주 나온다. 후자의 경우 '~의 영업을 정지시키다, ~을 폐쇄하다'라는 의미다.

문을 닫다

» **The last time the federal government shut down was in 2018. It came to a partial halt for 35 days.** *come to a halt* 정지되다

연방정부가 마지막으로 문을 닫은 것은 2018년으로, 35일 동안 부분적으로 업무가 중단되었습니다.

• close (down)
• come to a standstill

~의 영업을 정지시키다, ~을 폐쇄하다

» **The hurricane has forced Florida to shut down all of its airports for today and tomorrow.**

태풍으로 인하여 플로리다주는 오늘과 내일 모든 공항을 폐쇄했습니다.

• close
• suspend operations at

176 turn out

주어가 voters, people, residents처럼 사람일 때는 행사에 '참석하기 위해 나오다'라는 뜻이고, things, film, decision 등일 때는 '결과적으로 어떻게 되다'라는 뜻이 된다.

참석하러 나오다

» **A record 53,000 fans turned out to watch the Tigers' home opener Saturday.**

5만 3천명이라는 기록적인 숫자의 팬들이 토요일에 타이거즈의 홈 개막 경기를 관람하러 경기장을 찾았습니다.

- show up
- come out

» **43 percent of the registered voters turned out to cast their ballots.**

등록된 유권자 중 43퍼센트가 투표를 했습니다.

결과적으로 어떻게 되다

» **The decision to spin off the operation turned out to be a smart move.** *spin off* ~을 독립시키다

그 사업 부분을 분사하기로 한 결정은 결과적으로 현명한 조치였습니다.

- prove
- end up -ing
- work out

177 show up

누군가가 어디에 '나타나다, 참석하다'라는 뜻이다. 법정에 나타나면 '출두하다, 출석하다'라고 하는 것처럼 각 장소에 맞게 해석한다. 어딘가로 '찾아가다'라는 의미도 갖고 있다. 보통 police officer, protesters, fans, reporter 등이 어딘가에 나타난다는 의미로 쓴다.

나타나다, 참석하다

» **Derick Raymond failed to show up in court today, and his whereabouts are currently unknown.**

데릭 레이먼드는 오늘 법정에 출두하지 않았습니다. 현재 그의 소재는 알려지지 않고 있습니다.

- appear
- make an appearance
- attend (a court hearing)

046. MP3

찾아가다

» **Police officers showed up at his house with a search warrant this morning only to find that he had already fled.**

오늘 아침에 경찰이 수색 영장을 가지고 그의 집에 찾아갔을 때, 그는 이미 도주한 후였습니다.

• arrive
• come to (his house)

178 put out

이 표현은 '~을 발동하다, 내다, 발표하다'라는 뜻으로, warning, statement, press release, notice 등이 목적어로 나온다. 표현 뒤에 album, book 등이 나오면 '~을 발매하다, 출간하다', video, tweet 등이 나오면 '~을 올리다'라는 의미가 된다. 또한 뒤에 불이나 화재와 관련된 내용이 나오면 '~을 끄다'라는 뜻이 된다.

~을 발동하다, 발표하다

» **The authorities put out a warning for a phishing and malware group targeting senior citizens living alone.**

당국은 독거노인을 노리는 피싱과 악성 소프트웨어 집단에 대한 주의보를 내렸습니다.

• issue

» **Her attorney put out a statement saying that she was fully cooperating with the police investigation.**

그녀의 변호사는 그녀가 경찰 수사에 전적으로 협조하고 있다는 성명을 발표했습니다.

• issue

~을 발매하다, 출간하다

» **I heard you're putting out a new album soon. When is its release date?**

곧 새로운 앨범을 발매하신다는데, 출시일이 언제인가요?

• release
• launch
• unveil

~을 올리다

» **He put out a video on YouTube showing himself having fun with his friends at an LA club.**

그는 LA의 한 클럽에서 친구들과 즐거운 시간을 보내는 자신의 모습을 담은 영상을 유튜브에 올렸습니다.

• upload
• post
• publish

~을 끄다

» **The governor said that more than 8,000 firefighters are working to put out the wildfires.**

주지사는 산불을 끄기 위해 8천 명이 넘는 소방대원들이 애쓰고 있다고 말했습니다.

• extinguish

179 set up

set up은 '~을 만들다'라는 뜻이다. 만드는 것이 committee, company, fund 등이면 '~을 설립하다', system, website, booth 등이면 '~을 설치하다, 개설하다'라고 만드는 대상에 맞게 해석한다. be set up이라고 하면 '설치되다, 설립되다'라는 뜻이 된다.

~을 설립하다

» **The government has decided to set up a committee to oversee the transition to e-governance.**

정부는 전자정부로의 전환을 관장할 위원회를 설립하기로 결정했습니다.

- establish
- form
- create

~을 설치하다, 개설하다

» **Josie and her co-workers set up a fundraising site for children with Down syndrome.**

조시와 동료들은 다운증후군을 앓고 있는 아동들을 위한 기금 모금 웹사이트를 개설했습니다.

- organize
- put together

180 bring in

bring in은 방송에 누군가를 초대하거나 조직에 사람을 들이는 등 '~을 초대하다, 영입하다'라는 뜻이다. 또 돈과 관련되면 '~을 벌어들이다'라는 뜻이 된다.

~을 초대하다, 영입하다

» **You were in the throes of a financial crisis when you decided to bring in Michael Collier from Adamon. What prompted this decision?**

in the throes of ~이 절정일 때

귀사는 재정 위기가 절정일 때 아다몬 사에서 마이클 콜리어를 영입하기로 결정했습니다. 어떤 이유로 그런 결정을 하셨나요?

- enlist
- bring on
- bring ~ on board

~을 벌어들이다

» **Buzzline's healthcare business brought in $15 billion last year, making it the company's biggest cash cow.**

버즈라인 사의 건강 사업은 작년에 150억 달러를 벌어들여 그 회사의 최대 수입원이 되었습니다.

- earn
- gross
- pull in

047. MP3

181 pick up

'속도가 빨라지다'라는 뜻일 때는 wind, pace, momentum 등이 주어로 나온다. 타동사일 때 목적어로 passenger, child 등이 나오면 '~을 탈것에 태우다, 데리러 가다'라는 의미고, order 등이 나오면 '~을 가지러 가다, 찾아가다, 사다', skills, knowledge 등이 오면 '~을 배우다'가 된다. 또한, 표현 뒤에 용의자나 범인과 관련된 명사가 나오면 '~을 체포하다', 방송이나 취재 관련 명사가 나오면 '~을 이어가다'라는 의미가 된다.

속도가 빨라지다

» **The wind is picking up fast as the city is hunkering down for the approaching storm.**
그 도시가 다가오는 태풍에 대비하여 몸을 움츠리고 있는 가운데, 바람 속도가 빠르게 증가하고 있습니다.

~을 탈것에 태우다, 데리러 가다

» **As the station was flooded, trains passed through it without stopping to let off or pick up passengers.**
지하철역이 침수되어서 열차들이 승객을 내리거나 태우지 않고 무정차로 통과했습니다.

~을 가지러 가다, 찾아가다, 사다

» **T-Mart is rolling out a virtual shopping service that will allow consumers to shop online and pick up their groceries at a designated location.**
roll out ~을 내놓다
T마트는 온라인에서 장을 본 후 지정된 장소에서 식료품을 찾아가는 가상 쇼핑 서비스를 선보일 예정입니다.

• collect

» **After he fueled up his car, he went into the store to pick up a bottle of water when the robbers burst in.**
그가 자동차에 연료를 주입한 후 생수 한 병을 사러 가게 안으로 들어갔을 때, 강도들이 들이닥쳤습니다.

• buy
• purchase
• get

~을 배우다

» **Take advantage of our free online course, open to anyone, to pick up MBA-level skills and knowledge.**
누구든지 수강할 수 있는 저희 무료 온라인 코스를 이용해서 MBA 수준의 기술과 지식을 습득하세요.

• learn
• acquire
• gain

~을 체포하다

» Yesterday, he was taken into custody on charges of arson and burglary after police had **picked** him **up** in Charlestown.

그 사람은 어제 찰스타운에서 경찰에 검거되었고 방화와 빈집털이 혐의로 구속되었습니다.

- arrest
- apprehend
- nab

~을 이어가다

» Ingrid Coleman is going to **pick up** our coverage with *TBC Tonight* after this short break.

잠시 후에 〈TBC 투나잇〉 프로그램에서 잉그리드 콜먼이 실황 방송을 이어가겠습니다.

- continue
- take over

182 figure out

figure out 뒤에 cause, reason, why 등을 쓰면 '~을 알아내다'라는 의미고, solution, fix, way to, how to 등이 나오면 '~을 찾다, 모색하다'라는 뜻이다.

~을 알아내다, 밝혀내다

» While users are complaining that their devices shut down automatically at night, Zanix said it is working around the clock to **figure out** a fix.

사용자들이 기기가 밤에 자동으로 꺼진다는 불만을 제기하자, 자닉스 사는 해결 방안을 찾기 위해 불철주야로 노력하고 있다고 밝혔습니다.

- find
- identify
- work on

» Firefighters are still trying to **figure out** the cause of the early morning fire in Oak Valley that partially destroyed a nursing home, but fortunately, all residents escaped unscathed.

소방대원들은 오크 밸리에서 요양원 일부를 소실시킨 새벽 화재의 원인을 밝혀내려고 여전히 노력 중입니다. 다행히 요양원 입주자들은 모두 무사히 빠져나왔습니다.

- determine
- ascertain

~을 찾다, 모색하다

» She needs to **figure out** a way to reconnect with the voters who have been alienated by her pro-Israel remarks.

그녀는 자신의 친이스라엘 발언으로 돌아선 유권자들과 다시 소통할 방법을 찾아내야 합니다.

- find
- come up with
- work out

183 carry out

이 표현이 '~을 수행하다, 일을 벌이다'라는 뜻일 때는 뒤에 one's duties, one's responsibility, one's mission, task 등이 나온다. '~을 실행하다'일 때는 research, project, policy, order, campaign 등과 어울려 쓴다. 표현 뒤에 attack, threat, shelling 등이 오면 '~을 감행하다'라는 의미로 해석한다.

~을 수행하다, 일을 벌이다

» **The e-governance system promises to enhance efficiency in the way city officials carry out their duties.**
전자정부 시스템은 시 공무원들의 직무 수행 방식에 효율성을 높혀줄 것으로 기대됩니다.

- execute
- fulfill
- perform

» **Too many government agencies are involved in carrying out the policy, making it a challenge to reach a consensus on the direction they should take.**
너무 많은 정부 기관이 정책 수행에 관여하다 보니 방향을 잡는 부분에서 합의하기가 어려운 상황입니다.

- execute
- implement

~을 실행하다, 감행하다

» **The hacker group carried out cyberattacks on major financial firms on Wall Street last month, wreaking havoc on the financial sector and causing significant disruptions.**
그 해커 그룹은 지난달에 월 스트리트의 주요 금융 기관에 대한 사이버 공격을 감행해서 금융 분야에 큰 피해를 입히고 업무에 큰 지장을 초래했습니다.

- conduct
- launch
- mount

184 come along

'잘 진행되다'라는 뜻이다. 주로 project, work, preparations, things, bill, tax reform 등과 함께 쓰고, 뒤에 well이나 nicely 등을 붙이기도 한다.

잘 진행되다

» **Despite initial problems, the vaccine rollout is coming along well now.**
초기에 문제가 있었지만 지금은 백신 공급이 원활히 이뤄지고 있습니다.

- go well
- progress well

» **The President posted a message on X this morning, saying that the health care reform bill is coming along very well with support from both sides of the aisle.**
대통령은 오늘 아침에 여야 협력을 바탕으로 의료 개혁안이 아주 좋은 진척을 보이고 있다는 글을 X에 올렸습니다.

- progress very well
- move forward very well
- shape up nicely

185 set off

'~을 야기하다, 촉발하다'라는 뜻일 때는 주로 protest, uproar, outrage, speculation, rumors, panic 등의 명사와 함께 쓴다. 또 뒤에 bomb, explosion, alarms 등이 나오면 '~을 터트리다, 울리게 하다'라는 뜻이 된다.

~을 야기하다, 촉발하다

» **The court ruling that found the policemen not guilty set off a wave of angry protests across black communities.**

법원이 경찰관들에게 무죄를 판결한 것은 흑인 사회가 성난 항의 시위를 하도록 촉발했습니다.

• prompt
• trigger
• ignite

~을 터트리다, 울리게 하다

» **Last night, a man set off a bomb outside a cafe in Paris, killing himself and wounding several pedestrians.**

어젯밤 파리의 한 카페 밖에서 어떤 남자가 폭탄을 터뜨렸습니다. 그 남자는 사망하고 여러 명의 행인이 부상을 입었습니다.

• detonate
• blow up

186 take over

take over는 '역할을 맡다, 자리를 넘겨받다, 후임자가 되다'라는 뜻이다. 이 표현은 자동사와 타동사 양쪽으로 쓴다. 뒤에 기업이 나오면 '~을 인수하다', 지역이 나오면 '~을 점령하다', 조직이 나오면 '~을 장악하다'라고 해석한다. 참고로 take over for는 임시로 넘겨받는 것을 말하고, take over from은 영구적으로 넘겨받는 것을 의미한다.

넘겨받다, 후임자가 되다

» **MEX CEO Antonio Morgan is stepping down, and Catherine Vega, the president of MEX's imaging business, will be taking over (from him).**

MEX 사의 CEO인 안토니오 모건이 사임하고, MEX의 영상 사업부 사장인 캐서린 베가가 후임자로 취임하게 됩니다.

• fill the position (of)
• step into the role (of)

» **The council's decision put a stop to Zara's bid to take over Edison Energy.**

위원회의 결정으로 자라 사가 에디슨 에너지 사를 인수하려던 응찰이 무산되었습니다.

• acquire
• buy out

049. MP3

~을 장악하다

» **If the Democrats win these seats, they will take over the House.**
민주당이 이 의석들을 차지하면 하원을 장악할 수 있습니다.

· gain control of
· dominate

187 give up

give up은 '~을 포기하다'라는 뜻이다. 뒤에 나오는 내용에 따라 '~을 양보하다'나 '~을 끊다' 등으로 자연스럽게 해석한다. 참고로 give up on도 '~을 포기하다'라는 뜻인데 give up은 포기한다는 행동 그 자체를 의미하고, give up on은 포기하는 대상에 대한 희망이나 신뢰를 접는 것에 초점이 맞춰져 있다.

~을 포기하다

» **She says she won't give up her right to appeal. She's determined to take it all the way up to the Supreme Court if it comes to that.**
그녀는 항소권을 포기하지 않겠다고 합니다. 필요하다면 대법원까지 가겠다는 의지가 확고합니다.

· waive
· forgo
· surrender

» **The people here are known for their resilience. This isn't their first time having their community devastated by a typhoon, but they never give up hope.**
이곳 주민들의 의지는 대단합니다. 태풍 때문에 지역 사회가 쑥대밭이 된 것이 이번이 처음이 아니지만, 그들은 결코 희망을 버린 적이 없습니다.

· lose
· abandon

» **Azeem is an Afghan refugee. He has been in the US for 7 years but hasn't given up on his plans to return home someday.**
아짐은 아프가니스탄 난민입니다. 그는 미국에 7년째 거주 중이지만 언젠가 고국으로 돌아갈 계획을 포기하지 않고 있습니다.

~을 양보하다

» **When a flight is overbooked, passengers are often asked to give up their seats for some kind of compensation like a free flight voucher.**
항공편이 초과로 예약된 경우, 승객들은 보통 무료 항공권 같은 보상을 받고 자리를 양보해달라는 요청을 받습니다.

· yield

~을 끊다, 중단하다

» **As the city ushers in a new year, it is launching a campaign to encourage people to give up smoking.**

그 도시는 새해를 맞아 시민에게 금연을 권장하는 캠페인을 시작합니다.

• quit
• abstain from

188 take *A* away from *B*

take *A* away from *B*는 'B에게서 A를 빼앗다, B에게 A를 허락하지 않다'라는 뜻이다. 이때 A에는 주로 privilege, opportunity, freedom, rights 등이 온다. 이 표현에는 'B에게서 A를 얻다'라는 뜻도 있으니 문맥을 잘 봐야 한다. 이 경우 주로 insights, lessons, understanding 등과 함께 쓴다. 참고로 이 표현은 takeaway(배운 것, 주요 내용)처럼 명사로도 쓴다.

B에게서 A를 빼앗다, 허락하지 않다

» **I have always valued integrity as a crucial aspect of who I am, and I won't allow anything or anyone to take that away from me.**

저는 항상 진실성을 제 자신의 핵심 요소로 중시해왔습니다. 그래서 어떤 상황이나 사람이 그것을 앗아가도록 허락하지 않을 것입니다.

» **During the pandemic lockdown, I felt as if my freedom had been taken away (from me). The experience made me realize the importance of personal liberties in my daily life.**

펜데믹 락다운 동안에 제 자유를 박탈당한 느낌을 받았습니다. 그 경험을 통해 일상 생활에서 개인의 자유가 얼마나 중요한지를 깨달았습니다.

B에게서 A를 얻다

» **One of the insights I took away from the documentary is that it's not solely about making it to the summit but about being present in the moment with oneself.**

그 다큐 영화를 보면서 얻은 식견 중 하나는 단지 정상에 오르는 것이 아니라 자신이 존재하는 현재의 순간에 충실한 것이 중요하다는 점입니다.

• |참고| **Another big takeaway from the polls is that the number of undecided voters is still substantial enough to make a difference in the election outcome.**

여론 조사로 알 수 있는 또 다른 중요한 점은 부동층 유권자 수가 여전히 선거 결과에 영향을 미칠 수 있을 정도로 많다는 것입니다.

189 carry on

carry on은 '계속하다, 이어가다'라는 뜻이다. 무엇을 계속하는지 표현하려면 뒤에 with를 붙이거나 carry ~ on 형태로 쓴다. 이 표현은 conversation, tradition, fight, business 등의 명사와 자주 같이 쓴다.

계속하다, 이어가다

» **It's now 4:30, but they haven't decided yet whether to carry on through the evening or adjourn and resume tomorrow.**

현재 시각은 4시 30분입니다만, 그들은 저녁까지 (논의를) 계속할지 아니면 정회를 하고 내일 속개할지 아직 결정하지 못했습니다.

- continue
- keep going
- press on

~을 계속하다, 이어가다

» **The committee is racking their brains to find a way to carry on (with) the tradition of the annual jazz festival on a much-reduced budget.**

위원회는 훌쩍 줄어든 예산으로 매년 열리는 재즈 페스티벌의 전통을 이어갈 방법을 찾기 위해 머리를 짜내며 궁리하고 있습니다.

- continue
- keep up

190 put together

'~을 만들다, 조직하다'라는 뜻이다. 표현 뒤에 list, plan, law, team, conference 등을 넣어서 말한다.

~을 만들다, 조직하다

» **TBC's travel expert, Cora Hill, has put together a list of top 10 beach resorts for this summer that will offer joy and relaxation to your family without breaking the bank.**

break the bank 큰돈이 들다

TBC의 여행 전문가인 코라 힐이 큰돈을 들이지 않고도 가족에게 즐거움과 휴식을 제공할 올여름 해변 리조트 톱 10 명단을 만들었습니다.

- make
- compile

» **The US, the UK, and France have collaborated to put together a task force to fight pirates in Somali waters.**

미국, 영국, 프랑스는 소말리아 근해에서 해적을 퇴치하기 위한 프로젝트팀을 조직하기 위해 협력했습니다.

- form
- organize

191 lay out

'~을 자세하게 설명하다, 규정하다'라는 뜻으로, plan, strategy, vision, case, principles 등의 명사와 자주 함께 쓴다.

~을 자세하게 설명하다, 규정하다

» **In his speech today, the President is expected to lay out his plans to cope with the rush of immigrants from South America.**

오늘 연설에서 대통령은 남미로부터 밀려오는 이민자 문제에 대처할 자신의 계획을 자세히 설명할 것으로 예상됩니다.

• outline
• detail
• spell out

» **Today, Marie Hall, Chancellor of New York City Public Schools, laid out a vision for empowering school teachers as the primary vehicle for educational reform.** *vehicle* 수단

오늘 뉴욕 공립학교 위원장인 마리 홀은 학교 교사가 교육 개혁의 주체가 되도록 권한을 강화하는 비전을 설명했습니다.

• articulate
• outline
• present

» **Using a nuclear power plant as a shield against enemy attacks is in violation of the safety principles laid out by the International Atomic Agency.**

핵발전소를 적의 공격을 막는 방어막으로 삼는 것은 국제원자력위원회가 규정한 안전 원칙에 위반되는 일입니다.

192 pay off

이 표현은 someone's hard work, strategy, efforts, patience, investment 등을 주어로 해서 '성과나 효과가 있다'라는 뜻이다. loan, debt 등을 목적어로 쓰면 '~을 다 갚다'라는 의미가 된다.

성과나 효과가 있다

» **Melisa trained hard every day, and her hard work paid off when she earned a spot on the national team.** *earn a spot* 명단에 들다

멜리사는 매일 열심히 훈련했습니다. 그리고 그녀의 노력은 국가 대표팀에 발탁됨으로써 결실을 맺었습니다.

• bear fruit
• come to fruition

~을 다 갚다

» **She is now seeking a second job to help pay off over $1,000 in credit card debt.**

그녀는 지금 1,000달러가 넘는 신용카드 빚을 갚는 데 도움이 되는 두 번째 일을 알아보고 있습니다.

193 put forward

'~을 제안하다, 제시하다, 주장을 펼치다'라는 뜻의 표현이다. proposal, idea, plan, argument 등의 명사와 자주 함께 쓴다.

~을 제안하다, 주장을 펼치다

» **In today's trial, the prosecutor put forward an argument that the Constitution doesn't grant the president blanket immunity from criminal prosecution.**

오늘 재판에서 검찰은 헌법이 대통령에게 모든 경우에 대한 형사처벌 면책권을 부여하는 것은 아니라는 주장을 폈습니다.

• make
• present
• advance

» **The proposal put forward by the City Council calls for constructing a new bridge across the Chute River to ease the traffic congestion on the nearby Moon Bay Bridge.**

시 위원회가 내놓은 제안서에는 문 베이 다리 인근의 교통 정체를 완화하기 위하여 슈트 강에 새로운 다리 건설을 요청한다는 내용이 들어 있습니다.

194 go off

go off는 여러 뜻을 가진 표현이다. '(폭탄, 총 등이) 터지다, 발사되다', '벨이 울리다, 작동하다'라는 뜻이 있고, '새로운 것을 하기 시작하다'라는 의미도 가지고 있다.

(폭탄, 총 등이) 터지다, 발사되다

» **Last night, a small bomb went off near the American embassy in New Delhi. Fortunately, no one was harmed.**

어젯밤에 뉴델리의 미 대사관 근처에서 소형 폭탄이 터졌습니다. 다행히 인명 피해는 없었습니다.

• explode
• blast

벨이 울리다, 작동하다

» **A resident who safely escaped the building said that the alarm and sprinklers went off in the dead of night.**

건물에서 무사히 탈출한 한 주민은 한밤중에 비상벨이 울리고 스프링클러가 작동했다고 말했습니다.

새로운 것을 하기 시작하다

» When he left the band, Shaun briefly considered retiring. Instead, he **went off** to work with an underground band and found his second wind as a rock singer.

숀은 밴드를 떠났을 때 잠시 은퇴를 고려했습니다. 그는 그러는 대신에 언더그라운드 밴드와 호흡을 맞추기 시작했고, 록 가수로서 활기를 되찾았습니다.

195 push back (on)

push back (on)은 '(~에) 저항하다, 반대하다'라는 뜻이다. pushback은 '저항, 반대'라는 뜻의 명사다. on 자리에 against를 넣으면 '~에 맞서 저항하다, 반대하다'라는 말이 된다.

(~에) 저항하다, 반대하다

» The judge tried to get both sides to agree to a continuance, but the prosecutors **pushed back.**

판사는 재판 연기에 동의하도록 양측을 설득하려 했지만 검찰이 반대했습니다.

• resist
• oppose

» Scott **pushed back on** the idea that his candidate is weak on crime.

스콧은 자기네 후보가 범죄 대처에 나약하다는 주장에 반대했습니다.

• oppose
• disagree with

196 break down

이 표현은 '고장 나다'라는 뜻으로, car, machine, system 등의 명사와 함께 쓰고, '결렬되다'라는 뜻일 때는 negotiations, talks 등과 어울려 쓴다. issue, situation, data, cost 등이 목적어로 나오면 '~을 분석해서 설명하다'라는 뜻이 된다.

고장 나다

» All airports across the nation came to a halt earlier today when the central air traffic system **broke down.**

오늘 오전, 중앙 항공관제 시스템이 고장 나면서 전국의 공항이 일제히 멈췄습니다.

• fail

결렬되다

» The talks **broke down** today, and it was more of a foregone conclusion because neither side was willing to budge an inch.

not budget an inch 조금도 양보하지 않다

오늘 회담이 결렬되었습니다. 어느 쪽도 조금도 양보할 의사가 없었기 때문에 예견된 결말이었습니다.

• collapse
• fail

~을 분석해서 설명하다

» Barbara Morgan and Samuel McCall clashed over several key issues in today's debate. Our campaign correspondent, Jeffrey Baker is here to **break** it all **down** for us.

오늘 토론회에서는 바바라 모건과 새뮤얼 맥콜이 몇 가지 중요 이슈를 놓고 충돌했습니다. 저희의 선거 취재 담당 제프리 베이커 기자가 이 상황을 분석하기 위해 이 자리에 나와 있습니다.

• analyze
• dissect

197 bring about

bring about은 '~을 야기하다'라는 뜻이다. bring on도 같은 뜻이라 바꿔 쓸 수 있는데, 질병이나 증상과 관련해서는 주로 bring on을 쓴다.

~을 야기하다

» The Fed has so far been successful in taming inflation without **bringing about** a recession. *tame* ~을 제어하다 *the Fed* 미국 연방준비제도

현재까지 연준은 불황을 야기하지 않으면서 인플레이션을 억제하는 데 성공했습니다.

• cause
• trigger

» In 2023, floodwaters **brought on** by Khanun devastated the community.

2023년에 태풍 카눈으로 발생한 홍수로 인해 그 지역 사회는 큰 피해를 입었습니다.

• cause
• release

198 line up

line up은 '줄을 서다'라는 뜻이다. 뒤에 to부정사를 붙여서 line up to라고 하면 '-하려고 줄을 서다, 경쟁하다'라는 말이 된다. 이 표현은 '~을 확보하다, 섭외하다'라는 뜻도 가지고 있다.

줄을 서다, 경쟁하다

» **At airports across the Northeast, passengers are lining up at airline counters to reschedule their flights as a powerful blizzard disrupts travel plans and causes widespread flight cancellations.**

강력한 눈보라 때문에 여행 계획에 차질이 생기고 수많은 항공편이 취소되면서, 북동부 지역 공항의 항공사 카운터 앞에는 새로운 항공편을 구하려는 승객들이 줄을 서고 있습니다.

» **Nura is a new kid on the block in the streaming world, and Hollywood studios and television networks are already lining up to license their content to it.**

• complete to
• race to

new kid on the block 새로 등장한 사람, 기업

누라는 스트리밍 업계의 새로운 플랫폼입니다. 할리우드 영화사와 TV 방송사들은 벌써 이 업체와 경쟁적으로 콘텐트 사용 계약을 맺으려 하고 있습니다.

~을 확보하다, 섭외하다

» **Having lined up support from both health care providers and insurers, the White House is confident of the medical reform bill passing Congress.**

• secure
• garner

백악관은 의료인과 보험사의 지지를 확보했기 때문에 의료개혁법안이 의회를 통과할 것이라고 확신합니다.

» **As a freelance graphic artist, Clara is thriving. She already has work lined up for the next six months, and she's thinking of partnering with other artists to start a company.**

• secur

thriving 번영하는, 호황인

프리랜서 그래픽 아티스트인 클라라는 요즘 전성기입니다. 이미 향후 6개월 치 작업을 확보해뒀고 다른 아티스트와 협력해서 회사를 세울 생각도 하고 있습니다.

199 set out

set out은 자동사일 때 뒤에 to부정사를 붙이면 '-하기 시작하다, 나서다'라는 말이 된다. 또 for를 붙여 set out for라고 하면 '~을 향해 출발하다'가 된다. 이 표현은 타동사로는 '~을 수립하다, 명시하다, 규정하다'라는 뜻을 가지고 있고, 이때 목적어로는 plan, vision, rules, goal 등이 자주 나온다.

-하기 시작하다, 나서다

» **Together with fellow activists, Hamza set out to build a social platform empowering Arabic immigrants.**

함자는 동료 사회 운동가들과 함께 아랍계 이민자들에게 힘을 실어주는 소셜 플랫폼을 구축하는 일에 나섰습니다.

- start to
- begin to
- get down to -ing

» **The story captivated me right away, so Jeff and I set out to develop a documentary around it.**

저는 그 이야기에 즉각 매료되었습니다. 그래서 제프와 함께 그 이야기를 다큐멘터리로 제작하기 시작했습니다.

~을 향해 출발하다

» **After an early breakfast, we set out for the summit at 5 a.m., but stormy weather closed in quickly, forcing us to abandon our attempt.**

저희는 아침을 일찍 먹고 오전 5시에 정상을 향해 출발했습니다. 그런데 갑자기 폭풍우가 몰려와서 등반을 그만두어야 했습니다.

~을 수립하다, 명시하다, 규정하다

» **The state government set out a five-point action plan to tackle growing air pollution in major cities.**

주 정부는 주요 도시에서 악화되고 있는 공기 오염 문제를 해결하기 위한 5가지 항목의 행동 계획을 수립했습니다.

- lay out
- present
- outline

» **Bombarding civilian residential areas is against the rules of war set out in the Geneva Convention.**

민간인 주거 지역을 폭격하는 것은 제네바 협정에 명시된 전쟁 규칙을 위반하는 행위입니다.

- specified

200 come forward

come forward는 '나서다'라는 뜻이다. 이 표현에는 증언을 하거나 증거를 제공하는 등 volunteer처럼 도움을 주기 위해서 자발적으로 나선다는 뉘앙스가 있다.

나서다

» **Many people who worked under the former mayor have come forward with evidence to help with the investigation into his corruption.**

그 전직 시장 밑에서 근무했던 많은 사람들이 시장의 부패 수사에 도움을 주고자 증거를 제공하고 나섰습니다.

» **Police are urging people to come forward if they have any information about the suspect who fled the scene in a black sedan.**

경찰은 시민들에게 검정색 세단을 타고 현장에서 도망친 용의자에 관한 정보를 갖고 있다면 나서서 제보해줄 것을 요청하고 있습니다.

• step forward

201 kick off

이 표현은 자동사로 '시작되다'라는 뜻이고, event, game, tour 등의 명사와 함께 쓴다. 타동사로 '~을 시작하다, 촉발하다'라는 의미일 때 목적어로는 season, day, campaign 등이 자주 나온다.

시작되다

» **The band has announced a fall tour, kicking off next Saturday at the Williamsburg Rock Festival and spanning 18 cities until November.**

그 밴드는 다음 주 윌리엄스버그 록 페스티벌을 시작으로 11월까지 18개 도시를 순회하는 가을 투어를 발표했습니다.

• start

~을 시작하다, 촉발하다

» **The peace march kicked off a series of political events that eventually led Congress to pass the 19th Amendment to the Constitution.**

그 평화 행진으로 인해 일련의 정치적 사건이 촉발되었고, 이는 궁극적으로 의회가 헌법 제19조의 수정안을 통과시키는 계기가 되었습니다.

• initiate
• trigger
• set ~ in motion

202 bounce back (from)

bounce back (from)은 '(~에서) 재기하다, 회복하다'라는 뜻이다. bounce는 '공처럼 튀다'라는 뜻이고, 그렇게 튀어서 다시 돌아온다는 것이 회복한다는 의미가 되었다.

(~에서) 재기하다, 회복하다

» **Senator Cruz has bounced back in the polls, now playing catch-up with the frontrunner, Edward Parker.**

play catch-up with ~을 바짝 뒤쫓다

크루즈 상원의원은 여론 조사 지지율을 회복해서 현재 1위 주자인 에드워드 파커를 바짝 뒤쫓고 있습니다.

• recover
• rebound

» **The market appears to be bouncing back from the initial shock of HBC Bank's bankruptcy, gaining 1.5 percent over yesterday.**

(주식) 시장은 어제보다 1.5퍼센트 상승하면서 HBC 은행의 파산에 따른 초기의 충격에서 회복하는 것처럼 보입니다.

• on the mend from
• recover from

203 break out

어떤 일이 '발생하다, 터지다, 발발하다'라는 뜻이다. 주로 fire, war, pandemic처럼 좋지 않은 일이 발생했을 때 쓴다. 참고로 이 표현에서 파생된 명사 outbreak는 '발발, 발생'이라는 의미다.

발생하다, 발발하다

» **A fire broke out in a two-storey office building in Watertown early this morning, gutting a portion of the second floor before firefighters put it out.**

gut 불타게 하다 *put out* (불을) 끄다

오늘 아침 워터타운에 있는 2층짜리 사무실 건물에서 화재가 발생해 2층 일부가 전소된 후 소방대원들에 의해 진압되었습니다.

• occur

» **With tensions at a record high across the border, conflict can break out any minute now.**

국경의 긴장감은 최고조에 달해, 언제든 충돌이 발생할 수 있는 상황입니다.

• erupt
• occur

• [참고] **The poultry industry is still reeling from the devastating outbreak of bird flu in the spring.**

reel from ~의 충격을 받아 휘청거리다

양계 산업은 봄에 발생한 충격적인 조류독감의 여파에서 아직 회복하지 못하고 있습니다.

204 weigh in (on)

weigh in (on)은 '(~에) 의견을 제시하다'라는 뜻이다.

(~에) 의견을 제시하다

» **A bill banning the teaching of critical race theory in schools has sparked heated debates in Alabama, and we'll have a former state commissioner of education weigh in tonight.**

학교에서 비판적 인종 이론을 가르치는 것을 금지하는 법안이 앨라배마에서 열띤 논쟁을 불러일으키고 있습니다. 오늘 밤에는 전 앨라바마 교육감을 초대해서 의견을 들어보겠습니다.

- share one's perspective
- share one's opinion

» **Tomorrow, Marin County voters will head to the polls to weigh in on a $300 million plan to construct a new domed stadium.**

내일 마린 카운티 유권자들은 3억 달러를 들여 새로운 돔 구장을 건설하려는 계획에 대한 의견을 표명하기 위해 투표장으로 향할 것입니다.

- express one's opinion on

205 stand out (to)

stand out (to)은 '(~이 보기에) 눈에 띄다, 특출나다'라는 뜻이다. 참고로 stand out among이라고 하면 '~ 중에서 눈에 띄다'라는 말이 된다.

(~이 보기에) 눈에 띄다, 특출나다

» **Despite the recession across the board, WIX continues to stand out with its consistent innovation.**

전반적인 불황에도 불구하고 윅스 사는 지속적인 혁신으로 꾸준히 두각을 나타내고 있습니다.

- distinguish oneself
- set oneself apart

» **Former New York mayor Humphrey's corruption trial resumed today, and we go straight to Cathy Clements with WKTV, who was in court all day. Cathy, did anything stand out to you today?**

험프리 전 뉴욕시장의 부패 재판이 오늘 속개되었습니다. 하루 종일 법정에 있던 WKTV 캐시 클레멘츠 기자를 연결하겠습니다. 캐시, 오늘 (재판에서) 특별히 눈에 띄는 부분이 있었습니까?

- strike
- jump out at

206 kick in

이 표현은 '발동하다', '적용되다', '작용하다'라는 의미다. 자주 함께 쓰는 명사는 뜻 순서대로 one's instinct, regulations, pill 등이다.

발동하다

» **When I realized I was in great danger, my survival instinct kicked in. I quickly hid under a desk and remained there until the police arrived.**

큰 위험에 처했다는 것을 깨달았을 때 제 생존 본능이 발동했습니다. 저는 재빨리 책상 밑에 숨었고, 경찰이 올 때까지 계속 그렇게 있었습니다.

- activate
- come alive

적용되다

» **You have to be transparent about your operations. This is where the EU's new rules on disclosure kick in, with significant penalties for violations.**

여러분은 사업에서 투명성을 갖춰야 합니다. EU의 새로운 정보 공개 규정이 적용되는 부분이 바로 여기입니다. 위반 시에 강력한 처벌을 받게 됩니다.

- come into play
- be applicable

작용하다

» **The allergy pill usually kicks in within 30 minutes, but I can tell it's wearing off now because my symptoms are coming back.**

이 알레르기약은 보통 30분 정도면 효과가 나타나는데, 지금 증상이 다시 나타나는 것을 보니 약효가 떨어져 가는 것 같습니다.

- start working
- take effect

207 gear up

'대비하다, 준비하다'라는 뜻이다. gear up 뒤에 for를 붙이면 '~에 대비하다', to부정사를 붙이면 '-하기 위해 대비하다, 준비하다'가 된다. 여기서는 to부정사 예문을 살펴보자.

대비하다, 준비하다

» **Ford is gearing up to launch a facelift edition of the Bronco for 2024.**

포드 사는 브론코의 2024년 외장 변경 에디션 출시를 앞두고 있습니다.

» **Estonians are gearing up to elect a new head of government.**

에스토니아 국민들은 새로운 국가 수장을 선출할 준비를 하고 있습니다.

208 bail out (of)

자동사 bail out은 침몰하는 배 등의 탈것이나 조직, 상황에서 '탈출하다'라는 뜻으로, 어디에서 탈출하는지는 뒤에 of를 붙여 말한다. 타동사일 때는 '어려움에 처한 ~을 돕다, 구제하다'라는 뜻이다.

(~에서) 탈출하다

» **The driver first crashed into an ambulance and bailed out before a second crash.**
운전사는 먼저 구급차와 충돌한 후 두 번째 충돌 전에 탈출했습니다.

• escape
• get out

» **As its economy is sinking fast, investors are bailing out of China.**
중국 경제가 급격히 침체되면서 투자자들이 중국에서 발을 빼고 있습니다.

• leave
• withdraw from
• exit

어려움에 처한 ~을 돕다, 구제하다

» **In today's press interview, the President tried to calm the markets after the Federal Reserve stepped in to bail out a Wall Street investment bank.**
대통령은 오늘 기자회견에서 월가 투자 은행을 구제하기 위해 연방준비제도가 개입한 이후, 시장을 진정시키려 애썼습니다.

• rescue

209 pop up

이 표현은 자꾸 또는 여기저기에서 '뭔가가 뜨다, 발생하다, 생겨나다'라는 뜻이다. 자주 함께 쓰는 명사로는 messages, issues, stores, buildings 등이 있다.

발생하다, 생겨나다

» **Consumers are complaining about various error messages popping up on their new TX-200 cell phones, prompting them to contact customer services.**
소비자들은 새로 산 TX200 휴대폰에 고객 센터에 연락하라는 내용의 에러 메시지가 여러 개 뜬다고 불평하고 있습니다.

• appear
• show up

» **When additional issues popped up with voting machines, Chicago election officials decided to tally ballots by hand.**
개표기에 추가적인 문제가 발생하자 시카고 선관위는 개표를 수작업으로 하기로 결정했습니다.

• occur
• arose

056. MP3

210 team up (with)

team up (with)은 팀이 되어 뭔가 한다는 말로, '(~과) 협력하다'라는 뜻이다.

(~과) 협력하다

» **Hundreds of victims have teamed up with an organization called the Children's Defense Fund to build a lawsuit against the pharmaceutical company.**

수백 명의 피해자들은 '아동방어기금'이라는 단체와 협력해서 그 제약 회사에 대한 소송을 준비하고 있습니다.

» **The Swedish fashion house is teaming up with the famed American designer Leona Donovan to launch a luxury brand in the US.**

그 스웨덴 패션 업체는 미국의 유명 디자이너인 레오나 도노반과 손잡고 미국에서 럭셔리 브랜드를 출시할 준비를 하고 있습니다.

211 back down (from)

back down (from)은 '(~에서) 물러나다, 철회하다'라는 뜻이다. fight, challenge, position 등의 명사와 자주 어울려 쓴다.

(~에서) 물러나다, 철회하다

» **Both sides are adamant about their positions on the issue, showing no willingness to back down.** *adamant* 단호한

양측이 이 문제에 있어 입장이 단호하며, 조금도 양보하지 않을 기세입니다.

• yield
• concede
• relent

» **Republican whip Mark Warton has backed down from holding Santos accountable for the division within their ranks in pushing the budget bill through.** *hold ~ accountable* ~에게 책임을 묻다

공화당 원내 총무인 마크 워턴은 예산안을 통과시키면서 발생한 내부 분열에 대한 책임을 산토스에게 묻겠다는 입장을 철회했습니다.

• decide not to
• withdraw from -ing

» **She backed down from a threat to take her opponent to court for libel and slander.** *take ~ to court* ~을 고소하다

그녀는 명예훼손과 중상모략 혐의로 상대방을 고소하겠다는 협박을 철회했습니다.

• retreat from
• withdraw

212 drag on

drag on은 '늘어지다, 길어지다'라는 뜻을 가진 표현이다. 이 표현의 주어로는 war, crisis, negotiations, strike, dispute 등이 자주 나온다.

늘어지다, 길어지다

» **As negotiations dragged on for over two weeks, with no end in sight, the Canadians decided to pull out of the talks.**

pull out of ~에서 철수하다

협상이 2주 이상 늘어지고 끝이 보이지 않자 캐나다 측은 회담에서 철수하기로 결정했습니다.

• prolong
• stretch

» **As the war drags on, divisions are surfacing within the EU over how much longer they should continue providing aid to Ukraine.**

전쟁이 길어지면서 얼마나 더 오랫동안 우크라이나를 지원할지를 놓고 EU 내에서 내분이 일어나고 있습니다.

• persist
• protract

213 drag out

drag out은 '~을 길게 끌다'라는 뜻이다. process, negotiations, war, trial 등의 명사와 함께 쓴다.

~을 길게 끌다

» **Now that the court has found him guilty, Swiss immigration authorities are taking steps to extradite him to the US, but appeals could drag out the process.**

현재 법원에서 유죄 판결이 났기 때문에 스위스 이민 당국은 그를 미국에 인도할 절차를 밟고 있습니다. 단, 항소할 경우 인도 과정이 길어질 수 있습니다.

• prolong
• delay
• slow down

» **The district school board is accused of intentionally dragging out collective bargaining to wear down teachers on strike.**

wear down ~을 지치게 만들다

지역 교육위원회는 단체 교섭을 일부러 질질 끌어서 파업 중인 교사들을 지치게 만들고 있다는 비난을 받고 있습니다.

• prolong
• draw out
• stretch out

214 build up

자동사 build up은 '증가하다, 쌓이다'라는 뜻으로, 주어로는 흔히 pressure, tension, stress 등이 나온다. 타동사일 때 이 표현은 '~을 쌓다, 증강하다, 구축하다'라는 뜻이고, 목적어로 trust, momentum, forces, relationship 등의 명사와 자주 어울려 쓴다.

증가하다, 쌓이다

» **Tension is building up across the Taiwan Strait as US and Chinese naval forces are either conducting or planning to conduct military drills in nearby waters.**

미국과 중국의 해군이 근해에서 군사 훈련을 진행하고 있거나 진행할 계획이기 때문에 대만 해협에서 긴장이 높아지고 있습니다.

- grow
- escalate
- mount

» **This is part of the evidence showing that inflationary pressure is building up in the US economy, providing the Fed with an additional challenge to address in its next meeting.**

이것은 미국 경제에서 인플레이션 압력이 증가하고 있다는 증거의 일부입니다. 이 문제는 연준이 다음 회의에서 다뤄야 할 또 하나의 도전적 과제가 되고 있습니다.

- increase
- rise
- on the rise

~을 쌓다, 구축하다

» **You can't simply impose reform on a sector. You need to gradually build up momentum to move forward with it.**

momentum 기세, 탄력

어떤 분야에 개혁을 단순하게 강제할 수 없습니다. 개혁을 추진하기 위해선 점진적으로 추진력을 쌓아야 합니다.

- develop
- foster
- cultivate

» **It takes a great deal of time and dedication to build up a brand and good customer relations in a market.**

시장에서 브랜드를 키우고 고객과 좋은 관계를 구축하는 데는 많은 시간과 헌신이 필요합니다.

- establish

215 lose out (to)

lose out은 '피해를 보다'라는 뜻이다. 여기에 to가 붙어 lose out to라고 하면 '~에게 지다' 라는 뜻이 된다.

피해를 보다

» **When a nation's leader lacks a clear vision for the future, it's the people who lose out.**

한 국가의 지도자가 미래에 대한 분명한 비전이 없을 때는 국민이 피해를 보게 됩니다.

• suffer
• miss out

~에게 지다

» **The US is working to rebuild its manufacturing sector that has lost out to China over the decades.**

미국은 지난 수십 년간 중국에게 밀려난 제조업을 재건하려 노력하고 있습니다.

• fall behind
• lose ground to
• be outpaced by

216 clean up

clean up은 '치우다, 청소하다'라는 의미를 가진 자동사다. 타동사는 '~을 치우다, 정화하다' 라는 뜻이다.

치우다, 청소하다

» **It's amazing how the protesters cleaned up after themselves. It was as if they had never been there.**

시위대가 집회 후에 자신들의 쓰레기를 치운 것은 놀랍습니다. 마치 그들이 거기에 없었던 것 같았습니다.

• tidy up

~을 치우다, 정화하다

» **Even school children pitched in on cleaning up flood debris ahead of the summer tourist season.** *pitch in* 기여하다

여름 휴가철을 앞두고 학생들까지 홍수로 생긴 쓰레기를 치우는 일에 동참했습니다.

• clear
• remove

» **The EPA believes that the most effective way to clean up the river is to shut down farms and factories that discharge toxic substances into it.**

미 환경보호국은 강을 정화하는 가장 효과적인 방법은 강으로 독성 물질을 배출하는 농가와 공장을 폐쇄하는 것이라고 생각합니다.

• purify

058. MP3

217 follow up (with)

follow up (with)은 '(~으로) 후속 행동을 취하다'라는 뜻이다. 참고로 follow *A* up with *B*라고 하면 'A에 대한 후속 행동으로 B를 하다'라는 의미가 된다.

(~으로) 후속 행동을 취하다

» **He sent an email to the adoption agency in May and followed up with a visit the next month, only to find out that his records were sealed.** *only to find out* 알고 보니 ~하다

그는 5월에 입양 기관에 이메일을 보냈고, 다음 달에 찾아가 보았지만 자신의 입양 기록이 봉인되어 있다는 것만 알게 되었습니다.

» **The UN Security Council adopted a strongly-worded resolution against Israel but is unlikely to follow (that) up with actual sanctions.**

UN 안전보장이사회는 이스라엘에 대한 강경한 어조의 결의문을 채택했지만 (결의문대로) 실제 제재가 뒤따를 가능성은 적습니다.

218 turn up

이 표현은 자동사로 '나타나다, 나오다'라는 뜻이다. 이때 주어로는 흔히 fans, voters, evidence 등이 나온다. 타동사로는 '~을 찾아내다, 발견하다'라는 뜻인데, 목적어로는 evidence, information, hidden assets 등이 나온다. 또한 '~을 올리다, 높이다'라는 의미일 때는 heat, pressure, volume 등의 명사를 목적어로 쓴다.

나타나다, 나오다

» **The turnout in the last two presidential elections was about 70 percent. This means that two out of every three voters turned up to cast their ballots.** *turnout* 참여율

• show up

지난 두 번의 대통령 선거에서의 투표 참여율은 대략 70퍼센트였습니다. 즉, 유권자 3명 중 2명이 투표하기 위하여 투표장에 나왔다는 뜻입니다.

~을 찾아내다, 발견하다

» **The police chief said the investigation has so far turned up no evidence of foul play.** *foul play* 범죄 행위

• reveal
• uncover

수사에서 현재까지 범죄 혐의 증거를 발견하지 못했다고 경찰청장은 말했습니다.

~을 올리다, 높이다

» The recent spate of raids shows that the FBI is **turning up** the heat on drug gangs.

최근 빈번한 급습은 것은 FBI가 마약 갱단 단속을 강화하고 있음을 보여줍니다.

219 factor in

factor in은 '~을 요소로 고려하다'라는 뜻이다.

~을 요소로 고려하다

» It's hard to **factor in** unforeseen events like a pandemic when modeling economic forecasts.

경제전망 모델을 계산할 때 유행병 같은 예상하기 힘든 사건을 고려하기는 어렵습니다.

» When you **factor in** the state-of-the-art safety package that is included in all trims, the prices become actually very competitive.

(자동차의) 모든 트림에 포함된 첨단 안전 패키지를 고려한다면 실제로 가격 경쟁력은 매우 높아집니다.

- consider
- take ~ into account

220 wrap up

이 표현은 '끝나다', '~을 끝내다, 마치다'라는 뜻이다. 보통 tour, day 등이 끝나거나 TV series, speech, investigation 등을 끝낸다는 의미로 쓴다.

끝나다

» The President's whirlwind tour of the Middle East is **wrapping up** this afternoon with a speech at King Saud University in Riyadh. *whirlwind tour* 짧은 기간에 신속하게 여러 장소를 방문하는 여행

오늘 오후 리야드에 있는 킹사우드대학교에서의 연설과 함께 대통령의 단기 중동 순방 일정이 모두 끝납니다.

- conclude
- come to an end

~을 끝내다, 마치다

» The TBC family drama, which just **wrapped up** its first season, is nominated for five Emmy awards.

얼마 전에 시즌1 방영이 끝난 TBC의 가족 드라마가 에미상 5개 부문 후보에 올랐습니다.

- conclude
- finish

221 speed up

이 표현은 자동사로 '속도를 내다, 속도가 올라가다', 타동사로 '~의 속도를 높이다, 촉진하다'라는 의미를 가지고 있다. 타동사일 때 recovery, efforts, implementation 등의 명사와 어울려 쓴다.

속도를 내다, 속도가 올라가다

» **The road maintenance work, which had been at a standstill for several days due to continuous rain, is now speeding up as the rain ceases.**

계속되는 비로 며칠째 멈춰 있던 도로 정비 작업은 비가 그치자 이제 속도를 내고 있습니다.

~의 속도를 높이다, 촉진하다

» **The proposed budget provides increased funding for infrastructure, aiming to speed up the rollout of planned projects.**

제시된 예산은 인프라에 대한 자금을 증액하여 계획된 사업의 실행 속도를 높이는 것을 목표로 합니다.

- expedite
- accelerate
- hasten

222 add up

add up은 '축적되다', '논리적으로 말이 되다', '~을 합산하다'라는 의미다.

축적되다

» **The medical bills kept adding up, which he paid off by taking out a second mortgage on his house.**

치료비는 계속 쌓여갔고, 그는 주택을 담보로 두 번째 대출을 받아서 치료비를 지불했습니다.

- accumulate
- pile up

논리적으로 말이 되다

» **Many of the measures the government implemented during the financial crisis didn't add up. Actually, many of them backfired to make things worse.**

금융 위기 중에 정부가 취한 여러 대책 중에는 합리적이지 않은 것이 많았습니다. 실제로 그런 대책의 상당수가 역효과를 내어 상황을 악화시켰습니다.

- make sense

~을 합산하다

» **This membership card can save you hundreds of dollars if you add up what's included in the benefits from free car services to dining vouchers.**

무료 자동차 수리 서비스부터 무료 식사권까지 이 회원제 카드 혜택에 포함된 것들을 다 더하면 수백 달러를 절약할 수 있습니다.

• total
• tally up

223 ramp up

ramp up은 자동사로 '증가하다, 강화되다'라는 뜻이며, pressure, production, tensions, security 등의 명사와 함께 쓴다. 타동사로 '~을 늘리다, 강화하다'라는 의미일 때는 production, security, pressure, investments, efforts 등이 표현 뒤에 나온다.

증가하다, 강화되다

» **The pressure is ramping up on the bank's chairman to resign amid a money-laundering scandal.**

돈세탁 스캔들이 터진 가운데, 은행장에 대한 사퇴 압박이 커지고 있습니다.

• increase
• intensify
• mount

~을 늘리다, 강화하다

» **Fiscal authorities are ramping up their efforts to curb inflation while trying to bring the economy in for a soft landing.**

재정 당국은 경제를 연착륙시키려고 노력하는 동시에 인플레이션을 잡기 위한 노력을 강화하고 있습니다.

• intensify
• strengthen
• step up

» **In the run-up to the G7 Summit, French law enforcement authorities are ramping up security around airports and the summit venue.**

G7 정상회담을 앞두고 프랑스 사법 당국은 공항과 회담 장소 주변의 보안을 강화하고 있습니다.

• increase
• beef up
• step up

060. MP3

224 hold back

이 표현은 자동사로 hold back on이라고 하면 '~을 자제하다, 꺼리다, 줄이다'라는 뜻이다. 타동사로는 '~을 참다, 억제하다'라는 뜻인데, 뒤에는 tears, investment 등의 명사가 자주 나온다. 또 '~의 접근을 막다, 진전을 막다'라는 뜻일 때는 investors, growth, economy 등과 함께 쓰고, '~을 숨기고 말하지 않다, 주지 않다'라는 의미일 때는 information, fact 등을 함께 쓴다.

~을 자제하다, 꺼리다, 줄이다

» **With the economy on the downswing, consumers are holding back on spending on travel, restaurants, and entertainment.**

on the downswing 하락세에 있는

경제가 하락세에 접어든 가운데 소비자들은 여행과 외식, 엔터테인먼트에 대한 지출을 자제하고 있습니다.

• cut back on
• reduce

~을 참다, 억제하다

» **Lisa appeared to be fighting to hold back her emotions as she answered questions from the reporters.**

리사는 기자들의 질문에 답하면서 감정을 억제하려 애쓰는 것처럼 보였습니다.

• suppress
• control
• keep ~ at bay

~의 접근을 막다, 진전을 막다

» **Actually, it's not just inflation. Multiple factors are at play holding back the economy.**

사실 인플레이션만의 문제가 아닙니다. 다양한 요소가 작용해서 경제가 앞으로 나아가지 못하고 있습니다.

• impede
• hinder

~을 숨기고 말하지 않다, 주지 않다

» **Robinson is charged with holding back information about his son's involvement in the company's money laundering through offshore accounts.**

로빈슨은 역외 계좌를 통한 돈세탁에 자신의 아들이 관련되어 있다는 정보를 숨긴 혐의를 받고 있습니다.

• withhold
• hide

225 open up

open up은 economy, market처럼 어떤 분야가 '열리다, 개방되다'라는 뜻이다. '생기다, 나다'라는 의미일 때는 opportunity, job, position 등의 명사와 함께 쓴다. 이 표현을 타동사로 쓰면 '~을 생기게 하다, 제공하다'라는 의미인데, 목적어로는 possibility, opportunities, avenue 등이 나온다.

열리다, 개방되다

» **In the early 2000s, the nation's car market opened up to global players such as Toyota and Hyundai.**

2000년대 초, 그 나라의 자동차 시장이 토요타나 현대와 같은 국제 기업들에게 개방되었습니다.

생기다

» **As the economy is picking up steam, lots of job opportunities are opening up in the service sector.** *pick up steam* 차츰 힘을 내다

경제가 차츰 활기를 띠면서 서비스 분야에서 많은 취업 기회가 생기고 있습니다.

• arise
• emerge

~을 생기게 하다, 제공하다

» **The prime minister said that the free trade agreement will open up new opportunities for domestic farmers to export their produce globally.** *produce* 생산물

수상은 자유무역협정이 국내 농민들에게 국제적으로 농산물을 수출하는 새로운 기회를 가져다줄 것이라고 말했습니다.

• provide
• offer

» **The program opens up an avenue for small- and medium-sized companies to secure financing from financial institutions at interest rates lower than the market rates.**

이 프로그램은 중소기업이 시중 금리보다 낮은 금리로 금융기관에서 대출을 받을 수 있는 길을 열어줍니다.

226 take out

이 표현은 '~을 얻다, 받다'라는 의미로, loan, mortgage 등의 명사와 함께 쓴다. 또 '~을 제거하다, 무력화하다'라는 뜻으로도 쓰는데, 이때는 목적어로 terrorist group, nuclear capabilities 등이 나온다.

~을 얻다, 받다

» **The Wheelers took out a loan to buy a used van, only to find out it was a melon.** *melon* 결함이 있는 제품

휠러 부부는 대출을 받아서 중고 밴을 샀는데 알고 보니 결함이 있는 차였습니다.

• get
• secure
• obtain

~을 제거하다, 무력화하다

» **The White House secretly considered carrying out surgical strikes to take out the group's military capabilities.**

surgical strike 특정 목표를 향한 신속한 공격

백악관은 그 집단의 군사력을 무력화하기 위해 신속한 공격을 시도할 것을 비밀리에 검토했습니다.

• neutralize
• destroy

227 bring up

'~을 거론하다, 꺼내다, 언급하다'라는 뜻이다. issue, topic, question, fact 등의 명사와 함께 쓴다.

~을 거론하다, 꺼내다

» **Diplomatic officials said that in today's summit talk, the President is likely to bring up the issue of Barbara Winthrop, an American exchange student held in custody on espionage charges for six months.** *held in custody* 감금되어 있는

외교 공무원에 따르면 오늘 정상회담에서 대통령은 6개월 동안 스파이 혐의로 감금되어 있는 미국인 교환 학생 바바라 윈스럽 문제를 거론할 가능성이 있습니다.

• raise
• mention
• broach

» **In today's interview, Senator Spaulding brought up the question of who should be held accountable for the intelligence failure that cost three Marines' lives.**

hold accountable for ~에 대한 책임을 묻다 *intelligence failure* 정보 (수집/분석) 실패

오늘 인터뷰에서 스폴딩 상원의원은 해병 3명의 목숨을 앗아간 정보 수집 실패에 대해 누구에게 책임을 물어야 하느냐는 질문을 꺼냈습니다.

• raise
• broach

228 bring back

'~을 불러오다, 되살리다, 다시 유행하게 하다'라는 뜻이다. jobs, memories, glory, fashion styles 등과 함께 쓴다.

~을 불러오다, 되살리다, 다시 유행하게 하다

» **Marvin and his colleagues are committed to bringing back the golden age of pro-wrestling.**

마빈과 동료들은 프로 레슬링의 황금 시대를 되찾겠다는 의지가 강합니다.

• restore
• revive

» **For the Kims, the violence brought back painful memories of the L.A. riots in 1992 that shattered the life they had built as immigrants.**

김 씨 가족에게 그 폭력 사태는 이민 가정으로 일군 삶을 파괴했던 1992 L.A. 폭동의 아픈 기억을 불러왔습니다.

• evoke
• stir up

229 roll out

이 표현은 '나오다, 시작되다'라는 뜻으로, update, service, program, season 등과 함께 쓴다. '~을 내놓다, 출시하다, 개설하다'라는 뜻일 때는 plan, service, product, website 등의 명사와 어울려 쓴다.

나오다, 시작되다

» **As per an insider at Netflix, Season 3 of *Bad Neighbors* will roll out in two parts in early November.**

넷플리스 내부 관계자에 따르면 〈나쁜 이웃〉 시즌 3은 11월 초에 두 개로 파트를 나눠서 나온다고 합니다.

• be released

~을 내놓다, 개설하다

» **The InstantWeb service enables the average desktop user to roll out a website with just a few clicks.**

인스턴트웹 서비스를 이용하면 일반 데스크톱 사용자도 마우스 클릭 몇 번으로 웹사이트를 개설할 수 있습니다.

• create
• set up

» **Atico is set to roll out 12 new stores in Vietnam this year to expand its market share.**

아티코 사는 베트남에서 시장 점유율을 높이기 위해 올해 12개의 새로운 매장을 열 예정입니다.

• launch
• open

230 hold up

hold up은 자동사로 '유지되다'라는 뜻이고, results, prices, weather 등의 명사와 함께 쓴다. 또 '타당하다, 효과가 있다'라는 의미일 때는 보통 theory, argument, vaccine 등과 함께 쓴다. '잘 견디다'라는 뜻일 때는 market, company, economy 등과 어울려 쓰고, '~을 지연시키다'라는 뜻일 때는 목적어로 흔히 process, deal, project, traffic 등이 온다.

유지되다

» **If the poll results hold up, the Republican race in Georgia is likely to come down to a showdown between Walker and Hill.**

come down to 궁극적으로 ~이 되다

이 여론 조사 결과가 그대로 유지된다면 조지아주의 공화당 경선은 워커와 힐의 맞대결이 될 공산이 큽니다.

- be sustained
- remain valid

타당하다, 효과가 있다

» **The prosecutor contended that the defendant's argument didn't hold up under the weight of the evidence.**

검사는 증거에 비춰볼 때 피고 측 주장에 타당성이 없다고 주장했습니다.

- (be not) valid
- (be not) logical
- (be not) reasonable

잘 견디다

» **Factoring in the worldwide supply chain disruptions, Wago held up quite well in 2022.**

전 세계적인 공급망 교란 상황을 고려해볼 때 2022년 와고 사는 꽤 잘 버텼습니다.

- endure
- cope

~을 지연시키다

» **Hundreds of protesters marched through central Toronto, holding up rush-hour traffic.**

수백 명의 시위대가 토론토 도심을 가로질러 행진하면서 출퇴근 시간의 혼잡한 교통을 정체시켰습니다.

- obstruct
- hinder
- slow down

» A **So, what's holding up the process?**

B **There are several factors, but the delay is mostly blamed on internal differences within the Democratic camp.**

A 그러면 무엇 때문에 진행 과정이 지연되고 있는 건가요?

B 여러 요인이 있습니다만, 지체되는 가장 큰 이유는 민주당 캠프 내부의 의견 차이입니다.

- delay
- slow down
- stall

231 turn down

'~을 거절하다'라는 뜻으로, 보통 어떤 사람이나 offer, job, request 등을 거절한다는 의미로 쓴다.

~을 거절하다

» **The governor turned down our request to talk to us on camera about the alleged false credentials on his resume.**
주지사는 이력서에 자격증이 허위로 기재된 것에 관하여 카메라 인터뷰를 하자는 저희의 요청을 거절했습니다.

- reject
- decline

» **According to her biography, Emily turned Prince Harris down twice before agreeing to date him because she felt he was out of her league.**
자서전에 따르면 에밀리는 해리스 왕자와의 데이트에 동의하기 전에 왕자가 자신에게 과분하다고 생각해서 데이트 신청을 두 번 거절했다고 합니다.

- reject

232 put off

'~을 연기하다, 뒤로 미루다'라는 뜻이다. meeting, decision, buying a car 등을 연기한다는 의미로 쓴다.

~을 연기하다, 뒤로 미루다

» **The construction of the road has been put off for another year due to budget constraints.**
그 도로 건설은 예산 부족으로 다시 1년이 연기되었습니다.

- postpone
- delay
- push back

» **Today, the FDA has put off a decision on the vaccine, citing safety concerns raised by some members of the review board.**
오늘 FDA는 검증위원회의 일부가 제기한 안전 우려를 이유로 그 백신에 대한 (승인) 결정을 연기했습니다.

- postpone
- defer
- put on hold

» **With the economy in a slump, people are tightening their belts. They're putting off buying a new car, dining out less, or cutting back on traveling.** *cut back on* ~을 줄이다
경제가 불황에 빠지면서 사람들은 허리띠를 졸라매고 있습니다. 새 차 구입을 미루고, 외식도 줄이고, 여행도 줄이고 있습니다.

- postpone
- delay

233 pull off

pull off는 '~을 달성하다, 해내다'라는 뜻이다. win, miracle, deal, feat 등의 명사와 어울려 쓴다.

~을 달성하다, 해내다

» **Techware, a Cleveland-based startup, pulled off what many market observers thought it could never achieve.**
클리블랜드에 위치한 스타트업 기업인 테크웨어는 많은 시장 분석가들이 절대 달성할 수 없다고 생각했던 것을 해냈습니다.

- succeed in
- achieve
- accomplish

» **The Tigers can get into the playoffs with two more wins, but will they be able to pull it off?**
타이거즈가 앞으로 두 번만 더 승리하면 플레이오프에 진출하게 됩니다. 그런데 그걸 해낼 수 있을까요?

- get ~ done
- make ~ happen
- achieve

234 cut off

cut off는 '~을 끊다, 단절하다'라는 뜻이다. supply, electricity 같은 물리적인 것부터 ties 처럼 추상적인 관계까지 끊는다는 뜻으로 쓴다.

~을 끊다, 단절하다

» **The Kremlin flexed its muscles by threatening to cut off natural gas supplies to Europe.** *flex one's muscles* 힘을 과시하다
러시아 정부는 유럽에 천연가스 공급을 중단하겠다고 협박하는 것으로 자신의 세를 과시했습니다.

- suspend
- halt
- discontinue

» **South Africa threatened to cut off diplomatic ties with Israel unless Israel halts bombardments on civilians in Gaza.**
남아프리카 공화국은 가자 지역에서 민간인에 대한 폭격을 중지하지 않는다면 이스라엘과의 외교 관계를 단절하겠다고 경고했습니다.

- sever

» **The sanctions are aimed at cutting off the targeted Russian companies from global markets.**
그 제재는 대상이 되는 러시아 기업들을 세계 시장에서 차단하는 것을 목표로 하고 있습니다.

- isolate

235 call off

'~을 취소하다'라는 뜻으로, game, meeting, trip 등의 명사와 함께 쓴다.

~을 취소하다

» **Secretary of State Williams called off his trip to Europe at the last minute amid escalating tensions in the Middle East.** • cancel

중동에서 긴장이 고조되고 있는 가운데, 윌리엄스 국무장관은 유럽 방문 일정을 바로 직전에 취소했습니다.

» **Railroad workers have called off their three-day strike.** • cancel

철도 노조는 3일간의 파업 일정을 취소했습니다.

236 check out

'사실로 확인되다'라는 뜻으로, 흔히 alibi, story, facts 등과 어울려 쓴다. '~을 둘러보다, 알아보다, 살펴보다'라는 뜻일 때는 place, product, website, photo, prices 등과 함께 쓴다.

사실로 확인되다

» **At first, I was skeptical, but his story checked out. As I dug deeper, I uncovered a pervasive culture of corruption within the organization.** • prove (to be) true

처음에는 믿지 않았는데 그의 주장은 사실이었습니다. 더 깊게 파보니까 조직 내에 부패 문화가 널리 퍼져 있는 것을 밝혀냈습니다.

~을 둘러보다, 알아보다, 살펴보다

» **I talked to Faith Cook, a stay-at-home mom from Woodstock, who was checking out toys for her children. She said with the rising costs of living, she finds herself more budget-conscious than before.** • browse • look at

budget-conscious 예산과 지출에 신경 쓰는

아이들 장난감을 둘러보고 있던 우드스톡에 거주하는 전업 주부 페이스 쿡 씨와 대화를 나눴습니다. 그녀는 생활비가 상승하면서 전보다 지출에 더 신경 쓴다고 말했습니다.

» **PetroPrices is my go-to website for checking out fuel prices in the area I'm in.** • look up • find

one's go-to ~가 항상 이용하는

페트로 프라이스는 저희 지역의 휘발유 가격을 알아볼 때 제가 항상 이용하는 웹사이트입니다.

237 rule out

rule out은 '~을 배제하다'라는 뜻이다. 좋아질 가능성이나 범죄가 될 가능성처럼 어떠한 가능성을 배제한다는 뜻으로 자주 쓰기 때문에 뒤에 the possibility of가 붙는 경우가 많다.

~을 배제하다

» **The Secretary didn't rule out the possibility of U.S. boots on the ground in the conflict zone to protect US assets.**

boots on the ground 지상군 파견

장관은 미국의 자산을 보호하기 위해 분쟁 지역에 미군 병력을 파견할 가능성을 배제하지 않았습니다.

• exclude
• eliminate

» **At this point, we don't have any evidence to rule out foul play. It's an aspect we'll continue to look into.**

현재로서는 범죄가 개입된 가능성을 배제할 증거가 없습니다. 저희는 그 부분을 계속해서 조사할 것입니다.

• exclude
• eliminate

238 sort out

'~을 해결하다, 해소하다'라는 뜻으로, 흔히 problem, issue, differences 등의 명사와 함께 쓴다. 복잡한 문제와 관련해서 쓰면 '~을 쉽게 풀어주다, 분석해서 설명해주다'라는 의미가 된다.

~을 해결하다, 해소하다

» **Relief officials are working around the clock to sort out some logistical difficulties.**

around the clock 밤낮으로

구조요원들은 물류 문제를 해결하려고 밤낮으로 노력하고 있습니다.

• resolve
• address
• iron out

~을 쉽게 풀어주다, 분석해서 설명해주다

» **This is a complicated legal dispute. Here to sort it out for us is TBC's legal expert, Peter Howard.**

이것은 복잡한 법적 분쟁입니다. 이 문제를 쉽게 풀어주기 위해 TBC의 법률 전문가인 피터 하워드 씨가 나와 계십니다.

• untangle
• analyze

239 keep up

'~을 유지하다'라는 뜻이다. one's spending, one's energy, pressure, pace 등과 어울려 쓴다.

~을 유지하다

» **Consumer spending is proving quite resilient in the face of high inflation, yet economists are divided over how long people can keep up this level of spending.** *prove* 판명되다

높은 인플레이션에도 불구하고 소비 지출은 매우 회복력이 있다고 판명되었습니다만, 사람들이 이 정도 수준의 지출을 얼마나 오래 유지할 수 있을지에 대해서는 경제 전문가들의 의견이 엇갈립니다.

» **The US is determined to keep up the pressure on the regime by pushing for tougher UN sanctions.** *push for* ~을 강하게 요구하다

미국은 더 강력한 UN 제재를 밀어붙여 그 정권에 대한 압박을 유지할 의지가 확고합니다.

240 call *A* out for *B*

call *A* out for *B*는 'B에 대해 A를 비난하다, 비판하다'라는 뜻이다. B에는 주로 어떤 행동이나 발언 등이 나온다.

B에 대해 A를 비난하다, 비판하다

» **Deborah called Austin out for fence-sitting and not taking a clear stance on immigration.**

fence-sit 사태를 관망하다 *take a stance* 입장을 취하다

데보라는 오스틴이 이민자 문제에 있어 분명한 입장을 취하지 않고 사태를 관망하고 있다고 비난했습니다.

- criticize
- accuse ~ of
- rebuke

» **At the rally, Vincent's fans called him out for the racist and sexist comments he made on TV last week.**

빈센트의 팬들은 그 집회에서 그가 지난주에 TV에 나와서 했던 인종차별적이고 성차별적인 발언을 비판했습니다.

- criticize
- accuse ~ of
- slam

065. MP3

241 set in

set in은 '본격적으로 시작되다, 엄습하다'라는 뜻으로, 이때는 winter, night, heatwave, terror 등의 명사와 함께 쓰고, '실감나다'라는 뜻일 경우에는 reality, realization, news 등의 명사와 함께 쓴다.

본격적으로 시작되다, 엄습하다

» **As the heatwave sets in across New England, temperatures are forecasted to hit well over 100 degrees(°F) in many cities.**
뉴 잉글랜드 지역에 본격적인 폭염이 시작되면서 여러 도시에서 기온이 38도(°C)를 넘을 것으로 예보되었습니다.

• take hold

실감나다

» **Consumers are cutting back as the reality sets in that they're in for a prolonged period of recession.** *be in for* ~을 겪게 될 가능성이 크다
소비자들은 불황이 장기화될 것이라는 현실을 실감하기 시작하면서 소비를 줄이고 있습니다.

• sink in

242 shore up

이 표현은 '~을 지탱하다'라는 뜻으로, 보통 가격과 관련해서 쓴다. '~을 강화하다'라는 의미일 때는 흔히 confidence, peace deal, alliance 등이 목적어로 나온다. shore는 prop으로 바꿔도 된다.

~을 지탱하다

» **OPEC has decided to slash production to shore up oil prices.**
석유수출국기구는 유가를 지탱하기 위해 생산을 감축하기로 결정했습니다.

• support
• bolster

~을 강화하다

» **The government denied reports that it may step in to shore up investors' confidence in the banking sector.** *step in* 개입하다
정부는 금융 분야에서 투자자 신뢰도를 강화하기 위해 정부가 개입할 수도 있다는 보도를 부인했습니다.

» **The President is setting out on a whirlwind tour of Europe today to prop up the cross-Atlantic alliance.**
대통령은 대서양 양안간의 동맹을 강화하기 위하여 오늘 단기 유럽 순방 길에 오릅니다.

• boost
• bolster

243 hand over

'~을 넘기다'라는 뜻으로, 보통 records, data, keys, evidence 등과 함께 쓴다. turn over 라고 해도 같은 의미다.

~을 넘기다

» **A federal judge ordered the FBI to hand over all of the data it has regarding Russian interference to Congress.**

연방판사는 FBI에게 보관하고 있는 러시아 개입 관련 데이터를 모두 의회에 넘기라고 명령했습니다.

• submit
• provide

» **When a president leaves office, they're required to turn over all official records to the National Archives.**

대통령이 퇴임할 때는 모든 공식 기록물을 국립기록원에 넘겨야 합니다.

• transfer
• relinquish

244 get underway

under way 또는 underway는 무엇이 '진행 중인'이라는 뜻이다. 이것을 get과 함께 쓰면 get underway(시작되다, ~을 시작하다)가 된다. 흔히 game, event, project, campaign 등의 명사와 함께 쓴다.

시작되다

» **She will be officially crowned in a coronation on Friday. Preparations for the ceremony got underway three months ago in February.**

그녀는 금요일에 있을 대관식에서 공식적으로 왕위에 오릅니다. 대관식 준비는 3개월 전인 2월에 시작되었습니다.

• begin
• start
• commence

~을 시작하다

» **Senator Johnson is officially getting his re-election campaign underway this afternoon with a rally in Ann Arbor.**

존슨 상원의원은 오늘 오후 앤 아버에서 열리는 집회를 통해 재선 선거운동을 공식적으로 시작합니다.

• start
• kick off

245 move on (to)

move on은 어떤 장소나 상황으로 '옮겨가다, 넘어가다', 시련과 실패를 딛고 '새 인생을 살다', 어떤 일이나 프로젝트와 관련해서 '~에 대한 절차를 진행시키다'라는 뜻이다. 뒤에 전치사 to가 붙으면 '~으로 넘어가다'라는 의미가 된다.

(~으로) 옮겨가다, 넘어가다

» **The job market is highly competitive right now. It's not the ideal time for those wanting to quit their present jobs and move on to a new one.**

현재 고용 시장이 매우 어렵습니다. 현 직장을 그만두고 새 직장으로 옮기고 싶어 하는 사람들에게는 좋은 시기가 아닙니다.

- transition to
- shift to
- switch to

새 인생을 살다

» **In the 2024 GOP nomination race, Marvin Jacks narrowly lost to Clara Colson, but he has since moved on and is now at the helm of one of the world's largest charitable organizations.**

be at the helm of ~의 수장이다

2024 공화당 대선후보 경선에서 마빈 잭스는 클라라 콜슨에게 근소한 차이로 패했습니다. 그렇지만 그 후로 마빈은 패배를 극복하고 지금은 세계에서 가장 큰 자선 단체 중 하나의 대표로 활동하고 있습니다.

- move past the setback

~에 대한 절차를 진행시키다

» **The Republicans are demanding a promise from the White House to reduce the national debt before they agree to move on the $ 3 trillion stimulus package.**

공화당은 3조 달러의 경기 부양책을 진행시키는 데 동의하기에 앞서 국가 부채를 줄이겠다는 대통령의 약속을 요구하고 있습니다.

- move forward with
- act on

246 win over

win over는 '~의 지지를 얻다, ~을 끌어들이다'라는 뜻의 표현이다. voters, customers, fans 등의 명사와 자주 함께 쓴다.

~의 지지를 얻다, ~을 끌어들이다

» **The candidates are expected to go all-in in the final debate to win over undecided voters.**

마지막 토론회에서 후보들은 부동층 유권자들을 끌어들이기 위해 전력을 다할 것으로 예상됩니다.

- woo
- gain the support of
- win the heart of

» **Jacob Fisher has been trying to win over Vermont Governor Holden since Holden dropped out of the race last month, However, Holden hasn't made an official endorsement for any candidate yet.**

drop out of ~에서 중도 사퇴하다

제이콥 피셔는 지난달 경선에서 사퇴한 버몬트 주지사 홀든의 지지를 이끌어내려고 노력해왔습니다. 그렇지만 홀든은 아직 특정 후보에 대한 지지를 공식화하지 않고 있습니다.

- gain the support of
- bring ~ on board

247 spill over

spill over는 '다른 곳으로 번지다'라는 뜻이다. 주로 tensions, violence, conflict 등이 다른 곳으로 번진다는 것을 나타낼 때 쓴다.

다른 곳으로 번지다

» **Political watchers are warning about the political unrest in Afghanistan spilling over into Pakistan. How likely is that to happen?**

정치 분석가들은 아프가니스탄의 정치적 불안이 파키스탄으로 번질 가능성에 대하여 경고하고 있습니다. 실제로 그런 일이 발생할 가능성은 어느 정도인가요?

» **Turkish troops have amped up their patrols along the border to prevent the violence in Yemen from spilling over.**

튀르키예 군은 예멘의 폭력 사태가 (자국으로) 번지는 것을 막기 위하여 국경 순찰을 강화했습니다.

067. MP3

248 make up

make up은 '~을 차지하다'라는 뜻이고, a third of, percent of 등과 어울려 쓴다. '~을 지어내다'라는 뜻일 때는 목적어로 story, lie, excuse 등을 쓰고, '~을 벌충하다, 메우다'라는 의미일 때는 deficit, shortfall, difference 등을 자주 쓴다. 벌충한다는 의미일 때는 뒤에 for를 붙여서 make up for 형태로도 쓴다. 참고로 make up for는 부족분을 '완전히' 채워서 보상한다는 의미가 있는 반면, make up은 그냥 부족분을 메운다는 뜻을 나타낸다.

~을 차지하다

» **Recent census data reveals that individuals aged 65 and older make up 28 percent of the population, prompting discussions about the need for enhanced healthcare services and support systems for this aging demographic.**

최근 인구 조사 자료에 따르면 65세 이상 인구가 전체의 28퍼센트를 차지하는 것으로 나타나 이런 고령층을 위한 의료 서비스 및 지원 시스템의 강화가 필요하다는 논의가 제기되고 있습니다.

- account for
- comprise
- constitute

~을 지어내다

» **Earlier today, breaking news reported that Swedish Queen Silvia was in a coma, but it turned out to be a lie made up by a fake news creator.**

오늘 오전, 스웨덴의 실비아 왕비가 혼수 상태에 빠졌다는 긴급 뉴스가 전해졌습니다. 하지만 이것은 가짜 뉴스 제작자가 지어낸 거짓말인 것으로 드러났습니다.

- fabricate
- invent
- concoct

~을 벌충하다, 메우다

● |참고| **With a prolonged drought, the nation's hydroelectricity output is at a record low, forcing it to burn more fossil fuels to make up for the shortfall.**

가뭄이 장기화되면서 나라의 수력 발전량이 역대 최저치를 기록하고 있습니다. 이에 따라 더 많은 화석 연료를 태워서 부족분을 보충하고 있습니다.

- compensate for
- cover

249 get out

get out은 '~을 대중에게 알리다'라는 뜻이다. 흔히 어울려 쓰는 명사로는 message, information, vision 등이 있다.

~을 대중에게 알리다

» **He's got compelling messages that can strike a chord with voters. His challenge lies in effectively getting them out to the public.** *strike a chord with* ~의 호응을 얻다

그는 유권자들의 호응을 얻을만한 설득력 있는 메시지를 갖고 있습니다. 문제는 이런 메시지를 대중에게 효과적으로 알리는 데 있습니다.

- communicate
- convey
- get ~ across

» **We now have a website up and running, and it'll be our main vehicle for getting information out to the media and the public.**

저희는 현재 웹사이트를 열어서 운영 중입니다. 이 웹사이트는 저희가 정보를 언론 매체와 대중에게 전달하는 핵심 통로가 될 것입니다.

- distribute
- provide
- convey

250 fizzle out

'흐지부지되다, 힘을 잃다'라는 뜻이다. campaign, one's career, plan, talks, things 등과 어울려 쓴다. 기세를 잃고 희미해진다는 의미를 가진 peter out도 알아두자.

흐지부지되다, 힘을 잃다

» **Parker is now playing in Europe after his NBA career fizzled out after just 30 games.**

파커는 NBA에서 30경기 만에 커리어가 흐지부지된 후에 지금은 유럽에서 뛰고 있습니다.

- dwindle
- fade away

» **The multilateral trade talks petered out after the US pulled out of them.** *pull out of* ~에서 철수하다

그 다자 무역 회담은 미국이 회담에서 철수하면서 힘을 잃었습니다.

- dwindle
- fade away

251 drive up

drive up은 '~을 상승시키다'라는 뜻이다. drive higher도 같은 의미다. demand, prices 등의 명사와 함께 쓴다. 반대로 '~을 하락시키다'는 drive down[lower]라고 한다. 또 drive ~ to a record high(~을 역사상 최고 수준으로 상승시키다), drive ~ through the roof(~을 폭등시키다) 형태로 쓰기도 한다.

~을 상승시키다

» **The war in Europe is fueling demand for safe assets, sharply driving up the US dollar in global financial markets.**

유럽에서 발생한 전쟁으로 안전 자산에 대한 수요가 증가하면서 세계 자본 시장에서 미국 달러의 가치가 급등하고 있습니다.

- push up
- boost
- send ~ soaring

● |참고| **Typhoons and the "citrus greening" disease have plagued Florida's orange crop, driving prices through the roof.**

태풍과 '시트러스 그리닝' 병이 플로리다의 오렌지 작황에 영향을 미치면서 가격이 폭등하고 있습니다.

- send ~ skyrocketing
- send ~ soaring

252 shape up

이 표현은 '형성되다'라는 뜻이다. 보통 battle, rift, consensus, trend 등이 형성된다는 의미로 쓴다. 앞서 챕터1에서 나온 shape up to be는 이 표현에 to부정사를 붙인 것으로, '~이 되어 가다'라는 뜻이다.

형성되다

» **A rift is shaping up within the Democratic Party between those who want to push the bill through as it is and those favoring further negotiations with Republicans.** *push through* ~을 밀어붙이다

민주당 내에서는 해당 법안을 현재 상태로 밀어붙이자는 측과 공화당과 추가적인 협상을 선호하는 측 사이에 균열이 생기고 있습니다.

- form
- emerge
- develop

» **Up next, we'll check with our election correspondent, Roger Crane, to find out how the Republican primary is shaping up.**

다음 순서로는 선거 취재 담당인 로저 크레인과 함께 공화당 경선이 어떤 양상을 띠고 있는지 알아보겠습니다.

- progress
- go
- unfold

253 lock in

lock in은 '~을 확정하다, 확보하다'라는 뜻이다. lock이 '잠그다'라는 의미기 때문에 무엇을 어딘가에 넣고 자물쇠를 잠가서 확보한다고 생각하면 된다. 흔히 mortgage rate, deal, spot, date 등과 함께 쓴다.

~을 확정하다, 확보하다

» **Home buyers are beating their brains over whether they should lock in their mortgage rate or go for variable-rate mortgages.**

beat one's brains 고심하다

주택 구매자들은 주택 융자 금리를 고정할지 변동으로 갈지 고심하고 있습니다.

• secure
• fix

» **Serbia will be able to lock in their spot in the knockout round if they just manage a draw against Spain, not to mention scoring a win.**

draw 무승부

세르비아는 스페인을 상대로 비기기만 해도 토너먼트 진출을 확정할 수 있습니다. 이기면 말할 것도 없고요.

• secure
• clinch
• confirm

254 play up

play up은 '~을 부각시키다, 강조하다'라는 뜻이다. issue, fact, one's military background, survey finding 등과 어울려 쓴다.

~을 부각시키다, 강조하다

» **Lisa Thompson keeps playing up the fact that she'll be the first female president to lead the country if she wins the election this fall.**

리사 톰슨은 자신이 이번 가을 선거에서 승리하면 이 나라를 이끄는 첫 여성 대통령이 된다는 점을 계속해서 강조하고 있습니다.

• highlight
• emphasize
• underscore

» **In the interview, the actress played up her musical background, highlighting her training in classical piano as a child and her upbringing in a family of musicians.**

인터뷰에서 그 배우는 어렸을 때 클래식 피아노를 배웠고 음악가 집안에서 자라난 점을 강조하면서 자신의 음악적 배경을 부각시켰습니다.

• emphasize
• highlight
• talk up

069. MP3

255 roll back

'~을 되돌리다'라는 의미다. 이 표현의 목적어로 regulations, decision, change 등이 나오면 '~을 축소하다, 완화하다, 단계적으로 철폐하다'라는 뜻이 된다. 목적어가 voting rights, women's rights처럼 권리일 때는 '~을 축소하다, 약화시키다'라는 뜻이 된다.

~을 되돌리다, 점진적으로 철폐하다

» **Alabama Governor Bennie Craig is pushing to roll back many of the environmental regulations put in place by his predecessor in a bid to boost the state's business-friendly image.**

베니 크레이그 주지사는 앨라배마주의 기업친화적인 이미지를 강화하기 위하여 전임자가 실행했던 상당수의 환경 규제를 원점으로 되돌리려 하고 있습니다.

- reverse
- backtrack on
- dial back

~을 축소하다, 약화시키다

» **Republican-controlled states are mounting a full-court press to roll back voting rights and women's rights.**

공화당이 장악한 주에서는 참정권과 여성 권리를 축소하기 위해 전면적인 압박 공세를 퍼붓고 있습니다.

- diminish
- limit
- undo

256 strike down

strike down은 '법원이 ~을 무효화하다, 위헌으로 판결하다'라는 뜻이다. 목적어로는 보통 law, ban, ruling, policy 등이 온다.

법원이 ~을 무효화하다, 위헌으로 판결하다

» **Today, the Supreme Court struck down the President's student debt relief plan, closing the door on numerous people's chances of getting free of student loan debt.**

오늘 대법원은 대통령의 학자금 부채 탕감안에 위헌 판결을 내렸습니다. 이로 인해 수많은 사람들이 학자금 대출에서 벗어날 수 있는 기회가 봉쇄되었습니다.

- invalidate
- nullify

» **The Supreme Court's decision to strike down affirmative action at universities and colleges is a deadly blow to fifty years of efforts for equality in education.** *blow* 세게 때림

대학교와 대학의 사회적 약자 우대 정책을 무효화한 대법원의 판결은 지난 50년 동안 교육의 평등한 기회를 위한 노력에 큰 타격을 입혔습니다.

- overturn
- abolish
- nullify

257 write off

write off는 어떤 문제나 상황 등 '~을 중요하지 않은 것으로 치부하다, 무시하다'라는 뜻이다. 또 '(빚을) 탕감하다'라는 뜻도 있다.

~을 중요하지 않은 것으로 치부하다

» **We can't write off climate change as a distant problem; its impacts are already being felt widely around the world.**

기후 변화를 먼 미래의 문제로 치부하고 무시할 수 없습니다. 그 영향은 이미 전 세계적으로 폭넓게 나타나고 있습니다.

- dismiss
- ignore
- brush aisde

(빚을) 탕감하다

» **The Republicans are stonewalling President Howard's program to write off student debts, using it as leverage to negotiate for tax cuts and reduced government spending.**

stonewall (의회에서) ~의 진행을 막다

공화당은 학생 부채를 탕감해주는 하워드 대통령의 정책안을 감세와 정부 지출 감축에 대한 협상 카드로 사용하면서, 이 정책안이 의회에서 통과되는 것을 막고 있습니다.

- forgive

영어 뉴스에서 많이 쓰는

PART 2 구문 패턴

CHAPTER 3 » 동사+부사+전치사

영어 뉴스에 가장 많이 등장하는 [동사+부사+전치사] 형태의 구동사를 소개한다. 챕터2와의 차이점은 부사 뒤에 목적어 대신 전치사가 붙는다는 것이다. 목적어가 없기 때문에 동사는 전부 come, grow, go, run, sit, stand 등의 자동사거나 get, pull, play, catch처럼 자/타동사 양쪽으로 쓰는 동사로 구성된다. 이번에도 전치사 뒤에 어떤 명사가 자주 등장 하는지에 집중해야 한다. 가령, get out of는 건물이나 지역의 '밖으로 나가다'라는 의미는 물론이고 get out of a deal, get out of a crisis, get out of debt 같은 표현으로 뉴스에서 자주 쓴다. 이 표현이 '문제가 되는 상황에서 벗어난다'라는 의미로 흔히 사용되기 때문이다. 이처럼 표현의 활용법에 집중해서 공부해보자.

258 get out of

get out of는 '~에서 내리다, 나오다'라는 뜻이다. 그래서 차에서 내린다고 할 때 get out of a car라고 한다. 이런 의미가 확장되어 '~에서 탈출하다'라는 뜻으로도 쓴다. 이런 의미일 때는 흔히 area, poverty 등과 함께 쓴다. 참고로 get out of -ing라고 하면 '-해야 하는 일에서 빠져나가다'라는 뜻이다.

~에서 내리다, 나오다

» **She's expected to get out of the hospital within a week or so and hopes to be able to return to work as soon as possible.**
그녀는 일주일 정도면 퇴원할 수 있을 것으로 예상되며, 될 수 있는 한 빨리 직장에 복귀하기를 원하고 있습니다.

- be discharged from
- leave

~에서 탈출하다

» **There are still Americans and others trying to get out of Afghanistan, which is now under Taliban control.**
이제 탈레반 통치 체제가 된 아프가니스탄에서 탈출하려는 미국인과 다른 사람들이 아직도 있습니다.

- escape from
- flee from

» **Many families in the region desperately need help to get out of poverty.**
그 지역의 많은 가정은 가난에서 벗어나기 위해 간절하게 도움이 필요합니다.

-해야 하는 일에서 빠져나가다

» **The latest tax evasion scandal exposes how some companies are employing complex offshore schemes to get out of paying their taxes.**
일부 기업이 복잡한 역외 계략을 써서 세금 납부를 회피하고 있는 것이 최근 탈세 스캔들에서 드러났습니다.

- avoid -ing
- escape -ing
- sidestep -ing

» **Rumor is that he'll try to get out of having to testify before Congress by hiring a team of high-powered attorneys to challenge the subpoena on legal grounds.**
소문에 따르면 그는 의회에서 증언하는 것에서 빠져나가기 위해 영향력 있는 변호인단을 고용하여 소환장의 법적 근거에 이의를 제기할 것이라고 합니다.

- avoid -ing
- evade -ing

070. MP3

259 look forward to

'~을 기대하며 기다리다'라는 뜻이다. rematch, debate, working with someone 등과 함께 쓴다.

~을 기대하며 기다리다

» **The senator is looking forward to the debate, and we expect him to put his best foot forward.**

put one's best foot forward 최선을 다하다

상원의원은 토론을 고대하고 계시며, 저희도 의원께서 최선을 다하실 것으로 기대합니다.

- excited about
- keen on

» **As a member of the Judicial Committee, I look forward to having a thorough review of the nominee.**

법사위원회의 일원으로서 저는 지명자를 철저하게 검증할 것을 기대하고 있습니다.

- be eager to
- be keen on -ing

260 come up with

'~을 생각해내다, 내놓다'라는 뜻이다. 흔히 idea, solution, strategy, plan, concept, theory 등이 with 뒤에 나온다.

~을 생각해내다, 내놓다

» **John came up with the idea of transforming the abandoned old mine into a luxury underground hotel, attracting adventurous travelers from around the world.**

존은 오래된 폐광산을 고급 지하 호텔로 변신시켜서 전 세계의 모험을 즐기는 여행자를 끌어들이는 아이디어를 생각해냈습니다.

- conceive
- produce
- think of

» **In their groundbreaking research, the biochemical company came up with an ingenious solution to combat plastic waste by harnessing the power of plastic-eating microbes.**

그 생화학 기업은 혁신적 연구를 통해 플라스틱을 먹는 미생물의 힘을 이용해서 플라스틱 폐기물 문제를 막는 기발한 방안을 내놓았습니다.

- suggest
- propose
- put forward

» **The Senator urged the White House to come up with a more aggressive plan to prevent illegal immigrants from entering the nation.**

그 상원의원은 불법 이민자가 국내에 들어오는 것을 막는 더 적극적인 계획을 마련하라고 백악관에 촉구했습니다.

- formulate
- devise
- think up

261 reach out to

reach out to는 보통 '~에게 연락하다'라는 뜻으로 쓰는데, 도움을 주거나 지지를 얻거나 화해하기 위해서 '~에게 먼저 손을 내밀다'라는 의미로도 쓴다.

~에게 연락하다

» **We reached out to a couple of former White House senior officials to ascertain the allegations, but they all declined to speak.**

저희가 그 주장을 확인하려고 전직 백악관 고위 관료 몇 명에게 연락을 했지만, 모두 답변을 거부했습니다.

- contact
- make contact with
- get in touch with

~에게 먼저 손을 내밀다

» **Too many people in our nation are still living below the poverty line. We should reach out to them and do what we can to lift them out of poverty.**

우리나라에는 아직도 많은 사람이 빈곤선 아래에서 생활하고 있습니다. 이들에게 관심의 손길을 내밀고 그들이 빈곤에서 벗어나도록 우리가 할 수 있는 일을 해야 합니다.

- engage with
- take the initiative to assist

262 run out of

run out of는 '~이 떨어져 가다, 바닥나다'라는 의미다. of 뒤에는 time, money, fund, gas, ideas 등 다양한 것이 나올 수 있다.

~이 떨어져 가다, 바닥나다

» **White House and congressional negotiators are rapidly running out of time to strike a deal and avert a federal default.**

strike a deal 합의하다

백악관과 의회의 협상 대표들이 협상에서 합의하고 연방 체납을 막을 수 있는 시간이 빠르게 흐르고 있습니다.

- run low on
- run short on

» **Due to the budget cuts from the state, schools are quickly running out of funds to provide essential resources and support for their students.**

주 정부의 예산 삭감으로 인해, 각 학교에서는 학생들을 위한 필수적인 자원과 서포트 기금이 급속히 바닥나고 있습니다.

- run low on
- run short on
- deplete (their funds)

071. MP3

263 sit down with

sit down with는 토론, 협상 등을 위해 '~와 만나다'라는 뜻이다. deposition, interview 등 구체적인 목적을 밝힐 때는 뒤에 for를 붙이며, 이 경우 '~에 응하다'라고 해석한다.

~와 만나다

» **I'm ready to sit down with the congressional leadership and iron out our differences to get the help out to the working poor that they need.**

저는 근로 빈곤층이 필요로 하는 도움을 제공하기 위하여 의회 지도자들과 만나 의견 차이를 해소할 준비가 되어 있습니다.

~에 응하다

» **We heard from multiple sources that the former New York City mayor is going to sit down with the special prosecutor's team for a deposition.**

저희는 여러 소식통으로부터 전 뉴욕시장이 특별검사팀이 진행하는 증언 녹취에 응할 것이라는 소식을 들었습니다.

• meet with ~ for

264 come down to

주어가 '~으로 귀결되다'라는 뜻이다. '결국 ~의 문제다, ~이 핵심이다'라고 해석해도 좋다. to 뒤에는 주로 fact, a matter of, question, whether, balance 등이 온다.

~으로 귀결되다, ~이 핵심이다

» **This comes down to one thing. Issues of credibility.**

이것은 결국 한 가지로 귀결됩니다. 바로 신뢰의 문제입니다.

• boil down to

» **Regardless of which diet you choose to go with, it all comes down to balance. Finding the right combination of nutritious foods, portion control, and regular physical activity is key to maintaining a healthy lifestyle.**

어떤 다이어트를 선택하건, 가장 중요한 것은 균형입니다. 영양가 있는 음식, 식사량 조절, 규칙적인 운동의 적절한 배합을 찾는 것이 건강한 생활 유지의 핵심입니다.

• boil down to
• center around
• hinge on

265 pull out of

이 표현은 '~에서 중간에 빠지다, 철수하다, 중도 사퇴하다'라는 뜻이다. of 뒤에 race, deal, project, market, country 등이 나온다. 더 이상 참여하지 않는다는 뜻을 각 맥락에 맞게 해석하면 된다.

~에서 중간에 빠지다, 철수하다

» **The candidate took a lot of heat from the press for his false claims about his educational background, which ultimately led him to pull out of the race.** *take heat from* ~로부터 비난받다

그 후보는 학력을 속여서 언론으로부터 큰 비난을 받았으며, 그 결과 경선에서 중도 사퇴하게 됐습니다.

• withdraw from
• drop out of

» **After years of financial losses, the company has made the difficult decision to pull out of the market.**

수년 동안 재정이 적자를 기록하자 그 업체는 시장에서 철수한다는 어려운 결정을 내렸습니다.

• withdraw from
• exit
• leave

» **The Democratic whip lambasted the President for his decision to pull out of the Paris accord on global warming.** *whip* 원내 총무 *accord* 합의

민주당 원내 총무는 파리 지구온난화 합의에서 탈퇴하기로 한 결정에 대해 대통령을 맹비난했습니다.

• withdraw from
• back out of

266 pull back from

'~에서 점차 발을 빼다'라는 뜻이다. 주로 border, market, treaty 등에서 발을 뺀다는 의미로 쓴다. 참고로 완전히 철수하는 것은 pull out of라고 하고, 투자나 지출을 줄이는 것은 pull back on이라고 한다.

~에서 점차 발을 빼다

» **Word from the frontline is that the Syrian forces are pulling back from the border.**

최전선에서 전해오는 소식에 따르면 시리아 군이 국경에서 물러나고 있다고 합니다.

• retreat from
• withdraw from
• fall back from

» **Today's Washington Post report that we're pulling back from the Chinese market is false and unfounded.**

우리가 중국 시장의 비중을 줄여가고 있다는 오늘 자 워싱턴 포스트의 보도는 사실이 아니며 근거 없는 주장입니다.

• retreat from
• withdraw from
• scale back in

267 check in with

check in with는 정보를 얻거나 상황을 알아보기 위하여 '~에게 연락하다'라는 뜻이다. 방송에서는 외부에서 취재하고 있는 기자 등을 언급할 때 '~과 연결하다'라는 뜻으로 쓴다.

~에게 연락하다, ~과 연결하다

» **When we come back, we'll check in with ABC's Judy Winslow, who is in Paris, covering the NATO summit for us.**
잠시 후 돌아와서는 파리에서 나토 정상회담을 취재 중인 ABC의 주디 윈슬로 기자와 연결하겠습니다.

- connect with
- touch base with

» **Thanks for the update, and we'll continue to check in with you throughout the day.**
최신 뉴스를 전해주셔서 감사합니다. 오늘 하루 동안 계속 연결하도록 하겠습니다.

- keep in touch with

268 come out with

come out with는 '~을 내놓다'라는 의미다. 이 표현은 statement, response, proposal, idea, book, product 등 다양한 명사와 함께 쓴다. 내놓는 것에 맞게 자연스럽게 해석한다.

~을 내놓다

» **The White House task force on gun control came out with an idea to implement stricter background checks for firearm purchases.**
백악관 총기규제위원회는 총기류 구매 시 신분 조회를 더 엄격하게 하는 아이디어를 내놓았습니다.

- put forward
- propose
- unveil

» **The celebrated writer came out with a heartfelt memoir sharing her personal battle with leukemia and the lessons she learned along the way.**
그 유명한 작가는 자신의 백혈병 투병 생활과 그 과정에서 배운 교훈을 담은 감동적인 회고록을 출간했습니다.

- publish
- unveil
- put out

» **The senator came out with a strongly worded statement denying any involvement in the corruption scandal.**
그 상원의원은 그 부패 스캔들에 연루된 것을 부인하는 강한 어조의 성명을 내놓았습니다.

- issue

269 lead up to

'~으로 이어지다'라는 뜻으로, to 뒤에는 election, rally, game, attack, collision 등이 나온다. 뉴스에서는 leading up to(~한 일이 있기 전에) 형태로 자주 쓴다.

~으로 이어지다

» **When we come back, we'll continue our conversation with Barbara Morgan about how all this led up to BACO's downfall.**
잠시 후에 이 모든 일이 어떻게 바코 사의 몰락으로 이어졌는지, 바바라 모건과의 대담을 계속하겠습니다.

- contribute to
- result in
- pave the way for

» **The documentary chronicles the series of events that led up to the groundbreaking scientific discovery.**
그 다큐멘터리는 혁신적인 과학적 발견으로 이어진 일련의 사건들을 연대순으로 기록합니다.

- pave the way for
- culminate in

~한 일이 있기 전에

» **An investigation is underway into what happened in the White House in the days leading up to the attack on Capitol Hill.**
의사당에 대한 공격이 있기 며칠 전에 백악관에서 어떤 일이 있었는지에 대한 조사가 진행 중입니다.

- before
- prior to
- in the run-up to

» **Jackson won't be in the starting lineup because of the injury he sustained during practice leaning up to tomorrow's game.**
잭슨은 내일 경기를 앞두고 연습하다 입은 부상 때문에 선발 출전 명단에는 포함되지 않을 예정입니다.

- before
- prior to
- ahead of

270 hold on to

car, house 등 '~을 팔거나 버리지 않고 가지고 있다'라는 뜻이다. 또 power, position, hope, belief 등 '~을 잃지 않고 지키다, 포기하지 않다'라는 뜻도 있다.

~을 팔거나 버리지 않고 가지고 있다

» **She has held on to her old car for twenty years, which now fetches a price ten times higher than its original value for its vintage appeal.** *fetch* (얼마에) 팔리다
그녀는 낡은 자동차를 처분하지 않고 20년이나 가지고 있었는데, 지금은 빈티지로 어필이 되면서 원래 가격보다 10배나 가격이 뛰었습니다.

- keep
- hang on to

073. MP3

~을 지키다, 포기하지 않다

» The community is still **holding on to** hope that those reported missing will be found alive as search and rescue operations are continuing in full swing.

본격적인 구조 작업이 계속되면서 지역 사회는 실종 신고가 된 사람들이 생존한 채로 발견되기를 바라는 희망을 놓지 않고 있습니다.

- maintain
- keep
- not give up on

» A lot is at stake in these bi-elections for the Republicans because they need to **hold on to** the two seats to keep their majority in the Senate.

이번 보궐 선거는 공화당에게 매우 중요합니다. 상원에서 다수당을 유지하기 위해서는 두 자리를 지켜야 하니까요.

- maintain
- keep
- retain

271 catch up with

이 표현은 with 뒤에 어떤 사람 등을 넣어 '~을 찾아가서 만나다', change, demand 등을 써서 '~을 따라잡다, 반영하다'라는 뜻을 나타낸다.

~을 찾아가서 만나다

» ABC **caught up with** Defense Secretary Donald Rumsfeld this morning, and here's what he said about the war in the Middle East.

ABC 기자가 오늘 아침에 도널드 럼스펠드 국방장관을 찾아가 인터뷰를 했습니다. 장관은 중동 전쟁에 대하여 다음과 같이 말했습니다.

- meet with
- have a chance to talk to

~을 따라잡다, 반영하다

» The surge in demand for its innovative virtual reality headset has prompted the company to ramp up production to **catch up with** the demand.

그 업체의 혁신적인 VR 헤드셋에 대한 수요가 폭증했고, 이를 따라잡기 위해 그 회사는 생산을 늘렸습니다.

- keep pace with
- meet
- satisfy

272 crack down on

이 표현은 '~을 억제하다, 저지하다'라는 뜻으로, on 뒤에 흔히 fake news, crime 등을 쓴다. '~을 단속하다, 탄압하다'라는 의미일 때는 on 뒤에 tax cheaters, dissidents 등이 나온다. crack을 clamp로 바꿔도 된다.

~을 억제하다, 저지하다

» **As the presidential election draws near, the authorities are stepping up their efforts to crack down on fake news.**

대선이 가까워지면서 당국은 가짜 뉴스를 저지하기 위해 심혈을 기울이고 있습니다.

- fight
- tackle
- combat

~을 단속하다, 탄압하다

» **The authoritarian government is cracking down on dissidents, aiming to suppress their voices and limit their freedom of expression.**

그 독재 정부는 반대파의 목소리를 억압하고 표현의 자유를 제한하기 위해 반대파들을 탄압하고 있습니다.

- suppress
- oppress

» **The senator introduced a comprehensive bill to clamp down on drug cartels.**

그 상원의원은 마약 조직을 단속하기 위한 종합적인 법안을 내놓았습니다.

273 get away with

이 표현은 with 뒤에 나오는 crime, lies, paying no taxes 등의 불법 또는 부도덕한 행위를 하고도 '처벌 받지 않다, 아무런 문제가 없다'라는 뜻이다.

~에 대한 처벌을 받지 않다, 아무런 문제가 없다

» **Diplomatic immunity shouldn't be a free pass for people to commit crimes and get away with them.**

외교 면책권은 범죄를 저지르고도 처벌받지 않는 프리 패스가 되어서는 안 됩니다.

- escape the consequences for

» **It's outrageous that billionaires can get away with paying zero taxes by exploiting loopholes in the tax law and claiming deductions for their fancy hobbies.**

억만장자들이 세법의 허점을 이용해서 세금을 전혀 납부하지 않고 고급 취미에 대한 세액 공제를 받아도 아무런 문제가 없다는 것은 말이 안 됩니다.

074. MP3

274 stand up to

이 표현은 '~에 맞서다, 반대하다'라는 뜻으로, to 뒤에 흔히 gun industry, the President, racism, corruption 등을 쓴다. '~에서 유효하다, 통과하다'라는 뜻일 때는 to 뒤에 scrutiny, criticism, tests 등이 나온다.

~에 맞서다, 반대하다

» **We need a president who has the guts to stand up to the gun industry and firmly declare "Enough is enough".**
우리는 총기 산업에 맞서 "더 이상은 안 됩니다."라고 단호하게 외칠 수 있는 용기를 가진 대통령이 필요합니다.

- challenge
- confront
- take a stand against

» **In her commencement speech at Harvard University today, the Nobel laureate said racism in the US is pervasive and deeply rooted and urged the graduates to stand up to it.**
그 노벨상 수상자는 오늘 하버드 대학교 졸업식 축사에서 미국 내 인종차별이 만연하고 뿌리가 깊다며 졸업생들에게 인종차별에 맞서라고 촉구했습니다.

- resist
- stand (up) against

~에서 유효하다, 통과하다

» **The mayor boasted about a sharp decline in his city's violent crimes, but his claim doesn't stand up to scrutiny when evaluated against actual data.**
시장은 도시의 강력 범죄가 크게 줄었다고 자랑했지만, 실제 데이터에 근거해 따져보면 그의 주장은 신빙성이 없습니다.

- hold up to
- hold up under
- withstand

275 stand up for

'~을 옹호하다, 대변하다'라는 뜻으로, the truth, one's values, equality, our community, working class 등과 함께 쓴다.

~을 옹호하다, 대변하다

» **I believe that as a member of Congress, it is crucial to stand up for your principles even in the face of opposition and challenging circumstances.**
반대나 어려운 상황에 부딪혀도 의원으로서 자기 원칙을 지키는 게 중요하다고 믿습니다.

- advocate for
- assert
- defend

» **He ran his campaign on the promise to stand up for marginalized and overlooked people in society.**
그는 사회에서 외면받는 소외 계층을 대변하겠다는 공약을 내세워 선거 유세를 했습니다.

- advocate for
- fight for
- champion

276 go along with

'~에 협조하다, ~을 지지하다, 받아들이다, ~와 맞다, 부합하다'라는 뜻이다. 주어로 사람이나 idea, plan, decision, trend, lie, social norms 등이 온다. 부정문으로 쓰면 '~와 맞지 않다, ~을 받아들이지 않다'라는 뜻이 되고, one's principles, fact, one's beliefs 등과 자주 어울려 쓴다.

~에 협조하다, ~을 지지하다, 받아들이다, ~와 맞다, 부합하다

» **I'm astonished that top officials at the FBI not only went along with their Director on his outrageous scheme but also went so far as to fall on their swords.**

FBI의 고위 관리들이 FBI 국장의 터무니없는 계획에 협조했을 뿐만 아니라 그에 대한 책임을 지기까지 했다는 것에 경악했습니다.

• cooperate with
• collaborate with
• fall in with

» **The candidate's base supporters are fiercely loyal, even if it means going along with the lies he spreads during his campaign.**

그 후보의 핵심 지지층은 선거 유세에서 후보가 거짓말을 퍼뜨려도 받아들일 정도로 열성파들입니다.

• accept
• embrace

» **Politicians should stand firm and refuse to accept things that don't go along with their principles and morals.**

정치인들은 자신의 원칙과 도덕 기준에 맞지 않는 것을 받아들이는 것은 거부하고 강경하게 나가야 합니다.

277 sign off on

'~에 서명하다, ~을 결재하다, 승인하다'라는 뜻이다. bill, paperwork, warrant, project, operation, new vaccine 등과 어울려 쓴다.

~에 서명하다, ~을 결재하다

» **The President has signed off on a bill that will ramp up sanctions against the Arabic state.**

대통령은 그 아랍 국가에 대한 제재를 강화하는 법안에 서명했습니다.

• sign

» **The FDA today signed off on a new vaccine against Ebola that has proven effective and safe in clinical trials.**

FDA는 오늘 임상실험에서 효능과 안전성이 입증된 새로운 에볼라 백신을 인가했습니다.

• approve
• authorize
• clear

278 stay away from

from 뒤에 어떤 사람이나 area, hotel, group 등이 나오면 '~을 피하다, 거리를 두다, 멀리하다'라는 뜻이다. from 뒤에 fast food meals, alcoholic drinks 등이 나올 경우에는 '~을 먹거나 마시지 않다'라고 해석한다.

~을 피하다, 멀리하다

» **Your best protection against the virus is to mask up and stay away from crowded places.**
바이러스에 대한 최선의 방어책은 마스크를 하고 사람이 많은 곳에 가지 않는 것입니다.

- avoid
- steer clear of
- keep a distance from

» **For individuals with heart conditions, it is recommended to stay away from foods high in saturated fats, such as butter, full-fat dairy products, and fatty meats.**
심장병이 있는 사람은 버터, 지방이 많은 유제품, 기름기 많은 고기 같은 포화 지방이 많은 음식을 멀리할 것을 권장합니다.

- avoid
- steer clear of
- limit one's intake of

279 live up to

live up to는 '~을 지키다, 이행하다'라는 뜻으로, 이때 to 뒤에 one's promise, one's responsibilities 등이 나온다. '~을 충족하다'라는 의미일 때는 standards 등과 함께 쓰고, '~에 부응하다'라는 의미일 때는 hype, expectations 등을 to 뒤에 넣어서 말한다.

~을 지키다, 이행하다

» **The Supreme Court struck down the President's student loan forgiveness program, but he said today that he would find a different way to live up to his campaign promise.**
대법원이 대통령의 학자금 융자 탕감 프로그램을 위헌이라고 판결했지만, 대통령은 오늘 선거 공약을 이행하기 위한 다른 방법을 찾을 것이라고 말했습니다.

- keep
- meet
- fulfill

~을 충족하다

» **We want our elected officials to live up to the high moral standards set by such honorable figures as Washington and Lincoln.**
우리는 선출된 공직자들이 워싱턴이나 링컨 같은 훌륭한 인물들이 세워놓은 높은 도덕적 기준을 충족하기를 원합니다.

- meet
- uphold
- measure up to

~에 부응하다

» **The film generated a lot of buzz during its production, but most critics say it fails to live up to the hype in many ways.**

그 영화는 제작 기간 중에 많은 화제를 불러 일으켰습니다. 그러나 대부분의 평론가는 영화가 여러 면에서 기대에 미치지 못한다는 의견을 내놓았습니다.

• meet
• fulfill
• satisfy

280 walk away from

walk away from은 '~을 그만두다, 중단하다'라는 뜻으로, 이때 from 뒤에 one's relationship, deal, conflict 등이 나온다. '~을 포기하다'라는 의미일 때는 from 뒤에 opportunity 등의 명사를 쓰고, '~을 회피하다, ~에 더는 관여하지 않다'라는 뜻일 때는 one's obligations, one's responsibility 등과 어울려 쓴다.

~을 그만두다, 중단하다

» **Iran threatened to walk away from the deal unless the US takes immediate action to lift or ease economic sanctions against it.**

이란은 미국이 자국에 가하고 있는 경제 제재를 풀거나 완화하는 즉각적 조치를 취하지 않으면 협상을 중단할 것이라고 으름장을 놓았습니다.

» **A new arms race is looming as Russia threatens to walk away from the disarmament agreement.**

러시아가 군비 축소 협정을 그만두겠다고 위협하면서 새로운 무기 경쟁의 가능성이 커지고 있습니다.

• abandon
• withdraw from
• pull out of

~을 포기하다

» **Putting family first, the athlete chose to walk away from the opportunity to compete in the Olympics and instead devote his time to being by his father's side during his final days.**

그 선수는 가족을 가장 중요하게 여기면서, 올림픽 출전 기회를 포기하고 아버지의 마지막 순간에 곁에 있기 위해 자신의 시간을 쓰기로 결정했습니다.

• give up
• pass on
• let go of

~을 회피하다, ~에 더는 관여하지 않다

» **The court ruled that the energy company can't walk away from its obligations to clean up its oil and gas wells just because it went bankrupt.**

법원은 해당 에너지 기업이 단순히 파산했다는 이유로 유정과 가스정 정화 의무를 회피할 수 없다고 판결했습니다.

• abandon
• shirk

281 keep up with

이 표현은 '~을 계속 추적해서 파악하다'라는 의미로, with 뒤에는 흔히 news, recent developments 등이 나온다. '~을 따라가다, 충족하다'라는 뜻일 때는 with 뒤에 soaring demand, rising costs 등을 쓰고, '~에 맞춰 변화하다'라는 뜻일 때는 changing times, fashion trends 등과 함께 쓴다.

~을 계속 추적해서 파악하다

» **It's hard to keep up with how many different ways the Republicans have been trying to hamstring initiatives to strengthen gun control laws.** *initiative* 계획

공화당 의원들이 총기 규제를 강화하려는 계획을 방해하려고 얼마나 많은 방법을 동원해왔는지 일일이 파악하기도 어렵습니다.

- keep abreast of
- keep track of

~을 따라가다, 충족하다

» **Airlines are rehiring many of the pilots they laid off previously to keep up with the surging demand for air travel.**

항공사들은 폭증하는 항공 여행 수요를 따라가기 위해 정리 해고했던 파일럿들을 재고용하고 있습니다.

- meet
- satisfy
- keep pace with

» **The city's infrastructure isn't expanding fast enough to keep up with the growing influx of population.**

도시 인프라가 인구 유입 증가 속도를 따라갈 만큼 빨리 확장되지 않고 있습니다.

- respond to
- cope with
- handle

» **Households are tightening their budgets as pay increases fail to keep up with the rising cost of living.**

임금 인상이 생활비 증가를 따라가지 못함에 따라 가정에서는 지출을 졸라매고 있습니다.

- match
- keep pace with

~에 맞춰 변화하다

» **In today's rapidly evolving industry landscape, businesses are required to stay agile and keep up with the latest industry trends to maintain competitive.**

급속히 변화하는 오늘날의 산업 환경에서 기업은 민첩하면서도 최신 업계 트렌드에 맞춰 변화해야 경쟁력을 유지할 수 있습니다.

- stay abreast of
- stay current with

» **The once-popular fast-food franchise folded because it failed to keep up with the times.**

한때 인기를 누렸던 그 패스트푸드 프랜차이즈는 시대에 맞춰 변화하지 못하면서 사업을 접었습니다.

- adapt to
- change with
- stay relevant to

282 move forward with

'~을 실행하다, 추진하다'라는 뜻이다. with 뒤에는 plan, idea, development of the town 등이 나온다. 대체 표현 외에 go forward with, move ahead with도 비슷한 뜻으로 쓴다.

~을 실행하다, 추진하다

» **Recognizing the growing demand for fuel-efficient options on medium-range routes, Boeing has decided to move forward with developing a mid-market aircraft.**

보잉 사는 중거리 노선에서 연료 효율 옵션에 수요가 증가하는 것을 감안하여, 중거리 시장 항공기 개발을 추진하기로 결정했습니다.

- proceed with
- push forward with
- push ahead with

» **Wall Street experts expect the Fed to move forward with raising interest rates at its next meeting.**

월가 전문가들은 연준이 다음 회의에서 금리 인상을 단행할 것으로 예상하고 있습니다.

- proceed with
- push forward with
- push ahead with

» **Investors are uncertain whether the company has sufficient financial backing to move forward with the ambitious expansion plan.**

투자자들은 그 회사가 야심찬 사업 확장 계획을 실행할 수 있는 충분한 재정적 지원이 있는지 확신하지 못하고 있습니다.

- proceed with
- go ahead with

283 lash out at

'~을 신랄하게 비판하다, 강하게 비난하다'라는 뜻으로, 비난의 대상으로는 news media, the White House, the president처럼 언론이나 특정인, 정부 기관 등이 온다.

~을 신랄하게 비판하다

» **The actress lashed out at the news media for not paying enough attention to race issues.**

그 배우는 뉴스 매체가 인종 문제에 충분한 관심을 기울이지 않는다고 신랄하게 비판했습니다.

- strongly criticize
- rebuke
- denounce

» **Speaking on the stump today, Grace Fisher lashed out at the governor, calling his ideas "radical" and "out of touch with reality."**

stump 선거 유세

오늘 선거 유세 연설에서 그레이스 피셔는 주지사의 사상이 '과격하고', '현실과 동떨어진다'고 강하게 비난했습니다.

- castigate
- condemn

284 follow up on

'~에 대해 추가로 알아보다'라는 뜻으로, on 뒤에 issue, question 등을 함께 쓴다. '~에 뒤이은 추가 조치를 취하다'라는 의미일 때는 뒤에 report, case, investigation 등이 나온다.

~에 대해 추가로 알아보다

» **To follow up on the question from ABC's Barbara, she asked you earlier about the supply chain bottleneck at the Port of Long Beach. Do you have any more information to share about the situation?**

ABC 바바라 기자의 질문에 추가하고자 합니다. 롱비치 항구에서의 공급망 적체 상황에 대한 질문이었죠. 그 상황에 대해 추가적으로 말씀해주실 게 있습니까?

- discuss ~ further
- explore ~ further

~에 뒤이은 추가 조치를 취하다

» **The GOP leadership repeatedly stonewalled the Congressional Ethics Committee's attempts to follow up on the OCE report.**

공화당 지도부는 의회윤리위원회가 OCE 보고서에 뒤이은 조치를 취하려고 한 시도를 계속해서 막았습니다.

- pursue further action based on

285 double down on

'~을 강화하다'라는 뜻으로, on 뒤에 one's efforts, investment, innovation 등을 함께 쓴다. '~에 더 집중하다'라는 의미일 때는 뒤에 clean energy, existing markets, social media 등이 나온다.

~을 강화하다

» **The major said she was determined to double down on her efforts to combat hate crimes against ethnic minorities.**

시장은 반드시 소수 인종에 대한 혐오 범죄를 막기 위한 노력을 강화하겠다고 말했습니다.

- strengthen
- intensify
- amplify

~에 더 집중하다

» **The EU is poised to double down on renewable energy in response to rising fuel costs.**

EU는 연료비 상승에 대응해 재생에너지 개발에 더 집중할 태세입니다.

» **The bank has decided to double down on the domestic market by divesting its offshore assets.**

그 은행은 해외 자산을 매각해서 국내 시장에 더 집중하기로 결정했습니다.

- focus more on
- concentrate more on

286 pick up on

'~에 덧붙이다, 추가하다'라는 뜻으로, what someone said, someone's point처럼 대화에서 이미 언급된 것에 내용을 추가할 때 쓴다. '~을 직감적으로 알아차리다'라는 뜻일 때는 on 뒤에 cue, trend, sarcasm, pattern 등이 나온다.

~에 덧붙이다, 추가하다

» **To pick up on what Emily was talking about, concerns about rising sea levels and their potential impact on homes in coastal towns aren't unfounded. They're real.**

앞서 에밀리가 한 발언에 덧붙이자면, 해수면의 상승과 해안 도시의 주택에 잠재적으로 영향을 줄 수 있다는 우려는 근거가 없는 것이 아닙니다. 실제적인 우려죠.

• add to
• build on
• expand on

» **To pick up on your point about our economy heading for a possible downturn, I think you're overlooking the fact that the job market is still very strong.**

우리나라 경제가 불황으로 향하는 중일지도 모른다고 말씀하신 것에 덧붙이자면, 선생님은 고용 시장이 아직 매우 견고하다는 점을 간과하신 것 같습니다.

~을 직감적으로 알아차리다

» **As a presidential candidate, she's garnering a lot of attention from experts in the financial sector because she has a remarkable knack for picking up on economic trends.** *knack* 재주

대통령 후보로서 그녀는 경제 동향을 직감적으로 파악하는 뛰어난 능력을 소유하고 있어 금융 전문가들의 많은 관심을 끌고 있습니다.

• notice
• identify
• spot

» **In virtual meetings, it's harder to pick up on social cues and communication nuances than during face-to-face interactions with colleagues.**

가상 회의에서는 동료와 만나서 상호작용을 할 때보다 사교적 신호나 발언의 뉘앙스를 알아차리기가 더 어렵습니다.

• catch
• notice
• read

287 make up for

make up for는 '~을 보완하다, 해결하다'라는 뜻이다. 이런 의미일 때 for 뒤에 lack, shortfall, gap 등의 명사를 함께 쓴다. '~을 만회하다, 보상하다'라는 뜻으로 쓸 때는 뒤에 lost time, damage 등이 나오고, '~을 바로잡다'라는 뜻일 때는 mistakes, errors, shortcomings 등의 명사와 함께 쓴다.

~을 보완하다, 해결하다

» **Among these candidates for Secretary of Labor, the President is likely to nominate Kelly Vickers to make up for the underrepresentation of women within his cabinet.**

대통령은 내각에 여성이 부족한 점을 보완하기 위하여, 이같은 노동부 장관 후보 중에 켈리 비커스를 지명할 가능성이 높습니다.

- compensate for
- offset
- address

» **Because your income will drop during maternity leave, it's a smart move to increase savings now to make up for the gap.**

출산 휴가 중에는 수입이 줄어들기 때문에 그 격차를 보완하기 위해 지금부터 저축액을 늘리는 것이 현명한 조치입니다.

- compensate for
- offset
- make up

~을 만회하다, 보상하다

» **Airlines are offering their customers meals and hotel rooms to make up for the delays and cancellations.**

항공사들은 항공편 연착과 취소에 대한 보상으로 호텔 숙박과 식사를 제공하고 있습니다.

- compensate for
- remedy
- make amends for

» **We fell behind the rest of the world in moving toward the net-zero target while we were out of the Paris Convention. We must make up for lost time by taking more aggressive steps.**

우리가 파리 협약에서 빠져 있던 동안에 넷제로 목표 달성에서 세계 다른 나라들에 뒤처졌습니다. 보다 적극적인 대책을 통해서 허비한 시간을 만회해야 합니다.

- compensate for
- catch up on
- regain

~을 바로잡다

» **We're not trying to make up for the mistakes of previous administrations. We're just trying to move forward with our agenda and create a better future for the people.**

저희는 전 정부의 실수를 바로잡으려는 것이 아닙니다. 저희는 단지 저희의 정책 과제를 실행하여 국민을 위한 더 나은 미래를 만들기 위해 노력하고 있습니다.

- correct
- rectify
- fix

288 face up to

face up to는 '~을 인정하다, 받아들이다'라는 뜻이다. 보통 true, fact, reality, responsibilities 등을 인정하고 받아들인다고 할 때 쓴다.

~을 인정하다, 받아들이다

» **The truth is that racial inequality is pervasive in our society. We're just refusing to face up to it.**

인종 불평등은 우리 사회에 널리 퍼져 있는 것이 사실입니다. 우리는 단지 그것을 인정하지 않고 있을 뿐입니다.

- admit
- accept
- acknowledge

» **We have to face up to the fact that the minimum wage as it is isn't enough to lift people out of poverty.**

우리는 현재 수준의 최저 임금으로는 빈곤에서 탈출할 수 없다는 사실을 인정해야 합니다.

- acknowledge
- confront
- come to terms with

» **I call upon the Security Council to face up to its responsibilities under the UN Charter and address the escalating humanitarian crisis in the region.**

저는 안전보장이사회가 UN 헌장에 명시된 책임을 인정하고 그 지역에서 고조되고 있는 인도주의적 위기를 해결할 것을 촉구합니다.

- acknowledge
- accept
- own up to

289 put up with

'~을 참고 견디다, 겪으면서 살다'라는 뜻이다. with 뒤에는 situation, inconvenience, noise, abuse, nonsense처럼 보통 안 좋은 상황이나 해를 끼치는 사람이 나온다.

~을 참고 견디다, 겪으면서 살다

» **Foreign companies doing business in the nation have to put up with all kinds of unfair restrictions that don't apply to local companies.**

그 나라에서 사업을 하는 외국 기업은 국내 기업에는 적용되지 않은 온갖 종류의 불공정한 규제를 감내해야 합니다.

- endure
- deal with

» **Too many women have to put up with this kind of discrimination in workplaces, and it isn't just right.**

아주 많은 여성들이 직장에서 이와 같은 차별을 겪고 있습니다. 이는 절대로 옳은 일이 아닙니다.

- face
- experience
- deal with

» The neighbors on these blocks had to **put up with** a lot of inconvenience during the recent construction work on the main road.

이 구역에 사는 주민들은 최근 간선 도로에 공사가 진행되는 동안 많은 불편을 겪어야만 했습니다.

- endure
- deal with

» Victims of domestic violence don't have to **put up with** abuse from their partners.

가정 폭력 피해자는 상대방의 학대를 참고 견딜 필요가 없습니다.

- tolerate
- suffer
- deal with

290 watch out for

watch out for는 '~을 주의하다'라는 뜻으로, for 뒤에 scammer, black ice, phishing emails 등이 나온다. '~을 항상 의식하고 찾아보다'라는 의미일 때는 movie release, job openings, symptoms 등과 함께 쓰고, '~을 보호하다'라는 뜻일 때는 children, rights, one's interests 등을 함께 쓴다.

~을 주의하다

» Drivers traveling on Highway 38 are advised to **watch out for** black ice as temperatures are plummeting after rain.

38번 고속도로로 다니는 운전자들은 비가 온 후에 기온이 급강하고 있기 때문에 빙판길을 조심해야겠습니다.

- beware of
- be cautious about
- stay alert to

~을 항상 의식하고 찾아보다

» Today marks World Elder Abuse Awareness Day. People are urged to **watch out for** signs of elderly abuse around them.

오늘은 '세계 노인 학대 인식의 날'입니다. 주위에 노인 학대 징후가 있는지 항상 살펴보시길 바랍니다.

- stay alert for
- stay vigilant for
- keep an eye out for

~을 보호하다

» We need to wake up to the fact that everyone is **watching out for** their own interests in international politics, which means we should, too, put our interests above everything else.

국제 정치에서는 모두가 자국의 이익을 보호하려 한다는 사실을 깨달아야 합니다. 따라서 우리도 우리의 이익을 무엇보다 가장 우선시해야 합니다.

- protect
- look out for

291 come forward with

이 표현은 '~을 제보하다, 제공하다'라는 뜻으로, with 뒤에 evidence, information 등이 나온다. '~을 내놓다, 주장하다'라는 의미일 때는 accusations, claims, offer, idea, plan 등을 함께 쓴다.

~을 제보하다, 제공하다

» **Police are asking people to come forward with anything they know about a vehicle involved in a hit-and-run crash early this morning in Newton that killed a middle-aged woman.**

경찰은 사람들에게 오늘 아침 뉴턴에서 중년 여성을 치어 숨지게 한 뺑소니 차량에 관해 아는 정보가 있으면 어떤 것이든 제보해 달라고 요청하고 있습니다.

• report

~을 내놓다, 주장하다

» **A new victim came forward with sexual assault allegations against the CEO, which his attorney was quick to reject as fabricated.**

새로운 피해자가 그 CEO에 대해 성폭행 혐의를 주장하고 나섰고, 담당 변호사는 곧바로 그 주장이 거짓이라고 부인했습니다.

• make
• bring

292 miss out on

'~을 놓치다, 달성하지 못하다'라는 뜻으로, chance, opportunity, promotion, award, role, play-off spot, the league title 등과 함께 쓴다.

~을 놓치다, 달성하지 못하다

» **Many people are so obsessed with their diet that they miss out on life.**

많은 사람들이 다이어트에 집착하느라 인생을 놓치고 있습니다.

• fail to enjoy
• forfeit the joy of
• miss the richness of

» **She put on a great performance but just missed out on the gold medal in the race.**

그 경주에서 그녀는 멋진 경기력을 보여주었지만 금메달을 따지는 못했습니다.

• miss
• lose out on
• fail to win

» **If you are planning on a tour of the Cathedral, don't miss out on the nightly laser light show projected on its facade.**

그 성당을 관람할 계획이라면 저녁마다 성당 정면에 펼쳐지는 레이저 쇼를 놓치지 마세요.

• miss the chance to see
• pass up the chance to see

293 cut back on

'~을 줄이다'라는 의미다. funding, expenses, production, costs, program, travel, sugar, meat 등을 줄인다고 할 때 쓴다.

~을 줄이다

» **With budget constraints, schools are cutting back on music and arts.**
예산 부족으로 인해 학교들은 음악이나 예술 프로그램을 줄이고 있습니다.

• scale back on

» **The country is ramping up its efforts to cut back on emissions to meet its climate goals.** *ramp up* ~을 강화하다
그 나라는 기후 관련 목표를 달성하기 위해 가스 배출을 줄이려는 노력을 강화하고 있습니다.

• reduce
• cut
• curb

» **Cutting back on your sugar intake can have significant benefits for your overall health, including lowering your risk of heart disease and obesity.**
당분 섭취를 줄이는 것은 심장병과 비만의 위험을 낮추는 등 전반적인 건강에 크게 이로울 수 있습니다.

• reduce
• limit

294 break away from

'~에서 이탈하다, 벗어나다'라는 의미다. 주로 party, union, alliance, tradition, conventions, norms, the past 등에서 벗어난다고 할 때 쓴다.

~에서 이탈하다, 벗어나다

» **Some far-right members are gearing up to break away from the party to form their own.** *gear up to* -할 준비를 하다
극우파 당원 일부가 당에서 이탈하여 자신들의 당을 설립할 움직임을 보이고 있습니다.

• split from
• part ways with
• break ranks with

» **In a move breaking away from tradition, the royal couple showed up at the ceremony in modern attire.**
그 왕실의 부부는 전통에서 벗어나는 행보로 그 예식에 현대 복장을 입고 나타났습니다.

• depart from
• move away from
• break with

295 go up against

go up against는 '~과 맞붙다, ~을 상대하다'라는 뜻의 표현이다. lawyer, senator, the LA Dodgers처럼 어떤 상대와 일대일로 맞붙는 경우에 쓴다.

~과 맞붙다, ~을 상대하다

» **Is Mark Donovan ready to throw his hat into the ring and go up against Governor Hughes in the December Primary?**

throw one's hat into the ring 출사표를 던지다

마크 도노반이 출마를 선언하고 12월 경선에서 휴즈 주지사와 맞붙을 준비가 되어 있을까요?

- compete with
- contend with

» **The Patriots faced a tough challenge yesterday as they went up against the #1 Raiders but managed to tie the game.**

어제 패트리어츠는 리그 1위인 레이더스를 상대하게 되어 힘든 도전에 직면했지만, 경기를 무승부로 끝냈습니다.

- take on
- face off against

296 shy away from

'~을 피하다'라는 뜻으로, challenge, controversy, the truth, hard work, the spotlight, taking responsibility 등과 함께 쓴다.

~을 피하다

» **While mental health is an important part of students' well-being, schools tend to shy away from addressing the topic.**

정신 건강은 학생의 건강한 삶에 있어 중요한 요소지만, 학교에서는 이 주제를 언급하는 것을 피하는 경향이 있습니다.

- avoid -ing
- shun -ing
- refrain from -ing

» **Bill Winthrop was never one to shy away from the spotlight. Actually, he relished his moments in the public eye.**

빌 윈스럽은 스포트라이트를 피하는 사람이 아닙니다. 오히려 빌은 대중 앞에 나선 순간을 즐겼습니다.

- avoid
- shun

» **Kelly is not just a Hollywood star but an outspoken activist. She's never shied away from taking a stand on important social issues.**

켈리는 할리우드 스타이자 목소리를 내는 사회 운동가입니다. 켈리는 중요한 사회 문제에 입장을 밝히는 것을 피한 적이 없습니다.

- avoid -ing
- back down from -ing

297 back out of

'~을 철회하다, 취소하다', '~에서 빠지다'라는 뜻이다. deal, agreement, one's promise, race, film, plan, contest, interview 등의 단어와 함께 쓴다.

~을 철회하다, 취소하다

» **BEC's stock price took a nosedive today following the news that Transco decided to back out of the takeover deal with it.**

take a nosedive 폭락하다

트랜스코 사가 BEC 인수 합의를 철회하기로 결정했다는 소식이 전해지자 오늘 BEC 사의 주가는 곤두박질쳤습니다.

- withdraw from
- pull out of
- cancel

~에서 빠지다

» **Oliva Forrest was initially cast for the role, but she backed out of the film over some differences with the director.**

원래는 올리비아 포레스트가 그 역에 캐스팅되었는데, 감독과의 의견 차이로 그녀가 영화에서 하차했습니다.

- drop out of
- pull out of
- opt out of

298 gear up for

gear up for는 '~에 대한 준비를 하다, 태세를 갖추다'라는 뜻이다.

~에 대한 준비를 하다, 태세를 갖추다

» **Jacksonville first responders are on high alert, gearing up for Hurricane Gloria, which is on a direct course for a hit on the city.**

on high alert 비상 경계 상태인

잭슨빌 긴급구조원들은 태풍 글로리아가 잭슨빌에 직격할 것으로 예상됨에 따라 비상 대기 상태에 있습니다.

- brace for
- prepare for
- get ready for

» **The presidential race is too close to call as the presidential candidates are gearing up for the final week of the race.**

too close to call 아주 박빙인

대선 후보들이 선거 마지막 주를 맞이할 준비를 하는 가운데, 대통령 선거는 매우 박빙인 양상입니다.

- prepare for
- get ready for

299 look out for

look out for는 '~을 보호하다, 챙기다, 옹호하다', '~을 예의주시하다'라는 의미다.

~을 보호하다, 챙기다, 옹호하다

» **All players in the market basically look out for their own interests. That's the ABC of capitalism.** *the ABC of* ~의 기본

모든 시장 참여자는 기본적으로 자신의 이익을 보호하는 데 관심이 있습니다. 그것은 자본주의의 기본입니다.

• prioritize
• watch out for

~을 예의주시하다

» **With the current extreme heat, it's important for those working outdoors to schedule regular breaks and look out for signs of heat stroke or overexertion.**

지금처럼 극심한 무더위일 때, 야외에서 일하는 사람들은 주기적으로 휴식을 취하고 열사병이나 과로 징후를 예의주시해야 합니다.

• watch out for
• keep an eye out for

300 get down to

이 표현은 '~을 본격적으로 시작하다'라는 뜻일 때 to 뒤에 business, work 등이 나오고, '~에 집중하다, 초점을 맞춰 논의하다'라는 뜻일 때는 basics, detail, facts, brass tacks 등과 함께 쓴다.

~을 본격적으로 시작하다

» **We all agree that our democracy is in danger. Therefore, I suggest we stop merely talking about it and get down to fixing what's wrong with our democracy.**

민주주의가 위기에 봉착했다는 데는 우리 모두 동의합니다. 따라서 저는 그런 위기를 논하는 것은 이제 멈추고 문제점을 고치는 일에 본격적으로 나설 것을 제안합니다.

• start working on
• get serious about

~에 집중하다, 초점을 맞춰 논의하다

» **When your project is off track, it's imperative that you get down to the basics and find out where changes are needed to steer it back on course.** *off track* 궤도를 벗어난

프로젝트가 제대로 굴러가지 않을 때는 기본에 집중해서 프로젝트를 정상 궤도에 올려놓기 위해 어떤 변화가 필요한지 반드시 파악해야 합니다.

• focus on
• concentrate on

301 speak out for/against

speak out for는 '~에 찬성하는 목소리를 내다'라는 뜻이다. 반대 표현으로는 speak out against(~에 반대하는 목소리를 내다)가 있다. 참고로 이 표현을 활용한 speak out about은 '~에 대해 의견을 내다'라는 뜻이다.

~에 찬성하는 목소리를 내다

» **Dr. Ramos was a strong advocate for women's rights. She took every opportunity to speak out for educating and empowering women.** *take every opportunity to* 기회가 있을 때마다 -하다

라모스 박사는 여성 인권의 강력한 수호자였습니다. 그녀는 여성을 교육하고 권한을 부여해야 한다고 기회가 있을 때마다 주장했습니다.

- advocate for
- stand up for

~에 반대하는 목소리를 내다

» **She is among the many celebrities who have taken to social media to speak out against racial injustice.**

그녀는 SNS에서 인종차별에 반대하는 목소리를 낸 많은 유명 인사 중 한 명입니다.

- oppose
- stand up to
- take a stand against

302 date back to

date back to는 '~까지 거슬러 올라가다'라는 뜻으로, 보통 history, tradition, relationship 등을 주어로 놓고 자주 쓰는 표현이다.

~까지 거슬러 올라가다

» **The winery is one of the oldest in this region with a history dating back to 1857 when it was started by a Dutch settler named Martin Van Buren.**

그 와이너리는 이 지역에서 가장 오래된 곳 중 하나로, 네덜란드계 정착민인 마틴 밴 뷰런이 와이너리를 시작한 1857년까지 역사가 거슬러 올라갑니다.

- go back to
- originate from

» **His family has roots in Georgia that date back to the 1750s when his ancestors worked on cotton plantations in the Black Belt.**

그의 가족은 조지아에 뿌리를 두고 있습니다. 그의 조상은 블랙 벨트 지역의 목화 농장에서 일했던 1750년대까지 거슬러 올라갑니다.

- can be traced back to

303 wake up to

wake up to는 '어떤 소리에 깨다'라는 뜻인데, 여기서 나아가 '(잠에서 깨어나듯) ~을 알게 되다, 깨닫다'라는 뜻도 가지고 있다.

어떤 소리에 깨다

» **She said she woke up to the sound of someone knocking hard on her door at 5 a.m.**

그녀는 새벽 5시에 누군가 문을 세게 두드리는 소리에 잠에서 깼다고 말했습니다.

(잠에서 깨어나듯) ~을 알게 되다

» **It appears that the financial sector is finally waking up to the impacts climate change can have on their investments.**

금융 분야는 이제야 기후 변화가 자신들의 투자에 미칠 영향을 깨닫고 있는 것 같습니다.

- realize
- recognize

304 look back on

look back on은 '~을 되돌아보다'라는 뜻이다. 뒤를 돌아보는 것은 곧 지나온 일을 되돌아본다는 의미기 때문이다.

~을 되돌아보다

» **As we look back on the 9/11 terrorist attack that took place almost two decades ago, I'd like to emphasize that we are facing greater security challenges both at home and abroad today.**

20년 전에 발생한 9/11 테러 공격을 되돌아보면서, 우리는 오늘날 국내외에서 더 큰 안보 도발에 직면해 있다는 점을 강조하고 싶습니다.

- reflect on
- think back to

» **Thirty years from today, people looking back on this era will likely be struck by how the actions we take or fail to take today against the climate crisis have shaped their fate.**

30년 후에 사람들은 현 시대를 되돌아보면서 오늘 우리가 기후 위기에 대비했던 행동이나 실패했던 행동이 어떻게 그들의 운명을 결정지었는가에 놀라게 될 것입니다.

- reflect on
- reminisce about

083. MP3

305 fill in for

fill in for는 '~의 역할을 임시적으로 대신하다'라는 뜻으로, fill 자리에 step을 넣어도 된다. 어떤 일이나 누군가의 역할을 대신한다는 의미다. 구체적으로 공연이나 촬영, 행사 등에서 누군가를 대신한다고 할 때는 stand in for라는 표현도 자주 쓴다.

~의 역할을 임시적으로 대신하다

» **She gained recognition in the broadcasting world by regularly filling in for the host Miguel Wheeler on *Tonight with Wheeler.***

그녀는 〈오늘 저녁 휠러와 함께〉라는 프로그램에서 정기적으로 미구엘 휠러 대신 진행을 맡으면서 방송계에서 인지도를 쌓았습니다.

- substitute for
- cover for

» **Kate is feeling under the weather, so I'm filling in for her today. We begin with breaking news here at Columbia University where student protesters are occupying one of the buildings.**

케이트가 몸이 좋지 않아서 오늘은 제가 대신하게 됐습니다. 먼저 뉴스 속보부터 전해드립니다. 콜롬비아 대학교의 학생 시위대가 건물 중 하나를 점거하고 있다고 합니다.

- substitute for
- take over for

306 close in on

close in on은 '~에 가까워지다, 접근하다'라는 뜻이다.

~에 가까워지다, 접근하다

» **Real Madrid is closing in on signing Brazilian striker Antonio Alves from Aston Villa.**

레알 마드리드와 애스턴 빌라의 브라질 출신 스트라이커 안토니오 알베스의 계약이 곧 성사될 것으로 보입니다.

» **Flash flood and storm surge warnings are in effect for coastal villages as the hurricane is closing in on Louisiana.**

in effect 발효 중인

태풍이 루이지애나주에 접근하고 있는 가운데, 해안 마을에는 홍수와 태풍 경보가 발효 중입니다.

- approach
- near
- get closer to

307 drop out of

'~을 중간에 그만두다, ~에서 빠져나가다'라는 뜻이다. college, team, program, race, the workforce 등을 그만두거나 중도 사퇴하는 등 어떤 과정에서 도중에 그만두는 것을 의미한다.

~을 중간에 그만두다, ~에서 빠져나가다

» **After the second Republican presidential debate last week, Max Spencer dropped out of the race.**

지난주에 2차 공화당 대통령 후보 토론회를 치른 후에 맥스 스펜서는 경선에서 사퇴했습니다.

- quit
- withdraw from

» **No one expected Kate Winters to be the musical diva she is today when she dropped out of high school and moved to New York to try her luck on Broadway.** *try one's luck* 일단 도전해보다

케이트 윈터스가 고등학교를 중퇴하고 브로드웨이에 도전하기 위해 뉴욕으로 이사를 갔을 때, 그녀가 오늘날과 같은 뮤지컬 디바가 될 것이라고 생각한 사람은 아무도 없었습니다.

- quit

» **Millions of women dropped out of the workforce during the pandemic, and the majority of them have yet to reenter the job market.**

팬데믹 동안 수백만 명의 여성들이 직업전선을 떠났는데, 대다수는 아직도 구직 시장에 복귀하지 않고 있습니다.

- leave

308 hang on to

hang on to는 '~을 붙잡고 있다, 가지고 있다, 유지하다'라는 뜻이다. 어떤 것을 포기하거나 버리지 않고 가지고 있다는 뉘앙스가 있다.

~을 붙잡고 있다, 가지고 있다

» **Many farmers in the region have stopped growing crops, but they are still hanging on to their property.**

그 지역의 많은 농민들이 작물 재배를 그만두었지만, 토지는 팔지 않고 계속 보유하고 있습니다.

- keep
- hold on to
- cling to

» **Despite the current unpredictable market conditions, I'd advise investors to hang on to the stock for long-term value.**

현재 주식 시장 상황이 불확실하지만, 저는 장기적인 가치를 볼 때 그 주식은 계속 보유하라고 투자자들에게 추천합니다.

- keep
- retain
- hold on to

084. MP3

309 zero in on

zero in on은 '~에 (관심 등을) 집중하다', '~을 표적으로 삼다'라는 뜻이다.

~에 (관심 등을) 집중하다

» **While she was between jobs a few years back, she zeroed in on the issue of food waste and developed an app to help people reduce their food waste.**

그녀는 몇 년 전 실직 상태일 때 음식물 쓰레기 문제에 큰 관심을 갖고 쓰레기를 줄이는 데 도움을 주는 앱을 개발했습니다.

- focus on
- direct one's attention to
- develop a keen interest in

~을 표적으로 삼다

» **DEX's marketing campaign zeroes in on professional parents with young children by highlighting its products' safety features and time-saving benefits tailored to their busy lifestyles.**

DEX 사의 마케팅 캠페인은 영유아를 가진 전문직 부모들을 겨냥하여 자사 제품의 안전 장치와 바쁜 라이프 스타일에 맞춘 시간 절약 기능을 강조하고 있습니다.

- target
- focus on

310 tune in (to)

특정 채널을 '(~을) 시청하다, 청취하다', '(~에) 관심을 기울이다, 신경 쓰다'라는 뜻이다. 뉴스에서 Thanks for tuning in.(시청해주셔서 감사합니다.)이라는 말을 자주 들을 수 있다.

(~을) 시청하다, 청취하다

» **Many fans tuning in to the preseason match on Friday will be eagerly watching whether Arsenal's new midfielder, Ryan Lopez, lives up to his reputation.** *live up to* ~에 걸맞다

금요일 프리 시즌 경기를 시청하는 많은 팬들은 아스널의 새로운 미드필더인 라이언 로페스가 명성을 증명하는 경기를 보여줄지 관심 있게 지켜볼 것입니다.

- watch
- view

(~에) 관심을 기울이다

» **The best way to develop a hit product is to tune in to what consumers want from the earliest stages of product conceptualization.**

히트 상품을 개발하는 최선의 방법은 제품 콘셉트 구성 초기 단계부터 소비자가 무엇을 원하는지 관심을 두고 살펴보는 것입니다.

- pay attention to

311 bode well/ill for

bode well for는 '~에게 희소식이다, ~의 전망을 밝히다'라는 뜻이다. 반대 의미의 표현으로는 bode ill for(~에게 악재다, ~의 전망을 어둡게 하다)가 있다.

~에게 희소식이다, ~의 전망을 밝히다

» **The decline in interest rates bodes well for the housing market.**
금리가 내려가는 것은 주택 시장에는 희소식입니다.

- augur well for
- be good news for

» **We've got the latest poll figures in, and they bode well for the Republicans holding on to their majority in the House.**
hold on to ~을 유지하다
가장 최근 여론 조사 수치가 나왔습니다. 그것을 보면 공화당이 하원에서 다수당 지위를 유지할 전망으로 보입니다.

- augur well for
- brighten the outlook for

~에게 악재다, ~의 전망을 어둡게 하다

» **The bloody armed clash between the two nations bodes ill for the future of peace talks in the region.**
양국 간의 유혈 무력 충돌은 그 지역 평화 회담의 추후 전망을 어둡게 합니다.

- augur ill for
- be a troubling sign for

312 do away with

do away with는 '~을 없애다, 제거하다'라는 뜻이다.

~을 제거하다

» **Rumor has it that Nextron is poised to do away with the circular "home button" from its Argus smartphone line-up.**
be poised to -할 준비가 되다
소문에 따르면 넥스트론 사는 아거스 스마트폰 시리즈에서 원형 '홈 버튼'을 제거할 것이라고 합니다.

- get rid of
- remove
- eliminate

» **Rapid advances in automation are threatening to do away with many traditional jobs like taxi drivers.**
자동화 기술이 급격히 발전하면서 택시 기사 같은 전통적인 직업이 사라질 위협을 받고 있습니다.

- get rid of
- remove

313 push ahead with

push ahead with는 '~을 밀고 나가다, 실행하다'라는 뜻이다.

~을 밀고 나가다, 실행하다

» **China is likely to retaliate if the US pushes ahead with tougher sanctions.**

미국이 더 강력한 제재를 실행에 옮기면 중국은 보복을 할 가능성이 큽니다.

- proceed with
- move forward with
- press ahead with

» **California is gearing up to push ahead with regulations mandating significant emission reductions for vehicles operating within the state.** *mandate* 명시하다

캘리포니아는 주 안에서 운행하는 차의 가스 배출을 대폭 감축하는 것을 명시한 규정의 시행을 강행할 준비를 하고 있습니다.

- implement
- proceed with
- move forward with

314 come out against/in favor of

come out against는 '~에 반대하다'라는 뜻이다. 흔히 사람이나 정책 등과 관련해서 쓴다. 반대 표현은 come out in favor[support] of(~에 찬성하다, 지지하다)라고 한다.

~에 반대하다

» **Breaking ranks with other Democrats, Clara Morgan came out against the bill publicly.** *break ranks with* ~에서 이탈하다

클라라 모건은 민주당 노선을 따르지 않고 그 법안에 반대 의사를 공개적으로 표명했습니다.

- oppose
- voice one's opposition to
- speak out against

~에 찬성하다, 지지하다

» **The newspaper broke its long-standing tradition of not endorsing candidates when it came out in favor of Elise Porter.**

그 신문은 엘리스 포터를 지지하면서 특정 후보자를 지지하지 않는 오래된 전통을 깼습니다.

- endorse
- declare support for
- voice one's endorsement of

» **In the survey, more people came out in support of the President's education reform plans than in previous surveys.**

이번 여론 조사에서는 이전 조사에서보다 더 많은 사람들이 대통령의 교육 개혁안을 지지했습니다.

- support
- endorse
- back

315 get in on

'~에 끼다, 참여하다'라는 뜻으로, deal, debate, trend 등과 함께 쓴다. 여기에서 나온 get in on the act는 '어떤 일에 참여하다, 행동에 옮기다'라는 뜻을 가진 관용표현이다.

~에 끼다, 참여하다

» **Wide-legged pants are in vogue this spring, and these Cart cargo pants are an easy way to get in on the trend.**

올 봄에는 폭이 넓은 바지가 유행하고 있습니다. 카르트 사의 이 카고 바지는 그런 유행에 쉽게 동참할 수 있는 제품입니다.

- join
- be part of
- get on board with

» **Several global trade agreements are in the making, and China wants to get in on as many as it can.** *in the making* 만들어지는 중인

현재 여러 개의 국제 무역 협정이 진행되고 있는데 중국은 될 수 있는 한 많은 협정에 참여하기를 원합니다.

- join
- participate in
- be involved in

» **The Internet of Things has ushered in a new era of connectivity, and many global IT companies are moving fast to get in on the act.**

사물 인터넷은 새로운 연결 시대를 열었습니다. 많은 글로벌 IT기업들은 이런 흐름에 동참하고자 빠르게 움직이고 있습니다.

316 face off against

'~을 상대로 싸우다'라는 뜻이다. 얼굴을 맞대고 있는 것으로 맞대결을 표현했다. opponent, team, army 등의 명사와 함께 쓴다.

~을 상대로 싸우다

» **Last night, Janet Stanley faced off against her primary opponents in a debate where she became a target of criticism for her extravagant expenses during her stint as UN ambassador.**

어제 밤에 자넷 스탠리는 경선 경쟁자들을 상대로 토론을 벌였습니다. 토론에서 그녀는 UN 대사로 있을 때의 비용 과다 지출로 비판의 표적이 되었습니다.

- confront
- go head-to-head with

» **France and Italy are going to face off against each other in a highly-anticipated semifinal match of the FIFA World Cup.**

프랑스와 이탈리아가 대망의 FIFA 월드컵 4강에서 맞붙습니다.

- compete against
- confront
- go toe-to-toe with

317 boil down to

boil down to는 '~으로 귀결되다'라는 뜻이다. to 뒤로는 one thing, the question of, whether 등이 자주 나온다.

~으로 귀결되다

» **The success of this restructuring program boils down to how much reform the industry's stakeholders can stomach.**

이 구조조정 프로그램의 성공은 업계의 이해당사자들이 얼마만큼 개혁을 받아들일 수 있느냐로 귀결됩니다.

- come down to
- hinge on
- depend on

» **The President is facing many challenges in bolstering his polling numbers, but they all boil down to one thing. He's failing to communicate messages resonating with voters.**

resonate with ~의 공감을 얻다

대통령은 여론 조사 지지율을 끌어올리는 것과 관련해 여러 문제에 직면해 있습니다만, 이 문제들은 결국 한 가지로 귀결됩니다. 유권자들의 공감을 얻는 메시지를 내놓지 못하고 있다는 것입니다.

- come down to
- reduce to
- point to

318 bear down on

bear down on은 '위협적인 기세로 ~에 다가가다, 접근하다'라는 뜻이다. 주로 hurricane, extreme weather, armed forces 등과 어울려 쓴다.

위협적인 기세로 ~에 다가가다

» **Hurricane Florence is bearing down on New York City as it cuts a devastating path through South and North Carolina.**

태풍 플로렌스가 큰 피해를 주며 남과 북 캐롤라이나 지역을 통과해서 뉴욕시를 향하고 있습니다.

- approach
- head toward
- on a collision course with

» **Russian forces are bearing down on the capital from the north and northeast, amid growing fears that the capital may fall in a matter of days.**

수도가 며칠 내로 함락될 수 있다는 우려가 고조되는 가운데, 러시아 군대가 북쪽과 북동쪽에서 수도를 향해 접근하고 있습니다.

- advance on
- close in on
- press toward

319 cave in to

'~에 굴복하다, 결국 들어주다'라는 뜻이다. creditors, demands, pressure 등에 버티다가 결국 굴복했다는 의미로 쓴다.

~에 굴복하다, 결국 들어주다

» **The nation caved in to the international creditors and agreed to implement sweeping banking reform.**

그 국가는 국제 채권자들의 요구를 결국 들어주기로 했고, 대대적인 금융 개혁을 실시하는 것에 동의했습니다.

- give in to

» **One of the council members, Alan Gear, said he would never cave in to the pressure from environmental activists to shut down the plant.**

시의원 중 한 명인 앨런 기어는 공장을 폐쇄하라는 환경 운동가들의 압력에 절대 굴복하지 않을 것이라고 말했습니다.

- give in to
- bow to
- buckle under

320 chip away at

이 표현은 at 뒤에 problem, crisis 등을 넣어 '~을 조금씩 해결하다'나 leadership, rights 등을 넣어 '~을 조금씩 허물다, 무너뜨리다'라는 뜻으로 쓴다.

~을 조금씩 해결하다

» **These are small steps, but if everyone practices them, it can help chip away at the climate crisis.**

이런 것들은 작은 움직임이지만 모두가 이를 실천한다면 기후 위기를 조금씩 해결하는 데 도움이 될 수 있습니다.

- make steady progress in addressing
- make a dent in ~ gradually

~을 조금씩 허물다, 무너뜨리다

» **I'm concerned allegations like this can chip away at the President's leadership in the long run.**

이런 주장들이 장기적으로는 대통령의 리더십을 조금씩 무너뜨릴 수 있어서 우려됩니다.

- erode ~ gradually
- undermine ~ gradually

» **She accused the state legislature of sitting on their hands while the law was chipping away at the rights of ethnic minorities in the state.**

sit on one's hands 수수방관하다

그녀는 이 법이 그 주의 소수 인종들의 권리를 조금씩 침해하고 있는 상황을 주 의회가 수수방관했다며 비난했습니다.

- erode
- undermine
- strip away

321 not sit well with

not sit well with는 '~이 받아들이거나 동의하기 어렵다, ~의 마음에 들지 않다'라는 뜻이다. with 뒤에는 decision, idea, comment, suggestion 등이 나온다.

~이 받아들이기 어렵다, ~의 마음에 들지 않다

» **These actions don't sit well with many judges and may risk the actor being held in contempt.** *actor* 행위자 *contempt* 법정모독(죄)

이와 같은 행동은 대부분의 판사들이 받아들이기 어려운 것이라 행위자가 법정모독죄로 처벌받을 수 있습니다.

- not go over well with
- be not approved by
- be frowned on by

» **The complete removal of parking meters in favor of electronic payments won't sit well with motorists.**

동전 주차기를 완전히 없애고 전자 결재로 가는 것은 운전자의 환영을 받지 못할 것입니다.

- not be well received by
- not be welcomed by

322 hold out (for)

hold out (for)은 '(~을 바라며) 버티다, 주장을 굽히지 않다'라는 뜻을 가지고 있다. for 자리에 on이 오면 '~에 있어서', against가 오면 '~에 대항하여'라는 뜻이 된다.

(~을 바라며) 버티다, 주장을 굽히지 않다

» **Mom-and-pop store owners say their sales are down by 50 to 70 percent from the global financial crisis. Many aren't sure how much longer they can hold out.**

mom-and-pop store 가족이 운영하는 소규모 상점

가족 경영 소규모 상점주들은 세계적 금융 위기로 매출이 50~70퍼센트 하락했다고 합니다. 많은 상점주들은 앞으로 얼마나 더 버틸 수 있을지 확신하지 못합니다.

- last
- keep going
- endure

» **Management offered a 7 percent wage hike, but the workers on strike are holding out for better pay and other additional benefits.**

관리 측은 7퍼센트의 임금 인상을 제안했습니다만, 파업 중인 직원들은 더 높은 연봉과 추가적인 혜택을 요구하며 버티고 있습니다.

- insist on

323 come away with

'~을 받다, 느끼다'라는 뜻이다. 어떤 일을 통해서 특정한 view, sense, feeling impression, understanding 등을 받았다는 의미로 쓴다.

~을 받다, 느끼다

» **I came away from this experience with the impression that Hollywood is still highly sexist when it comes to action movies.**
저는 이 경험을 통해서 할리우드가 액션 영화에서는 아직도 매우 성차별적이란 생각을 하게 되었습니다.

• walk away ~ with

» **I understand your point of view, but I still don't come away with a strong sense of confidence that going down this path is the best option.**
당신의 관점은 이해하지만, 저는 여전히 이 길로 가는 것이 최선의 옵션이라는 강한 확신을 들지 않습니다.

• get

324 line up with

line up with는 내용이 '~와 일치하다'라는 뜻이다.

~와 일치하다

» **What this witness said generally lined up with what I was able to verify through my own investigation.**
이 목격자가 말한 내용은 제가 독자적인 조사를 통해 확인할 수 있었던 내용과 전반적으로 일치했습니다.

• match
• be consistent with
• be in line with

» **You just said Defense Secretary Clark hinted at the possibility of increased US military operations near Iraq. But how does that line up with his official position that there would be no US combat troops on the ground?**
방금 클라크 국방장관이 이라크 근처에서 미국의 군사 작전이 증가할 가능성을 시사했다고 하셨습니다. 그렇다면 그 점과 미국의 전투 병력이 직접 현장에 파견되지 않을 것이라는 국방장관의 공식 입장은 어떻게 연결되나요?

• reconcile with
• match up with
• align with

088. MP3

325 drill down on

드릴로 파고 들어가는 것처럼 '~을 자세히 조사하다, 연구하다, 논의하다'라는 뜻이다.

~을 자세히 조사하다, 연구하다, 논의하다

» **Tonight, our investigative reporter, Justin Lewis, drills down on how such a large amount of toxic wastewater was able to discharge into the Hudson River.**

오늘 저녁 뉴스에서는 탐사 기자인 저스틴 루이스가 어떻게 그렇게 많은 양의 독성 폐수가 허드슨 강으로 방류될 수 있었는지를 집중 보도합니다.

- examine ~ in detail
- delve into

» **Tonight, we'll be joined by our legal expert, Cora King, to drill down on some competing theories about executive immunity being claimed by former President Donald Trump.**

오늘 저녁에는 저희의 법률 전문가인 코라 킹과 함께 도널드 트럼프 전 대통령이 주장하고 있는 대통령 면책 특권에 관해 상충하는 이론들을 심도 있게 짚어보겠습니다.

- look into
- take a close look at
- explore

326 not measure up to

이 표현은 to 뒤에 standards, expectations 등을 써서 '~에 부응하지 못하다, ~을 충족하지 못하다', competition, one's predecessor 등을 써서 '~와 동등하지 않다, ~에 뒤지다'라는 뜻을 나타낸다. 보통 앞에 not을 붙여 부정적 의미로 쓰지만, not 없이 '~에 부응하다, ~와 동등하다'라는 의미로도 쓸 수 있다.

~에 부응하지 못하다, ~을 충족하지 못하다

» **The climate summit didn't measure up to expectations as the global leaders failed to agree on concrete steps to take.**

기후정상회의는 국제 지도자끼리 앞으로 이행할 구체적인 대책에 합의하지 못함으로써 기대에 부응하지 못했습니다.

- not live up to
- not meet
- fall short of

~와 동등하지 않다, ~에 뒤지다

» **Payway, despite its innovative features, doesn't measure up to other electronic payment systems in terms of reliability and user convenience.**

페이웨이는 혁신적인 기능에도 불구하고 신뢰성과 사용자 편의성에서 다른 전자결재 시스템에 미치지 못합니다.

- not match up to
- not stack up to

327 link up with

link up with는 '~와 연계하다, 협력하다'라는 뜻이다. 그래서 link *A* up with *B*라고 하면 'A를 B와 연결해주다'라는 뜻이 된다.

~와 연계하다, 협력하다

» **After launching her campaign, Emily linked up with civil groups across the nation to create a nationwide advocacy network.**

캠페인을 시작한 후에 에밀리는 전국적인 시민 운동 네트워크를 구축하기 위하여 전국의 시민 단체와 힘을 합쳤습니다.

- collaborate with
- connect with
- join forces with

A를 B와 연결해주다

» **On top of distributing food and water to disaster victims, her team is trying to link them up with places like churches and schools that can provide them with shelter.** *on top of* ~ 외에도

그녀의 팀은 이재민에게 식량과 식수를 제공하는 것 외에도 숙소를 제공할 수 있는 교회나 학교 같은 곳과 이재민을 연결해주려고 애쓰고 있습니다.

- connect *A* with *B*

328 ease up on

이 표현은 '~의 강도를 완화하다, 양을 줄이다'라는 뜻으로, on 뒤에 restrictions, sanctions, pressure, diet, debt 등을 함께 쓴다. '~의 섭취를 줄이다'라는 의미일 때는 뒤에 caffeine, alcohol, calories 등이 나온다.

~의 강도를 완화하다, 양을 줄이다

» **The government decided to ease up on restrictions on off-shore drilling to boost the economy and reduce energy dependence.**

정부는 경기를 부양하고 에너지 (해외) 의존도를 낮추기 위하여 연안 시추에 대한 규제를 완화하기로 결정했습니다.

- relax
- loosen
- roll back

~의 섭취를 줄이다

» **My doctor advised me to ease up on the caffeine to improve my sleep quality.**

제 주치의는 수면의 질을 높이기 위해서 카페인 섭취를 줄일 것을 권장했습니다.

- reduce
- cut back on
- limit

영어 뉴스에서 많이 쓰는

PART 2
구문 패턴

CHAPTER 4 » 동사+전치사

[동사+전치사] 형태는 뒤에 명사가 따라온다. 이 형태의 구동사 중에 영어 뉴스 빅데이터에서 가장 많이 등장하는 표현은 look at이다. 이 표현은 뉴스에서 눈으로 '~을 보다'라는 기본 의미로도 쓰지만, look at today's top stories, look at the way, look at the possibility처럼 추상적인 명사와도 자주 어울려 쓴다. 챕터가 나눠져 있지만 전치사나 부사를 엄밀하게 구분하는 것은 중요하지 않다. 각 표현이 어떤 의미로 어떤 맥락에서 어떤 단어와 함께 쓰는지에 집중해서 학습해보자.

329 look at

look at은 눈으로 '~을 보다, 검토하다', '~을 고려하다'라는 의미다.

~을 보다, 검토하다

» **When you look at this from a broader perspective, how do you think it will impact the course of the peace talks?**
이 사건을 좀 더 폭넓은 관점에서 본다면 앞으로 평화회담의 향방에 어떤 영향이 있을 것이라고 생각하십니까?

• consider
• examine

~을 고려하다

» **We need to look at the context of what has transpired over this past week to figure out the factors behind this phenomenon.**
이 현상 이면에 있는 요소들을 파악하기 위해서는 지난주 동안 일어났던 일의 맥락을 고려해야 합니다.

• consider
• take into consideration

330 go on

이 표현은 뒤에 tour, vacation 등을 넣어 '~을 시작하다', sale 등을 넣어 '~에 들어가다'라는 의미를 나타낸다. 맥락에 맞게 '~을 진행하다, 하다' 정도로 해석하면 된다. go on camera(카메라 앞에 서다), go on trial(재판을 받다) 등의 표현도 자주 쓴다.

~을 시작하다, ~에 들어가다

» **Statistics show that three out of four people who go on trial in federal court end up convicted.**
통계에 따르면, 연방법원에서 재판을 받은 4명 중 3명은 유죄 판결을 받는다고 합니다.

• stand
• face

» **The union members at the company's four factories are set to go on strike if there is no agreement by Tuesday.**
그 회사의 4개 공장의 노조원들은 화요일까지 합의가 이뤄지지 않을 경우 파업에 들어갈 예정입니다.

• stage (a strike)

» **I was able to get an interview with him, but he refused to go on camera because he was afraid for his life.**
그 사람을 인터뷰하는 데는 성공했습니다. 하지만 그는 생명의 위협을 느껴서 카메라 앞에 서는 것은 거절했습니다.

• go before (the camera)
• speak before (the camera)

331 hear from

hear from은 '~에게서 연락을 받다, 소식을 듣다, 브리핑을 받다'라는 뜻이다. 동사 hear는 hear *A* from *B*(*B*에게서 *A*를 듣다) 형태로도 자주 쓴다.

~에게서 연락을 받다, 브리핑을 받다

» **As we just heard from Joyce, the nation is currently embroiled in serious political turmoil.**
우리가 방금 조이스에게서 들은 것처럼, 그 나라는 지금 심각한 정치적 혼란에 휩싸여 있습니다.

• receive news from

» **I'm in the White House press room, and we're about to hear from Press Secretary Joan Coleman about the latest developments in the Iraqi situation.**
저는 지금 백악관 기자실에 나와 있습니다. 조금 있으면 공보담당관 조안 콜먼으로부터 이라크 상황의 최근 동향에 관한 브리핑이 있을 예정입니다.

332 deal with

deal with는 '~을 겪다', '~을 다루다'라는 뜻이다. 보통 어떤 문제나 상황을 겪는다고 할 때나 어떤 주제나 문제를 다룬다고 할 때 쓴다.

~을 겪다

» **The village has been dealing with frequent flooding from the river since massive logging began five years ago.**
그 마을은 5년 전에 대규모 벌목 사업이 시작되면서 강이 자주 범람하는 문제를 겪고 있습니다.

• experience
• suffer from
• face

~을 다루다

» **I asked the secretary how G7 nations are planning to deal with the ongoing disruptions in global supply chains.**
G7 국가들이 현재 벌어지고 있는 국제 공급망 교란 문제를 어떻게 다룰 계획인지 장관에게 질문했습니다.

• handle
• address
• tackle

333 come from

come from은 단어 그대로 '~에서 나오다'라는 뜻이다. 뉴스에서는 주로 정보나 주장, 칭찬, 비난 등이 어디서 나왔는지 출처를 말할 때 쓴다.

~에서 나오다

» **This rhetoric coming from the former president and his allies in Congress seriously misrepresents the facts.**

rhetoric 미사여구, 수사법

전직 대통령과 의회에 있는 그의 측근들이 쓰는 이런 수사법은 사실을 심각하게 왜곡하고 있습니다.

- flow from
- stem from
- emanate from

» **This information comes from an official within the Department of Justice who wishes to remain anonymous.**

이 정보는 익명을 요청한 법무부의 관료에게서 얻은 것입니다.

- originate from
- be sourced from

334 look for

'~을 찾다, 구하다'라는 뜻으로, 흔히 way, opportunity, solution, information, evidence 등의 단어와 함께 쓴다. 또 change 등 '~을 꾀하다'라는 의미로도 자주 쓴다.

~을 찾다, 구하다

» **Police are looking for information about a black van witnessed near the crime scene, which may have been used by the criminals to escape.**

경찰은 범죄 현장 근처에서 목격되었고 범죄자들이 도주하는 데 사용했을 수 있는 검정색 밴에 관한 정보를 수집하고 있습니다.

- search for
- seek

~을 꾀하다

» **When we found this small cottage on the lake, it felt like a dream come true. We were looking for a change of lifestyle, and it perfectly suited our needs.**

저희는 호숫가의 이 작은 집을 발견했을 때 마치 꿈이 이뤄진 것 같은 느낌이었습니다. 라이프 스타일의 변화를 꾀하고 있던 참이었는데, 이 집은 저희가 원하는 것에 딱 들어맞았습니다.

- search for
- seek

335 go into

go into는 '~에 들어가다'라는 뜻이다. 뒤에 나오는 상황으로 들어간다는 뜻이니 각 맥락에 맞게 해석하면 된다. 가령, '자세한 내용을 말하다'는 go into details고, '불황에 빠지다'는 go into recession, '경기에 임하다'는 go into a game, '망명하다'는 go into exile이라고 한다.

~에 들어가다, ~을 하다

» **The Fed won't intervene unless the economy shows clear signs of going into a recession.**
연방준비제도는 경제가 불황에 빠진다는 확실한 징조가 없다면 개입하지 않을 겁니다.

- head into
- fall into
- slip into

» **The British Olympic speed skating team is going into the race with a specially designed aerodynamic suit.**
영국의 올림픽 스피드 스케이팅팀은 특별히 고안된 공기 역학적 유니폼을 입고 경기에 출전합니다.

- enter
- participate in
- join

336 go through

이 표현은 뒤에 process, phase, system, parliament 등을 넣어 '~을 거치다', tough time, trauma, hassle 등을 넣어 '~을 겪다'라는 뜻으로 쓴다.

~을 거치다, 겪다

» **I was going through a tough time, and joining the support group really helped me find the strength to get through it.**
저는 힘든 시기를 겪고 있었는데 동호회에 가입한 것이 제가 그 시기를 극복할 힘을 얻는 데 많은 도움이 되었습니다.

- experience
- undergo
- face

» **Many of the new regulations the UK government is pushing for can be put into place without having to go through parliament.**
영국 정부가 추진하고 있는 새로운 규제 중 상당수는 의회를 거치지 않고도 실행될 수 있습니다.

- clear
- get approval from

» **The drug is currently going through the FDA process of approval.**
그 약은 현재 FDA의 인가 절차를 거치고 있습니다.

- undergo
- move through
- progress through

337 call for

call for는 '~을 촉구하다, 요구하다'라는 뜻이다. 참고로 call (up) on ~ to라고 하면 '~에게 -하라고 촉구하다'라는 말이 된다.

~을 촉구하다, 요구하다

» **Senator Johnson called for an investigation into whether the company violated the Commodity Exchange Act.**
존슨 상원의원은 그 회사의 증권거래법 위반에 대한 조사를 촉구했습니다.

- demand
- urge
- push for

» **The activist group called for a complete shutdown of the factory, citing health concerns over the wastewater it is releasing into the river.**
그 운동가 단체는 공장에서 강으로 방류하는 폐수에 대한 건강상의 우려를 거론하며 공장 가동을 완전히 중단할 것을 요구했습니다.

- demand
- press for
- clamor for

338 tap into

이 표현은 뒤에 fund, resources, potential, renewable energy sources 등을 붙여서 '~을 사용하다, 활용하다, 개발하다', market, sector 등과 함께 '~에 진출하다'라는 뜻으로 쓴다.

~을 사용하다, 활용하다, 개발하다

» **U.S. economic policy needs to prioritize tapping into the potential of high-growth industrial sectors such as robotics.**
미국의 경제 정책은 로봇 산업처럼 고성장 산업 분야의 잠재력을 개발하는 것에 우선 순위를 두어야 합니다.

- utilize
- explore
- leverage

» **Offshore wind farms are an attractive option for countries looking to tap into renewable sources of energy, without compromising on limited land space.**
해상 풍력 발전 단지는 제한적인 육지 공간을 소모하지 않으면서 재생에너지를 활용하고자 하는 국가들에게 매력적인 대안입니다.

- access
- harness
- unlock

~에 진출하다

» **Global communications providers are gearing up to tap into a market of 300 million Internet users in East Asia.**
세계 통신사들은 3억 명의 인터넷 사용자가 있는 동아시아에 진출하기 위한 준비를 하고 있습니다.

- enter
- break into
- penetrate

339 get into

get into는 '~에 참여하다, 처하다'라는 뜻으로, into 뒤에 race, contest, situation, trouble 등의 명사와 함께 쓴다. '~을 논의하기 시작하다, 다루다'라는 뜻일 때는 issue, question, specifics 등과 함께 쓰고, '~ 분야에 진출하다, 뛰어들다'라는 뜻일 때는 politics, coaching 등과 어울려 쓴다.

~에 참여하다, 처하다

» **She has made significant strides in connecting with the voters, particularly considering that she got into the race very late in the game.** *make strides* 약진하다

특히 그녀가 선거에 늦게 뛰어들었다는 점을 감안한다면 유권자들의 관심을 끄는 데 상당한 진전이 있었습니다.

- enter
- join
- participate in

» **There's a fear that we could get into a situation where we're too reliant on the Chinese market to ensure long-term growth stability.**

우리가 중국 시장에 너무 의존해서 장기적인 성장 안정성을 도모하기 어려운 상황에 처할 수 있다는 우려가 있습니다.

- end up in
- find oneself in
- fall into

~을 논의하기 시작하다, 다루다

» **There's an ongoing debate on whether the trade deal with India will be beneficial or harmful to the US economy. We'll get into that next with an expert at the Brookings Institution.**

인도와의 무역 협정이 미국 경제에 도움이 될지 해가 될지에 대한 논의가 한창입니다. 다음에는 브루킹스 연구소의 전문가와 그 문제에 대해 이야기를 나누도록 하겠습니다.

- talk about
- discuss
- delve into

» **I can't get into the specifics of what is being discussed with our allies, but I expect a very important agreement to come out of it.**

동맹국들과 논의 중인 구체적인 내용에 대해서는 말씀드릴 수 없지만, 매우 중요한 합의가 나올 것으로 기대하고 있습니다.

- go into
- discuss

~ 분야에 진출하다, 뛰어들다

» **I felt adrift for a while after my knee injury forced me to retire. Then, it occurred to me that I wanted to get into coaching.** *adrift* 표류하는, 방황하는

저는 무릎 부상으로 은퇴를 한 후에 한동안 방황했습니다. 그러다 코칭을 해야겠다는 생각이 들었습니다.

- pursue

340 work on

이 표현은 on 뒤에 skills, creativity 등을 써서 '~을 연마하다, 향상시키다', project, case, book, device, idea 등을 넣어 '~을 만들다, 진행하다', problem, issue 등을 넣어 '~을 해결하기 위해 작업하다'라는 의미로 쓴다. on 뒤에 -ing 형태가 오면 '-하는 것에 노력을 집중하다'라고 해석한다.

~을 연마하다, 향상시키다

» **Play dates are important for children's development. They give kids a chance to work on their social skills and build friendships.**

play date 약속을 잡고 아이들이 함께 놀도록 하는 것

친구와 노는 것은 아동의 발달에 중요합니다. 이는 아동이 자신의 사교성을 발전시키고 우정을 키울 수 있는 기회입니다.

• improve
• develop
• enhance

~을 만들다, 진행하다

» **The art project I'm currently working on has been funded through crowdfunding.**

제가 지금 진행하고 있는 예술 프로젝트는 크라우드 펀딩을 통해서 자금을 마련했습니다.

• carry out

» **According to reports, NASA is working on a rover powered by AI. This rover will analyze the data it gathers on Mars and make real-time adjustments to its mission.**

보도에 따르면 NASA는 현재 인공지능으로 작동되는 로버를 개발 중이라고 합니다. 이 로버는 화성에서 수집한 데이터를 분석해서 실시간으로 자신의 임무를 수정할 수 있을 것이라고 합니다.

• create
• develop

~을 해결하기 위해 작업하다

» **The company is working on the bug and expects to release a fix within a week.**

그 업체는 현재 버그를 해결하는 작업 중이며, 일주일 안에 해결책을 내놓을 것으로 예상하고 있습니다.

• try to fix

-하는 것에 노력을 집중하다

» **The off-season is the most crucial time for teams to work on improving their game plans and strengthening their lineup.**

오프 시즌은 팀이 게임 전략을 개선하고 라인업을 강화하는 일에 집중하는 가장 중요한 시간입니다.

• focus on

092. MP3

341 depend on

depend on은 '~에 달려 있다', '~에 의지하다, 기대하다'라는 뜻이다. depend on ~ to 형태로 쓰면 '~이 –할 것이라 믿고 기대하다'가 된다.

~에 달려 있다

» **At the end of the day, the success of an outreach program depends on how effectively it engages the community.**

궁극적으로 사회 봉사 프로그램의 성공은 얼마나 효과적으로 지역 사회의 참여를 이끌어낼 수 있느냐에 달려 있습니다.

• hinge on
• be contingent on

~에 의지하다, 기대하다

» **A countless number of people still depend on food stamps to feed themselves and their families.**

아직도 수많은 사람이 저소득층을 위한 식품 구매권에 의지해서 자기와 가족의 끼니를 해결하고 있습니다.

• rely on
• count on
• lean on

~이 –할 것이라 믿고 기대하다

» **The activist group depends on the government to bankroll their homeless outreach program.** *bankroll* ~에 자금을 지원하다

그 운동가 단체는 정부가 자신들의 노숙자 지원 프로그램에 예산을 지원해줄 것으로 기대하고 있습니다.

• rely on ~ to
• count on ~ to
• look to ~ to

342 run for

run for는 '~에 출마하다'라는 뜻이다. 보통 공직을 뽑는 선거에 출마한다는 의미다.

~에 출마하다

» **The growing number of homeless people in our state is one of the reasons I decided to run for governor.**

우리 주에 노숙자가 계속 늘어나는 것이 제가 주지사 선거에 출마를 결정한 요인 중 하나입니다.

• get into the race for

» **You've been dropping hints about your intention to run for office. How serious are you about this idea?**

선거에 출마할 의향을 종종 내비치셨는데, 얼마나 진지하게 고려하고 계신 건가요?

• seek

343 stand by

'~을 고수하다'라는 뜻이다. one's decision, one's statement, one's reporting 등과 어울려 쓴다. 또 '~을 지지하다'라는 뜻도 가지고 있다. by가 부사로 쓰인 경우에는 '대기하다', '방관하다'라는 뜻이 된다.

~을 고수하다

» **Despite the scandal, the President is standing by his decision to appoint Henry Fisher to the top position at the CIA.**

그 스캔들에도 불구하고 대통령은 헨리 피셔를 CIA 수장에 임명하겠다는 자신의 결정을 고수하고 있습니다.

• stick to
• adhere to
• uphold

» **You said last week that if the investigation confirmed the corruption allegations against the Vice President, he should resign. Do you still stand by that statement?**

지난주에 조사를 통해 부통령에 대한 부패 혐의가 확인된다면 그가 사임해야 한다고 하셨는데, 그 발언은 여전히 유효하십니까?

• uphold
• maintain

» **The Huntington Post stands by its reporting, asserting it's well-sourced.** *assert* 주장하다

헌팅턴 포스트는 자사 보도의 정보가 확실하다고 주장하며, 보도 내용을 고수하겠다는 입장입니다.

• stand behind

~을 지지하다

» **Her lead in the race is still solid because most of her base is standing by her.** *base* (지지의) 기반

이번 선거에서 그녀의 지지 기반의 다수가 그녀를 지지하고 있기 때문에 선두 자리는 여전히 굳건합니다.

• support
• back
• stand behind

대기하다

● |참고| **Now, let's connect live to our correspondent, Grace Martin, who is standing by in Berlin with the latest updates about a bomb explosion just outside a popular marketplace.**

그럼 이제 베를린에서 대기하고 있는 저희의 통신원, 그레이스 마틴과 생방송으로 연결해서 사람들이 많이 찾는 시장 바로 밖에서 폭탄이 터진 사건에 관한 최신 뉴스를 들어보도록 하겠습니다.

• on standby
• wait

방관하다

- |참고| **It's shocking that several people stood by while the girl was being physically assaulted by the man.**
  소녀가 남자에게 물리적 폭행을 당하는 동안에 여러 사람이 옆에서 방관했다는 것은 충격적입니다.

  · watch
  · stand idly

344 take on

on 뒤에 duties, responsibility, role 등을 넣어 '~을 맡다', cost, debts 등을 넣어 '~을 부담하다, 떠안다'라는 뜻으로 쓴다. 또 국가나 스포츠팀, 특정인 등 '~을 상대하다, 맞서다'라는 의미도 가지고 있다.

~을 맡다

» **His department took on many new responsibilities as a result of the company's recent structural overhaul.**
그의 부서는 최근 회사의 구조 개편 결과로 여러 가지 새로운 책무를 맡았습니다.

· assume
· shoulder

~을 부담하다, 떠안다

» **The city has decided to take on the cost of rebuilding the 150-year-old cathedral partially destroyed by the hurricane.**
시 정부는 태풍으로 반파된 150년 된 성당의 재건축 비용을 대신 부담하기로 했습니다.

· cover
· bear
· shoulder

» **Many students lock themselves into a debt trap by taking on more debt than they can realistically repay.**
많은 학생들이 현실적으로 상환할 수 있는 수준보다 많은 부채를 떠안으면서 빚의 덫에 갇혔습니다.

· incur

~을 상대하다, 맞서다

» **The underdog, the Vikings, are taking on the league frontrunner, the Lions, in a double-header match on Saturday.**
약체인 바이킹스는 토요일 더블헤더 경기에서 리그 선두인 라이온즈를 상대하게 됐습니다.

· go up against
· face off against

345 go after

go after는 '~을 공격하다'라는 뜻으로, 뒤에 criminals, political opponents 등이 나온다. after 뒤에 someone's character, someone's personality 등을 넣어 '~을 문제 삼아 공격하다'는 뜻으로도 쓴다.

~을 공격하다

» **The Russian forces are apparently gearing up to go after the two industrial cities near the border.**

러시아 군대는 국경 근처에 있는 두 산업 도시에 대한 공격을 준비하고 있는 것이 분명합니다.

- attack
- assault

~을 문제 삼아 공격하다

» **In today's hearing, Senator Johnson went after the nominee's credibility, highlighting inconsistencies in her statements made on different occasions.**

오늘 청문회에서 존슨 상원의원은 지명자가 여러 다른 상황에서 했던 발언의 모순을 지적하며 지명자의 신뢰성을 문제 삼았습니다.

- question
- hammer away at
- zero in on

346 come off

뒤에 bus, aircraft, ship 등이 나오면 '~에서 내리다'라는 뜻이다. 또 victory, win 등을 넣어 '~을 따낸 기세를 이어가다', bleak month, fierce presidential race 등을 넣어 '~을 막 마치다, 끝내다', '~에서 (냄새나 열, 연기)가 나다'라는 뜻으로 쓴다.

~에서 내리다

» **The President and the First Lady have just come off the aircraft. They'll be whisked to the presidential palace where an official welcome reception will take place.** *whisk* 재빨리 데려가다

대통령과 영부인이 방금 비행기에서 내렸습니다. 그들은 공식 환영 행사가 열릴 대통령 궁으로 빠르게 이동할 예정입니다.

- disembark from
- alight from
- step off

~을 따낸 기세를 이어가다

» **Coming off a big win over the weekend, the Dolphins are well on their way to the playoffs.**

주말에 중요한 승리를 따낸 돌핀스의 플레이오프 진출 가능성이 훨씬 커졌습니다.

- build on
- ride the moment of

~을 막 마치다, 끝내다

» You've just **come off** a fierce presidential race, although the result wasn't favorable. What are your future plans?

결과가 안 좋긴 했습니다만, 얼마 전에 치열한 대통령 선거를 치르셨습니다. 앞으로의 계획은 무엇입니까?

- finish
- wrap up

~에서 (냄새나 열, 연기)가 나다

» Residents have been complaining about a sewage stench **coming off** (of) the stream.

주민들은 개천에서 나는 하수 악취에 대해 계속 불만을 제기해왔습니다.

- come from
- emanate from
- emit from

347 look into

이 표현은 '~을 조사하다'라는 의미일 때는 issue, incident, complaint, cause 등의 명사와 함께 쓰고, '~을 검토하다'라는 뜻일 때는 possibility, proposal, options, risks 등과 함께 쓴다.

~을 조사하다

» We're currently **looking into** the actress's role in the insurance fraud scheme.

저희는 현재 그 배우가 보험 사기 사건에서 어떤 역할을 했는지 조사 중입니다.

- probe (into)
- inquire into
- investigate

» Education authorities are **looking into** the complaint filed by parents against some teachers who are promoting political ideologies in the classroom.

교육 당국은 일부 교사들이 수업에서 정치 이념을 부추기고 있다는 학부모들의 고발을 조사하고 있습니다.

- investigate
- review
- inquire into

~을 검토하다

» The city is **looking into** various options to expand the share of renewable energy in its energy mix.

시 정부는 전체 에너지 구성에서 재생에너지가 차지하는 비중을 확대하는 여러 방안을 놓고 검토 중입니다.

- consider
- explore
- weigh

» The President has appointed a task force to **look into** the feasibility of implementing a universal basic income within five years.

대통령은 5년 내에 전국민 기본 소득 제도를 이행할 수 있는 가능성을 검토하기 위해 특별 기획팀을 임명했습니다.

- explore
- examine
- evaluate

348 pay for

이 표현은 뒤에 services, parking, electricity 등을 넣어 '~에 대한 비용을 지불하다', one's mistake, one's crime 등을 넣어 '~에 대한 대가를 치르다'라는 뜻을 나타낸다. pay *A* for *B* 형태로 쓰면 'B에 대해 A만큼의 돈을 지불하다'라는 의미가 된다.

~에 대한 비용을 지불하다

» **The federal loan program is designed to help the parents of undergraduate students pay for college.**

연방 대출 프로그램은 학부생의 부모가 대학 등록금을 지불할 수 있도록 도와주기 위해 고안되었습니다.

» **The issue of airport shops overcharging customers is no secret. Just ask Faith Morgan, a Los Angeles-based accountant, who recently paid $25 for a basic breakfast of toast and coffee at an LAX cafe.**

공항 상점들이 고객들에게 과도한 가격을 받는 것은 모두가 아는 사실입니다. LA에 거주하는 회계사인 페이스 모건은 최근에 LAX 공항 카페에서 토스트와 커피, 기본 아침 식사에 25달러를 내야 했습니다.

- shell out *A* for *B*
- part with *A* for *B*

~에 대한 대가를 치르다

» **Railing against rampant corruption within the city government, she declared that if she were elected mayor, she would make sure that corrupt officials paid for their crimes.**

그녀는 시 정부 내에서 만연한 부패를 강력히 비판하면서 자신이 시장으로 당선되면 부정한 공무원은 반드시 범죄에 대한 대가를 치르게 만들겠다고 선언했습니다.

- face the consequences of
- be held accountable for

» **We just can't go on with business as usual and make future generations pay for our climate inaction.**

평소 같은 사업 방식을 유지하여 우리가 기후 변화에 대응하지 않은 것에 대한 대가를 다음 세대가 치르게 하면 안 됩니다.

- bear the cost of
- suffer the consequences of

095. MP3

349 emerge from

emerge from은 뒤에 탈것 등이 나오면 '~에서 내리다', crisis, recession, war, lockdown 등이 나오면 '~에서 벗어나다, 나오다'라는 뜻이다. 또한 '~에서 이야기나 뉴스가 들려오다', '~에서 비롯되다'라는 뜻도 있다. from은 out of로 바꿔도 된다.

~에서 내리다

» **As he emerged from Air Force One, the President waved to the welcome crowd on the tarmac.**

에어 포스 원에서 내린 대통령은 비행장 승강 구역에 모인 환영객들에게 손을 흔들었습니다.

- step out of
- disembark from
- come out of

~에서 벗어나다, 나오다

» **The country is slowly emerging from an economic crisis brought on by a decade-long civil war.**

그 나라는 10년쯤 지속된 내전에서 비롯된 경제 위기에서 차츰 벗어나고 있습니다.

- recover from
- come out of

» **Many states are emerging from the lockdown, slowly returning to the old ways.**

여러 주가 봉쇄에서 벗어나서 이전의 일상으로 천천히 돌아가고 있습니다.

- come out of
- ease out of

~에서 이야기나 뉴스가 들려오다

» **More heroic stories are emerging from the earthquake scene in Haiti as search and rescue efforts are revving up.**

rev up 활성화되다

아이티의 지진 현장에서 수색과 구조 활동이 속도를 내면서 더 많은 영웅담들이 전해지고 있습니다.

- surface from
- heard from

~에서 비롯되다

» **The democratic movement emerged out of the political turmoil following the 2021 presidential election.**

그 민주화 운동은 2021년 대통령 선거에 따른 정치적 혼란에서 비롯되었습니다.

- arise from
- stem from

350 agree with

agree with는 '~과 같은 의견이다, ~에 동의하다'라는 뜻이다. 이 표현은 흔히 어떤 사람이나 analysis, someone's logic, idea, decision 등과 함께 쓴다.

~과 같은 의견이다, ~에 동의하다

» **I agree with Representative Porter that American democracy is in peril.**

저는 미국의 민주주의가 위기에 처해 있다는 포터 하원의원의 견해에 동의합니다.

- concur with
- share the view of
- be on the same page with

» **I don't agree with your analysis of the situation. It's off the mark.**

off the mark 부정확한

저는 당신의 상황 분석에 동의하지 않습니다. 분석이 정확하지 않습니다.

- share
- support
- (be not) on board with

351 head for

'~을 향해 가다'라는 뜻으로, 흔히 어떤 목적지나 recession, crisis, disaster 같은 문제 상황, showdown, clash 같은 대결 상황을 향해 간다는 의미로 쓴다. 같은 의미를 be headed for(~로 향하게 되다)처럼 수동태로 표현하기도 한다.

~을 향해 가다

» **We're keeping an eye on several tropical systems developing off Puerto Rico. Two of them are likely to head for the US.**

저희는 현재 푸에르토리코 근처에서 형성되고 있는 몇 개의 열대성 기상 현상을 주시하고 있습니다. 이 중 두 개는 미국을 향할 가능성이 큽니다.

- move toward
- make one's way to
- be on course for

» **Recently, several economic indices have been painting a gloomy picture. Do these signs indicate that our economy is heading for a recession?**

paint a ~ picture ~하다고 묘사하다

최근에 여러 경제 지표들이 암울한 상황을 보여주고 있습니다. 이런 지표들은 우리 경제가 불황을 향해 가고 있다는 것을 보여주는 걸까요?

- move toward
- headed for

● |참고| **The House is headed for a showdown vote Wednesday on the proposed tax cuts, with both sides showing no signs of backing down.**

하원이 수요일에 감세 법안에 대한 표결을 앞두고 있는 가운데, 양쪽은 양보할 기미가 보이지 않고 있습니다.

- be moving toward
- be on track for
- be set for

352 ~ come 시간 after

~ come 시간 after는 '…한 지 얼마 후에 ~이 일어나다'라는 뜻이다. 유사 표현으로는 ~ come at a time when(…한 상황에서 ~이 일어나다)이 있다.

…한 지 얼마 후에 ~이 일어나다

» **The White House announced today that it would lift the investment ban on Chinese tech firms. The move comes a day after a high-stakes meeting between the two nation's foreign ministers.**

백악관은 오늘 중국 기술 기업에 대한 투자 금지 조치를 해제한다고 발표했습니다. 양국 외무장관끼리 매우 중요한 회담을 나눈 뒤 하루 만에 이번 조치가 내려졌습니다.

• follow a day after

» **The meeting between the President and the House Speaker comes at a time when the two parties are on a collision course over border walls.**

on a collision course 충돌 상태로 가고 있는

대통령과 하원의장 간의 이번 회담은 양당이 국경 장벽을 놓고 충돌 국면인 상황에서 이루어졌습니다.

• come at a juncture when
• come as

353 file for

'~을 신청하다'라는 뜻으로, 주로 bankruptcy, divorce, unemployment, benefits, injunction처럼 법적 절차와 관련된 단어와 함께 쓴다.

~을 신청하다

» **ASTA's stock tanked today amid rumors that it was about to file for bankruptcy.**

아스타 사가 곧 파산을 신청할 것이라는 소문이 돌면서 오늘 주가가 급락했습니다.

» **As the job market cools, the number of people filing for unemployment is on a sharp increase.**

고용 시장이 침체에 빠지면서 실업 수당 신청자 수가 크게 증가하고 있습니다.

» **Miguel Craig confirmed rumors that he is going to file for a hand recount of ballots from six counties, alleging widespread election fraud.**

미구엘 크레이그는 광범위한 부정 선거를 주장하며 6개 카운티에 대한 수작업 재검표를 신청할 것이라는 소문이 사실이라고 확인해주었습니다.

354 go for

이 표현 뒤에 walk, swim 등을 넣어 '~하러 가다', 사람이나 지역 등을 넣어 '~을 타깃으로 공격하다', lesser charge, electric model 등을 넣어 '~을 선택하다', truce, deal 등을 넣어 '~을 받아들이다'라는 뜻으로 쓴다. 또 어떤 케이스가 다른 케이스에 적용된다는 의미로도 쓴다.

~하러 가다

» **A search is underway for two college students who went missing after going for a hike in Adirondack Park.**

애디론댁 공원에 하이킹을 하러 갔다가 실종된 두 명의 대학생을 찾기 위한 수색 작업이 진행 중입니다.

~을 타깃으로 공격하다

» **In the debate, Bardwell went for Brown's proposed tax hikes for the wealthy, using it as a basis for branding him as a "socialist".**

brand A as B A를 B로 낙인 찍다

토론에서 바드웰은 브라운의 부유층에 대한 세율 증액안을 공격했습니다. 바드웰은 그것을 근거로 브라운을 '사회주의자'로 규정했습니다.

· target
· attack
· go after

~을 선택하다

» **The popularity of electric vehicles is waning. In a recent survey, fewer respondents said they would go for electric models as their next cars compared to previous surveys.**

전기차의 인기가 시들해지고 있습니다. 최근 여론 조사에서는 다음 차로 전기차를 선택하겠다는 응답자의 수가 이전 조사보다 줄어들었습니다.

· choose

~을 받아들이다

» **The UN suggested a temporary ceasefire to allow humanitarian aid into areas affected by the conflict, but it remains uncertain if the warring parties will go for it.**

UN은 분쟁 지역에 인도주의적 지원이 전달될 수 있도록 일시적 휴전을 제안했습니다. 하지만 분쟁 당사자들이 이 제안을 받아들일지는 불분명합니다.

· accept
· agree to

~에 적용되다

» **The new immigration policy also goes for those who are already in the U.S. in illegal status.**

새로운 이민 정책은 이미 미국에 불법으로 체류 중인 사람들에게도 적용됩니다.

· apply to

355 get through

'~을 견디다, 극복하다'라는 뜻으로, 뒤에 hard times, crisis처럼 힘들었던 상황과 관련된 말이 나온다. 또, through 뒤에 the Senate, airport security 등을 넣어 '~을 통과하다'라는 뜻으로 쓴다. get *A* through *B*(A가 B를 극복/통과하게 해주다) 형태로도 자주 쓴다.

~을 견디다, 극복하다

» **Refugees at this camp barely have enough food and clothing to get through this winter.**

이 캠프에 있는 난민들은 이번 겨울을 나는 데 필요한 식량과 의복이 충분치 못합니다.

• endure
• survive
• make it through

» **I listened to these podcasts every day, and they got me through the most challenging times of my life.**

저는 그 팟캐스트를 매일 들었습니다. 팟캐스트는 제가 인생에서 가장 힘들었던 시기를 극복할 수 있게 해주었습니다.

• help ~ through
• carry ~ through

~을 통과하다

» **The bill stands little chance of getting through the Senate as the Democrats vow to vote it down.** *vote down* 투표에서 부결시키다

그 법안은 민주당 의원들이 부결시키겠다고 공언하고 있기 때문에 상원을 통과할 가능성이 매우 적습니다.

• pass
• make it through

» **The man who had been under FBI investigation for espionage was arrested before he got through security.**

스파이 행위로 FBI의 수사를 받고 있던 그 남자는 보안 검색대를 통과하기 전에 체포되었습니다.

• pass through
• make it past

356 turn to

이 표현 뒤에 reporter, legal expert, friend, social media 등을 넣어 '~에 조언이나 도움을 구하다, 의지하다', issue, politics 등을 넣어 '~으로 화제를 돌리다'라는 뜻으로 쓴다.

~에 조언이나 도움을 구하다, 의지하다

» **Many people turn to social media for information or advice about their problems but be warned. Much of such information is not always reliable or verified.**

많은 사람이 SNS에서 자신의 문제에 대한 정보나 조언을 찾습니다만, 주의해야 합니다. 그런 정보 중 상당수가 신뢰할 수 없고 검증되지 않습니다.

• resort to
• rely on

» The problem is that people hooked on painkillers eventually **turn to** stronger drugs like heroine.

진통제에 중독된 사람은 궁극적으로 헤로인처럼 더 강력한 마약류에 의존하게 된다는 게 문제입니다.

- resort to
- switch to
- transition to

~으로 화제를 돌리다

» Now, let's **turn to** the economy. The Bureau of Economic Analysis just released the latest statistics. What are the major takeaways from them? *takeaway* 중요한 내용

이번에는 경제 문제로 넘어가 보지요. 얼마 전에 경제분석국에서 최근 통계치를 발표했는데요. 통계에서 가장 눈여겨 볼 점은 무엇입니까?

- switch to
- shift to

357 react to

'~에 대한 입장을 표명하다', '~에 대응하다'라는 뜻이다. 흔히 development, report, comments 등의 명사와 어울려 쓴다.

~에 대한 입장을 표명하다

» Paul Martin, CEO of Suncoast Pictures, took to Instagram to **react to** the news of the Writers Guild of America's decision to go on strike, denouncing it as harmful to the industry. *take to* ~에 글을 올리다

선코스트 픽처스 사의 CEO 폴 마틴은 인스타그램에 미국작가협회의 파업 결정 소식에 대한 글을 올렸습니다. 그는 이 결정이 업계에 해를 끼칠 것이라고 비난했습니다.

- respond to
- comment on
- express one's thoughts on

~에 대응하다

» This is a very delicate diplomatic situation, and it's going to take some time for the White House to decide how to **react to** it.

이 건은 외교적으로 매우 민감한 상황이라서 백악관이 어떻게 대응할지 결정하는 데 시간이 걸릴 것입니다.

- respond to

» The VIX-700 Facelift comes with a much higher price tag than its predecessor, and it remains to be seen how consumers will **react to** the price increase. *remain to be seen* 두고 볼 일이다

빅스700 페이스리프트는 이전 모델에 비해 가격이 크게 올랐습니다. 가격 인상에 소비자들이 어떻게 반응할지 봐야 할 것 같습니다.

- respond to
- comment on
- express one's thoughts on

098. MP3

358 add to

add to는 기본적으로 '~을 증가시키다, 더하다'라는 뜻이다. 이 표현은 to 뒤에 problem, woes 등을 넣어 '~을 악화시키다', understanding, sense 등을 넣어 '~을 심화하다'라는 뜻으로 쓴다.

~을 악화시키다

» **Trash troubles are mounting for downtown New Orleans residents. Frequent snowfalls that disrupt trash pickups are adding to the problem.**

뉴올리언스 도심 주민들에게 쓰레기 처리 문제가 점점 심각해지고 있습니다. 자주 눈이 내려 쓰레기 수거 작업에 차질이 생긴 것도 문제를 더욱 악화시키고 있습니다.

- worsen
- exacerbate

~을 심화하다

» **The documentary investigates extreme weather events around the world, adding to our understanding of the ongoing climate crisis.**

그 다큐멘터리 영화는 전 세계에서 일어나는 극한 기후 현상을 다룸으로써 현재 진행 중인 기후 위기를 더 잘 이해할 수 있도록 해줍니다.

- enhance
- deepen

359 push for

이 표현은 for 뒤에 gun control, policy changes, renewable energy 등을 넣어 '~을 추진하다', higher wages, greater transparency 등을 넣어 '~을 요구하다'라는 뜻으로 쓴다.

~을 추진하다

» **On the campaign trail in Wisconsin today, Joyce Thomas said she would push for tougher gun control if elected President.**

오늘 위스콘신주에서 있었던 선거 유세에서 조이스 토마스는 대통령으로 당선되면 훨씬 강력한 총기 규제를 추진할 것이라고 밝혔습니다.

- seek
- pursue
- press for

~을 요구하다

» **Thousands of part-time workers are on strike, pushing for higher pay and better work environments.**

수천 명의 시간제 근로자들은 임금 인상과 근로 환경 개선을 요구하며 파업 중입니다.

- demand
- press for

360 rely on

rely on은 '~에 기대하다, 믿다'라는 뜻이다. rely는 count로 바꿔도 좋다. 뒤에 to부정사를 붙여 rely on ~ to라고 하면 '~이 -할 것이라고 기대하다, 믿다'라는 말이 된다.

~에 기대하다, 믿다

» **Millions of Americans are relying on Congress to pass the affordable housing bill, and it's paramount that both parties rise to the occasion and act promptly.**

수백만 명의 미국인은 의회가 주택공급법안을 통과시킬 것을 기대하고 있습니다. 따라서 양당이 기대에 부응하여 빠르게 조치를 취하는 것이 최우선입니다.

- count on
- expect
- trust

» **You won a lot of rank-and-file union votes in 2020. Do you think you can rely on union votes in 2024, too?** *rank-and-file* 일반 직원

2020년에 일반 노조원의 표를 많이 얻으셨는데요, 2024년에도 그 표를 기대하십니까?

- count on
- depend on
- expect to receive

361 point to

이 표현은 뒤에 building, spot, picture 등을 넣어 '~을 손으로 가리키다', fact, need, lack 등을 넣어 '~을 지적하다, 보여주다'라는 뜻으로 쓴다.

~을 손으로 가리키다

» **Brian pointed to a group photo from his tour in Afghanistan and said most of the soldiers in the picture had been killed in action.**

브라이언은 아프가니스탄 파견 당시 찍은 단체 사진을 손으로 가리키며 사진에 있는 군인 대부분은 작전 중에 전사했다고 말했습니다.

- gesture toward

~을 지적하다, 보여주다

» **Senator Ryan pointed to the fact that the U.S. lags behind most other nations in transitioning to renewable energy.**

라이언 상원의원은 미국이 재생에너지로 전환하는 부분에서 대부분의 나라에 뒤쳐져 있다는 점을 지적했습니다.

- point out
- highlight
- emphasize

» **The recent increase in crime rates points to the need for more effective community policing strategies.**

최근 범죄율의 증가는 보다 효과적인 지역 치안 전략이 필요하다는 것을 보여줍니다.

- indicate
- suggest
- highlight

099. MP3

362 stem from

stem from은 '~에서 생기다, 비롯되다'라는 뜻의 표현이다.

~에서 생기다, 비롯되다

» **The financial crisis stemming from the near collapse of the banking system is reaching a tipping point.**

tipping point 작은 변화가 쌓여 큰 영향을 받기 직전의 상태

붕괴 직전의 금융 시스템에서 촉발된 금융 위기가 티핑 포인트에 도달하고 있습니다.

• result from
• arise from
• be caused by

» **The authorities stepped up patrols along the border with Mexico. This has stemmed from the tragic drowning of three Mexicans trying to cross the Rio Grande River to reach the US side.**

당국은 멕시코 국경에 대한 순찰을 강화했습니다. 이번 조치는 3명의 멕시코인이 리오 그란데강을 건너 미국 쪽으로 접근하려다 익사한 비극적인 사건에 따른 조치입니다.

• be prompted by
• be triggered by
• be in response to

363 go with

뒤에 어떤 사람이나 strategy, policy 등이 오면 '~을 선택하다', surgery, business model 등이 오면 '~에 수반되다, 따르다'라는 뜻이다. 참고로 go for는 적극적으로 뭔가 추구할 목적으로 선택한다는 의미고, go with는 주어진 옵션에서 수동적으로 선택한다는 맥락에서 쓴다.

~을 선택하다

» **Among these candidates, Senator Colson is likely to go with former Virginia governor Marion Kim as his running mate because she can compensate for his weaknesses with black voters.**

이런 후보군 중에 콜슨 상원의원은 자신의 러닝메이트로 전 버지니아 주지사인 마리온 킴을 선택할 가능성이 높습니다. 콜슨이 흑인 유권자의 지지가 약한 것을 킴이 보완해 줄 수 있기 때문입니다.

• choose
• select
• pick

» **Going with Option B could lower tensions, but it might also send the wrong message that the US readily backs down under nuclear threats.**

readily 선뜻, 손쉽게

옵션 B를 선택하면 긴장을 완화하는 효과는 있겠지만, 미국이 핵 위협에 쉽게 뒤로 물러난다는 잘못된 메시지를 줄 가능성도 있습니다.

• choose
• select
• opt for

~에 수반되다, 따르다

» In clinical tests, this medicine has been proven to lower the risks that **go with** pregnancy after age 35.

이 약은 임상실험에서 35세 이후의 임신에 따른 위험을 낮춰주는 것이 입증되었습니다.

• accompany
• come with
• be associated with

» One of the key benefits that **go with** this business model is a predictable revenue stream.

이 비즈니스 모델에 따른 주요 이점 중 하나는 수익 흐름이 예상 가능하다는 것입니다.

• be associated with
• be intrinsic to

364 brace (oneself) for

'~에 대비하다'라는 뜻이다. attack, war, storm, impact처럼 도전적이거나 힘든 상황에 대비한다고 할 때 쓴다. oneself를 넣으면 혼자 힘으로 대비한다는 의미가 좀 더 부각된다.

~에 대비하다

» With a rainstorm warning in effect, the city is **bracing for** flash floods and landslides. *in effect* 발효 중인

호우주의보가 발효되었고, 도시는 갑작스러운 홍수와 산사태에 대비하고 있습니다.

• prepare for

» With vote counting in full swing, the two leading candidates are **bracing themselves for** a possible runoff. *in full swing* 한창 진행 중인

개표가 한창인 가운데, 선두 후보 두 명은 결선 투표 가능성을 염두에 두고 있습니다.

• prepare for
• get ready for
• gear up for

365 help with

help with 뒤에 recovery, fundraising, digestion, weight loss 등이 오면 '~에 도움이 되다', asthma, pain, stress처럼 어떤 문제가 나오면 '~을 완화하는 데 도움이 되다'라는 뜻이다.

~에 도움이 되다

» We have organized a fundraising raffle to **help with** the construction of a new community library. Among the prizes up for grabs are ten Sony PS5s and a 3-day Guam vacation for two.

저희는 새로운 지역 도서관 건립에 기여하고자 기금 모금 추첨 행사를 마련했습니다. 걸려 있는 상품 중에는 소니 PS5 10대와 괌 3일 휴가 2인권이 포함되어 있습니다.

• contribute to
• assist with
• support

» **Dried or powdered berries help with asthma and coughing by drying up the mucus.**
말린 베리나 베리 가루는 점액을 마르게 해서 천식과 기침을 완화하는 데 도움이 됩니다.

· contribute to alleviating
· assist in relieving

366 serve as

serve as는 '~을 지내다, 역임하다'라는 뜻이다. 또 '~이 되다, 작용하다'라는 뜻도 가지고 있다.

~을 역임하다

» **Austin Abbott served as a Florida judge for 15 years before turning himself into a best-seller novelist.**
오스틴 애봇은 플로리다주 판사로 15년을 역임한 후에 베스트셀러 소설가로 변신했습니다.

· work as
· hold the position of

~이 되다, 작용하다

» **The whistleblower's Instagram post served as the basis for launching an investigation into admission fraud at several top universities.**
내부 고발자가 인스타그램에 올린 글이 몇몇 일류 대학의 부정 입학 수사를 개시하는 근거가 되었습니다.

· act as

367 withdraw from

'~에서 빠지다'라는 뜻이다. 문장의 내용에 따라 '~에서 탈퇴하다, 철수하다, 사퇴하다' 등으로 해석하면 된다. 흔히 race, deal, market, treaty 등의 명사와 함께 쓴다.

~에서 빠지다, 탈퇴하다, 철수하다, 사퇴하다

» **Governor Horton announced his decision to withdraw from the presidential race and gave his endorsement to Marion O'neill.**
호턴 주지사는 대통령 경선에서 사퇴한다는 결정을 발표했으며, 마리온 오네일을 지지한다고 말했습니다.

· drop out of
· pull out of

» **European allies criticized the US for its decision to withdraw from the nuclear deal with Iran.**
유럽 동맹국들은 미국이 이란과의 핵 합의를 철회하기로 결정한 것을 비난했습니다.

· pull out of

368 come under

come under는 '~을 받다'라는 뜻으로, fire, criticism, attack, pressure, scrutiny 등을 받는다고 할 때 쓴다. 참고로 come under fire(총격을 받다)는 관용적으로 come under criticism(비난을 받다)과 같은 의미로 쓴다. come 대신 be동사를 쓰면 받고 있는 '상태'를 뜻한다.

~을 받다

›› **The company's stock trading has come under scrutiny by the SEC after a series of unusual transactions raised red flags.**

raise red flags 잠재적 문제가 발견되다

그 회사의 주식 거래는 일련의 비정상적인 거래로 문제가 발견된 후에 증권거래위원회의 정밀 조사를 받았습니다.

- face
- be put under
- be subjected to

● [참고] **Rainbow Airlines came under fire from customers on social media after a video emerged of flight attendants mocking an overweight passenger behind her back.**

레인보우 항공사는 승무원들이 과체중 승객을 뒤에서 흉보는 영상이 공개된 후 SNS에서 고객들의 비난을 받았습니다.

- be criticized
- face criticism
- draw criticism

369 stick to

stick to는 '~을 고수하다'라는 뜻이다. 흔히 topic, plan, rules 등을 고수한다는 의미로 쓴다.

~을 고수하다

›› **His staff advised the President to stick to his talking points and avoid making any off-the-cuff remarks.** *off-the-cuff* 즉석에서

참모들은 대통령에게 발언 요지에 집중하고 즉흥적인 발언을 하지 말라고 조언했습니다.

- adhere to
- stick with

›› **The judge told him to stick to answering questions and warned that if he talked out of turn one more time, he would be charged with contempt.** *talk out of turn* 발언권을 벗어나 발언하다

판사는 그에게 질문에 대한 답변만 하라고 지시했고, 한 번 더 아무 때나 발언하면 법정모독죄를 적용하겠다고 경고했습니다.

- adhere to -ing
- only (answer)

370 grapple with

이 표현은 '~을 놓고 고심하다', '~을 해결하려 노력하다'라는 의미다. 흔히 problem, impact, fallout 등과 함께 쓴다.

~을 놓고 고심하다

» **San Francisco is grappling with a range of issues, including crime and safety concerns, as its homeless population keeps growing at an alarming pace.**

샌프란시스코는 노숙 인구가 우려될 정도로 급격히 증가하면서 범죄와 안전 문제 등 다양한 문제로 고심하고 있습니다.

- struggle with
- wrestle with

~을 해결하려 노력하다

» **The central bank is grappling with the fallout from the ongoing global banking crisis and market shocks.**

중앙은행은 현재 진행형인 세계 금융 위기와 시장 충격의 여파를 해결하려고 노력하고 있습니다.

- try to mitigate
- try to come to grips with

371 rebound from

'~에서 반등하다, 회복하다'라는 뜻으로, defeat, loss, recession 등과 함께 쓴다. 이 rebound를 명사로 써서 on the rebound(회복세에 있는)라고 표현하기도 한다.

~에서 반등하다, 회복하다

» **Tech stocks have rebounded from last week's losses after quarterly reports showed higher-than-expected revenue growth for major global IT firms.**

세계의 주요 IT기업들이 예상보다 높은 수익율 성장을 달성했다는 분기 보고서가 나온 이후 기술주들이 지난주의 하락세에서 반등했습니다.

- bounce back from
- recover from

» **It's still too early to tell whether this is a sign of the economy rebounding from the recession.**

이것이 경제가 불황에서 벗어나는 조짐이라고 판단하기에는 아직 너무 이릅니다.

- recover from
- bounce back from
- be on the rebound from

372 act on

act on의 뒤에 issue, complaint, gun violence 등이 나오면 '~을 해결하기 위한 조치를 취하다'라는 뜻이다. 또 information, recommendations, report 등을 넣어 '~에 따른 조치를 취하다', stimulus package, new gun restrictions, immigration reform 등 '~을 실행하기 위한 조치를 취하다'라는 의미로 쓴다.

~을 해결하기 위한 조치를 취하다

» **The state legislature is under pressure to act on rising housing costs in major cities by implementing stricter rent control.**

주 의회는 주요 도시의 임대료 상승 문제를 해결하기 위해 보다 엄격한 월세 규제를 시행하라는 압력을 받고 있습니다.

• take action to address

~에 따른 조치를 취하다

» **Policymakers failed to act on the 9/11 Commission report to make the country safer from terrorist attacks.**

정책입안자들은 9/11 조사위원회의 보고서 내용에 따라 테러 공격으로부터 나라를 더 안전하게 보호할 조치를 실행하는 것에 실패했습니다.

• take action based on
• follow up on

~을 실행하기 위한 조치를 취하다

» **Soaring health insurance premiums are adding to the pressure on both Congress and the Parker Administration to act on insurance reform.** *premium* 보험료 *add to* ~을 증가시키다

건강보험료가 치솟으면서 의회와 파커 행정부를 향해 보험 개혁을 실행하라는 압력도 커지고 있습니다.

» **The working group is tasked to develop a comprehensive plan to act on the recommendations made by the UN Human Rights Committee.**

그 실무 그룹은 UN 인권위가 내놓은 권고안을 실행하기 위한 종합 계획을 세우는 임무를 맡고 있습니다.

• implement
• follow through on

373 comply with

comply with는 '~을 준수하다, 따르다'라는 의미다. law, requirements, order, rules 등을 따른다고 할 때 쓴다.

~을 준수하다, 따르다

» **The EU called on Moscow to comply with the agreement to open a humanitarian corridor for civilians evacuating from the frontline city.**

EU는 러시아 정부에게 최전선 도시에서 대피하는 민간인을 위한 인도주의적 길을 개설하기로 한 합의 내용을 준수하라고 촉구했습니다.

- abide by
- adhere to
- honor

» **The judge pointed out that the defendant company made a pledge to comply with fair competition rules.**

판사는 피고 기업이 공정 거래 규정을 준수하겠다는 서약을 한 점을 지적했습니다.

- abide by
- adhere to
- follow

» **The investigation has led to a shocking revelation that the pharmaceutical company failed to comply even with basic FDA requirements during clinical trials.**

이번 조사로 해당 제약회사가 임상실험을 하면서 기본적인 FDA 요건조차 준수하지 않았다는 충격적인 폭로가 나왔습니다.

- meet
- satisfy
- conform to

374 go by

go by는 '~을 근거로 삼다, 기준으로 하다'라는 뜻이다. 흔히 the law, facts, rules, what someone saw 등을 근거로 삼는다고 말할 때 쓴다.

~을 근거로 삼다, 기준으로 하다

» **At this point, what makes our job difficult is that we have little information to go by.**

현 시점에서 가장 어려운 점은 우리가 판단 근거로 삼을 정보가 매우 적다는 것입니다.

- rely on
- work with
- guide (us)

» **With communications down, I can only go by what I heard indirectly from evacuees, but they all speak of a massive humanitarian crisis unfolding in the area.**

통신이 두절되었기 때문에 피난민들에게서 간접적으로 들은 내용을 근거로 삼을 수밖에 없었습니다만, 그들은 한결같이 그 지역에서 심각한 인도주의적인 위기가 발생하고 있다고 말합니다.

- rely on
- depend on
- judge by

375 come across

come across는 '~을 우연히 만나다, 마주치다, 발견하다'라는 뜻이다. 보통 어떤 사람을 우연히 만났다고 하거나 article, video, evidence 등을 발견했다고 할 때 쓴다.

~을 우연히 만나다, 마주치다

» **We came across some rescue workers who told us that there were still people buried under rubble.**

저희는 구조대원과 마주쳤고, 무너진 잔해에 아직 사람들이 묻혀 있다는 얘기를 들었습니다.

- encounter
- run into

~을 발견하다

» **Federal aviation authorities came across evidence that the airplane maker pressured workers to skip some safety inspections to rush production.**

연방항공당국은 항공기제작사가 생산을 서두르기 위해 작업자들에게 일부 안전 검사를 생략하도록 압력을 가했다는 증거를 발견했습니다.

- find
- discover
- stumble upon

376 stand for

이 표현은 뒤에 어떤 단어가 나오면 '~의 준말이다', justice, hope 등이 나오면 '~을 상징하다, 나타내다', freedom, human rights 등이 나오면 '~을 대변하다, 옹호하다'라는 뜻이다. 또 '~을 용납하다'라는 뜻도 있는데, 흔히 앞에 not을 붙이고 for 뒤에 hate crime, racism, behavior 등을 넣어 '~을 용납하지 않다, 좌시하지 않다'라는 뜻으로 쓴다.

~의 준말이다

» **The acronym MOG, popular on TikTok, stands for "Man of God".**

틱톡에서 많이 쓰는 머리글자인 MOG는 'Man of God'의 준말입니다.

- be short for

~을 상징하다, 나타내다

» **The "S" symbol in Superman's costume stands for hope and justice.**

수퍼맨 복장의 글자 'S'는 희망과 정의를 나타냅니다.

- represent
- symbolize
- signify

~을 대변하다, 옹호하다

» We can't make compromises on what we **stand for** as a nation, including freedom, civil rights, and democracy.

우리는 자유, 민권, 민주주의 등 우리가 국가공동체로서 대변하는 가치에 있어 타협할 수 없습니다.

- uphold
- advocate for
- represent

~을 용납하다, 허용하다

» Republican leaders won't **stand for** the deal because it would mean relinquishing some of the core values that the party has long upheld.

공화당 지도자들은 당이 오랫동안 지지해 온 핵심 가치 중 일부를 포기하는 그 합의안을 용납하지 않을 겁니다.

- tolerate
- accept
- go along with

377 engage with

이 표현은 뒤에 voters, audience 등을 넣어 '~의 관심을 끌다, 참여를 이끌어내다', congressional committee, community, the public 등을 넣어 '~과 협력하다, 소통하다'라는 의미로 쓴다.

~의 관심을 끌다, 참여를 이끌어내다

» Sophia Walker is shifting gears to focus more on abortion rights and unemployment in an effort to more effectively **engage with** young voters.

shift gears 전략을 바꾸다

소피아 워커는 보다 효과적으로 젊은 유권자들의 관심을 끌기 위해 전략을 수정해서 낙태권와 실업 문제에 더 초점을 맞추고 있습니다.

- connect with
- reach out to
- appeal to

~과 협력하다, 소통하다

» The Memphis Police is committed to **engaging with** the community to build trust and improve community relations.

멤피스 경찰은 지역 사회와 협력해서 신뢰를 쌓고 관계를 개선시키려는 의지가 확고합니다.

- work together with
- collaborate with

» Some FBI agents are willing to **engage with** the Senate committee investigating the former director's treason charges.

일부 FBI 요원은 전직 FBI 국장의 반역 혐의를 조사 중인 상원 위원회에 협조할 의사가 있습니다.

- cooperate with
- collaborate with

378 go over

'~을 검토하다, 논의하다'라는 의미로, report, message, timeline, issue 등과 함께 쓴다.

~을 검토하다, 논의하다

» **Let's go over the updated timeline of the incident. So, when did 911 receive the first distress calls?**

이 사건을 업데이트된 시간대별로 한번 검토해보겠습니다. 자, 911이 처음 구조 요청 전화를 받은 것이 언제입니까?

• review
• discuss

» A **What did you find when you went over these Instagram messages posted by the group?**

B **They were quite hostile, with many of them urging violence against ethnic minorities.**

A 그 단체가 올린 인스타그램 메시지를 검토했을 때 무엇을 발견하셨나요?

B 그들의 메시지는 매우 적대적이었습니다. 상당수는 소수 인종에 대한 폭력을 조장했습니다.

• examine
• go through

379 allow for

allow for 뒤에 sale, removal, physical punishment in schools 등을 넣어 '~을 허락하다, 가능하게 하다', flexibility, adaptability, scalability 등을 넣어 '~을 제공하다, 갖게 하다', 어떤 상황 등을 넣어 '~을 감안하다'라는 의미로 쓴다. 허락이나 제공한다는 의미는 동사 allow만으로도 전달할 수 있다.

~을 허락하다, 가능하게 하다

» **Seabrook County residents are heading to the polls tomorrow to vote on the proposed regulations that will allow (for) the sale of recreational cannabis.**

시브룩 카운티 주민들은 기호용 대마초 판매를 허용하는 규정에 투표하기 위해 내일 투표장에 나갑니다.

• permit

~을 제공하다, 갖게 하다

» A major advantage of online schooling is that it **allows (for)** flexibility to tailor learning progress to individual students.

tailor ~ to ~을 ~에 맞추다

온라인 학교 교육의 중요한 장점 중 하나는 학습 진도를 개별 학생에 맞출 수 있는 융통성을 제공한다는 점입니다.

- permit
- provide
- offer

~을 감안하다

» We always plan our tours in such a way that it **allows for** bad weather or other unanticipated disruptions.

우리는 항상 악천후나 기타 예상치 못한 사태를 염두에 두고 투어 일정을 짭니다.

- account for
- take into account

380 deliver on

뒤에 promise, pledge 등을 넣어 '~을 이행하다, 실천하다', vision, goal, expectations 등을 넣어 '~을 달성하다'라는 뜻으로 쓴다.

~을 이행하다, 실천하다

» Our party, along with the President, campaigned on cheaper and better healthcare for all. The bill before Congress doesn't **deliver on** that.

campaign on ~을 공약으로 유세하다

대통령과 더불어 저희 당은 모든 국민에게 더 저렴하고 우수한 의료 서비스를 제공하겠다는 공약을 내세웠습니다. 지금 의회에 계류 중인 법안은 그 공약을 이행하지 않습니다.

- fulfill
- live up to

~을 성취하다, 달성하다

» We need a new leadership that can **deliver on** our vision to become the global leader in digital democracy.

저희에게는 디지털 민주주의의 세계적 선도 국가가 되겠다는 비전을 달성할 수 있는 새로운 지도층이 필요합니다.

- achieve
- fulfill
- realize

381 benefit from

benefit from은 '~으로부터 이익을 얻다, ~이 도움이 되다'라는 뜻의 표현이다.

~으로부터 이익을 얻다, ~이 도움이 되다

» **President Holden's campaign can benefit from the slowing inflation, but it may be offset by sky-high housing costs.**

offset 상쇄

인플레이션 둔화는 홀든 대통령의 선거 유세에 도움이 될 수 있지만, 하늘을 찌를 듯한 주거비용 때문에 그 효과가 없을 수도 있습니다.

• be aided by
• be supported by

» **I urge Congress to pass this bill with bipartisan support, as millions of students stand to benefit from it.**

저는 수백만 명의 학생들이 혜택을 받을 수 있는 이 법안을 미국 의회가 초당적 지지로 통과시켜 주기를 촉구합니다.

• be aided by
• be assisted by

382 touch on

'~을 간단하게 언급하다'라는 뜻이다. issue, topic, fact 등과 함께 쓴다. 어떤 이슈를 손끝으로 건드리는 것처럼 거론한다는 의미로 받아들이면 된다.

~을 간단하게 언급하다

» **Let's go back to an issue we touched on earlier at the top of the broadcast—the chances of the US-Iran nuclear deal falling apart.**

방송 초기에 잠깐 언급했던 문제로 돌아가보겠습니다. 미국과 이란의 핵 협상이 무산될 가능성에 대해서요.

• mention ~ briefly

» **The White House spokesman didn't confirm whether the President touched on the issue of an American exchange student detained on espionage charges in Moscow during his talks with Putin.**

백악관 대변인은 대통령이 푸틴과의 회담에서 간첩 혐의로 모스크바에 억류되어 있는 미국 교환학생 문제를 거론했는지 확인해주지 않았습니다.

• discuss
• broach
• bring up

383 care for

표현 뒤에 the elderly, child, patient 등을 넣어 '~을 돌보다', environment 등을 넣어 '~을 중시하다'라는 의미로 쓴다.

~을 돌보다

» **The shrinking population is a grave concern because it means a lack of younger people to fill jobs and care for the elderly in our society.** *grave* 심각한

인구 감소는 우리 사회의 일자리를 채우고 노인을 돌볼 젊은 인구가 부족해지는 것을 의미하기 때문에 심각한 문제입니다.

- look after
- take care of
- tend to

~을 중시하다

» **Our rejoining the Paris Agreement is a clear statement to the world that we care for the environment.**

파리 협약에 재가입하는 것은 전 세계에 우리가 환경 보호를 중요하게 생각한다는 것을 분명하게 보여주는 일입니다.

- be committed to protecting

384 go against

'~에 반대하다', '~을 거스르다, 어기다'라는 뜻으로, party line, the law, principle 등과 함께 쓴다. against에 '~에 반대하여, 맞서서'라는 뉘앙스가 있다. 첫 예문처럼 누군가의 의견에 반대한다는 뜻으로 쓴다.

~에 반대하다

» **It'll take five Republicans going against the President to override a presidential veto, but the chances of that happening are slim.** *slim* 희박한

대통령의 거부권을 기각하려면 5명의 공화당 의원이 대통령에게 반기를 들어야 하는데, 그런 일이 발생할 가능성은 희박합니다.

- oppose
- defy

~을 거스르다, 어기다

» **Some legal experts argue that the government's attempt to impose restrictions on social media goes against the Constitution.**

일부 법률 전문가들은 SNS에 규제를 가하려는 정부의 시도가 헌법에 위배된다고 주장합니다.

- violate
- contradict

385 come by

come by는 '~을 얻다, 입수하다'라는 뜻이다. 보통 difficult[hard] to come by(구하기 어려운) 형태로 사용한다.

~을 얻다, 입수하다

» **The DOD spokesman said the intelligence was highly reliable, though he didn't elaborate on how they had come by it.**

intelligence 기밀

국방부 대변인은 정보를 어떻게 입수했는지 자세히 설명하지 않았지만, 그 기밀 정보가 매우 신뢰할 수 있는 것이었다고 말했습니다.

• obtain
• get

» **Not surprisingly, income determines the quality of goods available in your neighborhood. For example, health food is harder to come by in poorer areas than wealthier ones.**

놀라운 사실은 아니지만 수입에 따라 동네에서 살 수 있는 물건의 품질이 달라집니다. 예를 들어 건강식품은 고소득층 지역보다 저소득층 지역에서 구하기 더 어렵습니다.

386 resort to

resort to는 '~에 의존하다'라는 뜻이다. 또 이 표현은 use처럼 '~을 사용하다'라는 의미로도 쓴다.

~에 의존하다

» **The missile attacks knocked out the city's power supply, making local hospitals resort to emergency generators to stay operational.**

knock out ~을 파괴하다

미사일은 도시의 전력 공급망을 파괴했고, 지역 병원들은 비상발전기에 의존해서 시설을 가동하고 있습니다.

• rely on
• turn to

~을 사용하다

» **Vera Fisher called out Clark Wilson for resorting to negative campaigning in an attempt to defame her.**

call out ~을 비난하다

베라 피셔는 클라크 윌슨이 자신을 중상모략하기 위해 네거티브 전략을 쓰고 있다고 비난했습니다.

• utilize
• engage in

387 account for

뒤에 1/3, 30%처럼 전체에서 얼마의 비율인지 의미하는 표현이 오면 '~을 차지하다', fact, action 등이 오면 '~을 설명하다', low turnout 등이 오면 '~의 원인이 되다'라는 뜻이다.

~을 차지하다

» **Vaccination is the best defense against the respiratory disease as unvaccinated people account for nearly 90 percent of hospitalizations.**

백신 주사를 맞지 않은 사람들이 입원 환자의 거의 90퍼센트를 차지하기 때문에 백신 접종은 이 호흡기 질환에 대한 가장 확실한 방어책입니다.

- represent
- constitute
- make up

~을 설명하다

» **The theory doesn't account for the fact that oil and gas still outperform renewable energy in sales.**

그 이론은 석유와 가스가 아직도 재생에너지보다 매출액이 높다는 사실을 설명하지 못합니다.

- explain

~의 원인이 되다

» **Chicago saw its lowest-ever turnout for its mayoral election. What can account for this significant decline in voter turnout?**

시카고가 시장 선거에서 역대 최저의 투표율을 기록했습니다. 투표율이 이렇게 현저하게 줄어든 원인이 무엇입니까?

- explain
- be attributed to
- be responsible for

388 rest on

rest on은 '~에 달려 있다, 좌우되다'라는 뜻이다.

~에 달려 있다, 좌우되다

» **The class-action lawsuit against Temex rests on whether children can be legitimate parties in a legal action.**

테멕스 사에 대한 집단 소송은 아동이 소송에서 합법적 당사자가 될 수 있는지 여부에 달려 있습니다.

- depend on
- hinge on
- be contingent on

» **Much of a company's reputation rests on the quality of the products or services it delivers.**

한 기업의 평판의 상당 부분은 그 기업의 제품이나 서비스 품질에 좌우됩니다.

- depend on
- hinge on
- be determined by

389 triumph over

triumph over는 '~을 이기다'라는 뜻이다. 또 '~을 극복하다, 해결하다'라는 의미도 갖고 있다.

~을 이기다

» **Under any circumstances, we mustn't give up on the belief that good will eventually triumph over evil.**

우리는 어떤 상황에서도 궁극적으로는 선이 악을 이길 것이라는 믿음을 놓아서는 안 됩니다.

- defeat
- prevail against
- win out over

~을 극복하다, 해결하다

» **Abex triumphed over the challenges posed by supply chain disruptions by leveraging digital tools and unified procurement.**

아벡스 사는 공급망 교란 문제를 디지털 도구와 통합 조달 방식을 활용하여 해결했습니다.

- overcome
- successfully deal with

390 connect with

connect with는 '~과 연락하다, 의사소통하다', '~과 교감하다, 마음이 통하다'라는 의미다. 흔히 people, audience, community, customers 등과 함께 쓴다.

~과 연락하다, 의사소통하다

» **I'm having trouble connecting with our correspondent in the war zone because communication is down.**

통신이 두절되어서 전쟁 지역에 있는 저희 통신원과 연락하는 데 어려움을 겪고 있습니다.

- contact
- get in touch with

~과 교감하다, 마음이 통하다

» **Nothing comes close to book tours when it comes to connecting with readers face-to-face and forging meaningful relationships beyond the pages of my books.**

독자들과 직접 만나 교감하고, 제 책의 책장을 넘어서서 의미 있는 관계를 형성하는 데는 북 투어만 한 것이 없습니다.

- engage with
- bond with

107. MP3

391 amount to

이 표현은 '(금액이) ~에 이르다'라는 뜻이다. 뒤에 breach of contract, blackmail 등을 넣어 '~에 해당하다', turning point 등을 넣어 '~이 되다'라는 의미로 쓴다.

(금액이) ~에 이르다

» **The damages awarded to the defendant by the jury today amounted to $5.2 million.**

오늘 배심원단이 피고 측에 판결한 손해 배상액은 5백20만 달러에 달합니다.

• total

~에 해당하다

» **The information leaked to the press is in clear violation of confidence and amounts to a breach of contract.**

언론에 정보가 유출된 것은 명백하게 기밀 조항을 위반한 것이며 계약 조건을 위반한 것입니다.

• constitute
• can be considered
• represent

~이 되다

» **Whether this will amount to a turning point in this war of attrition remains to be seen.**

이번 일이 현재 소모전으로 진행되고 있는 전쟁의 전환점이 될지는 두고 볼 일입니다.

• constitute
• mark

392 lean towards

'~으로 마음이 기울다'라는 뜻이다. lean towards 뒤에 -ing가 오면 '-할 가능성이 크다'라는 말이 된다.

~으로 마음이 기울다

» **Rick is still sitting on the fence about who to vote for, while his friend, James, is leaning towards Senator Collins.**

sit on the fence 입장을 밝히지 않다

릭은 아직 누구에게 투표할지 마음을 정하지 않았고, 그의 친구인 제임스는 콜린스 상원의원에게 투표하는 쪽으로 마음이 기울고 있습니다.

• favor
• likely to support
• inclined to support

» **The word around here is that the grand jury is leaning toward not indicting the police officers.**

여기 도는 이야기로는 대배심원단이 해당 경찰들을 기소하지 않을 가능성이 크다고 합니다.

• inclined toward
• likely to (not indict)

393 cling to

뒤에 belief, hope, power 등이 나오면 '~을 붙잡고 놓지 않다', idea, old customs 등이 나오면 '~에 집착하다, 고수하다'라는 의미다.

~을 붙잡고 놓지 않다

» **People here are clinging to hope that rescuers will find more survivors from the avalanche.**

이곳 주민들은 구조대가 산사태에서 더 많은 생존자를 찾을 것이라는 희망의 끈을 놓지 않고 있습니다.

- hold on to
- hang on to
- keep up

» **Political experts believe that Ismail isn't above rigging the election to cling to power.**

be not above -ing -하고도 남다 *rig* ~을 조작하다

정치 전문가들은 이스마일이 권력을 유지하려고 부정 선거를 저지르고도 남을 사람이라고 믿고 있습니다.

- hold on to
- hang on to

~에 집착하다, 고수하다

» **His messages about social responsibility should come as a wake-up call to many businesses still clinging to the outdated notion that they exist only to make profits.** *wake-up call* 경종

사회적 책임에 대한 그의 메시지는 아직도 기업은 이익 창출만을 위해서 존재한다는 구시대적 사고를 고수하는 기업들에게 경종을 울릴 것입니다.

- hold on to
- adhere to
- stick with

394 cater to

'~을 충족하다'라는 의미다. 또 뒤에 senior citizens, customers, voters, fans처럼 대상이 나오면 '~을 대상으로 하다, ~의 구미에 맞추다'라는 뜻이 된다.

~을 충족하다

» **The franchise specializing in brands that cater to the needs of black women is expanding rapidly with 50 new locations scheduled to open nationwide this year alone.**

흑인 여성들의 필요를 충족하는 브랜드로 특화된 그 프랜차이즈 회사는 올해에만 전국에 50개의 신규 매장을 오픈할 예정일만큼 빠르게 세를 넓혀가고 있습니다.

- serve
- be geared toward

~을 대상으로 하다, ~의 구미에 맞추다

» **Wellsplace announced a plan to build a massive apartment complex in Southern California that will cater to senior citizens.**

웰스플레이스 사는 남부 캘리포니아에서 노인층을 대상으로 하는 대규모 아파트 단지 신축 계획을 발표했습니다.

• serve the needs of
• accommodate

395 fit into

fit into는 뒤에 pocket, bag 등을 넣어 '~에 들어가다', category, framework 등을 넣어 '~에 속하다', team, culture, environment 등을 넣어 '~에 적응하다, 융합하다'라는 뜻으로 쓴다. 또 '~과 관계가 있다'는 의미도 있는데, 주로 의문문 형태로 쓴다.

~에 들어가다

» **This foldable phone is compact enough to easily fit into a pocket.**

이 접이식 휴대폰은 주머니에 쏙 들어갈 정도로 아담합니다.

• go into
• fit in

~에 속하다

» **Reader apps allow users unrestricted access to previously purchased content or content subscriptions. Amazon and Netflix fit into this category.**

리더 앱이란 사용자가 이전에 구매했거나 구독 중인 콘텐츠에 무제한 접근을 허용하는 앱을 말합니다. 아마존과 넷플릭스가 이 범주에 속합니다.

• fall into
• belong to

~에 적응하다, 융합하다

» **He was loaned out to another team because he had trouble fitting into the team's system of play.**

그는 팀의 플레이 시스템에 적응하는 데 어려움을 겪어서 다른 팀에 임대되었습니다.

• adapt to
• integrate (oneself) into

~과 관계가 있다

» **How does this court ruling fit into the espionage case against former CIA agent Douglas Gomez?**

이번 법정 판결이 더글라스 고메스 전 CIA 요원의 스파이 케이스와 어떤 관계가 있습니까?

• fit in with
• relate to
• align with

396 capitalize on

'~을 기회주의적으로 이용하다'라는 뜻으로, on 뒤에 opportunity, trend, situation, popularity, momentum 등의 명사와 어울려 쓴다.

~을 기회주의적으로 이용하다

» **Governor Clark is under fire from parent groups for the fact that New Mexico came in last in a recent state public education evaluation, and Hilary Keating is seeking to capitalize on this situation in challenging the governor in the upcoming gubernatorial election.** *be under fire* 비난을 받고 있다

클라크 주지사는 최근 주 공교육 평가에서 뉴멕시코가 꼴찌를 한 건으로 학부모 단체로부터 비난을 받고 있습니다. 다가오는 주지사 선거에서 클라크 주지사에게 도전하는 힐러리 키팅은 이런 상황을 자신에게 유리하게 이용하려 하고 있습니다.

- take advantage of
- exploit
- use ~ to one's advantage

» **Korean food makers are looking to capitalize on the growing popularity of Korean food in Southeastern Asia to expand their presence in local markets.**

한국 식료품 제조업체들은 동남아시아에서 한국 식품의 인기가 상승하는 것을 활용하여 지역 시장에서의 입지를 넓히려 시도하고 있습니다.

- leverage
- make the most of
- benefit from

397 fall behind

fall behind는 '~에 뒤처지다'라는 뜻이다. 어떤 대상이나 경쟁자, 참여자에 비해 뒤처진다는 의미로 쓴다.

~에 뒤처지다

» **The number of homeowners falling behind on their mortgage payments was up 30 percent last month from a year earlier.**

지난달 주택담보대출금 상환이 연체된 주택 소유자의 수가 1년 전보다 30퍼센트 증가했습니다.

- in arrears

» **Michigan is falling behind the rest of the country in green energy transition.**

미시간은 녹색에너지로 전환하는 면에서 미국의 다른 지역에 뒤처져 있습니다.

- lag behind
- trail behind

398 enter into

이 표현 뒤에 agreement, partnership, contract, deal 등을 넣어 '~을 맺다', market, race, war 등을 넣어 '~에 진출하다, 참여하다'라는 뜻으로 쓴다.

~을 맺다

» **Nasco entered into an agreement in February to acquire Copak for $3 billion but the deal came to a stop when the FTC initiated an antitrust investigation.**

2월에 나스코 사는 코팍 사를 30억 달러에 인수하는 데 합의했지만, 이 계약은 2개월 후에 미 연방통상위원회가 독과점 금지 조사에 착수하면서 중단되었습니다.

• sign

~에 진출하다, 참여하다

» **Reportedly, Max Video is gearing up to enter into the Asian market to go toe-to-toe with Netflix.**

보도에 따르면 맥스 비디오는 넷플릭스와 정면 대결을 벌이기 위해 아시아 시장에 진출을 준비하고 있다고 합니다.

• get into
• expand into
• venture into

399 go beyond

'~을 넘어서다, 국한되지 않다'라는 뜻으로, scope, one's expectations, rhetoric 등의 단어와 함께 쓴다.

~을 넘어서다, 국한되지 않다

» **That goes beyond the scope of our current investigation, and whether we want to look into that, too, is not my call.**

그것은 현재 저희의 수사 범위를 넘어서는 사안이고, 거기까지 파고들지 말지 역시 제가 결정할 문제가 아닙니다.

• exceed
• transcend
• fall outside (of)

» **Dubai's push to become a global hub goes beyond trade and tourism.**

국제 허브 도시가 되기 위한 두바이의 노력은 무역과 관광 부분에 국한되지 않습니다.

• transcend
• extend beyond

» **Are there signs that Russia is preparing to go beyond rhetoric and carry out actual retaliations against the West?**

러시아가 수사적 발언을 넘어서 서방에 실질적 보복을 가할 준비를 하고 있다는 정황이 있습니까?

• move beyond

400 rush into

이 표현은 '성급하게, 서둘러서 ~을 하다'라는 뜻이다 흔히 뒤에 decision, purchase, relationship, deal 등의 명사가 나온다

성급하게, 서둘러서 ~을 하다

» **The White House warned Israel against rushing into ground operations without allowing sufficient time for civilians in the area to seek safety elsewhere.**

백악관은 해당 지역의 민간인이 다른 곳으로 안전하게 이동할 수 있는 시간을 충분히 주지 않은 상태에서 성급하게 지상 작전에 돌입하지 말라고 이스라엘에 경고했습니다.

- launch ~ hastily
- rush headlong into

» **My best advice for people looking to remodel their houses is to shop around for contractors and not rush into signing a contract.**

집을 리모델링할 생각인 분들에게 제가 드릴 수 있는 가장 좋은 조언은 시공업자를 여럿 알아보고, 너무 성급하게 공사 계약을 맺지 말라는 것입니다.

- rush to (sign)
- hasten to (sign)

401 tack on

tack on은 '~을 더하다, 덧붙이다'라는 뜻이다. on 뒤에 to를 붙여서 tack on *A* to *B*라고 하면, 'B에 A를 덧붙이다'라는 말이 된다. 이때 add (on) *A* to *B*라고 해도 같은 의미다.

~을 더하다

» **The next time you go out to eat, double-check your bill because some restaurants have begun tacking on ambiguous fees like a mandatory 20 percent tip or a sanitation fee.**

다음에 외식을 하러 나갈 때는 요금 청구서를 잘 확인하시기 바랍니다. 일부 식당에서 20퍼센트 의무적 팁이나 위생비 같이 애매한 비용을 덧붙여 청구하기 시작했으니까요.

- add on

» **It's an old tradition on Capitol Hill for lawmakers to tack on their pet projects to federal budget bills.**

의원들이 연방 예산법안에 자신의 관심 사업을 끼워 넣는 것은 미 의회의 오래된 전통입니다.

- attach *A* to *B*
- add *A* to *B*

영어 뉴스에서 많이 쓰는

PART 2 구문 패턴

CHAPTER 5 » 동사+형용사

[동사+형용사] 형태의 표현에는 (1) get ready처럼 동사와 형용사로 끝나는 경우와 (2) fall short of처럼 형용사 뒤에 전치사가 붙는 경우, (3) leave someone vulnerable처럼 동사 뒤에 목적어가 붙는 경우가 있다. (1), (2)번의 경우에 형용사는 주어의 상태를 설명하는 주격 보어 역할을 하고, (3)번에서 형용사는 목적어를 설명하는 목적격 보어의 역할을 한다. (1)번 표현이 어떤 주어와 자주 어울려 쓰는지, (2)번 표현의 전치사 뒤에 주로 어떤 명사가 오는지, (3)번 표현의 목적어로는 주로 어떤 명사가 나오는지 익히는 것이 학습의 핵심이다. 참고로 '동사'가 핵심인 경우, [동사+과거분사]도 이 챕터에 담았다.

402 make sure (that)

make sure은 '확실히 하다, 반드시 하다'라는 뜻이다. 뒤에 that절이 이어지면 '반드시 …하도록 하다'라는 뜻이 된다. 참고로 that절 대신 of가 이어지면 '반드시 ~이 이루어지도록 하다'라는 뜻이다.

반드시 (…하도록) 하다

» **We're taking every precaution to make sure that sensitive information doesn't fall into the wrong hands.**

저희는 민감한 정보가 엉뚱한 사람의 손에 들어가지 않도록 모든 예방 조치를 취하고 있습니다.

- ensure that
- see to it that
- guarantee that

» **It's important to win over Hispanic votes in the upcoming election, and our outreach campaign is devised to make sure of it.**

outreach (지역에 대한) 봉사, 소통 활동

이번 선거에서 히스패닉 유권자의 표를 받는 것이 중요합니다. 저희의 지역 소통 캠페인은 확실히 그렇게 되도록 고안되었습니다.

- ensure
- make (it) happen

403 run low on

run low on은 '~이 다 떨어져 가다'라는 뜻의 표현이다. 이 표현은 흔히 water, fuel, cash, ammunition 등의 명사와 어울려 쓴다. low는 short로 바꿔도 된다.

~이 다 떨어져 가다

» **Supplies from the outside are cut off. A mother I talked to on the phone said she was running low on everything from baby formula to drinking water.**

외부로부터의 물자 공급이 차단되었습니다. 저와 전화 통화가 연결된 한 어머니는 아기 분유부터 마실 물까지 모든 것이 바닥나는 중이라고 말했습니다.

- run out of
- be nearly depleted of

» **We're running low on funds. If the city government's promised financial support doesn't come through soon, we'll be forced to close some of the shelters under our management.**

come through 들어오다

예산이 떨어져 가고 있습니다. 시 정부가 약속한 재정 지원이 빨리 제공되지 않으면 저희가 관리하는 쉼터 중 일부는 운영을 중단해야 합니다.

- run out of

404 be short on

be short on은 '~이 모자라다'라는 뜻이다. on은 of로 바꿔 쓰기도 하는데, on은 특징이나 품질 관련해서 쓰고, of는 수나 양과 관련해서 쓴다. be동사 자리에 run도 자주 넣어서 쓴다. run short on은 앞서 나온 run low on처럼 '~이 떨어져 가다'라는 뜻이다.

~이 모자라다

» **James Caedmon's new spy thriller is short on action and thrills, but its intricate plot and engaging characters more than make up for it.** *intricate* 복잡한 *engaging* 매력적인

제임스 캐드먼의 새로운 스파이 스릴러 작품은 액션과 스릴이 모자라지만, 복잡하게 얽힌 이야기와 흥미로운 등장인물이 부족한 부분을 충분히 메워줍니다.

- not have much
- lack
- be low on

● [참고] **The supply chain disruptions are likely to cause many plants to quickly run short of materials.**

공급망 교란으로 많은 공장들에서 원자재가 빠르게 바닥날 가능성이 높습니다.

- experience a shortage of
- run out of
- run low on

405 stop short of

stop short of는 '~까지 하지는 않다'라는 뜻이다.

~까지 하지는 않다

» **The EU leaders agreed to tighten the squeeze on Russia but stopped short of slapping a complete ban on imports from Russia.**

EU 지도자들은 러시아에 대한 압박을 더욱 강화하기로 합의했습니다만, 러시아로부터 수입을 전면 금지하지는 않았습니다.

- refrain from
- not go as far as
- hold back from

» **The prime minister lambasted the trade agreement but stopped short of a full threat to pull out of it.**

총리는 무역 협정을 맹비난했지만, 협정에서 탈퇴하겠다는 최대 위협까지는 하지 않았습니다.

- refrain from making
- not go as far as making
- hold back from making

406 fall short of

fall short of는 '~에 미치지 못하다'라는 뜻이다. 기준이나 기대와 관련된 단어가 of 뒤에 나온다. fall short of -ing 형태로 쓰면 '-하지 못하다'라는 뜻이 된다.

~에 미치지 못하다

» **The central bank released job figures for the third quarter, which fell short of expectations.**

중앙은행이 발표한 3분기 고용 수치는 기대에 미치지 못했습니다.

- fail to meet
- come up short of
- not measure up to

-하지 못하다

» **The Tigers put in an impressive performance but fell short of making the playoffs.**

타이거즈는 훌륭한 경기력을 선보였습니다만, 플레이오프 진출에는 실패했습니다.

- come up short of
- fail to (make)

407 come up short of

come up short of는 fall short of와 마찬가지로 목표나 기준, 기대 등이 of 뒤에 나오고, '~에 미치지 못하다'라는 뜻을 나타낸다. come up short of -ing라고 하면 '-하지 못하다'라는 뜻이 된다.

~에 미치지 못하다

» **The union rejected the deal offered by management, saying it came up short of their demands.**

노조는 사측이 제안한 협상안이 자신들의 요구에 못 미친다면서 제안을 거부했습니다.

- fall short of
- be not sufficient to meet

» **The health care reform bill the Republicans are pushing may come up short of the votes it needs to pass Congress.**

공화당이 추진하고 있는 의료개혁법안은 의회를 통과하는 데 필요한 표를 얻지 못할 가능성이 있습니다.

- fail to secure

-하지 못하다

» **The Dolphins came out strong in the second half but came up short of dominating the game.**

돌핀스는 후반전에 공격적으로 나왔지만, 경기를 지배하지는 못했습니다.

- fail to
- be unable to

408 get+형용사

[get+형용사]는 '~하게 되다'라는 뜻이다. 아래에 나온 대표적인 표현을 알아보자. get ready는 자동사일 때 '준비하다', 타동사일 때 '~을 준비시키다'라는 의미다.

---

get ready 준비하다, ~을 준비시키다

» **During the offseason, we put in a lot of hard work getting ready for the new season.** *put in* ~을 투자하다

저희는 비시즌 동안 새로운 시즌을 매우 열심히 준비했습니다.

» **If you're stressed about getting your kids ready for school every morning, here are some tips to streamline the morning routine and make it less hectic.**

매일 아침 아이들 등교 준비에 스트레스를 받고 계시다면, 아침 일상을 간소화해서 덜 정신 없게 해주는 몇 가지 비결을 알려드리겠습니다.

- prepare
- gear up

---

get worse 더 악화되다

» **The cost-of-living crisis is getting worse across the nation, with families fighting to trim spending on non-essential items such as takeout or dining out.**

생활비 위기가 전국적으로 점점 더 심화되면서 가정에서는 포장 음식이나 외식 같은 필수적이지 않은 항목에 대한 지출을 줄이려고 애쓰고 있습니다.

- worse
- aggravate
- take a turn for the worse

---

get better 더 나아지다

» **I'm glad to hear that your daughter is getting better. I wish her a quick recovery, and thank you for talking to us.**

따님의 건강이 나아지고 있다는 말씀을 들으니 다행입니다. 따님이 빨리 회복하길 바라고, 저희와 이야기를 나눠주셔서 감사합니다.

- improve
- make progress
- on the mend

---

get older 나이가 들다

» **The country's "population cliff" stems from the fact that the population is getting older and smaller.**

그 나라의 '인구 절벽' 문제는 인구가 고령화되고 줄어드는 것에서 비롯됩니다.

- age

409 go+형용사

[go+형용사] 표현은 '~한 상태로 가다'라는 뜻이다. 이 형태로 많이 쓰는 표현을 알아보자.

go viral 입소문이 퍼지다

» The video of a woman without a headscarf being taken away by the police **went viral** on social media and triggered anti-hijab protests across the nation.

두건을 쓰지 않은 여성이 경찰에 체포되어 가는 영상이 SNS에 퍼져서 전국적으로 히잡 반대 시위가 일어났습니다.

go global 세계로 진출하다

» Admon's CEO, Samuel Porter, said he sees this offer as a good opportunity to **go global** and put their name on the map as an IT firm.

애드먼 사의 CEO인 새뮤얼 포터는 이번 제안을 애드먼이 세계로 진출해서 IT기업으로서 이름을 알릴 좋은 기회라고 생각하고 있다고 말했습니다.

go green 친환경 생활이나 경영을 하다

» **Going green** is a must for construction firms as it is often a requirement for bidding for public projects.

친환경 경영은 공공 사업 입찰에서 필수 요건인 경우가 많기 때문에 건설 업체에는 필수적인 일입니다.

go public 기업이나 정보를 대중에게 공개하다

» KC's pre-IPO valuation is estimated at $70 billion, making it the largest IT firm to **go public** in history.

KC 사의 상장 전 가치가 700억 달러로 평가받으면서, 역사상 가장 큰 규모로 상장되는 IT기업이 되었습니다.

» Eric Brown is a former CIA agent. He recently wrote a book revealing sensational stories about backdoor dealings between Washington and Moscow. Welcome to the show, Eric. What prompted you to **go public** with these stories?

에릭 브라운은 CIA 요원이었습니다. 그는 최근 미국과 러시아 정부의 막후 거래에 관한 센세이셔널한 이야기를 폭로하는 책을 썼습니다. 에릭, 저희 프로그램에 출연하신 걸 환영합니다. 이런 이야기를 공개하게 된 배경은 무엇입니까?

410 go+과거분사

[go+과거분사]도 [go+형용사]에 속한다. 많이 쓰는 [go+과거분사] 표현을 알아보자. 참고로 go unnoticed는 주로 앞에 부정을 붙여서 not go unnoticed 형태로 쓴다.

---

not go unnoticed 관심을 끌다, 인정을 받다

» His talents as a rapper **didn't go unnoticed** as he quickly gained a loyal following and attracted attention from top producers.

래퍼로서 그의 재능은 단기간에 열성적인 팬을 모으고 톱 프로듀서의 관심을 끌 정도로 주목을 받았습니다.

- draw attention
- catch people's eyes

go unpunished 처벌 받지 않다

» The President said that he won't let scams targeting senior citizens **go unpunished** and will take decisive actions to root them out.

대통령은 노년층을 대상으로 한 사기 행위가 처벌받지 않는 일은 없도록 할 것이며, 그런 범죄를 뿌리 뽑기 위해 결단력 있는 조치를 취할 것이라고 말했습니다.

- get away with it
- get off scot-free

go unchecked 상황이 방치되다, 제지받지 않다

» Scams targeting vulnerable populations are a growing threat in our society. We can't allow it to **go unchecked**.

취약 계층을 노리는 사기는 우리 사회에 큰 위협이 됩니다. 이런 상황을 그냥 방치할 수 없습니다.

- continue unchallenged
- continue unaddressed

go unaddressed 해결되지 않다, 방치되다

» These are important issues for the American people but have **gone unaddressed** for too long.

이것은 미국 국민에게 중요한 문제인데도 너무 오랫동안 해결되지 않고 있습니다.

- be left unaddressed
- remain unresolved
- be neglected

411 find ~ 형용사

[find ~ 형용사]는 '~을 어떻게 판단하다, 생각하다'라는 뜻이다. 이 형태로 많이 쓰는 표현을 알아보자.

---

find ~ guilty 유죄로 판결하다

» **The billionaire faces up to twenty years in prison after a federal court found him guilty on multiple counts of fraud.**

그 억만장자는 연방법원에서 여러 사기 혐의에 대한 유죄 판결을 받았기 때문에 최대 20년 징역형을 선고받을 수 있습니다.

• rule ~ guilty
• convict

---

find ~ difficult 어렵다고 판단하다

» **Initially, I found it difficult to accept my defeat in the 2023 election, but gradually I came to terms with it.**

come to terms with ~을 받아들이다

처음에 저는 2023년 선거에서 패한 것을 인정하기 어려웠지만 점차 그 사실을 받아들였습니다.

---

find ~ interesting 재미있다고 생각하다

» **Close to 70 percent of the students who participated in the program found it interesting and educational.**

참여한 학생의 70퍼센트 가까이는 그 프로그램이 재미있고 교육적이었다고 느꼈습니다.

---

find ~ necessary 필요하다고 생각하다

» **Dr. Lewis, who headed the research, found it necessary to develop creative ways to bridge the digital divide.**

그 연구의 책임을 맡은 루이스 박사는 디지털 격차를 줄이기 위해 창의적인 방법을 개발할 필요성이 있다고 생각했습니다.

412 leave ~ 형용사

[leave ~ 형용사]는 '~을 어떤 상태로 만들다, ~이 어떤 상태가 되다'라는 뜻이다. 참고로 이 표현은 leave ~ -ing 형태일 때 '~이 –하게 만들다'라는 의미가 된다.

---

leave ~ unable ~이 할 수 없게 만들다

» **The power shutdown left Gaza residents unable to communicate with the outside world for days.**

전력망이 다운되면서 가자 주민들은 며칠 동안 외부와 소통할 수 없었습니다.

• prevent ~ from -ing
• leave ~ with a means

leave ~ vulnerable ~을 취약하게 만들다

» **The senator slammed the DOD for incompetence, saying that the system failure left the nation's defense network vulnerable to cyber threats for six hours.**

slam ~을 호되게 꾸짖다

상원의원은 시스템 고장으로 국방 네트워크가 6시간 동안 사이버 위협에 취약한 상태에 빠졌다며 국방부의 무능을 질타했습니다.

• leave ~ exposed

leave ~ -ing ~이 –하게 만들다

» **Stick to a diet low in sugar but rich in fiber. It will leave you feeling full and energetic quickly.**

당분은 낮고 섬유질이 풍부한 식단을 유지하세요. 빠르게 배가 부르면서도 기운이 나는 느낌을 받게 될 겁니다.

• make ~ feel
• help ~ feel

» **The latest iteration of the cell phone is basically the same as its predecessor, except for minor design changes and a slightly more powerful microprocessor. This leaves me wondering where all the hype about it is coming from.**

iteration 신판 *hype* 과장 광고

그 휴대폰의 최신 버전은 디자인이 약간 달라지고 조금 더 강력한 마이크로 프로세서를 탑재했다는 것 말고는 전작과 거의 동일합니다. 그래서 저는 이 제품에 대한 요란한 소문이 어디에서 기인한 것인지 의아합니다.

• make ~ wonder

413 come+형용사

[come+형용사]는 '~한 상태로 오다'라는 뜻이다. 이 형태로 자주 쓰는 표현으로는 아래에 나온 come true나 come alive 등이 있다. not come cheap은 말 그대로 '비용이 적지 않게 들다, 가격이 싸지 않다'라는 뜻이다.

---

come true 실현되다, 이루어지다

» Her worst fear **came true** when she learned that her father was among those killed in the Hamas attack.

그녀의 아버지가 하마스 공격으로 사망한 사람들 중 한 명이란 소식을 들었을 때, 그녀가 가장 우려했던 상황이 현실이 되었습니다.

· become a reality

» Performing at the stadium before a sold-out crowd was a dream **come true** for Barbara Sydney.

그 스타디움을 꽉 채운 관객들 앞에서 공연한 것은 바바라 시드니에게는 꿈이 실현된 것이었습니다.

come alive 활기를 띄다

» The small town **comes alive** in the last week of June every year when thousands of visitors flock there for the annual arts and crafts festival.

flock 모이다

그 작은 마을은 매년 6월 마지막 주가 되면 활기를 띕니다. 그 시기에 마을에는 연례 공예 축제에 참석하려는 수천 명의 방문객이 몰려옵니다.

· spring to life
· buzz with activity

not come cheap 비용이 적지 않게 들다, 값이 싸지 않다

» This senior community is furnished with premium amenities and residential medical staff on call around the clock, but such quality **doesn't come cheap.**

이 실버 타운은 고급 편의 시설과 24시간 상주하는 의료진을 갖추고 있습니다만, 이 같은 품질은 비용이 적지 않게 듭니다.

· come at a price
· come with a big price tag
· not come without a cost

» These high-tech devices are marvels, but they **don't come cheap.**

이 하이테크 장치들은 놀라운 물건이지만 가격이 결코 싸지 않습니다.

· be not inexpensive
· carry a hefty price tag
· be pricy

414 remain+과거분사

[remain+과거분사]는 '~한 상태를 유지하다'라는 뜻이다. 이 형태로 많이 쓰는 표현을 아래에서 알아보자.

remain unchanged 변화가 없다

» **Despite remarkable strides in modern medicine, access to quality medical care remains largely unchanged for low-income families.**

현대 의학의 눈부신 발전에도 불구하고 양질의 의료 서비스에 대한 저소득층 가구의 접근성은 거의 변한 것이 없습니다.

- have not changed
- have stayed the same

remain unanswered 답이 없다

» **While climate change is being presented as an existential threat to humanity, many fundamental questions still remain unanswered.**

기후 변화가 인류의 생존을 위협하는 문제로 제시되고 있지만, 많은 근본적인 질문들이 여전히 의문으로 남아 있습니다.

- be (still) not resolved
- remain unaddressed
- continue to go unanswered

remain unsolved 해결되지 않다

» **While homelessness has been a pressing issue in the city for many years, the problem remains unsolved.** *pressing* 긴급한

지난 수년간 그 도시의 노숙자 문제는 시급한 문제였지만, 아직 해결되지 않고 있습니다.

- be still not resolved
- have yet to be resolved
- remain unaddressed

415 report live

report live는 '생방송으로 보도하다'라는 뜻이다. 참고로 뉴스에서 go live (to)라는 표현도 종종 들을 수 있는데, 이것은 '(~과) 생방송으로 연결하다'라는 의미다.

생방송으로 보도하다

» A **So, tensions are running very high here, Robert.**

B **Joan Fisher reporting live from Cairo. Now, let's go to New York for more reaction from the UN.**

A 그래서 이곳의 긴장은 매우 고조된 상태입니다, 로버트.

B 조안 피셔 기자가 카이로에서 생방송으로 소식을 전해주었습니다. 이번에는 뉴욕을 연결해서 UN의 추가적인 반응을 알아보도록 하겠습니다.

● |참고| **We will momentarily go live to Brussels where our international correspondent, Grace Harper, is standing by to interview the IMF President, Kristalina Georgieva.**

잠시 후에 브뤼셀을 생방송으로 연결하겠습니다. 국제특파원 그레이스 하퍼가 크리스탈리나 게오르기에바 IMF 총재와 인터뷰를 하기 위해 대기하고 있습니다.

416 stay+형용사

[stay+형용사]는 '~한 상태로 있다, 상태를 유지하다'라는 의미다. 아래 제시된 자주 쓰는 표현 외에도 stay healthy(건강을 유지하다)나 stay positive(긍정적 태도를 유지하다)도 알아두자.

---

stay connected 항상 연결되어 있다

» **Pairing this watch with your cell phone enables you to stay connected to the internet and check important notifications and messages as they arrive.**

이 시계와 당신의 휴대폰을 연결하면 항상 인터넷에 연결되어 중요한 알림이나 메시지가 도착하면 체크할 수 있습니다.

• remain connected

stay up-to-date 최신 정보를 알고 있다

» Sign up for our free news service that helps medical professionals **stay up-to-date** on important developments in the healthcare sector.

전문 의료진들이 의학 분야에서 최신 정보를 받을 수 있도록 도와주는 저희 무료 뉴스 서비스에 가입하십시오.

- remain updated
- stay informed
- remain current

stay competitive 경쟁력을 유지하다

» Digital transformation is crucial for any player to **stay competitive** in this market.

어떤 참여자든 이 시장에서 경쟁력을 유지하기 위해서는 디지털 전환이 필수적입니다.

- remain competitive
- maintain a competitive edge
- keep up with the competition

417 hold true (for)

hold true (for)는 무엇이 '사실이다'라는 뜻이다. 또 '(~에게도) 유효하다, 적용되다'라는 의미도 가지고 있다.

사실이다

» If that forecast **holds true**, we're looking at another bullish year for the stock market.

그 예측이 맞게 된다면 주식 시장은 다음 해에도 상승세를 이어갈 것으로 보입니다.

- prove true
- prove accurate
- turn out to be true

(~에게도) 유효하다, 적용되다

» When all is said and done, the economy is what drives most voters. This principle **holds true** this year as well.

뭐라고 해도 결국 유권자를 움직이는 것은 경제입니다. 이 법칙은 올해에도 유효합니다.

- be still valid
- be applicable
- apply

» A layered defense is key to protecting corporate information. The same **holds true for** safeguarding personal data.

기업 정보를 보호하기 위해서는 다층 방어 체계가 핵심입니다. 이는 개인 데이터를 보호하는 것에도 동일하게 적용됩니다.

- go for
- apply to
- can be said of

418 hold *A* accountable (for *B*)

hold *A* accountable (for *B*)은 'A에게 (B에 대한) 책임을 묻다'라는 뜻이다. accountable 자리에 liable이나 responsible을 넣어서 말할 수도 있다. 이 표현은 수동태인 *A* be held accountable[liable] for *B*로도 자주 쓴다.

A에게 (B에 대한) 책임을 묻다

» **The CEO fired his security chief, holding him accountable for the security breach that exposed the personal data of 10 million customers.**

그 회사 CEO는 고객 천만 명의 개인 정보가 유출되는 보안 사고에 대한 책임을 물어 보안부서 책임자를 해고했습니다.

● |참고| **The presidential candidate argued that gun manufacturers should be held liable if a crime is committed with their guns.**

그 대선 후보는 총기 범죄가 발생했을 때 해당 총기 제작사에 책임을 물어야 한다고 주장했습니다.

419 hold steady

이 표현의 주어로 unemployment, market 등이 나오면 '어떤 수준으로 유지하다'라는 뜻이다. 타동사일 때는 목적어로 interest rates, pace 등을 넣어 '~을 현수준으로 유지하다'라는 뜻으로 쓴다.

어떤 수준으로 유지하다

» **We're starting tonight with discouraging news about the economy. Despite the government's efforts to jumpstart the economy, unemployment is high, holding steady at 8 percent.**

• remain constant

오늘 저녁에는 우울한 경제 소식부터 전해드리겠습니다. 경제를 활성화하려는 정부의 노력에도 불구하고 실업률은 높고, 8퍼센트를 유지하고 있습니다.

~을 현 수준으로 유지하다

» **The Fed policymakers are meeting tomorrow, and they're expected to hold interest rates steady in the face of persisting inflation.**

• maintain ~ at the current level

내일 연준 정책 결정자 회의가 열립니다. 이들은 지속적인 인플레이션에도 불구하고 금리를 현 수준으로 유지할 것으로 보입니다.

420 make clear

make clear는 '~을 분명히 하다'라는 뜻의 표현이다. clear는 '분명한, 확실한'이라는 뜻이다.

~을 분명히 하다

» **In his letter to the Commission, he made it clear that he's not going to be forced to step down and will fight to clear his name at all costs.** *clear one's name* 결백을 증명하다

위원회에 보낸 서한에서 그는 절대 강압에 의하여 사임하지 않을 것이며, 모든 수단을 동원해 자신의 결백을 증명하겠다는 점을 분명히 했습니다.

· state clearly (that)

» **One thing I want to make clear is that we will not, under any circumstances, directly engage in the situation, whether militarily or otherwise.**

한 가지 분명히 하고 싶은 점은 저희는 군사적이건 아니건 어떤 경우에도 상황에 직접적으로 개입하지 않을 것이란 점입니다.

· make explicit
· clarify

421 make public

'~을 대중에게 공개하다'라는 뜻으로, 목적어로는 흔히 document, information, findings 등의 명사가 나온다. 참고로 앞서 나온 go public은 자동사 표현으로, 위의 명사를 주어로 써서 '공개되다'라는 의미를 표현한다.

~을 대중에게 공개하다

» **As per the court order, the FBI is expected to make the documents public soon, but with classified information redacted.**

법원의 명령에 따라 FBI는 기밀 정보는 검게 가려진 상태로 곧 해당 문건을 공개할 것으로 예상됩니다.

» **The non-profit organization refused to give out any information about its operations, and they don't make their membership public.**

그 비영리 단체는 단체 운영에 대한 어떤 정보도 줄 수 없다고 했습니다. 그리고 이 단체는 회원 명단도 공개하지 않고 있습니다.

422 loom large (for)

loom large (for)는 문제나 위기 상황이 '(~에게) 점점 다가오다'라는 의미다.

(~에게) 점점 다가오다

» **The climate crisis is looming large for the local coffee industry as rising temperatures are found to adversely affect crop yields.**

기온 상승이 작물 수확량에 부정적 영향을 끼치는 것으로 확인되면서 지역 커피 산업에 기후 위기 문제가 점점 다가오고 있습니다.

» **As the world is slowly emerging from the Ebola outbreak, another pandemic is looming large.**

세계가 에볼라 전염병에서 천천히 벗어나고 있는 가운데, 또 다른 전 세계적 전염병이 다가오고 있습니다.

- pose a growing threat to
- become an increasingly pressing concern for
- on the horizon

423 go easy on

go easy on은 '~을 과하게 하지 않다'라는 뜻이다. 이 표현은 문맥에 따라 '~을 관대하게 봐주다', '~을 많이 먹지 않다' 등 다양한 의미를 나타낸다.

~을 관대하게 봐주다

» **Allegedly, Senator Mills exerted pressure on the DOJ to go easy on Cory Webster in connection to their inquiry into his tax fraud charges.**

들리는 말에 따르면 밀스 상원의원은 코리 웹스터가 탈세 혐의로 조사를 받는 것과 관련하여 법무부에 코리를 관대하게 봐주라는 압력을 넣었다고 합니다.

- go soft on
- be lenient with
- treat ~ with kid gloves

~을 많이 먹지 않다

» **Before a performance, I make a habit of going easy on dairy, caffeine, and alcohol.**

저는 공연을 앞두고 습관적으로 유제품, 카페인, 술 섭취를 자제합니다.

- limit
- cut back on

117. MP3

424 test positive/negative for

test positive/negative for는 '~에 대한 검사 결과가 양성/음성으로 나오다'라는 말이다. positive/negative에는 '긍정/부정'이라는 뜻뿐 아니라 검사 결과에 대한 '양성/음성'이라는 의미가 있다.

~에 대한 검사 결과가 양성으로 나오다

» **Yesterday, 250 new people tested positive for the virus, showing that it is spreading faster than initially believed.**

어제 250명이 새롭게 이 바이러스에 양성이라는 결과가 나왔습니다. 이는 바이러스가 처음 추정보다 빠르게 퍼지고 있음을 보여줍니다.

~에 대한 검사 결과가 음성으로 나오다

» **Fortunately, all passengers on the flight tested negative for the Ebola virus.**

다행히도, 그 비행기에 탑승했던 모든 승객들의 에볼라 검사 결과는 음성이었습니다.

425 break free (from)

break free (from)는 '(~에서) 벗어나다'라는 뜻이다. 주로 관습이나 어떤 상태, 집단에서 벗어난다는 의미로 많이 쓴다. from은 of로 바꿔 쓸 수 있다.

(~에서) 벗어나다

» **She was tied to a chair in a house, but she managed to break free and escape during an Israeli air raid.**

그녀는 어떤 집의 의자에 묶여 있었는데, 이스라엘이 공습을 하는 중에 가까스로 포박에서 벗어나 탈출했습니다.

- extricate oneself
- free oneself
- untie oneself

» **She finally mustered up the courage to break free from her abusive parents and moved to New York City to start a new life.**

muster up ~을 내다

그녀는 마침내 학대하는 부모에게서 탈출할 용기를 냈고 새로운 삶을 시작하기 위해 뉴욕시로 이주했습니다.

- break away from
- escape from

426 stand firm (on)

stand firm (on)은 '(~에 있어서) 완강히 버티다, 강경한 입장을 취하다'라는 뜻이다. stand는 hold로 바꿀 수 있다. on 자리에 against가 들어가면 '~에 반대하며 완강히 버티다'라는 뜻이 된다.

(~에 있어서) 완강히 버티다, 강경한 입장을 취하다

» **Senator Castor is under mounting criticism for blocking the appointments of federal judges, but he is standing firm.**

캐스터 상원의원은 연방판사들의 임명을 막고 있다는 비난을 거세게 받고 있습니다. 하지만 그는 입장을 굽히지 않고 있습니다.

- stand one's ground
- not back down

» **The Arabic government continues to stand firm on its decision to ban Israeli athletes from participating in the Olympics.**

해당 아랍 정부는 올림픽에 이스라엘 선수들의 출전을 금지시키겠다는 결정을 확고하게 견지하고 있습니다.

- remain resolute in
- stand one's ground on
- stand firmly by

427 be susceptible to

be susceptible to는 '~에 민감하다, 쉽게 영향을 받다'라는 뜻이다.

~에 민감하다, 쉽게 영향을 받다

» A **What has triggered this downturn in tech stocks?**

B **A combination of several factors, but most importantly interest rates. Tech stocks are particularly susceptible to interest rate hikes.**

A 무엇 때문에 기술 주식이 하락하기 시작했나요?

B 여러 요소가 복합적으로 작용했지만, 특히 금리의 영향이 컸습니다. 기술 주식은 금리가 오르는 것에 특히 민감하거든요.

- be sensitive to
- be vulnerable to

» **A new study by Harvard researchers found that women with a higher BMI are more susceptible to long COVID than those with a lower BMI.** *BMI(body mass index)* 신체질량지수

하버드 연구진이 발표한 새로운 연구에 따르면, BMI가 높은 여성은 낮은 여성보다 만성 코로나에 더 취약하다고 합니다.

- be vulnerable to
- be prone to

428 be apt to

be apt to는 '-하는 경향이 있다, -할 가능성이 크다'라는 뜻이다.

-하는 경향이 있다, -할 가능성이 크다

» **In a volatile market like the one we're experiencing now, investors are apt to seek safe-haven assets such as gold.**

safe-haven 안전한

지금 우리가 경험하고 있는 것처럼 시장이 불안정할 경우에 투자자들은 금 같은 안전 자산에 투자하는 경향이 있습니다.

- tend to
- be inclined to
- be prone to

» **The conservative-dominated Supreme Court is apt to put an end to affirmative action at Harvard and other Ivy League colleges.**

보수 판사들이 다수를 차지하고 있는 대법원은 하버드와 다른 아이비리그 대학교의 사회적 약자 우대 제도를 중지시킬 가능성이 큽니다.

- be likely to
- be expected to

429 be due to

be due to는 '-할 예정이다'라는 뜻이다. due에는 '하기로 되어 있는'이라는 의미가 있다.

-할 예정이다

» **The actor was arrested and charged with a road traffic offense and possession of an illegal firearm. He is due to appear in court later this month.**

그 배우는 교통 신호 위반과 불법 무기 소지 혐의로 체포되어 기소되었으며, 이달 말에 법정에 출두할 예정입니다.

- be scheduled to
- be set to
- be slated to

» **US National Security Advisor John Neal was due to meet with a top Chinese diplomat here in Helsinki today but called off the meeting at the last minute for reasons unknown.**

call off ~을 취소하다

존 닐 미 국가안보보좌관은 오늘 여기 헬싱키에서 중국 고위 외교관과 만날 예정이었지만, 알려지지 않은 이유로 막판에 회담을 취소했습니다.

- be scheduled to
- be supposed to

430 be sure to

be sure to는 '-할 것이 확실하다'라는 뜻이다. 비슷한 맥락에서 '꼭 -하다'라는 뜻도 가지고 있다.

-할 것이 확실하다

» **This issue is sure to come up when the President meets with Chinese President Xi Jinping tomorrow.**

이 문제는 내일 대통령과 중국 시진 핑 주석이 만난 자리에서 거론될 것이 확실합니다.

- be certain to
- be bound to

꼭 -하다

» **We'll be sure to keep an eye on this and update you with the latest information as we get it.**

저희가 이 상황을 반드시 계속 주시하면서 최신 정보가 들어오는 대로 전해드리겠습니다.

- make sure to
- ensure to

431 be keen to

be keen to는 '매우 -하고 싶어 하다'라는 뜻이다. 참고로 be keen on -ing 형태로 쓰면 원래의 뜻 외에 '-하는 것을 즐기다'라는 뜻도 가지게 된다.

매우 -하고 싶어 하다

» **Great Britain is keen to muster support from European allies for its continued control of the Falkland Islands.**

muster (주로 지지 등)을 모으다

영국은 포클랜드 섬을 계속 점유하는 것에 대한 유럽 동맹국들의 지지를 얻고 싶어 합니다.

- be eager to
- be intent on -ing

» **The Ukrainians are very keen to join the EU.**

우크라이나 국민들은 EU 가입을 열망하고 있습니다.

- be eager to
- be enthusiastic about -ing

432 be eligible to

be eligible to는 '-할 자격이 있다'라는 뜻이다. be eligible for a refund(환불을 받을 수 있다)처럼 eligible 뒤에 [for+명사] 형태로도 쓴다.

-할 자격이 있다

» **At present, about 30 million Hispanics are eligible to vote. That accounts for about 24 percent of the electorate.**

account for ~에 해당하다

현재 라틴계 국민 3천만 명이 투표권을 갖고 있습니다. 이는 총 유권자의 약 24퍼센트에 해당합니다.

- be qualified to
- qualify to

» **The Afghans currently en route to the US would be eligible to apply for special immigrant visas.**

현재 미국으로 오고 있는 아프간 사람들은 특별 이민자 비자를 신청할 자격이 주어질 것입니다.

- be qualified to
- be permitted to

433 be reluctant to

be reluctant to는 '-하는 것을 꺼리다, 주저하다'라는 뜻이다. reluctant 자리에 hesitant를 넣어도 된다.

-하는 것을 꺼리다, 주저하다

» **Danny Webster is reluctant to jump into the coach's seat mid-season, fearing that it might cramp his style in shaping the team to his liking.**

대니 웹스터는 시즌 중간에 코치 자리를 맡고 싶어하지 않습니다. 그렇게 하면 자신이 원하는 팀을 만드는 데 제약이 있을 것이라고 우려합니다.

- be unwilling to
- be averse to -ing
- have reservations about -ing

» **Despite the evacuation order, many residents are hesitant to leave their homes, inclined to ride the storm out.**

inclined to -하는 경향이 있는

대피 명령에도 불구하고 많은 주민이 집을 떠나는 것을 주저하며 태풍이 지나갈 때까지 버틸 생각을 갖고 있습니다.

- be not willing to
- be disinclined to

434 be desperate to

be desperate to는 '필사적으로 –하려 하다'라는 뜻이다.

필사적으로 –하려 하다

» **A Palestinian woman living in Boston has reached out to us for help. She is desperate to find her mother who used to live in Gaza City. With no contact for a month, she fears something might have happened to her.**

보스턴에 사는 팔레스타인 여성이 저희에게 도움을 청하려고 연락해왔습니다. 그녀는 가자 시티에 거주했던 자신의 어머니를 애타고 찾고 있습니다. 한 달 동안 소식이 끊겨서 어머니에게 무슨 일이 생겼는지 걱정하고 있습니다.

- be desperately trying to
- be anxious to

» **First responders are working around the clock, desperate to save people trapped under the rubble.**

긴급구조원들은 잔해 속에 갇힌 사람들을 구출하려고 필사적으로 하루 중일 작업 중입니다.

- frantic to

435 be unfit to

be unfit to는 '–할 자격이나 능력이 없다, 건강 상태가 아니다'라는 의미다.

–할 자격이나 능력이 없다, 건강 상태가 아니다

» **If these allegations prove to be true, Darren Sotto is unfit to be in public service, let alone be our commander-in-chief.**

let alone ~을 물론이고

이런 혐의들이 사실로 판명이 날 경우, 대런 소토는 우리 군대의 통수권자는 물론이고 공직 자체를 맡기에 부적절합니다.

- be unqualified to
- be unsuitable to

» **The judge found the defendant mentally unfit to stand trial and ordered him to be placed in the custody of a psychiatric facility.**

판사는 피고인이 정신적으로 재판을 받을 상태가 아니라고 판단하고 그를 정신 치료 시설에 수용할 것을 명령했습니다.

- incapable of -ing
- incompetent to

영어 뉴스에서 많이 쓰는

PART 2 구문 패턴

CHAPTER 6 » 과거분사 구문

영어 뉴스에서 가장 많이 쓰는 과거분사 활용 수동태 구문은 be involved in이다. 표제어로는 be동사만 제시했지만, get도 사용할 수 있다. 가령, 스캔들에 연루되었다는 말은 He is involved in a scandal.이나 He got involved in a scandal.라고 한다. be동사는 연루된 '상태', get은 연루되는 '과정'을 표현한다. 수동태는 be forced to(-하도록 강요되다)처럼 뒤에 to부정사가 붙기도 한다. 또한 be/get 동사를 생략하고 a man involved in the scandal처럼 뒤에서 명사를 수식하는 방식으로도 자주 쓴다. 이 챕터 역시 뉴스에서 '과거분사 구문의 뒤에 어떤 명사나 동사를 자주 쓰는가'가 핵심이다. 실제 예문을 많이 보고 익힐수록 표현이 뉴스에 등장할 때 쉽게 인지하고 이해할 수 있다.

436 be involved in

'~에 참여하다, 개입되다, 연루되다'라는 뜻으로, 흔히 project, case, investigation, killing, negotiations 등의 단어와 함께 쓴다. 이 표현은 involve *A* in *B*(B에 A를 개입시키다)의 수동태다. 참고로 두 번째 예문처럼 be동사를 생략하고 명사를 뒤에서 수식할 수 있다.

~에 참여하다, 개입되다, 연루되다

» **Joining us now from Boston by phone is Dr. Spencer, a professor of physics at Harvard University, who has been involved in the project from the beginning.**

하버드 대학교 물리학 교수인 스펜서 박사가 보스턴에서 지금 전화로 연결되어 있습니다. 박사는 초기부터 이 프로젝트에 참여했습니다.

• participate in
• be associated with
• be active in

» **What have you learned so far about this man allegedly involved in the bombing of the cathedral in Rome?**

로마의 성당 폭탄 사건에 연루된 것으로 추정되는 이 남자에 대해 지금까지 어떤 정보를 알아냈나요?

• implicated in
• linked to
• tied to

437 be based on

be based on은 '~에 기초하다, 입각하다'라는 뜻으로 base *A* on *B*(A를 B에 기초하게 하다)의 수동태다. '~을 놓고 보면'이라는 의미로도 쓴다.

~에 기초하다, 입각하다

» **He argued that U.S. intervention in the civil war must be based on a clear UN mandate.**

그는 미국이 내전에 개입하는 것은 UN의 확실한 권한 위임에 입각해야 한다고 주장했습니다.

• be grounded in
• be underpinned

~을 놓고 보면

» **Based on how the congressional hearings have gone so far, it's unlikely that any new incriminating evidence against the former CIA chief will emerge.**

지금까지 의회 청문회가 진행된 상황을 놓고 보면, 전 CIA 수장의 유죄를 입증할 새로운 증거가 나올 가능성은 없어 보입니다.

• in light of

438 be beset by

be beset by는 '~에 직면해 있다, ~을 겪고 있다, 시달리고 있다'라는 뜻이다. 자주 함께 쓰는 단어로는 problem, financial difficulties, scandal, political instability 등이 있다. beset은 troubled나 besieged로 바꿔서 써도 된다. 표현 강도는 trouble〈beset〈beleaguered〈besieged 순이다.

~에 직면해 있다, ~을 겪고 있다, 시달리고 있다

» **The space exploration program has been beset by financial strains over the years.**
그 우주개발 프로그램은 지난 수년 동안 재정 부족 문제를 안고 있었습니다.

- be plagued by
- be troubled by
- be hampered by

» **The region is troubled by years of poverty, violence, and drought.**
그 지역은 수년 동안 빈곤과 폭력, 가뭄에 시달리고 있습니다.

- be plagued by
- be afflicted by
- be beleaguered by

» **The nation's experiment in democracy is in peril, besieged by political turmoil.**
그 국가의 민주주의 실험은 정치적 혼란을 직면하면서 위기에 처해 있습니다.

- challenged by
- threatened by
- crippled by

439 be concerned about

be concerned about은 '~을 우려하다, 걱정하다'라는 뜻이다. 이 표현은 *A* concern *B*(A가 B를 우려하게 만들다)를 수동태로 만든 것이다. 자주 함께 쓰는 단어로는 political unrest, situation, impact, safety, future 등이 있다.

~을 우려하다

» **The President is concerned about the political turmoil unfolding in the country and the danger of it resulting in a humanitarian crisis.**
대통령은 그 국가에서 벌어지고 있는 정치적 혼란과 인도주의적 위기를 초래할 위험성을 우려하고 있습니다.

- be worried about
- be apprehensive about

» **Two out of three small business owners are concerned about the impact inflation will have on their businesses.**
소규모 사업자 3명 중 2명은 인플레이션이 사업에 미칠 영향을 우려하고 있습니다.

- be worried about
- fear

440 be seen as

be seen as는 '~으로 여겨지다, 간주되다'라는 뜻이다. 이 표현은 *A* see *B* as *C*(A는 B를 C로 여기다)를 수동태로 만든 것이다.

~으로 여겨지다, 간주되다

» **The contract is seen as a major victory for the union, as it includes a 20 percent pay increase and extended paid holidays.**

이번 계약은 20퍼센트 연봉 인상과 추가 유급 휴가를 포함하고 있어서 노조가 크게 승리한 것이라고 보여집니다.

- be considered
- be regarded as
- be perceived as

» **The Fed's move is seen as an attempt to stabilize the market following weeks of great turmoil and volatility.**

연방준비제도의 이번 조치는 몇 주 동안 극심한 혼란과 변동을 겪은 시장을 안정화하려는 시도로 여겨집니다.

- be considered
- be viewed as
- be perceived as

441 be focused on

be focused on은 '~에 초점이 맞춰져 있다'라는 뜻이다. 이 표현은 focus *A* on *B*(A를 B에 집중하다)의 수동태다. 참고로 focus on은 '~에 집중하다'라는 의미다.

~에 초점이 맞춰져 있다

» **The project is focused on developing groundbreaking technologies that can drastically lower carbon emissions.**

그 프로젝트는 이산화탄소 배출을 크게 감소시킬 수 있는 혁신적 기술 개발에 초점이 맞춰져 있습니다.

- be centered on -ing
- be aimed at -ing
- be geared toward -ing

» **While the war is raging on, much of the world's attention is focused on the toll it can take on the global economy.**

take a toll on ~에 피해를 입히다

전쟁이 불타오르는 가운데, 세계의 관심은 대부분 전쟁이 세계 경제에 미칠 피해에 초점이 맞춰져 있습니다.

- be directed toward

442 be joined by

be joined by는 *A* join *B*(A가 B에 합류하다)의 수동태로, '~이 합류하게 되다'라는 뜻이다.

~이 합류하게 되다

» **Senator Maria Newman has been spearheading a national movement to stand up against hate crime, and she's joined by other big names such as Stargroup Chairman Noah Wheeler.**

spearhead 앞장서다

마리아 뉴먼 상원의원은 혐오 범죄에 맞서는 전국적인 운동에 앞장서 왔습니다. 이 운동에서 그녀는 스타그룹의 노아 휠러 회장 같은 유명인사들과 함께하고 있습니다.

• partner with
• be supported by

» **Union workers at TM's Houston factory walked off the job last week. The strike has been joined by workers at other factories across the nation this week, making it the largest walkout in the company's history.**

TM 사의 휴스턴 공장 노조원들이 지난주에 파업을 시작했습니다. 이번 주 들어 전국에 있는 다른 공장 노조원도 이 파업에 동참하면서, TM 역사상 가장 큰 파업 사태로 발전했습니다.

• be supported by

443 be hit hard (by)

'(~에 의해) 큰 타격을 받다'라는 뜻이다. be동사 대신 get을 쓰기도 한다.

(~에 의해) 큰 타격을 받다

» **What's concerning is that the hurricane is changing direction and could target the area that was already hit hard by Hurricane Katrina only two weeks ago.**

이 태풍이 방향을 바꾸고 있어서 2주 전에 이미 태풍 카트리나로 큰 피해를 입은 지역을 겨냥할 수 있다는 점이 우려스럽습니다.

• be ~ greatly impacted by
• be ~ severely affected by

» A **Was it just the tech stocks that got hit hard?**

B **They got hit the hardest, but the NASDAQ, the Dow, and the S&P all tanked today.**

A 기술주들만 타격을 입었나요?

B 기술주가 가장 큰 타격을 입었습니다만, 나스닥, 다우 존스, S&P까지 모든 주식 시장이 오늘 폭락했습니다.

• take a heavy blow
• take a major hit
• get walloped

444 be arrested

A arrest *B*(A가 B를 체포하다)의 수동태인 be arrested는 '체포되다'라는 뜻이다. get arrested로도 많이 쓴다.

체포되다

» **The Hollywood star was recently arrested for driving under the influence and was released on six months of probation.**

under the influence 술이나 마약에 취한 상태인

그 할리우드 스타는 최근에 음주 운전 혐의로 체포되어 6개월 보호관찰형을 받고 풀려났습니다.

- be apprehended
- be taken into custody
- be nabbed

» **After escaping from a Chicago prison, the convict was arrested in New York this morning, 47 days later.**

시카고 교도소를 탈출한 재소자가 47일 만인 오늘 아침, 뉴욕에서 체포됐습니다.

- be caught
- be apprehended
- be picked up

445 be found guilty/not guilty

이 표현은 find ~ guilty(~에게 유죄 판결을 내리다)의 수동태로, '유죄 판결을 받다'라는 뜻이다. 앞에 not을 붙여 be found not guilty라고 하면 '무죄 판결을 받다'가 되다. not guilty는 한 단어로는 innocent라고 해도 된다.

유죄 판결을 받다

» **In today's court ruling, the former California governor was found guilty on all charges of lying to and obstructing Congress.**

오늘 판결에서 전 캘리포니아 주지사는 의회에 거짓말을 하고 방해했다는 모든 혐의에 대해서 유죄 판결을 받았습니다.

- be convicted

무죄 판결을 받다

» **Maria Fisher, charged with embezzlement, was found not guilty and set free today. Outside the courthouse, she thanked her supporters for their unwavering support as they cheered in celebration.**

횡령 혐의로 기소된 마리아 피셔는 오늘 무죄 판결을 받고 자유의 몸이 되었습니다. 법정 밖에서 마리아는 환호하는 지지자들과 그들의 변함없는 성원에 감사를 표했습니다.

- be acquitted of all charges
- be exonerated from all charges

446 be sentenced to

sentence(~에게 형을 선고하다)의 수동태인 이 표현은 '~형을 선고받다'라는 뜻이다.

~형을 선고받다

» **Maria Lopez, the widow of the drug kingpin Carlos Lopez, appeared in court for the first time today. If convicted, she could be sentenced to up to five years in prison.**

사용한 마약왕 카를로스 로페스의 아내인 마리아 로페스가 오늘 처음 법정에 출두했습니다. 유죄가 확정되면 로페스는 최대 5년 형을 선고받을 수 있습니다.

• face
• receive

» **He was convicted and sentenced to life (in prison) without the possibility of parole.**

그는 유죄 판결을 받고 가석방 가능성이 없는 종신형을 선고받았습니다.

• be handed (a life sentence)

447 get caught in

'~한 상황에 처하게 되다'라는 뜻일 때는 traffic jam, storm 등의 단어와 함께 쓴다. 그리고 '~을 들키다'라는 뜻일 때는 lie, scam, embezzlement 등과 어울려 쓴다. 참고로 get caught -ing라고 하면 '-하다 들키다'라는 뜻이 된다.

~한 상황에 처하다, ~을 만나다

» **One moment, I thought I heard distant thunder, and the next, I got caught in a sudden downpour. Visibility was down to half a mile, and cars were crawling along.**

멀리서 천둥 소리가 들리는가 싶더니 갑자기 폭우가 쏟아졌습니다. 시야가 0.8km로 줄어들어, 차들이 기어갔습니다.

~을 들키다

» **The Senator got caught in lies when a local newspaper reported that he had cooked up most of his life story, which he had been peddling to the voters.**

그 상원의원이 유권자들에게 선전해왔던 인생 이야기의 대부분이 조작이었다고 지역 신문이 보도함으로써 거짓이 드러났습니다.

448 get caught up in

'~에 연루되다, 휘말리다'라는 의미일 때는 dispute, controversy, scandal 등의 단어와 함께 쓴다. '~에 매몰되다, 몰두하다'라는 뜻일 때는 hype, excitement, emotion, idea, details 등과 함께 쓴다. get을 be동사로 바꾸면 '연루되어 있다'라는 상태를 표현할 수 있다. 두 번째 예문처럼 be동사를 빼고 '~에 휘말린'이라는 뜻의 수식어로 쓸 수도 있다.

~에 연루되다, 휘말리다

» **The former heavyweight world boxing champion got caught up in a financial scandal in 2019, which led to his downfall as a TV show host and businessman.**

전 헤비 웨이트급 세계 최정상 복싱 선수는 2019년 금융 스캔들에 연루되었으며, 그 일로 그는 TV쇼 진행자나 사업가로서도 몰락하게 되었습니다.

- get involved in
- get implicated in

» **The plight of women and children caught up in the conflict is utterly horrific.**

분쟁에 휘말린 여성과 아동들의 역경은 실로 참담합니다.

- entangle in
- ensnare in

~에 매몰되다, 몰두하다

» **Many business people get caught up in the hype of the metaverse and fail to ask whether it can truly generate cash flows.**

많은 사업가들이 메타버스의 과장된 열기에 매몰되어 이것이 실제 이익을 낼 수 있을지를 따져보지 않습니다.

- get swept up in
- get wrapped up in
- get carried away by

449 be expected to

A expect *B* to(A는 B가 –할 것을 예상하다)의 수동태인 be expected to는 '–할 것으로 예상되다'라는 뜻이다. 또 '–해야 한다'라는 의미도 있다.

–할 것으로 예상되다

» **Amid a worldwide recession, the luxury market is likely to bear the brunt of it this year. More specifically, it's expected to shrink by as much as 5 percent.**

세계적인 경기 침체 속에 사치품 시장이 그 직격탄을 맞을 것으로 보입니다. 구체적으로는 시장 규모가 최대 5퍼센트 줄어들 것으로 예상됩니다.

- be anticipated to
- be projected to

-해야 한다

» Taxpayers **are expected to** report all sources of income and provide supporting documents when filing their tax returns.

납세자들은 소득세 신고를 할 때 모든 소득원을 보고하고 근거 자료를 제출해야 합니다.

• be required to

450 be forced to

A force *B* to(A가 B가 -하도록 강제하다)의 수동태인 이 표현은 상황이나 규정 등의 이유로 '어쩔 수 없이 -하다, -할 수밖에 없다'라는 뜻이다.

어쩔 수 없이 -하다, -할 수밖에 없다

» He refused to testify in the federal case involving the embezzlement of $2 billion from his company, but he could **be forced to** take the stand.

그는 20억 달러의 회사 자금 횡령에 대해 연방재판에서 증언하는 것을 거부했습니다. 하지만 그는 강제로 증언대에 서게 될 수도 있습니다.

» Local taxpayers are **being forced to** foot the bill for housing illegal immigrants in hotels.

지역 납세자가 불법 이민자의 호텔 수용 비용을 부담하고 있는 상황입니다.

451 be set for

set for(~으로 예정하다)의 수동태인 be set for는 '~으로 예정되어 있다'라는 뜻이다. be set to(-하기로 예정되어 있다) 형태로도 많이 쓴다.

~으로 예정되어 있다

» The mall's reopening **was set for** October 1 but has been put back for two weeks.

put back ~을 연기하다

그 쇼핑몰 재개장은 10월 1일로 예정되어 있었지만 2주 뒤로 연기되었습니다.

• be scheduled for
• be slated for

● [참고] A key witness who **was set to** testify tomorrow in Xoron's antitrust case has been found murdered today.

내일 조론 사의 독점 금지 재판에서 증언하기로 예정되어 있었던 핵심 증인이 오늘 살해된 채 발견되었습니다.

• be scheduled to
• be slated to

452 be called

call *A B*(A를 B라고 하다)의 수동태인 be called는 '~이라고 불리다'라는 뜻이다. called는 dubbed로 바꿔도 된다.

~이라고 불리다

» **This marketing scheme is called different names but, in essence, it's a rehash of old gimmicks.** *rehash* 재탕

이 마케팅 방법은 여러 이름으로 불립니다만, 기본적으로 이것은 오래된 수법들을 재탕한 것입니다.

- be referred to as
- be known as
- go by

» **The technology has been dubbed "groundbreaking" in the press, but recent research shows that it's overhyped.** *overhyped* 과장된

그 기술은 언론에서 '혁신적'이라고 불렸지만 최근 연구를 보면 상당히 부풀려진 것으로 드러났습니다.

- be labeled (as)
- be described as

453 be flooded with

A flood *B*(A가 B에 홍수처럼 밀려들다)의 수동태인 be flooded with는 '~이 홍수처럼 밀려들다, 쇄도하다'라는 뜻이다. flooded는 동의어인 inundated나 deluged로 바꿔도 좋다. 둘 다 홍수로 침수되고 범람한다는 뜻이다.

~이 홍수처럼 밀려들다, 쇄도하다

» **The judge's social media has been flooded with criticism for releasing the convicted killer on probation.**

그 판사의 SNS에는 유죄 판결을 받은 살인범을 보호관찰로 석방한 것에 대한 비난이 쇄도했습니다.

» **Job placement services were inundated with former Silicon Valley workers who had been laid off in the wake of the bubble burst.**

구직 서비스 업체에는 버블 붕괴로 해고됐던 전직 실리콘 밸리 직원들이 몰려들었습니다.

124. MP3

454 be criticized for

be criticized for는 '~으로 비난이나 비판을 받다'라는 뜻으로, *A* criticize *B* for *C*(A는 C 때문에 B를 비난하다)의 수동태 표현이다.

~으로 비난이나 비판을 받다

» **The billionaire is criticized for bankrolling the supply of arms to terrorist groups operative in Syria.**

그 억만장자는 시리아에서 활동하고 있는 테러 집단에 무기 공급용 자금을 대준 것으로 비난을 받고 있습니다.

- be accused of
- be condemned for
- be under fire for

» **The CIA is being criticized for playing down the seriousness of the security breach that brought its internal network down for six hours.** *play down* ~을 축소해 말하다

CIA는 내부 전산망을 6시간 동안 마비시킨 보안 사고의 심각성을 축소 발표했다는 비판을 받고 있습니다.

- be accused of
- be rebuked for
- take heat for

455 be followed by

be followed by는 '~이 뒤따르다, (순위에서) ~이 다음이다'라는 뜻으로, *A* follow *B*(A는 B의 뒤를 따르다)의 수동태 표현이다.

~이 뒤따르다, (순위에서) ~이 다음이다

» **Her critically acclaimed debut book of poetry, *The Sun and the Wind*, was published in 1963 when she was a college freshman. This was followed by *Night Sky* in 1971 and *Going Home* in 1976.**

비평가의 찬사를 받은 그녀의 데뷔 시집인 〈해와 바람〉은 그녀가 대학 1학년이었던 1963년에 발간되었습니다. 이 뒤를 이어 1971년에 〈밤 하늘〉, 1976년에 〈귀향〉이 출간되었습니다.

» **King Charles and Queen Camilla led the royal procession, followed by the king's brothers and two sons.**

찰스 왕과 카밀라 왕비가 왕족 행렬을 이끌었고 왕의 형제와 두 아들이 뒤를 따랐습니다.

456 be asked about

A ask about *B*(A는 B에 대해 질문하다)의 수동태인 be asked about은 '~에 대한 질문을 받다'라는 뜻이다. 기자의 질문을 받았다고 할 때 자주 들을 수 있는 표현이다.

~에 대한 질문을 받다

» **Director Benjamin Spencer was asked about a sequel to his box office hit *Friday Nightmare*, and he said it was already in the works.**

in the works 제작 중인

벤자민 스펜서 감독은 그가 만든 히트 영화 〈금요일의 악몽〉의 속편에 관한 질문을 받았습니다. 그는 속편이 이미 제작 중에 있다고 말했습니다.

» **When (he was) asked about putting boots on the ground, the President said everything was on the table.**

put boots on the ground 지상군을 파견하다

대통령은 지상군 파견에 대한 질문을 받자 모든 옵션을 고려하고 있다고 말했습니다.

457 be impressed/unimpressed by

A impress *B*(A는 B에게 좋은 인상을 주다)의 수동태인 be impressed by는 '~에서 좋은 인상을 받다, 감명받다'라는 뜻이다. by는 with로 바꿔도 된다. 반대 표현인 be unimpressed by(~을 대수롭지 않게 생각하다, 실망하다)도 자주 쓴다.

~에서 좋은 인상을 받다, 감명받다

» **Richard Bardwell, CEO of WelLife, said he was impressed by Elise Porter's quick grasp of the complexity of their operations and her insightful comments on how to streamline them.**

- be amazed by
- be struck by

grasp of ~에 대한 이해

웰라이프 사의 CEO인 리처드 바드웰은 엘리스 포터가 자사의 복잡한 업무를 빠르게 이해하고 업무 간소화 방안에 대한 통찰력 있는 코멘트를 한 것에 좋은 인상을 받았다고 말했습니다.

» **Users of the tablet are most impressed with the fact that it can last up to 36 hours before the battery is fully drained.**

- be satisfied with
- be appreciative of
- admire

그 태블릿 사용자들은 배터리가 완전히 방전되기 전까지 최대 36시간 동안 사용이 가능하다는 사실을 가장 높게 평가합니다.

~을 대수롭지 않게 생각하다, 실망하다

» Since her childhood, she has **been unimpressed by** the trappings of wealth and privilege. Instead, she has been driven by a profound empathy for the socially marginalized.

어린 시절부터 그녀는 부나 특권의 상징물에는 관심이 없었습니다. 대신 그녀는 사회적 약자에 대해 깊이 공감하고 이끌렸습니다.

- be indifferent to
- be unmoved by
- be disinterested in

458 be taken to

A take *B* to *C*(A가 B를 C로 데리고 가다)의 수동태인 be taken to는 '~로 이송되다'라는 뜻이다. taken은 transported로 바꿔도 된다. 급히 이송되는 것은 be rushed to라고 한다.

~로 이송되다

» The driver of the wrecked van **was taken to** a nearby trauma center, but miraculously, he didn't suffer serious injuries.

부서진 밴의 운전사는 근처 외상전문센터로 이송되었습니다. 그런데 그는 기적적으로 중상을 입지 않았습니다.

- be transported to
- be rushed to

» The refugees have **been transported** by a military truck **to** a camp where they will be held until the government decides what to do with them.

난민들은 군용 트럭에 실려 난민 캠프로 수송되었습니다. 거기에서 난민들은 정부가 이들을 어떻게 처리할지 결정할 때까지 구금될 것입니다.

- be taken to
- be moved to

459 be aimed at -ing

be aimed at -ing는 '-하는 것을 목적으로 하다'라는 뜻이다. be designed to도 같은 의미로 쓴다.

-하는 것을 목적으로 하다

» The White House said that the action **is aimed at easing** bottlenecks in battery supply chains, which is posing a threat to the low-carbon transition.

백악관은 이번 조치가 저탄소 사회로 가는 데 위협이 되고 있는 배터리 공급망 병목 현상을 완화하는 것에 목적이 있다고 말했습니다.

- be intended to
- be geared toward -ing
- be directed at -ing

» This is a get-rich-quick marketing scheme (which **is**) **designed to** bilk unsuspecting seniors out of money.

bilk ~ out of ~에게서 사취하다

이것은 순진한 노년층으로부터 돈을 사취하려는 목적을 가진 일확천금 마케팅 수법입니다.

- (be) aimed at –ing
- (be) intended to

460 be disappointed with

be disappointed with는 '~에게 실망하다'라는 뜻이다. 비슷한 뜻이지만 어감이 더 강한 be disillusioned[disenchanted] with(~에게 환멸을 느끼다)도 함께 알아두자. with는 by로 바꿔도 된다.

~에게 실망하다

» Millions of people with student debts **are disappointed with** the government's decision to end the debt deferral program.

수백만 명의 학자금 대출자는 채무 상환 유예 프로그램을 중지하기로 한 정부의 결정에 실망했습니다.

- be dismayed by
- be let down by
- be frustrated by

● [참고] His messages about a "new American" are resonating with voters (who **are**) **disillusioned with** the rough and tumble of Beltway politics.

Beltway 워싱턴의 도로(워싱턴 정가를 의미)

'새로운 미국인'을 주장하는 그의 메시지는 정쟁이 난무하는 워싱턴 정가에 실망한 유권자들의 관심을 끌고 있습니다.

- (be) disenchanted by
- (be) disappointed in
- (be) frustrated with

461 be accompanied by

A accompany *B*(A는 B와 동행하다)의 수동태인 be accompanied by는 '~이 동반되다, ~과 동행하다'라는 뜻이다.

~이 동반되다, ~과 동행하다

» Fentanyl addiction **is** a brain disorder **accompanied by** symptoms such as a rapid heartbeat, chest tightness, and erratic mood swings.

펜타닐 중독은 심장 박동 증가, 가슴 답답함, 급격한 감정 변화 같은 증세를 동반하는 뇌장애입니다.

- be associated with
- be characterized by
- be marked by

» The bullies would corner him and beat him up. That **was** often **accompanied by** racial insults.

깡패들을 그를 코너로 몰아서 때리곤 했습니다. 거기에 종종 인종차별 발언도 더해졌습니다.

• be coupled with

462 be removed from

A remove *B* from *C*(A는 B를 C에서 제거하다)의 수동태인 be removed from은 '~으로부터 분리되다'라는 뜻이다. 어떤 자리나 위치에서 분리되는 경우 '~에서 해임되다', 문제나 게시물일 경우 '~에서 제거되다, 삭제되다', 장소일 경우 '~에서 퇴거되다'라고 해석하면 된다.

~으로부터 분리되다

» The headmaster said that the students responsible for the violence had **been removed from** school and placed in police custody.

교장은 폭력 사태에 책임이 있는 학생은 학교에서 분리되어 경찰 관리 하에 있다고 말했습니다.

• be expelled from
• be taken out of

~에서 해임되다

» US House Speaker Kevin McCarthy has **been removed from** his position. Yesterday, the House voted him out as Speaker, setting the stage for another period of chaos on Capitol Hill.

vote out 투표로 ~를 해임하다

케빈 매카시 미 하원의장이 의장직에서 해임되었습니다. 어제 하원은 투표를 통해 그를 의장직에서 해임했습니다. 이로 인해 미 의사당은 다시 혼란한 시기를 맞이하게 되었습니다.

• be ousted from
• be forced out of

~에서 제거되다, 삭제되다

» As of this morning, the articles in question have **been removed from** the website, but Homeland Security said an investigation is underway into the matter.

오늘 아침 기준으로 문제가 되는 글은 해당 웹사이트에서 삭제되었습니다만, 국가안보국은 그 문제에 대한 수사를 진행 중이라고 말했습니다.

• be eliminated from
• be deleted from
• be taken down from

463 be included in

include(~을 포함하다)의 수동태인 be included in은 '~에 포함되다'라는 뜻이다. in은 on으로 바꿔도 된다. in은 report, plan, book, budget, bill 등과 함께 쓰고, on은 list, website, agenda, menu, album 등의 단어와 함께 쓴다.

~에 포함되다

» **The military aid to Israel that the President asked for is not included in the bill, making it likely that the President will veto it.**

대통령이 요청했던 이스라엘에 대한 군사 원조는 이번 법안에 포함되지 않았습니다. 따라서 대통령이 이 법안에 거부권을 행사할 가능성이 높습니다.

» **This is a fascinating place that should be included on your bucket list of travel destinations.**

이곳은 여러분이 평생 꼭 가봐야 할 여행지 목록에 포함되어야 할 정도로 매우 멋진 장소입니다.

464 be made up of

made up(~을 만들다)의 수동태인 be made up of는 조직이나 집단, 제품 등이 '~으로 구성되어 있다'라는 뜻이다.

~으로 구성되어 있다, 만들어져 있다

» **The Quad is an Indo-Pacific coalition (that is) made up of Australia, India, Japan, and the US.**

쿼드는 호주, 인도, 일본, 미국으로 구성된 인도 태평양 지역의 연합체입니다.

- (be) composed of
- (be) formed by
- consist of

» **Ukraine intelligence authorities took apart the attack drones and found that they were made up of parts from China and North Korea.**

우크라이나 정보당국이 공격용 드론을 해체해보니 중국과 북한에서 생산된 부품으로 만들어져 있었습니다.

- be composed of
- be constructed from
- consist of

465 be associated with

associate(~과 연관 짓다)의 수동태인 be associated with는 '~과 관계나 관련이 있다, ~에 관여하다'라는 뜻을 가지고 있다.

~과 관계나 관련이 있다, ~에 관여하다

» **Blake Williams is one of the individuals (who are) closely associated with the former Florida governor, who is facing charges of election fraud.**

블레이크 윌리엄스는 부정 선거로 기소된 전 플로리다 주지사와 밀접한 관계를 갖고 있는 사람 중 한 명입니다.

- (be) linked to
- (be) tied to
- (be) associated with

» **A lawyer (who is) associated with the case mentioned on a radio show that the victims are preparing to file a class-action lawsuit against the pharmaceutical company.**

그 사건에 관여하고 있는 한 변호사는 라디오 쇼에서 피해자들이 제약 회사를 상대로 집단 소송을 제기할 준비를 하고 있다고 밝혔습니다.

- (be) involved in
- (be) connected to
- (be) affiliated with

466 be known to

be known to는 '-한 것으로 알려지다'라는 뜻이다. 이와 관련한 표현으로는 be known for가 있는데, '~으로 정평이 나 있다'라는 의미다.

-한 것으로 알려지다

» **Jeffrey Morgan is known to turn on a dime on any issue if it means he'll get more votes.** *turn on a dime* 갑자기 입장을 바꾸다

제프리 모건은 더 많은 표를 얻을 수만 있다면 어떤 이슈에서건 입장을 쉽게 바꾸는 것으로 알려져 있습니다.

- be noted for -ing

» **The virus isn't known to jump from animals to humans, but it's best to avoid coming in contact with it.**

그 바이러스는 동물에서 인간으로 옮기는 것으로는 알려져 있지 않지만, 바이러스와 접촉하는 것을 피하는 것이 최선입니다.

- be said to

467 be committed to

'-에 의지가 강하다, 반드시 -하겠다'라는 뜻이다. 이 표현 뒤에는 주로 -ing 형태의 동명사가 오지만, 일반 명사도 나올 수 있다.

-에 의지가 강하다, 반드시 -하겠다

» **Mira Volkov, the widow of Ivan Volkov, a famed opposition leader found dead in jail, is committed to carrying on his fight for a free nation.**

교도소에서 사망한 채 발견된 유명 반체제 리더, 이반 볼코프의 아내인 미라 볼코프는 자유로운 국가를 위한 투쟁을 계속하겠다는 의지가 강합니다.

- be determined to
- be devoted to -ing
- be firm in one's resolve to

» **We are committed to working with community leaders to keep schools safe from violence.**

저희는 지역 사회 지도자들과 협력해서 학교를 폭력으로부터 반드시 안전하게 지키겠습니다.

- be dedicated to -ing
- be determined to
- be unwavering in one's dedication to -ing

468 be attributed to

be attributed to는 '~이 원인이다', '~ 덕분이다'라는 뜻이다. 이 표현은 주로 부정적 상황의 원인을 묘사할 때 사용하지만 긍정적 맥락에서도 쓸 수 있다.

~이 원인이다

» **The unusually high frequency of extreme weather events this year can be primarily attributed to El Niño, on top of the longer-term global warming.**

평년보다 올해 기상 이변이 더 빈번하게 발생하는 것은 오랫동안 진행 중인 지구온난화 외에도 엘니뇨 현상이 주된 원인으로 꼽힙니다.

- be ascribed to
- be blamed on

~ 덕분이다

» **The rise in Walberg's poll ratings can be attributed to the fact that he effectively fended off attacks about his fitness to lead in Friday's debate.**

fend off ~을 막아내다

월버그의 여론 조사 지지율이 상승세에 있는 것은 그가 금요일 토론에서 지도자로서의 적합성에 대한 공격을 효과적으로 막아낸 덕분입니다.

- be ascribed to
- be credited to

469 be meant to

be meant to는 '-하게 되어 있다, -하는 것이 목적이다'라는 뜻이다. meant는 mean(의미하다, 결국 ~하게 되다)의 과거분사다.

-하게 되어 있다, -하는 것이 목적이다

» **The specially manufactured houses were meant to survive wildfires, but they didn't stand a chance against the inferno that swept through the area.** *not stand a chance against* ~의 상대가 되지 않다

특별 제작된 주택들은 산불을 견디도록 만들어졌지만 이 지역을 휩쓴 대형 산불에는 속수무책이었습니다.

- be intended to
- be supposed to
- be designed to

» **Under a policy meant to accelerate its shift to electric vehicles, the country is weighing a carbon tax for conventional combustion engine cars.** *weigh* ~을 고려하다

전기자동차로 전환을 촉진하는 것이 목적인 정책의 일환으로 그 국가는 기존 내연기관 자동차에 탄소세를 부과하는 것을 고려하고 있습니다.

- aimed at -ing
- designed to
- intended to

470 be charged with

be charged with는 '~한 혐의로 기소되다'라는 뜻이다. 동사 charge는 '기소하다, 고소하다'라는 뜻을 가지고 있다.

~한 혐의로 기소되다

» **The police officers are charged with using excessive force in the process of arresting the black teenager.**

해당 경찰들은 십 대 흑인 아이를 체포하는 과정에서 과도한 완력을 사용했다는 혐의로 기소되었습니다.

- face charges of -ing
- be accused of -ing

» **The court sided with the prosecutor's argument that a president is no longer protected by executive privileges once they leave office so that they can be charged with and tried for a criminal offense.** *try for* ~한 혐의로 재판하다

법원은 대통령이 현직을 떠나면 더 이상 대통령 특권에 의한 보호를 받지 못하기 때문에 범법 행위로 기소되고 재판을 받을 수 있다고 주장한 검찰의 손을 들어주었습니다.

- face charges of
- be accused of
- be indicted for

471 be tasked with -ing

be tasked with -ing는 '-하는 임무를 부여받다, -하는 일을 맡고 있다'라는 뜻이다. be tasked 뒤에 to부정사를 붙여서도 쓴다. 동사 task는 '~에게 일을 맡기다'라는 뜻을 가지고 있다.

-하는 임무를 부여받다, 일을 맡고 있다

» **The working group is tasked with developing guidelines for the responsible use of AI in the defense industry.**

그 특별 조사 위원회는 방위 산업에 AI를 책임감 있게 사용하는 것에 대한 지침을 마련하는 일을 맡고 있습니다.

- be responsible for developing
- be charged with developing
- be given the task of developing

» **The commission tasked with investigating an emission scandal at three car makers found that they had used a special device to lower car emissions in EPA tests.**

3개 자동차 회사의 배기가스 스캔들 조사 임무를 맡은 위원회는 이들이 EPA 테스트에서 배기가스 수치를 낮추기 위한 특수 장치를 사용한 것을 밝혀냈습니다.

- responsible for investigating
- charged with investigating
- assigned to investigate

472 be bound to

be bound to는 '-할 가능성이 크다, 거의 확실시되다'라는 뜻과 '(법, 계약 또는 도덕적인 측면에서) -해야 할 의무가 있다'라는 뜻을 가진 표현이다.

-할 가능성이 크다, 거의 확실시되다

» **The mayor said the death toll is bound to increase rapidly as recovery work gets into full gear.** *get into full gear* 본격적으로 시작되다

시장은 복구 작업이 본격적으로 시작되면서 사망자 수가 빠르게 증가할 가능성이 크다고 말했습니다.

- be expected to
- be anticipated to
- be likely to

-해야 할 의무가 있다

» **As the President of this nation, I'm bound to uphold and defend the principles of democracy our founders put in place hundreds of years ago.**

이 나라의 대통령으로서 저는 수백 년 전에 국가 건립자들이 세워 놓은 민주주의 원칙을 유지하고 보호할 의무가 있습니다.

- have a duty to
- be obliged to
- be duty-bound to

473 be compelled to

be compelled to는 '-해야 하다'라는 뜻이다. feel compelled to라고도 하는데, 이럴 경우 '-해야 한다고 느끼다'라는 말이 된다.

-해야 하다

» **With inflation still showing no sign of easing, the Fed might be compelled to jack up interest rates next month for the second quarter in a row.**

인플레이션이 아직 수그러들 기미를 보이지 않는 가운데, 다음 달 연준은 2분기 연속해서 금리를 인상해야 할지도 모릅니다.

- have to
- be forced to

● [참고] **The SWAT team chief didn't explain why they felt compelled to move in while negotiations were underway with the hostage holders.**

경찰특공대 대장은 왜 인질범들과 협상 중인 상황에서 진입해야 한다고 느꼈는지 설명하지 않았습니다.

- find it necessary to
- see fit to

474 be bent on

be bent on은 '~하려고 작심하다'라는 뜻이다. 앞에 hell-을 붙여 hell-bent라고 하면 의미가 더 강해진다. on 뒤에는 -ing 형태의 동명사를 비롯해 명사가 온다. 참고로 이 표현이 두 번째 예문처럼 명사를 수식하는 경우에는 be동사를 생략하고 [명사+bent on(~하려고 작심한 무엇)] 형태가 된다.

~하려고 작심하다

» **The CIA is chasing down the remnants of the terrorist group who are believed to be bent on (seeking) revenge against the US.**

CIA는 미국에 보복 의지를 갖고 있다고 생각되는 테러 집단의 잔당을 추적하고 있습니다.

- be intent on
- be set on
- be hell-bent on

» **The President criticized the Democrats for being a mob bent on destroying anything in their path.**

대통령은 민주당 의원들은 자신들의 길을 막는 것은 뭐든 파괴해버릴 무리라며 비난했습니다.

475 be met with

이 표현은 주어에 대한 '반응이 ~하다'라는 의미다. with 뒤에는 주로 resistance, criticism, skepticism, anger 같은 부정적 반응을 뜻하는 단어가 붙지만, applause, cheers, praise 같은 긍정적 반응의 단어와도 함께 쓸 수 있다. 이 표현의 능동태인 *A* meet with *B*도 같은 뜻을 가지고 있다. 이 표현이 좀 더 문어체 느낌이 나지만 방송에서는 자주 쓴다.

반응이 ~하다

» **The new AI regulations bill put forward by Senator Johnson has been met with strong pushback from industry leaders, who argue that the proposed measures could stifle innovation and hinder technological advancement.**

존슨 상원 의원이 제안한 새로운 AI 규제법은 업계 지도자들의 강한 반발에 부딪혔습니다. 이들은 해당 조치가 혁신을 억압하고 기술 발전을 저해할 것이라고 주장했습니다.

- meet with
- face
- encounter

» **Bridget's return to the Broadway stage is met with excitement from theatergoers as she takes on a new role in *The Three Sisters*.**

브리짓이 〈세 자매〉에서 새로운 역을 맡아 브로드웨이에 복귀하는 것에 대해 관객들은 크게 기대하는 반응을 보이고 있습니다.

- be sparking
- have met with
- be being received with

476 be entitled to

be entitled to는 '-할 권리가 있다'라는 뜻으로 뒤에 동사나 명사가 올 수 있다.

-할 권리가 있다

» **Every American, regardless of their race, gender, or socio-economic background, is entitled to be treated with dignity and respect.**

모든 미국 시민은 인종, 성별, 사회경제적 배경과 상관없이 존엄과 존경을 담아 대접받을 권리가 있습니다.

- have the right to
- deserve to

» **Everyone is entitled to (have) their opinion, but it should be grounded in factual information.**

누구든 자신의 의견을 가질 권리가 있지만 그것은 사실적 정보에 기초해야 합니다.

- have a right to

영어 뉴스에서 많이 쓰는

PART 2 구문 패턴

CHAPTER 7 » 전치사 구문

뉴스에 가장 많이 등장하는 전치사 구문을 소개한다. 여기에 소개된 전치사 구문은 (1) 사용빈도 1위인 in charge of처럼 뒤에 명사가 붙는 경우와 (2) in a position to처럼 뒤에 to부정사가 붙는 경우, (3) on strike, out of control처럼 고정된 형태로 쓰는 경우다. 앞 챕터처럼 (1), (2)번의 뒤에 어떤 명사나 동사를 자주 붙여 쓰는지 배우는 것이 학습의 핵심이다. 예를 들어 in charge of 뒤에는 security, investigation, operation, social services, search 같은 명사가 자주 등장한다. 단어 조합을 보면 해당 표현을 주로 어떤 맥락에서 쓰는지 쉽게 파악할 수 있다.

477 in charge (of)

'(~의) 책임을 맡은, 담당하는'이라는 뜻이다. 뒤에 of를 붙이면 어떤 것을 담당하는지 설명할 수 있는데, of 뒤에는 흔히 project, department, investigation, operation 등의 명사가 나온다.

(~의) 책임을 맡은, 담당하는

» **The officer in charge of the rescue operation said that weather conditions are currently posing a significant impediment to the mission.**

구출 작전의 지휘 책임을 맡은 장교는 현재 날씨 상황이 임무 수행에 큰 장애가 되고 있다고 말했습니다.

» **The captain in charge (of the investigation) said the driver might have accidentally hit the gas before crashing into the store.** *hit the gas* 가속 페달을 밟다

(수사를 맡은) 담당 서장은 운전자가 가게로 돌진해 충돌하기 전에 실수로 가속 페달을 밟았을 수 있다고 말했습니다.

478 on camera

on camera는 '카메라 앞에서, 촬영이나 방송 중인'이라는 뜻이다. 이 표현을 활용해 be caught[captured] on camera라고 하면 '카메라에 찍히다'라는 말이 된다.

카메라 앞에서, 촬영이나 방송 중인

» **Security is tight around here as we're waiting for the Prince's arrival. Everything is on camera, with guards all over the place.**

현재 왕자의 도착을 기다리고 있는 이곳의 경비는 삼엄합니다. 모든 것을 촬영하고 있고, 사방에 보안요원이 깔려 있습니다.

- be recorded
- be monitored on camera

» **Three policemen were caught on camera beating a black man on the street.**

세 명의 경찰이 흑인 남자 한 명을 길에서 때리는 장면이 카메라에 찍혔습니다.

479 on board (with)

on board는 '탈것에 탄'이라는 뜻인데, 이것을 의견이나 행동을 같이하며 같은 배를 탔다는 의미로 쓴다. 문맥에 맞게 '지지하는, 동의하는, 동참하는, 협력하는'이라고 해석한다. 뒤에 with를 붙이면 '~에 동의하는, ~을 지지하는'이라는 말이 된다.

(~을) 지지하는, 동의하는, 동참하는, 협력하는

» **France has yet to get on board with the U.S. and other allies on the proposed sanctions against Russia.**

프랑스는 러시아 제재안에 대해 미국을 비롯한 다른 동맹국에 아직 동참하지 않고 있습니다.

» **The President is pushing for a sweeping education reform bill, but not all members of his party are on board with it.**

대통령은 전면적인 교육개혁법안을 추진하고 있지만, 모든 당원이 그 법안을 지지하는 것은 아닙니다.

- support
- endorse
- in favor of

480 in a position to

in a position to는 '-할 수 있는 위치에 있는'이라는 뜻이다.

-할 수 있는 위치에 있는

» **I'm not in a position to comment on this issue because it's beyond my expertise.**

이 문제는 제 전문 분야가 아니기 때문에 저는 의견을 낼 위치가 아닙니다.

» **As the chair of the Judiciary Committee, she's in a position to steer the committee toward adopting an impeachment recommendation against the President.** *steer* ~을 몰고 가다

그녀는 법사위 위원장이기 때문에 위원회가 대통령에 대한 탄핵 권고안을 채택하도록 유도할 수 있는 위치에 있습니다.

- qualified to
- the right person to

481 on/off the table

on the table은 '고려 대상인, 선택 가능한'이라는 의미다. 그래서 put ~ on the table은 협상에서 '~을 제안하다'라는 말이 된다. 반대말은 off the table(논의 대상이 아닌, 선택이 가능하지 않은)이다.

고려 대상인, 선택 가능한

» **That's just one of the options on the table, and it's too early to tell which direction the decision will take.**

그것은 현재 고려 중인 옵션 중 하나일 뿐이며, 어떤 방향으로 결정될지 말씀을 드리기에는 너무 이릅니다.

» **The rebels have put a temporary ceasefire on the table, but whether the government will take them up on it remains to be seen.**

반군은 일시적인 휴전을 제안했지만, 정부가 그 제안을 받아들일지는 확실치 않습니다.

- under consideration

논의 대상이 아닌, 선택이 가능하지 않은

» **As things stand now, banning oil and gas imports from Russia is off the table because of the impacts it could have European economies.**

현 상황으로 볼 때, 러시아 산 석유와 가스 수입 금지는 유럽 경제에 미치는 파장 때문에 고려 대상이 아닙니다.

- not under consideration
- not on the agenda

482 on strike

on strike는 '파업 중인'이라는 뜻이다. '파업하다'는 go on strike라고 한다.

파업 중인

» **Many pilots are on strike, causing significant disruptions in the airline's flight operations.**

많은 조종사가 파업 중이라 항공사의 비행기 운항이 큰 차질을 빚고 있습니다.

» **The union is threatening to go on strike unless their demands for higher wages and better benefits are met.**

노조는 연봉과 수당 인상 요구가 받아들여지지 않을 경우 파업을 벌이겠다고 위협했습니다.

- on the picket line

483 on track to

on track to는 현재의 추세로 보아 '-할 것으로 예상되는, 보이는'이라는 뜻이다. track은 course로 바꿔도 된다. 참고로 유사 표현인 on pace to는 현재 진행 속도로 가면 '-할 수 있을 것으로 보이는'이라는 뜻으로 쓴다.

-할 것으로 예상되는, 보이는

» **Polls show that the President is on track to win a second five-year term.**
여론 조사를 보면 대통령은 5년 임기에 재선될 것으로 보입니다.

- likely to
- expected to

» **The U.S. is on course to record a $40 billion trade deficit in energy-related products this year.**
미국은 올해 에너지 관련 상품에서 4백억 달러의 무역 적자를 기록할 것으로 보입니다.

- likely to
- on pace to
- projected to

484 in touch with

in touch with는 '~과 연락하고 있는'이라는 뜻이다. 그래서 get in touch with라고 하면 '~에게 연락하다'라는 말이 된다.

~과 연락하고 있는

» **I've been in touch with the Department of Justice. They say they haven't decided yet whether to launch an official investigation into the matter.**
저는 법무부와 계속 연락을 취해왔는데, 그들은 그 문제에 대해 정식 수사를 개시할지 아직 결정하지 않았다고 합니다.

- in contact with
- in communication with

» **TBC's Grace Porter got in touch with a non-profit organization in Paris, and they helped her track down the couple in question.**
track down ~의 소재를 파악하다
TBC의 그레이스 포터는 파리에 있는 비영리 단체에 연락을 했고, 그 단체가 문제의 커플을 찾는 데 도움을 주었습니다.

485 on display

on display는 박람회나 화랑 등에 '전시된'이라는 뜻이다. 여기에서 확장해 '명백하게 드러난'이라는 뜻으로 쓴다. 의미를 강조하기 위해 display 앞에 full 등을 붙이기도 한다.

전시된

» **At the Israeli pavilion, some precious ancient artifacts dating back to the Old Testament period were on display.**

이스라엘의 전시관에는 구약성경 시대까지 거슬러 올라가는 귀중한 고대 유물이 전시되어 있었습니다.

- exhibited
- displayed
- showcased

명백하게 드러난

» **The ideological differences between the two candidates were on full display in tonight's debate as they clashed on a range of issues.**

오늘 저녁 토론회에서 두 후보가 여러 문제에서 충돌하면서 두 후보의 이념적 차이가 명백하게 드러났습니다.

- evident
- clearly shown
- clearly come through

486 on one's way to

on one's way to는 '~으로 가고 있는'이라는 뜻이다. to 뒤에 -ing가 나오면 긍정적인 맥락에서 '-할 가능성이 큰'이라는 말이 된다.

~으로 가고 있는

» **Debris presumed to be from Flight 734, which was on its way to Bangkok, was found in the waters near the coastal city of Phuket.**

방콕으로 향하던 734 항공기의 것으로 추정되는 잔해가 푸껫주 해안 도시 근처 바다에서 발견되었습니다.

- en route to

-할 가능성이 큰

» **The World Bank said that Morocco is on its way to becoming a major player in the green hydrogen sector.**

세계 은행에 따르면 모로코는 그린 수소 분야에서 주요 국가가 될 것으로 보입니다.

- on track to become

132. MP3

487 on hold

on hold는 '보류된, 중지된'이라는 뜻이다. 이를 활용한 put ~ on hold는 '~을 보류하다'라는 뜻이다.

보류된, 중지된

» **Everything has been on hold since Kevin McCarthy was ousted as Speaker of the House.**
케빈 매카시가 하원의장 자리에서 축출된 이후 모든 것이 정지 상태입니다.

- on pause
- in limbo
- suspended

» **NASA has decided to temporarily put the project on hold due to funding cuts.**
NASA는 예산 삭감 때문에 해당 프로젝트를 당분간 보류하기로 결정했습니다.

- on ice

488 on the lookout for

for 뒤에 위험 상황과 관련된 표현이 나오면 '~에 대비해 경계 태세인', 기회나 인재, 아이디어 등이 나오면 '~을 찾기 위해 기회를 엿보는, 세심히 주위를 살펴보는'이라는 뜻이다.

~에 대비해 경계 태세인

» **As the hurricane veered slightly westward, residents in South Carolina and Georgia were advised to be on the lookout for a potential landfall in that area.**
태풍이 약간 서쪽으로 방향을 틀면서 남부 캐롤라이나와 조지아 주민은 태풍 상륙에 대비해 경계 태세를 갖추어야겠습니다.

- vigilant for
- alert for
- on guard for

~을 찾기 위해 기회를 엿보는, 세심히 주위를 살펴보는

» **The Houston police department has put out an APB to be on the lookout for the suspect vehicle.** *APB* 지명 수배
휴스턴 경찰국은 용의자의 차량을 찾기 위해 지명 수배령을 내렸습니다.

- alert for
- watch for
- look out for

» **Chuck Paulson said he was always on the lookout for good opportunities to invest in Asia. Particularly, he has a soft spot for small startups with innovative ideas and visions.**
척 폴슨은 아시아에 좋은 투자 기회를 찾기 위해 항상 주의 깊게 지켜보고 있다고 말했습니다. 특히 그는 혁신적인 아이디어와 비전을 갖고 있는 소규모 스타트업 기업을 좋아합니다.

- look for
- keep an eye out for

489 on the verge of

on the verge of는 '~을 하기 직전인, 곧 할 것으로 보이는'이라는 뜻이다. verge는 brink로 바꿔도 된다.

~을 하기 직전인, 곧 할 것으로 보이는

» **With stiff UN sanctions in place for two years, the nation's economy is on the verge of collapse.** *in place* 실행 중인

UN의 강력한 제재가 2년 동안 지속된 가운데, 그 나라의 경제는 붕괴 직전의 상태입니다.

- on the cusp of
- about to

» **Anyone who is on the verge of retirement should stay away from risky assets.**

은퇴를 앞두고 있는 사람들은 위험도가 높은 자산 운용을 피해야 합니다.

- close to
- about to (retire)

» **One restaurant owner said inflation and soaring employee wages are putting them on the brink of financial ruin.**

한 식당 주인은 인플레이션과 인건비가 급격히 상승하면서 재정이 파탄 일보 직전이라고 말했습니다.

490 of importance

'중요한'이라고 하면 형용사 important만 생각하기 쉬운데, of importance 형태로도 같은 의미를 전달할 수 있다. 또 importance 앞에 great, paramount, the utmost 등을 넣어 의미를 강조할 수 있다.

중요한

» **It's of the utmost importance for the U.S. to stand firm on this issue.** *stand firm on* ~에 단호한 입장을 취하다

이 문제에 있어 미국이 단호한 입장을 취하는 것은 매우 중요합니다.

- very important
- crucial
- vital

» **There's no room for compromise on this issue because it's of great importance to us.**

이 문제는 저희에게 너무나 중요하기 때문에 타협의 여지가 전혀 없습니다.

- highly important
- very valuable
- crucial

491 in power

권력 안에 있다는 것은 곧 '집권하고 있는'이라는 의미다.

집권하고 있는

» **The former president is facing charges of receiving kickbacks from some businesspeople while he was in power.** *kickbacks* 뇌물

그 전임 대통령은 재임 중에 기업인들로부터 뇌물을 받았다는 혐의를 받고 있습니다.

• in office

» **There's no telling what lengths the dictator would go to in order to stay in power.**

그 독재자가 권력을 계속 유지하기 위해 어떤 일까지 벌일지 알 수 없습니다.

492 in favor of

in favor of는 '~에 찬성하는'이라는 뜻이다. 참고로 '~에 반대하는'이라는 의미의 표현으로는 against와 opposed to가 있다.

~에 찬성하는

» **I've never been in favor of defunding the police. In fact, I've always argued for allocating more financial resources to law enforcement agencies.** *defund* ~에 재정 지원을 줄이다

저는 경찰 예산을 줄이는 것에 한 번도 찬성한 적이 없습니다. 오히려 법집행기관에 더 많은 재원을 배정해야 한다고 항상 주장했습니다.

• on board with
• a proponent of
• support

» **Five Democrats broke ranks to side with Republicans in favor of the bill.** *break ranks* 대열에서 이탈하다

다섯 명의 민주당 의원이 당론에서 이탈해서 그 법안에 찬성하는 공화당 의원들 편에 섰습니다.

• in support of

493 in control of

in control of는 상황이 악화되지 않게 '~을 통제하고 있는'이라는 뜻이다. 그래서 '점령하고 있는, 장악하고 있는'이라는 의미로도 활용한다.

~을 통제하고 있는, 점령하고 있는

» **If the Democrats manage to flip two out of these five states, they will be back in control of the House.** *flip* 전에 졌던 지역에서 승리하다

민주당이 이 다섯 개 주 중에 두 군데만 가져와도 다시 하원을 장악하게 됩니다.

- with a majority in
- to dominate

» **The rebels are currently in control of several villages in northern Syria.**

반군들은 현재 북부 시리아의 마을을 여러 군데 점령하고 있습니다.

- control
- hold
- occupy

494 out of control

out of control은 '통제가 안 되는, 통제를 벗어난'이라는 뜻이다. 주로 be동사나 동사 get과 함께 쓴다. 참고로 급격히 통제가 안 되는 상황에 빠지는 것은 spiral out of control이라고 한다.

통제가 안 되는, 통제를 벗어난

» **The situation at the border is out of control, with hundreds of immigrants being detained daily while trying to cross illegally.**

detain ~을 억류하다

국경의 상황은 매일 수백 명이 밀입국을 시도하다 억류되는 일이 벌어지면서 통제 불능 상태입니다.

- uncontrollable
- out of hand

» **The collapse of Lehman Brothers marked the watershed point in the financial crisis. Immediately after its failure, things began to spiral out of control.**

리먼 브라더스 사의 몰락은 금융 위기의 분수령이 되었습니다. 리먼 브라더스가 파산하자마자 상황은 급격히 악화되기 시작했습니다.

- deteriorate rapidly
- descend into chaos

134. MP3

495 in response (to)

in response (to)는 '(~에 대한) 대응으로, 답변으로'라는 뜻이다. 앞서 언급한 내용에 대응한다는 의미일 경우 맥락이 명확함으로 in response만 써도 된다.

(~에 대한) 대응으로, 답변으로

» **The ruling party is pushing for a bill restricting public gatherings in response to the nation's escalating civil unrest.**

여당은 국민의 불안이 점점 심화되는 것에 대응하여 공공 집회 제한 법안을 추진하고 있습니다.

» **The US has decided to impose a punitive 30 percent import tariff on all agricultural imports from China. In response, China has announced reciprocal tariffs on a range of American agricultural products, escalating the trade tensions between the two countries.**

미국은 중국에서 수입되는 모든 농산물에 대하여 30퍼센트의 징벌적 관세를 부과하기로 결정했습니다. 이에 맞서 중국도 여러 미국 농산물에 상응하는 관세를 부과하겠다고 발표했고, 양국 간의 무역 긴장이 더욱 고조되고 있습니다.

496 in line with

in line with는 '~과 일치하는, ~을 따르는'이라는 뜻이다. 이 표현은 동사 match로 바꿔 쓸 수 있다. 참고로 bring in line with라고 하면 '~에 맞추다, 일치하게 하다'라는 의미가 된다.

~과 일치하는, ~을 따르는

» **The oil company released their revenues for October 2023, and the figures are pretty much in line with market expectations.**

• in keeping with
• consistent with

그 정유 회사는 2023년도 10월 총수익을 발표했습니다. 액수는 시장의 예상과 거의 일치합니다.

» **The rate cuts are part of the government's efforts to facilitate access to affordable care in line with the Universal Health Care Reform Plan.**

• in accordance with

금리 인하는 전 국민 의료 개혁안에 따라 저렴한 보건 서비스에 접근성을 높이기 위한 정부의 노력의 일환입니다.

497 on the ballot

on the ballot은 '선거 후보 명단에 이름이 올라 있는, 주민 투표에 부쳐진'이라는 뜻의 표현이다.

선거 후보 명단에 있는, 주민 투표에 부쳐진

» **He's one of the nine candidates on the ballot in the Republican primary.** · in the race

그는 공화당 당내 경선에 등록된 9명의 후보 중 한 명입니다.

» **Marijuana legalization is on the ballot in Ohio. The results can have a significant impact on a related bill pending in the state legislature.** · up for a vote

오하이오주에서 마리화나 합법화 문제가 주민 투표에 부쳐졌습니다. 투표 결과는 주 의회에서 계류 중인 관련 법안에 큰 영향을 줄 수 있습니다.

498 in attendance

in attendance는 '참석한'이라는 뜻이다. 이 표현은 present나 on hand와 바꿔 쓸 수 있다.

참석한

» **Among those in attendance were Amanda Jackson, a two-time Oscar winner, and Tim Robinson, an NBA hall-of-famer.**

참석자 중에는 오스카 상을 두 번 수상한 아만다 잭슨과 NBA 명예의 전당에 이름이 올라 있는 팀 로빈슨이 있었습니다.

» A **Who else was on hand at the fundraiser?** · in attendance

B **Among those who graced the event were members of Congress, including Chairman of the Senate Budget Committee, Sherwood Brown.** *grace* 등장하다, 참석하다

A 그 기금 모집 행사에 참석한 사람이 또 누가 있을까요?

B 이 행사를 빛낸 사람들 중에는 상원 예산위원회의 위원장인 셔우드 브라운을 포함한 의회 의원들이 있었습니다.

499 at large

at large는 범인이나 동물 등이 '잡히지 않은'이라는 뜻이다. on the loose 역시 같은 의미의 표현이다.

잡히지 않은

» **With the suspect still at large, the city is in lockdown, with the police asking the residents to shelter in place.**

용의자가 아직 검거되지 않은 가운데, 도시는 봉쇄된 상태고 경찰은 주민들에게 현재 위치에서 피신하라고 당부하고 있습니다.

» **The lion that broke out of the zoo is still on the loose, with zoo staff and police working together to capture it.**

동물원에서 탈출한 사자가 아직 잡히지 않아서, 동물원 직원들과 경찰이 사자를 잡기 위한 합동 작전을 벌이고 있습니다.

500 up in the air

up in the air는 공중에 떠 있는 것처럼 '미정인, 불확실한'이라는 뜻이다. 유사 표현으로 hang in the balance(미해결, 미결정 상태다)가 있다.

미정인, 불확실한

» **There are rumors that the White House is pushing for a new military alliance in the Pacific, but much of this is up in the air until the President sits down with the Australian Prime Minister, Anthony Albanese, this weekend for a one-on-one.**

- uncertain
- in the balance
- remain to be seen

백악관이 태평양에서 새로운 군사 동맹을 추진하고 있다는 소문이 있지만, 대통령이 이번 주말에 앤서니 앨버니지 호주 총리와 일대일 회담을 갖기 전까지는 상당 부분이 불확실한 상태입니다.

» **Management has come back with a new offer of increased wage and benefits, but whether the union will accept it is still up in the air.**

- uncertain
- undecided
- in question

사측이 연봉과 복리후생비 인상이라는 새로운 안을 제시했습니다만, 노조가 이를 받아들일지는 여전히 불확실합니다.

501 at stake

at stake는 무엇이 '걸려 있는, 달려 있는'이라는 뜻으로, nation, future, life, freedom, principle 등이 손상될 위험에 처해 있다는 맥락에서 쓴다. on the line 역시 같은 의미의 표현이다.

걸려 있는, 달려 있는

» **When it comes to aircraft safety, we can't take chances because the passengers' lives are at stake.**

항공기 안전에 관해서는 요행을 바랄 수 없습니다. 승객의 생명이 걸려 있으니까요.

» **What is at stake here is not just a seat in Congress. Our democracy is on the line.**

여기에는 단순히 의회의 의석 한 자리만 달려 있는 게 아닙니다. 우리나라의 민주주의가 걸린 문제입니다.

502 in dispute

in dispute는 '논쟁의 대상인, 문제가 되고 있는, 쟁점이 되고 있는'이라는 뜻을 가지고 있다. 이의가 제기되고 있는 문제적 상황에서 자주 쓴다.

논쟁의 대상인, 문제가 되고 있는

» **The facts of the case are not in dispute. The mayor abused his power to line his pockets.** *line one's pockets* 부정하게 이득을 취하다

이 사건의 사실 여부에 대해선 논쟁이 없습니다. 시장은 자신의 권력을 남용하여 주머니를 채웠습니다.

- disputed
- contested
- challenged

» **What's in dispute is not his qualifications as a business manager but whether he can really deliver where the rubber meets the road.** *where the rubber meets the road* 실제로 적용되는 지점

의문이 제기되는 부분은 경영자로서의 그의 자격이 아니라 실제 현장에서 발휘되어야 할 그의 능력에 대한 점입니다.

- in question
- at issue

503 on the agenda

on the agenda는 토론이나 회담에서 '안건에 올라 있는'이라는 뜻을 가진 표현이다. 앞에 high를 붙이면 '주요 안건인'이라는 말이 된다.

안건에 올라 있는

» **The Palestinian American journalist held in custody in Teheran is sure to be on the agenda when the President meets with Iranian leaders.** *held in custody* 구금된

테헤란에 구금된 팔레스타인계 미국인 언론인에 대한 문제는 대통령이 이란 지도자들과 만날 때 안건이 될 것이 분명합니다.

• a topic of discussion
• discussed

» **China's currency controls are likely to be high on the agenda when the President visits Beijing next week.**

중국의 통화 통제 문제는 다음 주 대통령이 북경을 방문했을 때 주요 안건이 될 가능성이 큽니다.

• a key topic

504 in need

in need는 '어려움에 처한, 궁핍한, 도움이 필요한'이라는 뜻이다. 참고로 in need of라고 하면 '~이 필요한'이 된다.

어려움에 처한, 궁핍한, 도움이 필요한

» **I caught up with one of the volunteers who was doling out medicine and other supplies to those in need. She said she'd been on her feet for two days.** *dole out* ~을 조금씩 나눠주다

어려움에 처한 사람들에게 약품과 기타 물품을 배급하고 있던 자원봉사자 중 한 명을 만나보았습니다. 그녀는 이틀 동안 쉴 틈도 없이 계속해서 일했다고 말했습니다.

• |참고| **The hurricane left many homes damaged, some of them in need of repairs before their occupants can move back in.**

태풍으로 많은 주택이 파손되었고, 그 중 일부는 거주민이 다시 들어가기 전에 수리가 필요합니다.

505 under+명사

[under+명사] 형태로 '~ 중인, ~하고 있는'이라는 뜻을 전달하는 표현이 많다. 아래 예문을 통해 대표적인 표현을 알아보자.

---

under pressure 압력을 받고 있는

» **The White House is under pressure to take bolder action to curb violence in schools.**

백악관은 학교 폭력을 막기 위해 보다 과감한 조치를 취하라는 압력을 받고 있습니다.

under siege 사면초가에 몰린

» **The state's dairy industry is under siege due to increasing production costs and fierce competition from imported dairy products.**

그 주의 낙농업은 생산비 증가와 수입 유제품과의 치열한 경쟁 때문에 사면초가에 몰려 있습니다.

under threat 위협을 받고 있는

» **The marine ecosystem is under threat from a variety of factors, including overfishing, pollution, climate change, and habitat destruction.**

해양 생태계는 남획과 오염, 기후 변화, 서식지 파괴 등 다양한 요소로 위협을 받고 있습니다.

under attack 공격이나 비난을 받고 있는

» **The President is under attack by the opposition for failing to stand up for immigration rights.**

대통령은 야당으로부터 이민자의 권리를 보호하지 않는다는 비난을 받고 있습니다.

under investigation 수사 중인

» **The early morning fire gutted three homes before it was brought under control at about 7 a.m. The cause of the fire is under investigation.**

gut ~을 전소시키다

새벽에 일어난 화재는 주택 세 채를 전소시킨 후에 오전 7시쯤 불길이 잡혔습니다. 화재 원인은 수사 중에 있습니다.

under review 검토 중인

» **The prosecutor said the ruling is under review by his team to determine whether to appeal it to the Supreme Court.**

검사는 대법원에 항소할지 결정하기 위해 팀에서 법원의 판결을 검토 중이라고 말했습니다.

506 in+감정

[in+감정]은 '~한 감정을 느끼는, ~한 감정에 빠진'이라는 뜻이다. 영어에서는 어떤 감정이나 정신 상태가 되는 것을 [in+감정]으로 말하는 경우가 많다. 아래 나온 것 외에 자주 쓰는 표현으로 in panic(혼비백산한, 공황 상태에 있는), in awe(경외감을 느끼는) 등이 있다.

in shock 충격에 빠진

» **The music world is in shock after the legendary jazz singer Lewis was gunned down on stage.**

전설적인 재즈 가수 루이스가 무대에서 총에 맞아 쓰러진 후에 음악계는 충격에 사로잡혀 있습니다.

in disbelief 믿기지 않는

» **Neighbors looked on in disbelief as the search and rescue team worked frantically to find people entrapped in the rubble.**

look on 구경하듯 보다

수색 구조대가 건물 더미에 갇힌 사람들을 찾느라 정신없이 일하는 동안 이웃 주민들은 믿기지 않는다는 표정으로 지켜보았습니다.

507 at the forefront of

at the forefront of는 '~의 전면에, 앞장선'이라는 뜻이다.

~의 전면에, 앞장선

» **Our election correspondent, Ana Donovan, is here with the latest poll figures. So, what's at the forefront of voters' minds this time around?**

선거 담당 기자인 아나 도노반이 최근 여론 조사 수치를 갖고 나와 있습니다. 이번에 유권자들이 가장 관심을 갖고 있는 이슈는 무엇인가요?

- at the top of
- top of mind (for voters)
- a primary concern (for voters)

» **Autovita, at the forefront of developing self-driving cars, has achieved a significant breakthrough in safety.**

자율 주행 자동차 개발의 선두 기업인 오토비타는 안전 문제에서 중요한 진전을 달성했습니다.

- in the vanguard of
- on the cutting edge of

508 in good/bad shape

in good shape는 '사람의 건강 상태나 사물의 상태가 좋은'이라는 뜻이다. 반대로 상태가 나쁘다면 in bad shape라고 한다. good은 excellent, bad는 poor로 바꿔 쓸 수 있다.

상태가 좋은

» **The roads to the earthquake site aren't in good shape, which is why it's taking so much time to get aid out there.**

지진이 발생한 지역까지 가는 도로 상태가 좋지 않아서 그곳에 구호 물자를 전달하는 데 시간이 많이 걸리고 있습니다.

- in good condition
- well-maintained

» **We've been training hard, so we expect to be in good shape for the upcoming Olympic Games.**

저희는 훈련을 열심히 해왔기 때문에 준비가 잘 된 상태에서 다가오는 올림픽에 참가할 수 있을 것으로 기대합니다.

- in excellent condition
- in top form

상태가 나쁜

» **With the economy and job market in bad shape, many job seekers are choosing to stay on the sidelines instead of actively seeking job opportunities.** *on the sidelines* 관망하는

경제와 구직 시장의 상황이 나쁘다 보니, 적극적으로 일자리를 찾기 보다는 관망하기로 마음먹은 구직자들이 많습니다.

- in tatters
- in shambles
- in trouble

509 on (the) alert

on (the) alert는 '경계 중인, 방심하지 않는'이라는 뜻이다. 그래서 put[place] ~ on (the) alert라고 하면 '~에게 경계 명령을 내리다'라는 말이 된다. 참고로 on high alert는 '특급 경계 상태인'이라는 뜻이다.

경계 중인, 방심하지 않는

» **The South Korean military forces are on alert for a possible ICBM missile test by the North.**
대한민국의 군대는 북한의 ICBM 미사일 발사 가능성에 대비하여 경계 상태입니다.

» **People are asked to be on the alert for a scam text message pretending to be from the prosecutor's office.**
검찰청에서 보낸 것처럼 사칭하는 사기 문자 메시지를 주의해야 합니다.

• vigilant
• on guard
• watchful

» **Police in three states have been put on alert for a convicted murderer who broke out of prison last night.**
어젯밤에 교도소에서 탈출한 기결수 살인범 때문에 3개 주의 경찰에 경계 명령이 내려졌습니다.

510 in effect

in effect는 경보가 '발효 중인', 정책 등이 '시행 중인'이라는 뜻이다.

발효 중인, 시행 중인

» **A hurricane warning is in effect for parts of Louisiana, and these are the same areas hard hit by Hurricane Dorian two months ago.**
be hard hit by ~에서 큰 피해를 입다
현재 루이지애나주의 일부 지역에 태풍 경보가 발효 중입니다. 이 지역은 두 달 전에 태풍 도리안 때문에 크게 피해를 입은 지역입니다.

• in place

» **A travel ban is in effect for Americans wanting to travel to Sudan because of the ongoing military conflict in the country.**
현재 수단에서 벌어지고 있는 군사 충돌 때문에 수단으로 여행을 가고자 하는 미국인들에게 여행 금지 조치가 시행 중입니다.

• in place
• in force
• enforced

511 in violation of

in violation of는 '~을 위반하는'이라는 뜻이다. of 뒤에는 흔히 rules, law, UN sanctions 등이 나온다.

~을 위반하는

» **The indiscriminate bombing in civilian areas is clearly in violation of international law and amounts to war crime.**

민간 지역에 대한 무차별 폭격은 명백히 국제법 위반이며 전쟁 범죄에 해당하는 행위입니다.

- in breach of
- against
- violate

» **I'm holding the President accountable for the growing gun violence in this country. He's in violation of his oath of office, where he pledged to protect the lives of the American people.**

저는 우리나라에서 증가하고 있는 총기 폭력 사태에 대해 대통령에게 책임을 묻고자 합니다. 대통령은 미국 국민의 생명을 보호하겠다고 맹세한 취임 선서를 지키지 못하고 있습니다.

- have broken
- have breached
- have failed to uphold

512 in play

in[at] play는 선거 맥락에서는 해 볼 만한 '경합지인'이라는 뜻이고, 그 외에는 factor 등이 '영향을 미치는, 작용하는'이라는 뜻으로 쓴다. 관련 표현인 come into play(요소로 작용하다, 영향을 미치다)도 알아두자.

경합지인

» **With the Hispanic population up 15 percent from last year, California is clearly in play for the Republican presidential race.**

지난해에 비해 히스패닉계 주민이 15퍼센트 증가한 캘리포니아주는 공화당 대선 후보 경선에서 확실한 경합인 지역이라고 볼 수 있습니다.

- up for grabs
- a battleground

영향을 미치는, 작용하는

» **Another major factor at play is the possibility that slowing sales could cause the economy to slip back into recession.**

영향을 주는 또 다른 주요 요소로는 매출 감소로 인해 경제가 다시 불황에 빠질 수 있다는 가능성이 있습니다.

- at work

513 on the job

일반적인 의미로 '작업하는 동안, 회사에서 근무 중인'이라고 하려면 on the job이라고 한다. 참고로 on call이라고 하면 '호출 대기 중인'이라는 뜻이다.

작업하는 동안, 회사에 근무 중인

›› **Fresh out of the academy, Officer Warton had been on the job for only two weeks when he was assigned to his first major homicide case.** *fresh out of* ~을 갓 졸업한

아카데미를 갓 졸업한 워턴 경사는 근무한 지 2주 만에 첫 번째 주요 살인 사건 수사를 맡게 되었습니다.

›› **In the three months our team has been on the job, we have deterred over 200 security attacks, most of them from Russia.**

저희 팀은 작업을 한 3개월 동안 200건 이상의 보안 공격을 막아냈습니다. 공격의 대부분이 러시아에서 시작된 것이었습니다.

- at work
- work

514 on duty

on duty는 '근무 중인'이라는 뜻이다. 주로 소방대원, 군경, 공무원처럼 공식적인 임무를 맡거나 의료진, 경비원처럼 교대 근무를 하는 직업일 때 쓴다.

공직에 있거나 교대 근무 중인

›› **A nurse who was on duty when the missile struck the hospital recalled the tragedy, saying that it was a scene of utter chaos and devastation.**

미사일에 병원에 떨어졌을 때 근무 중이었던 한 간호사는 극심한 혼란과 파괴의 현장이었다고 당시의 비극을 되새겼습니다.

›› **I was able to get hold of a federal employee who was on duty on that day. Take a listen to what he said.** *get hold of* ~에게 연락하다

그날 근무 중이었던 연방 공무원 한 명과 연락이 닿았습니다. 그의 이야기를 한번 들어 보시죠.

515 on site

on site는 '작업이나 행사, 사건 현장에'라는 뜻이다.

작업이나 행사, 사건 현장에

» **We have a manager on site to oversee the progress of the construction project.**
건설 업무의 진척을 감독하기 위해 현장에 매니저가 나가 있습니다.

- present
- at the site
- on location

» **There was no active security on site when the break-in occurred.**
침입이 발생했을 때 현장에는 근무 중인 경비가 없었습니다.

- present
- at the location
- on the premises

516 on the ground

on the ground는 어떤 행사나 재난, 사고, 전투 등의 '현장에'이라는 뜻이다. 병력이나 요원과 관련해서 쓰면 '파견된, 배치된'이라고 해석할 수 있다. on the scene과 바꿔 쓸 수 있지만, 범죄 현장을 의미할 때는 주로 on the scene을 사용한다.

행사나 사고, 전투 현장에

» **As you can see behind me, hundreds of rescue and relief workers are on the ground, fighting to gain control of the situation.**
제 등 뒤로 보이는 것처럼, 수백 명의 구호 및 복구 인원이 현장에 나와서 상황을 통제하기 위해 노력하고 있습니다.

- on the scene
- at the site

» **A cargo plane crashed in central Virginia earlier today, killing both the pilot and the co-pilot. Investigators are still on the ground, trying to piece together what happened.**

piece together ~을 파악하다

오늘 중부 버지니아주에서 화물기가 추락해 조종사와 부조종사가 사망했습니다. 조사팀은 여전히 현장에서 사고 경위를 밝히기 위해 애쓰고 있습니다.

- present at the scene
- on the scene

» **British troops are on the ground at an air base north of Kabul.**
영국 병력이 카불 북쪽 공군 기지에 배치되어 있습니다.

140. MP3

517 on the scene

이 표현은 일반적인 작업 현장에는 쓰지 않고, 행사나 사건, 범죄의 '현장에'라는 뜻으로 쓴다. 현장에서 뉴스를 보도하는 상황에서도 많이 쓴다. 참고로 유사한 뜻인 at the scene에는 어떤 장소에 '가 있다'라는 의미만 있고, on the scene에는 그 장소에서 '어떤 활동을 하고 있다'라는 뉘앙스가 포함되어 있다.

행사나 사건, 범죄 현장에

» **Tim Robertson from WBCA was on the scene when the entire building went up in flames and filed this report.**

건물 전체가 화염에 휩싸였을 때 현장에 있었던 WBCA의 팀 로버트슨이 이런 취재 내용을 보내왔습니다.

- on site
- at the scene

» **National Guard troops are on the scene right now, managing traffic flow and supporting emergency response teams.**

지금 현장에는 방위군이 출동해서 교통 상황을 관리하고 긴급출동팀을 지원하고 있습니다.

- present
- at the scene
- on the ground

» **As I arrived on the scene here, I saw emergency workers scrambling to secure the area and evacuate nearby residents.**

제가 현장에 도착했을 때, 긴급구조요원들이 현장을 통제하고 근처 주민들을 대피시키느라 바쁘게 움직이는 것이 보였습니다.

- at the scene
- at the site

518 at work

at work는 원래 '직장에 가 있는'이라는 뜻인데, 어떤 요소가 '작용하는'이라는 의미로도 쓴다. 뒤에 to부정사를 붙인 at work to는 '-하려고 노력 중인'이 된다.

작용하는

» **We're dealing with a complicated issue because it's not just politics; religion is also at work here.**

이것은 단순히 정치뿐만 아니라 종교도 관련이 있기 때문에 다루기가 복잡한 문제입니다.

- in play

-하려고 노력 중인

» **Insurance companies are hard at work to reduce costs and enhance efficiency as part of their efforts to survive the looming recession.**

보험회사들은 다가오는 불황에서 살아남기 위한 노력의 일환으로 비용을 절감하고 효율성을 높이기 위해 열심히 노력하고 있습니다.

519 in question

'해당하는, 논의되고 있는', '불확실한, 의문시되는'이라는 의미다. 후자의 경우 future, credibility, leadership 등의 명사와 함께 쓴다.

해당하는, 논의되고 있는

» **A charming estate with a rich history has recently come on the market. The property in question was once owned by the renowned actor John Hughes, who used it as a summer retreat.**

유서 깊은 멋진 대저택이 최근에 매물로 나왔습니다. 해당 부동산은 유명 배우인 존 휴즈가 한때 소유했었는데, 그는 그 저택을 여름 별장으로 사용하였습니다.

• at issue

불확실한, 의문시되는

» **After being sidelined for an entire season due to his knee injury, Jack Seabrook's NFL future is very much in question.**

무릎 부상으로 시즌을 완주하지 못한 잭 시브룩의 NFL 미래는 매우 불확실합니다.

• uncertain
• in doubt
• up in the air

» **The problem is that farmers have little faith in the district court because its integrity is in question following a recent bribery scandal.**

최근에 있었던 뇌물 스캔들 때문에 지방법원의 정직성이 의문시되면서 농민들이 지방법원을 신뢰하지 못하고 있다는 것이 문제입니다.

• in doubt
• called into question

520 in support of

in support of는 '~을 지지하는, 찬성하는'이라는 뜻이다. 앞서 나왔던 in favor of와 같은 의미다.

~을 지지하는, 찬성하는

» **As I have made clear on several occasions before, I am in support of adopting a carbon tax.**

전에 여러 번 분명히 밝혔듯이 저는 탄소세 도입에 찬성합니다.

• for
• in favor of
• support

» **In Teheran, Istanbul, and Beirut, people staged rallies in support of the Palestinians in Gaza, who are under siege by Israeli forces.**

stage (시위 등을) 벌이다 *under siege* 포위당한

사람들은 테헤란, 이스탄불, 베이루트에서 이스라엘 군에게 포위당한 가자 지구 팔레스타인 국민을 지지하는 시위를 벌였습니다.

• in solidarity with

521 in possession of

in possession of는 '~을 소지하고 있는, 소유하고 있는'이라는 뜻이다. possession은 '소유, 소지품'이라는 뜻을 가지고 있다.

~을 소지하고 있는, 소유하고 있는

» **When the former NBA All-Star player was arrested, he was in possession of an illegal firearm.**
전 NBA 올스타 출신 선수는 체포되었을 때 불법 무기를 소지하고 있었습니다.

» **He is charged with attempting to flee the nation while in possession of classified documents.**
그는 기밀문서를 소지한 채 국외로 탈출을 시도한 혐의를 받고 있습니다.

522 under the impression that

under the impression that은 '…라는 인상을 받는, …라고 생각하는'이라는 뜻이다. 유사 표현으로는 under the belief that(…라고 믿는), under the assumption that(…라고 가정하는)이 있다.

…라는 인상을 받는, …라고 생각하는

» **I was under the impression that his messages were failing to resonate with the voters.** *resonate* 반향을 불러일으키다
저는 그의 메시지가 유권자들의 공감을 사지 못하고 있다는 인상을 받았습니다.

- think
- get the impression that
- have the sense that

» **The President is under the impression that China isn't playing by the rules when it comes to trade.**
대통령은 무역과 관련해 중국이 규범을 따르지 않는다고 생각합니다.

- think that
- believe that
- have the impression that

● 참고 **Russia invaded Ukraine under the belief that it wouldn't hold out for long against its superior forces.** *hold out* 버티다
러시아는 우크라이나가 자국의 우세한 군대에 대항하여 오래 버티지 못할 것이라고 믿고 침공했습니다.

523 in agreement

in agreement는 '동의하는, 의견이 같은'이라는 뜻이다. 동의하는 의견이나 사람을 표현하려면 뒤에 with나 that을 붙여 말할 수도 있다. be in agreement(동의하다)는 동사 agree로 대체해도 된다.

동의하는, 의견이 같은

» **Nutrition experts are in agreement that eating a variety of fruits and vegetables every day should be an essential part of a healthy balanced diet.**

영양 전문가들은 매일 다양한 과일과 채소를 섭취하는 것이 건강하고 균형 잡힌 식단의 중요한 요소라는 것에 의견이 일치합니다.

• unanimous

» **I'm not in agreement with Manning on that particular issue, but we share common ground on most other issues.**

share common ground 의견이 같다, 공통점을 가지다

그 문제에 있어서는 저는 매닝과 의견이 같지 않지만 다른 문제는 대부분 의견이 일치합니다.

• on the same page

524 in store for

여기서 store는 명사로 미래에 쓰려고 보관한 것을 의미한다. 그래서 in store for는 어떤 것이 저장되어 있는 것처럼 '~에게 (미래에 일어날 것으로) 예상되는'이라는 뜻이다. weather, change, surprise 등이 예상된다고 할 때 쓰고, be, lie, have, hold 등의 동사와 자주 어울려 쓴다.

~에게 예보된, 예상되는

» **Summer-like warm temperatures are in store for San Jose over the next couple of days.**

산호세 지역은 앞으로 며칠 간 여름 같이 높은 기온이 예상됩니다.

• on the horizon for
• expected for
• forecast for

» **Whatever lies in store for us down the road, we'll face it together.**

앞으로 어떤 일이 닥칠지라도 우리는 함께 맞설 겁니다.

• ahead of

525 in the interest of

이 표현 뒤에 the public, nation 등을 넣어 '~에 이익이 되는', transparency, protecting the environment 등을 넣어 '~을 도모하기 위해'라는 뜻으로 쓴다. 참고로 in the interest of -ing는 in order to처럼 '-하기 위해'라는 의미다.

~에 이익이 되는

» **We need to question whether American foreign policy is operating in the interest(s) of average American citizens.**

미국의 외교 정책이 일반 미국 시민에게 이익이 되는 방향으로 작동하고 있는지 따져봐야 합니다.

- in the service of

~을 도모하기 위해

» **In the interest of transparency, we demand that the council open its meetings to the public.**

투명성을 위해 저희는 회의를 대중에게 공개할 것을 위원회에 요구합니다.

- for
- for the sake of

-하기 위해

» **The British government is pushing for stricter restrictions on fossil fuel companies in the interest of fighting climate change.**

영국 정부는 기후 변화와 싸우기 위해 화석연료 업체에 더 엄격한 규제를 추진하고 있습니다.

- for the purpose of -ing
- with a view to -ing

526 under oath

법정에서 증언이나 진술하기에 앞서 진실만을 말하겠다고 '선서를 한'이라는 뜻이다.

선서를 한

» **He contested the prosecutor's charges of perjury, asserting that he has never lied under oath.** *contest* 이의를 제기하다

그는 검찰의 위증죄 혐의에 이의를 제기하며 자신은 선서를 하고 절대로 거짓말한 적이 없다고 주장했습니다.

» **The officer, under oath, maintained that he had shot the man in self-defense.** *maintain* ~을 주장하다

그 경찰은 법정 선서를 하고, 그 남자를 총으로 쏜 것이 정당방위였다고 주장했습니다.

527 on the mend

on the mend는 '(병에서) 회복 중인'이라는 뜻이다. 질병뿐만 아니라 economy, industry, market, relationship, health 등이 회복 중이라는 의미로 쓴다.

회복 중인

» **House Speaker Evans underwent surgery to have a small tumor removed from his kidney last week, and he is now on the mend.**
에번스 하원의장은 지난주에 콩팥에서 작은 종양을 제거하는 수술을 받았고, 현재는 회복 중입니다.

- on the road to recovery

» **The declining number of unemployment claims is clear evidence that the US job market is on the mend.**
실업 수당 신청 건수가 줄어드는 것은 미국의 고용 시장이 회복세에 있다는 확실한 증거입니다.

- on the rebound

528 in the works

in the works는 '준비 중에 있는, 추진 중에 있는'이라는 뜻이다. plan, project, deal, work 등과 함께 쓴다.

준비 중에 있는, 추진 중에 있는

» **I understand you have a new movie in the works that portrays the life of a man on death row. Can you share some background on this project?**
감독님께서 현재 사형수의 일생을 그린 영화를 준비 중인 것으로 알고 있습니다. 이 작업의 배경에 대해서 말씀해주시겠습니까?

- in the making
- in development
- in the pipeline

» **Plans are in the works to develop a section of the Rainbow River banks into a waterfront entertainment resort.**
레인보우 강둑의 일부를 강변 유원지로 개발하려는 계획이 추진 중입니다.

- underway
- in the pipeline
- in progress

529 at the helm (of)

at the helm (of)은 '(~의) 대표인, 책임자인'이라는 말이다. helm은 배를 운전하는 키를 의미한다.

(~의) 대표인, 책임자인

» **With Eric Bauer at the helm, Starvision set out to slim down operations and squeeze more earnings out of its streaming subscription service.** *slim down* ~의 규모를 줄이다

에릭 바우어가 대표로 있을 때, 스타비전 사는 조직의 크기를 줄이고 스트리밍 구독 서비스로 더 많은 수익을 끌어내기 위한 작업에 착수했습니다.

• in charge
• as CEO

» **Ana Johnson recently retired from public service after 10 years at the helm of a UN relief agency.**

아나 존슨은 10년 동안 UN 구조 단체의 책임자로 일했고, 최근에 공직에서 은퇴했습니다.

• in charge of

530 on the rise/decline

on the rise는 '증가세나 상승세에 있는'이라는 뜻이다. on the upswing도 같은 뜻이다. 반대로 '감소세나 하락세에 있는'은 on the decline이나 on the downswing이라고 한다.

증가세나 상승세에 있는

» **Violent crime has been on the rise since the pandemic after a decade-long downward trend.**

흉악 범죄는 10년 동안 줄어드는 경향을 보이다 팬데믹 이후 증가세에 있습니다.

• on an upward trend

» **Consumer spending is on the upswing for the second consecutive quarter, driven by increased confidence in the economy and higher disposable incomes.** *disposable* 이용 가능한

경제에 대한 신뢰와 가처분 소득이 증가하면서 개인 소비가 2분기 연속 상승세에 있습니다.

• on an upward trajectory

감소세나 하락세에 있는

» **The traditional media business has been on the decline, overshadowed by the growing popularity of online platforms.**

높아지는 온라인 플랫폼의 인기에 압도되어 전통 미디어 사업은 하락세에 있습니다.

• in decline
• decline
• go downhill

531 out of context

out of context는 '맥락을 생략한, 맥락을 고려하지 않은'이라는 뜻이다. 흔히 take[quote] ~ out of context(~을 맥락을 생략한 채 인용하다, 해석하다) 형태로 쓴다.

맥락을 생략한, 맥락을 고려하지 않은

» **Short videos posted on social media are often out of context and at risk of being misinterpreted.**

SNS에 올려져 있는 짧은 영상들은 맥락이 생략된 경우가 많아서 잘못 해석될 위험이 있습니다.

» **Sarah defended herself by arguing that her comments were taken out of context and that she had no intention of offending the Islamic community.**

사라는 자신의 발언이 맥락이 생략된 채 인용되었고, 이슬람 지역 사회에 불쾌감을 줄 의도가 없었다며 자신을 변호했습니다.

532 at fault (for)

at fault (for)는 단어 그대로 '(~에 대해) 잘못한, 과실이 있는'이라는 뜻이다. 잘못이나 과실의 이유를 설명할 때는 뒤에 전치사 for를 붙인다.

(~에 대해) 잘못한, 과실이 있는

» **I think we need to focus on fixing the problem instead of bickering over who is at fault.** *bicker over* ~로 사소한 논쟁을 벌이다

저는 우리가 누구에게 잘못이 있는지 논쟁하는 대신에 문제를 해결하는 데 집중해야 한다고 생각합니다.

- to blame
- responsible
- accountable

» **In the legal battle, the court ruled that the insurance company was at fault for failing to properly inform the claimant policyholders about crucial coverage details.**

해당 법정 싸움에서 법원은 보험사가 신청자인 보험 계약자들에게 중요한 보장 내용을 제대로 알려주지 않은 과실이 있다고 판결했습니다.

- blamable for
- responsible for

533 at the height of

'~이 한창일 때, 절정일 때'라는 의미로, 보통 career, crisis, summer 등의 단어와 어울려 쓴다. 참고로 이 표현은 어떤 과정이 '클라이맥스 단계에 있는'의 의미고, 아래 나온 in full swing은 행사나 과정 등이 '한창 진행 중인'이라는 의미기 때문에 구분해서 써야 한다.

~이 한창일 때, 절정일 때

» **The container shipping company adopted an aggressive expansion strategy at the height of the financial crisis by ordering 20 container ships, while competitors were thinning out their fleets.**

thin out ~의 규모를 줄이다

그 컨테이너 운송사는 금융 위기가 절정일 때 경쟁사가 보유 선박을 줄이는 상황에서 20척의 컨테이너 선을 발주하면서 공격적인 확장 전략을 사용했습니다.

- during the peak of
- in the throes of
- in the midst of

» **The legendary Hollywood star Kelly Wood, well known for her role in *Fame*, earned $150,000 per episode at the height of her career.**

〈Fame〉에서의 역할로 잘 알려진 전설적인 할리우드 스타 켈리 우드는 한창일 때 편당 15만 달러를 출연료로 받았습니다.

- at the pinnacle of
- in the prime of

534 in full swing

'한창인, 본격적이 단계인'이라는 뜻으로, season, campaign, production, project 등을 함께 쓴다. 같은 의미로 in top[high] gear(최고조로)가 있다.

한창인, 본격적이 단계인

» **With the summer holidays in full swing, highways to popular vacation spots are reporting bumper-to-bumper traffic.**

bumper-to-bumper 차량이 꼬리를 무는

본격적으로 여름 휴가철이 시작되면서 주요 휴양지로 가는 고속도로에서 차량 정체가 이어지고 있습니다.

- at one's peak
- well underway

» **The preparations for an APEC summit are in top gear in Seattle, with the Seattle Convention Center, the venue of the summit, undergoing massive renovations.**

시애틀에서는 APEC 정상회담 준비가 본격적인 단계에 접어들면서, 회담 장소인 시애틀 컨벤션 센터에 대한 대규모 리모델링 공사가 한창 진행 중입니다.

- well underway
- go full steam ahead

535 for fear (of)

for fear (of)는 '(~이) 걱정되는, 두려운'이라는 뜻이다. of를 that으로 바꾸면 '(…할 것이) 걱정되는, 두려운'이라는 말이 된다.

(~이) 걱정되는, 두려운

» **A woman who asked to remain anonymous for fear of retaliation said that her husband is in jail for speaking out against the government at a rally.**

보복을 걱정해 익명을 부탁한 한 여성은 남편이 집회에서 정부를 비판하는 발언을 해서 현재 교도소에 있다고 말했습니다.

• out of concern for

» **An internal source who refused to be on camera for fear of being fired told me that the company had been cooking the books for a long time.** *cook the books* 회계 장부를 조작하다

직장에서 해고당할까 봐 카메라 앞에서 인터뷰하는 것을 거절한 한 내부 제보자는 그 회사가 오랫동안 회계 장부를 조작해왔다고 말했습니다.

• out of fear of
• afraid of

» **The SWAT unit has been ordered to stand down for fear that the building might be booby-trapped with explosives.**

경찰특공대는 건물에 폭발물이 숨겨져 있을 것을 우려해 물러나라는 명령을 받았습니다.

• in case

536 on edge

on edge는 '불안한, 신경이 날카로운'이라는 뜻이다.

불안한, 신경이 날카로운

» **Most residents in this town are on edge as reporters are swarming in to see how they are holding up a year after a freight train derailed, unleashing massive plumes of toxic chemicals.**

화물 열차가 탈선하면서 유독성 화학물질 연기가 대거 방출된 지 1년이 지났습니다. 이 마을 사람들이 어떻게 버티고 있는지 알아보려고 기자들이 대거 몰려오면서 주민 대부분은 신경이 날카로워져 있습니다.

• restless
• edgy
• unnerved

» **The Democratic leadership is on edge at the news of possible defections from their camp on the vote on the immigration bill.**

이민법안 표결에 대해 민주당 캠프에서 일부 이탈 가능성이 있다는 뉴스가 보도되자 민주당 지도부는 좌불안석입니다.

• nervous
• anxious
• uneasy

537 in the spotlight

in the spotlight는 '언론의 관심을 받는, 주목을 받는'이라는 뜻이다. in the limelight이라고도 한다.

언론의 관심을 받는, 주목을 받는

» **Xtron is in the spotlight this week as a whistleblower is scheduled to testify before a Senate subcommittee about how the car maker fabricated safety test results for years.**

엑스트론 사는 이번 주에 언론의 관심을 받고 있습니다. 이 자동차 제조사가 지난 수년 동안 안전 검사 결과를 어떻게 조작했는지에 대해 내부 고발자가 상원 상임위원회에서 증언하기로 예정되어 있기 때문입니다.

• at the center of attention

» **Kate Bauer, who won a state pageant show in 2021, is back in the limelight as a victim of cyberstalking.**

2021년에 주 미인 대회에서 우승했던 케이트 바우어는 사이버 스토킹의 피해자로 다시 한번 언론의 주목을 받고 있습니다.

• in the public eye

538 at the root of

'~의 근본적인 원인인'이라는 뜻이다. root는 '뿌리'라는 뜻뿐 아니라 '문제의 근원, 핵심'이라는 의미도 가지고 있다. of 뒤로 concern, problem, dispute 등의 명사가 나온다.

~의 근본적인 원인인

» **At the root of the problem is widespread public distrust in our political processes.**

이 문제의 근본 원인은 정치 프로세스에 대한 국민의 불신이 팽배하다는 것입니다.

• at the cor of
• at the heart of

» **Race has always been at the root of the many challenges faced by public schools.**

인종 문제는 항상 공립학교가 직면한 여러 문제의 핵심이었습니다.

• at the core of
• at the heart of
• central to

539 at the core of

at the core of는 '~의 핵심인'이라는 뜻이다. 주로 be동사나 동사 lie와 함께 쓴다.

~의 핵심인

» **Universal access to quality medical care is at the core of my medical reform plans.**

누구나 보편적으로 우수한 의료 서비스를 받을 수 있는 것이 제 의료 개혁안의 핵심입니다.

· at the heart of
· central to
· integral to

» **Investor relations is all about accountability, a principle that lies at the core of our corporate culture.**

투자자 관계에서 가장 중요한 것은 책임성이고, 이 원칙은 저희 기업 문화의 핵심 요소입니다.

· central to
· fundamental to
· an integral part of

540 in the know/dark (about)

in the know는 '알고 있는'이라는 뜻이고, 반대말인 in the dark는 어둠 속에 있는 것처럼 '모르고 있는'이라는 뜻이다. 같은 말을 '~에 대해 아는 바가 있다/없다'라는 식으로 have knowledge of나 have no knowledge of라고 할 수도 있다.

알고 있는

» **This evidence leaves no doubt that the Israeli intelligence agency had been in the know about the growing threat from Hamas but failed to alert the military.**

이 증거는 이스라엘 정보국이 하마스의 위협이 커지는 것을 알고 있었지만 군에 제대로 알리지 않았다는 점을 분명히 보여줍니다.

· aware of
· cognizant of
· informed of

모르고 있는

» **In a recently published memoir, former Defense Secretary Craig revealed that he had been in the dark about the deal being negotiated with Iran.**

최근에 발간된 회고록에서 전 국방장관 크레이그는 이란과 협상하고 있던 합의안에 대해 모르고 있었다고 말했습니다.

· unaware of
· uninformed of

146. MP3

541 in the news

'뉴스에 나왔다'는 영어로 어떻게 말할까? 생각보다 간단하다. in the news(뉴스에서, 뉴스에 나온)를 be동사나 come up, see 등과 함께 쓰면 된다.

뉴스에서, 뉴스에 나온

» **A tech startup in San Jose is in the news for a brilliant product they have just put out to the market, and Sandra Manning is here to fill us in.** *fill ~ in* ~에게 알려주다

산호세에 있는 신생 IT기업이 얼마 전에 시장에 내놓은 놀라운 제품으로 뉴스를 타고 있습니다. 관련 내용을 알려주기 위해 산드라 매닝이 여기 나와 있습니다.

» **We see in the news all the time people who were once filthy rich now living in poverty.** *filthy rich* 더럽게 돈이 많은

우리는 한때 어마어마하게 부자였지만 지금은 가난하게 사는 사람들의 모습을 뉴스에서 자주 보게 됩니다.

• in the headlines
• in the spotlight
• make headlines

542 en route (to)

'(~으로) 가는/오는 중인'이라는 뜻이다. en route는 프랑스어인데 영어권에서도 쓴다.

(~으로) 가는/오는 중인

» **The President is en route to a G-20 summit in Rome.**

대통령은 G20 정상회의에 참석하기 위해 로마로 향하는 중입니다.

• on one's way
• in transit

» **The minister submitted his resignation by email while en route home from a visit to France.**

그 장관은 프랑스를 방문하고 귀국하는 길에 이메일로 사표를 제출했습니다.

• on one's way

543 around the clock

around the clock은 '하루 종일, 24시간 내내'라는 뜻이다. 24/7도 같은 의미다. 참고로 round-the-clock처럼 형용사로도 쓴다.

하루 종일, 24시간 내내

» **People here have started a prayer chain as emergency crews are working around the clock to search and rescue victims in the rubble.**

긴급구조대가 24시간 내내 건물 잔해에서 희생자를 수색하고 구조하려 애쓰는 동안 이 곳 사람들은 연쇄 기도 모임을 시작했습니다.

- night and day
- relentlessly
- without interruptions

» **Relief workers are on the move 24/7, delivering food, water, and other supplies to thousands of people isolated by the worst blizzard ever.** *on the move* 분주히 일하고 있는

구호대원들은 사상 최악의 눈보라로 고립된 수천 명의 사람들에게 식량과 물, 기타 물품을 전달하기 위하여 24시간 내내 동분서주하고 있습니다.

- constantly
- non-stop

544 on the horizon

이 표현은 '일어날 조짐이 있는'이라는 뜻으로, war, recession, crisis 등의 명사와 어울려 쓴다. '앞으로 다가온, 얼마 남지 않은'이라는 뜻일 때는 opportunity, retirement, season 등과 함께 쓰고, '준비 중인, 실현될 가능성이 큰'이라는 뜻일 때는 project, expansion, deal 등과 함께 쓴다.

일어날 조짐이 있는

» **There's a political fight on the horizon as the President and the Republican Party are on a collision course over abortion.**

대통령과 공화당이 낙태 문제를 놓고 충돌 상황을 빚으면서 앞으로 정치적 싸움이 일어날 조짐이 있습니다.

- in sight
- in the offing

앞으로 다가온

» **With the NFL season on the horizon, advertisers are gearing up to splurge on high-profile ads.** *splurge on* ~에 큰돈을 쓰다

NFL 시즌이 다가오면서 광고주들은 이목이 집중될 광고에 거액을 쓸 준비를 하고 있습니다.

- just around the corner

준비하고 있는

» A **Is there any other new book on the horizon?**

B **No. Writing this novel was a draining experience, and it kind of took a toll on me. So, I'm planning on taking a break from writing.** *draining* 탈진하게 만드는 *take a toll on* ~에게 손상을 주다

A 지금 준비하고 계신 다른 새로운 책이 있습니까?

B 아니요. 이 소설을 쓰느라 너무 힘들었습니다. 건강도 안 좋아졌고요. 그래서 잠시 집필을 쉴 생각입니다.

• in the pipeline
• in the works
• on the way

545 at war/peace (with)

at war (with)는 말 그대로 '(~와) 전쟁 중인'이라는 뜻이다. 반대 의미를 가진 표현인 at peace (with)는 '(~을 받아들여) 마음이 평화로운', 죽어서 '영면한'이라는 뜻이다.

(~와) 전쟁 중인

» **With over 40,000 people killed in gun violence last year, America is practically at war, and we can't let this continue.**

작년에 총기 사고로 사망한 사람이 4만 명을 넘어서면서 미국은 사실상 전쟁 상태에 있습니다. 이런 상황이 계속되게 내버려두면 안 됩니다.

• in a state of war

(~을 받아들여) 마음이 평화로운

» **Six years after a boat sank off the coast of Sicily drowning most of the 40-some Sudanese refugees aboard, Osman Ibrahim, a survivor of the tragedy, is now at peace (with it), living in Rome under political asylum.**

시실리 연안에서 배가 좌초되어 탑승했던 약 40명의 수단 난민 대부분이 수장된 지 6년이 지난 지금, 그 비극적 사건의 생존자인 오스만 이브라힘은 정치적 망명자로 로마에서 생활하며 마음의 평화를 찾았습니다.

영면한

» **Richard Right, the father of the fallen Marine, was grateful that his son was finally at peace and thanked America for the outpouring of support his family received.** *outpouring of* ~의 분출

전사한 해병의 아버지인 리처드 라이트는 아들이 이제라도 영면한 것에 감사하며 미국이 그의 가족에게 깊은 성원을 보내준 것에 감사했습니다.

• in repose

546 in action

in action은 '활동 중인'이라는 뜻이다. 맥락에 따라 '경기에 나선', '전투 중인'이라는 의미도 된다.

활동 중인

» **TBC correspondent Chris Morgan tagged along with a 911 first responder team for two days, saw them in action, and sent us this report.** *tag along with* ~을 따라가다

TBC의 크리스 모건 통신원이 911 긴급구조팀을 이틀 동안 따라다니며 활동을 관찰하고 다음과 같은 기사를 보내왔습니다.

- at work
- in operation
- in the field

경기에 나선

» **After three weeks of sitting on the bench due to a knee injury, Marvin Porter was back in action and led his team to a sensational 3-2 upset win.**

마빈 포터는 무릎 부상으로 3주 동안 벤치에 앉아 있다가 경기에 복귀해서 팀의 기적적인 3대 2 역전승을 견인했습니다.

- in the game
- on the field
- in play

전투 중인

» **Today, amid light rain, a memorial was held at Hyde Park to honor every man and woman missing or killed in action during Operation Freedom.**

오늘 약한 비가 내리는 가운데, 하이드 파크에서는 프리덤 작전 중에 실종되거나 전사한 모든 장병들을 기리는 추도회가 열렸습니다.

547 in close proximity (to)

in close proximity (to)는 '(~과) 가까운 거리에 있는'이라는 뜻이다.

(~과) 가까운 거리에 있는

» **Such miscalculations lead to unintended conflicts when American and Iranian forces are in close proximity.**

그와 같은 오판은 미군과 이란군이 근접 거리에 있을 때 의도하지 않은 충돌로 이어질 수 있습니다.

- in close range
- close to each other

» Enclosed office spaces where people work **in close proximity to** each other are an ideal environment for the spread of respiratory viruses.

서로 인접한 거리에서 일을 하는 폐쇄된 사무실 공간은 호흡기 바이러스가 퍼지기에 딱 좋은 환경입니다.

- near
- close to

548 on the offensive/defensive

on the offensive는 '공격에 나선, 공세적인'이라는 뜻이고, 반대말은 on the defensive(방어 태세인, 수세에 몰린)이다. 앞에 be동사나 go를 쓰면 '공격적/수비적으로 나가다'라는 의미가 된다. 참고로 go on the offensive처럼 '~을 공격하다'라는 의미는 attack이나 go after로도 표현할 수 있다.

공격에 나선, 공세적인

» In today's debate, Parker went **on the offensive** against Collins, calling him soft on crime.

오늘 토론에서 파커는 콜린스가 범죄에 관대하다고 말하면서 콜린스를 공격했습니다.

방어 태세인, 수세에 몰린

» Senator Samuel Stewart is **on the defensive** today after a video leaked on YouTube yesterday showing him visibly intoxicated in his office. He has been denying allegations that he is an alcoholic.

새뮤얼 스튜어트 상원의원은 어제 사무실에서 눈에 띄게 취한 상태로 있는 영상이 유튜브에 유출된 후 오늘 수세에 몰려 있습니다. 스튜어트 의원은 그동안 알코올 중독자설을 부인해왔습니다.

- on the back foot
- in damage control mode

549 in droves

in droves는 '(사람들이) 대거, 떼 지어'라는 뜻이다.

(사람들이) 대거, 떼 지어

» **Zenith is in deep trouble as users are abandoning its platform in droves, lured by "Flore", the new sensation in online gaming.**
제니스 사는 사용자가 온라인 게임의 신흥 강자 '플로어'에 매료되어 대거 플랫폼에서 빠져나가면서 위기에 직면해 있습니다.

- in large numbers
- en masses
- by the thousands

» **In the Ohio primary, Travis Carter came in second thanks to the younger voters who came out in droves to support him.**
오하이오 경선에서 트래비스 카터는 그를 지지하기 위하여 떼지어 투표에 참여한 젊은 유권자들 덕분에 2위를 기록했습니다.

- in large numbers
- en masses
- in full force

550 in limbo

in limbo는 '불확실한, 애매한 상태인'이라는 뜻이다. limbo에는 '불확실한 상태, 어중간한 상태'라는 뜻이 있다.

불확실한

» **Tens of thousands of immigrant kids are in limbo because of an oversight in immigration law.** *oversight* 부주의, 간과
수만 명의 이민 아동이 이민법의 허점 때문에 (신분이) 불확실한 상황에 놓여 있습니다.

- in a state of uncertainty

애매한 상태인

» **The government's plans to create a fast-track pathway to citizenship for these kids are in limbo due to strong pushback from Senate Republicans.**
이 아동들이 속성으로 시민권을 취득할 수 있는 길을 열어주려는 정부의 계획은 공화당 상원의원들의 강력한 반대로 뚜렷한 진전이 없습니다.

- in the balance
- on hold

551 at pains to

at pains to는 '애써 -하는, -하려고 애쓰는'이라는 의미다. 주로 지적하거나 강조, 설명하려고 애쓴다고 할 때 쓴다.

애써 -하는, -하려고 애쓰는

» **In the press conference, Coach Warton was at pains to point out that his team wasn't in the best shape, with four key players out with injury.**

기자회견에서 워턴 코치는 핵심 선수 4명이 부상으로 빠진 상황이라서 팀이 최상의 상태는 아님을 힘들게 언급했습니다.

• keen to

» **The White House spokesman was at pains to play down the prospect of any breakthrough in the ongoing peace talks in the Middle East.** *play down* ~의 의미를 축소하다

백악관 대변인은 현재 진행 중인 중동의 평화 회담에서 돌파구가 생길 전망에 대해 애써 기대를 낮추어 말했습니다.

• keen to

552 in keeping with

in keeping with는 '~과 일치하는, ~을 따르는'이라는 뜻이다. keeping에는 '조화, 일치, 상응'이라는 뜻이 있다. 앞서 나왔던 in line with와 같은 뜻이다.

~과 일치하는, ~을 따르는

» **In the debate, he tried to trip his opponents up with embarrassing personal questions. This was a deliberate strategy very much in keeping with what he had been doing throughout his campaign.** *trip ~ up* ~을 함정에 빠트리다

토론에서 그는 난처한 사적 질문을 던져서 상대방을 함정에 빠트리려 했습니다. 이것은 의도된 전략으로 선거 운동 내내 그가 했던 행동과 궤를 같이합니다.

• in line with
• consistent with

» **Within the Democratic party, Jack Right is known as a heretic because what he advocates for isn't often in keeping with their traditional values.** *advocate for* ~을 옹호하다

민주당 내에서 잭 라이트는 이단자로 알려져 있습니다. 잭 라이트가 옹호하는 것들이 흔히 당의 전통적인 가치에서 벗어나기 때문입니다.

• in line with
• aligned with
• consistent with

553 on (a) par with

on (a) par with는 '~과 동등한'이라는 뜻이다. 주로 be동사와 함께 쓰거나 put[place] *A* on (a) par with *B*(A가 B와 동등해지게 하다) 형태로 사용한다.

~과 동등한

» **The World Bank estimates that it will take Brazil at least 20 years for its per-capita income to be on a par with that of European countries.** *per-capita* 1인당

세계은행은 브라질의 1인당 국민 소득이 유럽 국가들과 같은 수준이 되려면 최소한 20년이 걸릴 것으로 예상합니다.

• equal to
• equivalent to

» **Novon achieved 3 percent of global smartphone sales last year, putting it on par with Google and Microsoft.**

노본 사는 작년에 전 세계 스마트폰 매출의 3퍼센트를 기록해서 구글, 마이크로소프트와 대등한 매출을 보였습니다.

• in the same league as

554 on pause

on pause는 '중단된, 멈춰선'이라는 뜻으로, one's life, plans, dreams, careers, project 등과 함께 쓴다. 주로 be동사와 함께 쓰거나 put ~ on pause(~을 중지시키다) 형태로 쓴다.

중단된, 멈춰선

» **For the past two years, the Morgans' lives have been on pause as they've been turning over every stone they could to find their missing son.** *turn over every stone* 모든 방법을 다 쓰다

지난 2년 동안 모건 부부는 온갖 방법을 동원해서 실종된 아들을 찾아다니면서 인생이 멈춰버렸습니다.

• on hold
• at a standstill
• in limbo

» **The studio has decided to put the movie on pause while the screenplay is revised to remove the controversial scenes.**

영화 제작사는 문제가 되는 장면을 삭제하기 위해 대본을 수정하는 동안 영화 제작을 중단하기로 했습니다.

• on hold

555 at risk (of)

at risk (of)는 '(~의) 위험에 처한'이라는 뜻이다.

(~의) 위험에 처한

» **The pandemic is clearly on the way out, but unvaccinated people, particularly those aged 65 or above or with preexisting conditions, are still at risk.**

유행병은 확실히 끝나가고 있지만 아직 백신 접종을 안 한 사람들, 특히 65세 이상이나 기저질환을 갖고 있는 사람들은 여전히 위험한 상황입니다.

- in danger
- in jeopardy
- vulnerable

» **UNICEF said that over 50 million African children are at risk of malnutrition.**

유니세프는 5천만 명 이상의 아프리카 아동들이 영양실조가 될 위기에 처해 있다고 말했습니다.

- in danger of
- exposed to

» **According to the latest polls, Virginia Senator Jean Abbott is at risk of losing her seat in the upcoming election as she is trailing her opponent by 7 points.** *trail* 뒤처지다

최근 여론 조사에 따르면 진 애봇 버지니아 상원의원은 상대 후보에게 7포인트 뒤진 상태로, 이번 선거에서 의원 자리를 상실할 위기에 처해 있습니다.

- in danger of

556 at a stalemate

진진 없이 '입장 차이를 좁히지 못하는, 교착 상태인'이라는 뜻이다. 흔히 deal, negotiations, war 등과 함께 쓴다.

입장 차이를 좁히지 못하고 있는, 교착 상태인

» **Currently, over 300 nurses are on strike as their contracts are up for renewal, but the hospital and the union are at a stalemate over wages and benefits.**

현재 300명이 넘는 간호사가 계약 갱신을 앞두고 파업 중에 있습니다만, 병원과 노조는 임금과 복리후생을 놓고 입장 차를 좁히지 못하고 있습니다.

- at an impasse
- in a standoff

» **The war is at a stalemate and is likely to remain so for quite a while as the winter sets in.** *set in* 본격적으로 시작되다

현재 전쟁은 답보 상태이며, 본격적으로 겨울이 시작되면 이 상태가 상당 기간 지속될 것으로 보입니다.

- in a deadlock
- at a standstill
- at an impasse

557 at odds (with)

at odds (with)는 '(~과) 의견이 일치하지 않는, 충돌하는'이라는 뜻이다.

(~과) 의견이 일치하지 않는, 충돌하는

» **During his tenure as Homeland Security chief, Kevin McLennan was often at odds with the President's top advisors over counterterrorism strategies.**

케빈 맥레넌은 국토안전부 장관으로 재임하는 동안 대테러 전략을 놓고 종종 대통령 최고 고문들과 의견 충돌을 빚었습니다.

- in disagreement with
- in conflict with
- at loggerheads with

» **The two parties are at odds over extending the child tax credit beyond 2025.**

자녀 세액공제를 2025년 이후까지 연장하는 것을 놓고 양당은 다른 견해를 갖고 있습니다.

- in disagreement
- not on the same page

558 on a collision course (with)

이 표현은 comet, ship 같은 물체나 government, political parties, the US 같은 기관 또는 인물 등이 '(~과) 충돌할 방향으로 가고 있는'이라는 뜻이다. 태풍 등이 어떤 지역에 상륙할 것으로 보인다고 할 때도 쓴다.

(~과) 충돌 상황으로 가고 있는

» **China and the Philippines are on a collision course after a Chinese coast guard ship blocked a Philippine vessel conducting research in its own waters.**

중국 해양경찰선이 자국 해역에서 연구 활동을 하는 필리핀 선박의 진로를 가로막은 후 양국은 충돌 상황으로 가고 있습니다.

- headed for a showdown

» **Storm warnings are in effect for southern Texas as Hurricane Gloria is on a collision course with the state.**

태풍 글로리아가 텍사스주를 향하면서 텍사스 남부에는 태풍 경보가 발효되었습니다.

- on track to hit
- headed straight for

559 in shambles

in shambles는 '엉망인, 난장판인'이라는 뜻이다. place, house, infrastructure처럼 어떤 장소나 시설을 비롯해 economy, system, industry, life 등이 엉망이라고 할 때 쓴다.

엉망인, 난장판인

» **Up next, Olympic athletes are complaining about their hotels being in shambles. Our reporter, Kate Frankel went out to investigate what's going on.**

다음 뉴스입니다. 올림픽에 참가하는 선수들이 호텔 상태가 엉망이라고 불평하고 있습니다. 케이트 프랭클 기자가 가서 어떻게 된 일인지 알아봤습니다.

- chaotic
- a mess
- a disaster

» **With the economy in shambles, many people are struggling to live day to day.** *live day to day* 하루 벌어 하루 살다

경제가 엉망인 상태라서 많은 국민이 하루 벌어 하루 살기도 힘든 상황입니다.

- in ruins
- in tatters
- in disarray

560 in the doldrums

in the doldrums는 '부진한, 침체에 빠진'이라는 뜻이다. 경제나 시장, 업계가 침체에 빠졌다는 의미로도 쓰고, 팀 성적이 안 좋거나 선수가 부진하다는 의미로도 쓴다.

부진한, 침체에 빠진

» **Stocks hit record new highs today on the back of Apple's strong earnings, but the housing market is in the doldrums for an 18th straight month.** *on the back of* ~에 힘입어

오늘 주가는 애플의 높은 수익 보고에 힘입어 사상 최고치를 기록했습니다만, 주택 시장은 18개월째 침체에 빠져 있습니다.

- stagnant
- sluggish
- in a slump

» **Brad McClain, a La Liga top player, has been in the doldrums for quite a while, and he admits to feeling mentally and physically off-kilter.** *off-kilter* 정상 컨디션이 아닌

라 리가 리그의 최고 선수인 브래드 맥클레인은 오랫동안 부진한 상태이며, 본인이 정신적으로나 신체적으로 정상 컨디션이 아님을 인정했습니다.

- in a slump
- out of form
- not at one's best

561 out of bounds

out of bounds는 행동이나 말이 도를 넘어서 '지나친, 용납할 수 없는'이라는 뜻이다. '선을 넘다'라는 의미인 cross a line이나 go too far, overstep the mark도 알아두자.

지나친, 용납할 수 없는

» **The idea that a reporter can ask a politician any question, even though it's intrusively private and out of bounds, isn't in line with free speech.** *in line with* ~와 일치하는

기자는 정치인에게 사생활 침해적이고 도를 넘어서는 어떤 질문도 할 수 있다는 생각은 언론의 자유에 어긋납니다.

- unacceptable
- inappropriate
- beyond the pale

» **Clearly, Payne was out of bounds when she called Kruster a "moron" who doesn't understand the founding principles of America.**

페인이 크러스터를 미국의 건국 원칙을 이해하지 못하는 '멍청이'라고 부른 것은 명백하게 지나친 발언이었습니다.

- out of line

562 out of step with

out of step with는 '~과 보조를 맞추지 않는', '~과 맞지 않는'이라는 뜻이다.

~과 보조를 맞추지 않는

» **Frank Coleman has faced a lot of criticism for being out of step with the rest of his party.**

프랭크 콜먼은 자신의 당과 보조를 맞추지 않는다는 비난을 많이 받았습니다.

~과 맞지 않는

» **The environmental group accused the cruise industry of being out of step with the times by continuing to operate heavy oil-burning cruise ships, which are significant carbon emitters.**

환경 단체는 크루즈 업계가 탄소 배출이 극심한 중유 크루즈를 계속 운항하는 것은 시대와 맞지 않는다며 비난했습니다.

- out of pace with
- out of touch with
- behind

563 out in full force

이 표현은 어떤 집단의 사람들이 어떤 현장에 '대거 참석한, 대거 나온'이라는 의미다. 흔히 police, security forces, crews 등이 대거 동원되거나 protesters, fans, shoppers, voters 등이 각 상황에 맞게 대거 몰려나오거나 참석했다고 말하는 상황에서 쓴다.

대거 동원된, 배치된

» **As the pro-Israel and anti-Israel demonstrators gathered near City Hall, the police were out in full force, forming a barrier between the two groups to keep them apart and safe.**

친이스라엘과 반이스라엘 시위대들이 시청 근처에 모여들자, 경찰이 대거 출동하여 두 집단을 분리하고 안전을 유지하기 위하여 장벽을 설치했습니다.

- out in full deployment

대거 몰려나온, 참석한

» **Despite the ongoing inflation, Black Friday shoppers are out in full force, hunting for the best deals.**

계속되는 인플레이션에도 불구하고 블랙 프라이데이 구매자들은 저렴한 물건을 찾아 대거 쇼핑에 나서고 있습니다.

- out in droves
- out in large numbers

» **Los Angeles baseball fans were out in full force to watch the Dodgers take on the San Diego Padres in the NL Division Series opener Saturday.**

LA 야구팬들은 내셔널 리그 디비전 시리즈 첫 경기에서 다저스가 샌디에이고 파드리스와 맞붙는 경기를 보러 대거 경기장을 찾았습니다.

영어 뉴스에서 많이 쓰는

PART 3 이디엄

이 파트에서는 뉴스에서 가장 많이 등장하는 이디엄인 take place를 비롯해 다양한 이디엄 표현을 소개한다. 영어 뉴스에서는 표준적인 이디엄뿐만 아니라 캐주얼한 이디엄도 많이 들을 수 있다. 또 뉴스 진행자끼리 대화하거나 초대한 사람과 대담을 나눌 때 일상에서 쓰는 구어 표현도 자주 쓴다. 이런 점이 입을 통해 '말'로 내용을 전달하는 뉴스와 문어체로 정리된 '글'로 내용을 전달하는 기사나 보고서와의 차이점이다. 여기 나오는 이디엄은 뉴스에서 매우 빈번하게 쓰는 것이니 의미와 사용 맥락, 자주 어울려 쓰는 명사 등을 잘 익혀두도록 하자.

564 take place

이 표현은 shooting, accident, explosion 등의 사건이 '발생하다, 일어나다', ceremony, event, meeting 등의 행사가 '열리다'라는 뜻으로 쓴다.

발생하다, 일어나다

» **The police are talking to several witnesses, but apparently, they haven't yet figured out how the accident took place.**

경찰이 몇 명의 목격자들의 진술을 듣고 있지만, 아직 그 사고가 어떻게 일어났는지를 파악하지 못한 것으로 보입니다.

• happen
• occur
• come about

열리다

» **The historic match between Mike Tyson and Andy Young is set to take place in Las Vegas this Friday amid anticipation among fans and sports bettors reaching fever pitch.**

팬과 스포츠 도박사들의 기대감이 극도의 열기로 고조되고 있는 가운데, 마이크 타이슨과 앤디 영의 역사적인 대결이 이번 금요일 라스베이거스에서 열립니다.

• occur
• get underway
• go down

565 keep in mind

keep in mind는 '~을 명심하다, 염두에 두다'라는 뜻이다. 보통 이 형태로 많이 쓰지만 keep in mind that 형태로도 쓴다. keep을 bear로 바꿔도 같은 의미다.

~을 명심하다, 염두에 두다

» **So, it's important to keep that in mind when talking about reform in college education.**

그러니까 대학 교육 개혁을 이야기할 때는 그 점을 명심하는 것이 중요합니다.

• remember
• not forget
• not lose sight of

» **We should keep in mind that close to half of the world's population is living under the poverty line as set by the World Bank.**

세계 인구의 거의 절반이 세계은행이 정한 빈곤선 아래에서 살고 있다는 점을 잊지 말아야 합니다.

• remember that
• bear in mind that
• be reminded that

566 take part in

take part in은 '~에 참여하다'라는 뜻이다. participate in 역시 같은 의미의 표현이다.

~에 참여하다

» **Researchers from multiple nations took part in the study to benefit from diverse perspectives.**
다양한 관점을 반영하기 위하여 여러 국가의 연구원들이 그 연구에 참여했습니다.

- join
- be involved in

» **While in Warsaw, the President is scheduled to participate in the G-20 summit and visit the Holocaust Memorial in Auschwitz-Birkenau.**
바르샤바에 체류하는 동안 대통령은 G20 정상회담에 참석하고, 아우슈비츠 비르케나우에 있는 홀로코스트 기념관에 방문할 예정입니다.

- join
- attend

567 make sense

make sense는 '타당하다, 합리적이다, 이해되다'라는 뜻이다. 이 표현은 make sense (out) of 형태로 '~을 이해하다'라는 의미로도 쓴다.

타당하다, 합리적이다, 이해되다

» **It doesn't make sense to shut down the power station when we're facing an energy crisis.**
우리가 에너지 위기에 직면한 지금 그 발전소를 폐쇄하는 것은 말이 안 됩니다.

- (be not) logical
- (be not) reasonable
- (be not) sensible

» **It would make sense to dial back the current quarantine mandate only when certain conditions are met.**
특정 조건이 충족되었을 때만 현재의 격리 명령을 해제하는 것이 타당할 것입니다.

- be logical
- be reasonable
- be advisable

~을 이해하다

» **Families are still trying to make sense of the tragedy that struck this small town on Monday.**
가족들은 아직도 지난 월요일에 이 작은 마을에서 일어난 비극적 사건을 이해해보려고 노력하고 있습니다.

- understand
- process
- come to terms with

» **Joining us now to help us make sense of it all is our legal analyst Jack Hughes.**
이 모든 것의 이해를 돕기 위해 법률 분석가인 잭 휴즈 씨가 저희와 함께하겠습니다.

- understand
- break (it all) down
- navigate

568 keep an eye on

이 표현은 '~을 관심을 갖고 계속 지켜보다'라는 뜻이다. on 뒤에 나오는 event, situation, weather, stock market 등의 진행 상황이나 변화를 지켜본다는 말이다. 또, 문제가 없는지 확인하기 위해 '~을 예의주시하다'라는 뜻으로 쓴다. 이때는 one's email, one's bank account, one's blood pressure readings 등과 함께 쓴다. eye 앞에 close를 붙이면 의미가 강조된다.

~을 예의주시하다, 관심을 갖고 지켜보다

» **It's worth keeping an eye on the Texas governor's race as it is seen as a potential bellwether for the 2025 midterms.**

텍사스 주지사 선거는 2025년도 중간 선거의 향방을 가늠할 수 있는 지표가 될 수 있기 때문에 관심을 갖고 지켜볼 가치가 있습니다.

- watch ~ (closely)
- keep track of

» **Health officials are keeping a close eye on a new variant of the virus first identified in California earlier this month.**

보건 당국은 이달 초 캘리포니아에서 처음 발견된 새로운 변종 바이러스를 예의주시하고 있습니다.

- monitor
- watch
- track

569 make a difference (in)

make a difference (in)는 '(~에) 영향을 미치다, 중요한 요소가 되다', '(~에) 기여하다, 도움이 되다'라는 뜻이다. 이 표현은 긍정적인 변화를 일으킨다는 뉘앙스를 담고 있다.

(~에) 영향을 미치다, 중요한 요소가 되다

» **School kids in Charleston running a charity lemonade stand are making a difference in the world.**

자선 모금 레모네이드 판매대를 운영하고 있는 찰스턴 학생들은 세상에 긍정적 변화를 일으키고 있습니다.

- create a positive change in

(~에) 기여하다, 도움이 되다

» **We're committed to continuing to develop products and services that can make a difference in people's well-being.**

저희는 사람들의 웰빙에 기여할 수 있는 제품과 서비스를 계속해서 개발하겠다는 확고한 의지를 갖고 있습니다.

- contribute to
- be conducive to

570 make one's way

make one's way는 '가다, 이동하다, 앞으로 나아가다'라는 뜻이다. 뒤에 to나 toward가 붙으면 '~으로 가다, 이동하다', through가 붙으면 '~을 통과하다, 거치다'라는 의미가 된다.

가다, 이동하다

» **The newly elected American president will be sworn into office at a ceremony on Capitol Hill before making his way to the White House to commence his official duties.**

신임 미 대통령은 백악관으로 이동해 공식 집무를 시작하기에 앞서, 국회의사당에서 열리는 기념식에서 취임 선서를 할 예정입니다.

- go
- move
- head

통과하다, 거치다

» **As the bill makes its way through the Senate, it is expected to face some significant challenges.**

그 법안은 상원을 거칠 때 중대한 시험대에 오를 것으로 예상됩니다.

- progress
- advance

571 get word (of)

word에는 '소식, 소문, 정보'라는 뜻이 있다. 그래서 get word라고 하면 '소문을 듣다'라는 말이 된다. 이 표현은 get word of나 get word that 형태로 자주 쓴다.

(~의) 소식을 입수하다, 듣다

» **We just got word of a massive missile attack on the city, and we're waiting for more specific information to come in.**

방금 그 도시에 대한 대규모 미사일 공격이 있었다는 소식을 입수했습니다. 저희는 좀 더 구체적인 정보가 들어오기를 기다리는 중입니다.

- receive news about
- get information about

» **We're getting word of some FBI activity in the Houston area as law enforcement authorities are in the middle of hunting down the suspected gunmen.**

사법당국이 총격 용의자를 추적하고 있는 가운데, 휴스턴 지역에서도 FBI가 작전을 벌이고 있다는 소식이 들어오고 있습니다.

- get reports of
- receive reports of

572 take advantage of

take advantage of는 '~을 기회로 활용하다, 이용하다'라는 뜻을 가지고 있다. 긍정적/부정적 뉘앙스를 모두 표현할 수 있으므로 문맥을 보고 뜻을 파악해야 한다.

~을 기회로 활용하다, 이용하다

» **Electric car makers are seeking to take advantage of soaring gas prices to highlight how much consumers can save by going electric for their next cars.**

전기차 제조업체는 유가 급등을 기회로 활용해서 다음 차를 구입할 때 전기차를 선택하면 소비자들이 얼마나 많은 돈을 절약할 수 있는지를 강조하려 하고 있습니다.

- leverage
- make the most of
- capitalize on

» **Many people are taking advantage of the loophole in the tax system to minimize their taxable income.**

많은 사람이 조세 제도의 허점을 이용해서 과세 대상 소득을 줄이고 있습니다.

- exploit
- capitalize on

573 take control of

take control of는 어떤 지역이나 단체 등 '~을 장악하다'라는 뜻이다. 물리적으로 장악할 수도 있고, 주도권을 잡는 식으로 장악할 수도 있다. take는 gain으로 바꿔 말할 수 있다.

~을 장악하다, 주도권을 잡다

» **The Russians have reportedly taken control of the nuclear power plant, raising concerns about its safety.**

러시아가 그 핵발전소를 장악한 것으로 보도되면서 발전소의 안전에 대한 우려가 제기되고 있습니다.

- gain control of
- seize
- occupy

» **Exit polls suggest that the Democrats are likely to take control of the Senate again.**

출구 조사에 따르면 민주당이 상원을 다시 장악할 것으로 보입니다.

- gain a majority in
- become a majority in

155. MP3

574 take office

office는 '공직, 정권, 지위, 직무'라는 뜻을 가지고 있다. 그래서 take office라고 하면 '취임하다'가 되고, be in office는 '현직이다', leave office는 '임기가 끝나 자리를 떠나다'라는 의미다.

취임하다

» **As soon as he took office, he launched an investigation into widespread corruption in the military.** *launch* ~을 시작하다

그는 취임하자마자 군대 내에 광범위하게 퍼져 있는 부패에 대한 수사를 시작했습니다.

· inaugurate

● |참고| **The bill would prohibit all elected officials including members of Congress from trading stocks while (they are) in office.**

그 법안은 국회의원을 포함한 모든 선출직 공무원들이 현직에 있는 동안 주식 거래를 금지하는 내용을 담고 있습니다.

· (be) serving their terms

575 put in place

'실시하다, 시행하다'라는 뜻이다. 흔히 policy, measure, procedure, strategy, rule 등을 실시한다는 의미로 쓴다. be put in place(시행되다)처럼 수동태로도 많이 쓴다. 이미 시행되고 있는 경우에는 be in place라고 하면 된다.

실시하다, 시행하다

» **The city announced that it's going to put in place temporary measures to reroute traffic crossing the river while the bridge is under repair.**

시 정부는 다리 보수 작업이 진행되는 동안 강을 건너는 차량을 우회시키기 위한 임시 조치를 시행하겠다고 발표했습니다.

· implement
· put in motion

● |참고| **The Department of Justice lifted the travel ban to Syria that was put in place last May in the wake of a bomb threat against the American Embassy in Damascus.**

법무부는 지난 5월 다마스쿠스 미 대사관에 대한 폭탄 테러 협박을 계기로 시행되었던 시리아 여행 금지령을 해제했습니다.

· be implemented
· be brought into effect
· be imposed

576 pave the way for

pave the way for는 직역하면 '~을 위해 도로를 깔아주다'라는 의미다. 그래서 이 표현을 '~을 가능하게 해주다'라는 뜻으로 쓴다.

~을 가능하게 해주다

» **The election ended in a landslide victory for the coalition, paving the way for the nation's first leftist government in history.**

선거가 연합 쪽의 압승으로 끝나서 국가 역사상 처음으로 좌파 정부가 들어서게 되었습니다.

- clear the path for
- open the door for

» **The deal is expected to pave the way for the two sides to mend their relationship and start working together to bring peace to the region.**

그 합의로 인해 양측은 관계를 복원하고 그 지역에 평화를 구축하기 위해 협력하기 시작할 수 있을 것으로 기대됩니다.

- enable
- lead
- set the stage for

577 stay on top of

stay on top of는 '~을 계속 취재해서 방송하다'나 '~을 통제하다'라는 뜻이다. on top of는 stay뿐 아니라 keep이나 be동사와도 자주 함께 쓴다.

~을 계속 취재해서 방송하다

» **We'll be staying on top of the search and rescue efforts underway in Mumbai throughout the day. So, stay tuned.**

오늘 하루 종일 뭄바이에서 진행되고 있는 수색과 구조 작업에 관한 소식을 전해드리겠습니다. 계속 방송을 시청해주십시오.

- closely follow
- closely monitor
- keep a watch on

~을 통제하다

» **We're on top of the situation and doing everything we can to make sure things stay that way.**

저희는 현재 상황을 통제하고 있으며 계속 확실하게 그 상태를 유지하려고 최선을 다하고 있습니다.

- be in control of
- have a handle on
- have (the situation) under control

578 take into account

take into account는 '~을 고려하다, 염두에 두다' 라는 뜻이다.

~을 고려하다, 염두에 두다

» **There are several factors we need to take into account when discussing Medicare reform.**

건강 보험 개혁을 논할 때는 몇 가지 고려해야 할 요소가 있습니다.

- consider
- factor in
- take into consideration

» **We need to take into account the fact that FEMA is already stretched thin in terms of funding and manpower.**

be stretched thin 가용 능력보다 많은 업무를 맡다

우리는 연방 긴급사태관리청이 이미 예산과 인력 면에서 허덕이고 있다는 사실을 염두에 두어야 합니다.

- consider
- keep in mind

579 point the finger at

point the finger at은 말 그대로 손가락으로 가리켜서 '~을 탓하다, ~에게 책임을 묻다'라는 뜻이다. 이 표현에는 비난하는 뉘앙스가 있다는 것을 알아두자. finger-pointing(책임 전가하기, 책임 묻기)이라는 명사로도 쓴다.

~을 탓하다, ~에게 책임을 묻다

» **It's outrageous that these agencies are busy pointing the finger at each other in the face of an ongoing crisis.**

지금 위기에 직면해 있는데도 서로 책임을 떠넘기느라 바쁜 기관들의 행태가 너무나 충격적입니다.

- accuse
- blame
- put the blame on

» **The President pointed the finger at his predecessor, accusing him of letting the debt situation spiral out of control.**

spiral out of control 급격히 통제 불능 상태가 되다

대통령은 국채 상황이 급격하게 통제 불능 상태에 빠지게 된 것은 전임 대통령에게 책임이 있다고 탓했습니다.

- blame
- hold ~ accountable
- hold ~ responsible

580 make a case for

make a case for는 '~의 필요성이나 당위성을 주장하다'라는 뜻이다. 기존에 해오던 특정 주장을 반복하는 경우에는 a를 the로 바꿔서 make the case for라고 한다. 또 make the case that(…라는 주장을 펴다) 형태로도 쓴다.

~의 필요성이나 당위성을 주장하다

» **He took the opportunity to make a case for keeping politics out of sports.**

그는 그 기회를 빌어 스포츠와 정치를 분리해야 한다는 필요성을 주장했습니다.

- argue for
- argue in favor of
- advocate for

» **Later in the afternoon, the President is going to address the nation to make the case for his economic stimulus package and turn up the pressure on Congress to pass it.**

오늘 오후에 대통령은 자신의 경제활성화 정책안의 당위성을 설명하고 의회가 해당 안을 가결하도록 압박을 강화하기 위해 대국민 연설을 합니다.

- advocate for
- assert the need for

…라는 주장을 펴다

» **The White House spokesman made the case that the Geneva Convention doesn't apply to terrorist groups.**

백악관 대변인은 제네바 협정이 테러 집단에는 적용되지 않는다고 주장했습니다.

- argue that

581 take effect

이 표현은 '발효되다, 시행에 들어가다'라는 뜻이다. law, ban, order, action 등의 명사와 어울려 쓴다.

발효되다, 시행에 들어가다

» **The anti-abortion law takes effect as soon as Governor Williams signs it.**

낙태 금지 법안은 윌리엄 주지사가 서명하는 순간 효력을 갖게 됩니다.

- go into effect
- become effective
- go into force

» **The White House announced its decision to lift the travel ban to the region. The action is set to take effect at midnight tomorrow.**

백악관은 그 지역에 대한 여행 금지를 해제하기로 했다고 발표했습니다. 이번 조치는 내일 자정부터 시행에 들어갑니다.

- go into effect
- become effective
- go into force

582 take a toll on

take a toll on은 '~에 피해를 주다, ~을 손상시키다, 해치다'라는 의미다. 흔히 economy, one's health, environment, one's relationship 등과 어울려 쓴다. take는 have로 바꿔도 되고, toll 앞에 '심각한'이라는 의미로 heavy나 significant 같은 형용사를 넣기도 한다.

~에 피해를 주다, ~을 손상시키다, 해치다

» **The prolonged recession is taking a heavy toll on the state's finances, forcing it to cut back funds for public schools.**

장기화된 경기 침체로 주 정부의 재정이 악화되면서, 공립학교에 대한 예산을 삭감을 할 수밖에 없는 상황입니다.

- adversely affect
- negatively impact
- strain

» **Because of understaffing, we had to work 50 to 60 hours a week, and it began to take a toll on my mental health.**

직원이 부족했기 때문에 우리는 일주일에 50~60시간을 일해야 했고, 그것이 저의 정신 건강을 해치기 시작했습니다.

- harm
- damage
- do harm to

583 sound the alarm (about)

sound the alarm (about)은 '(~에 대해) 경종을 울리다, 우려를 표명하다'라는 뜻이다. sound alarm bells라고 해도 되고, about도 on으로 바꿀 수 있다.

(~에 대해) 경종을 울리다, 우려를 표명하다

» **Educators are sounding the alarm about the growing learning gaps among students depending on their socioeconomic backgrounds.**

교육자들은 사회경제적 배경에 따라 학생들 사이에 학습 격차가 커지고 있는 것에 우려를 표명하고 있습니다.

- warn about
- express concerns about

» **As the war drags on, the WFP has sounded the alarm on food crises in parts of Africa that rely heavily on the area for their grain supplies.**

전쟁이 장기화됨에 따라 그 지역에 곡물 공급을 크게 의존하고 있는 아프리카 일부에서 식량 위기가 발생할 수 있다고 세계식량기구는 우려를 표명했습니다.

- sound alarm bells about
- voice concerns about

584 raise alarm bells (about)

raise alarm bells (about) 역시 '(~에 대해) 경종을 울리다, 우려를 표명하다'라는 뜻이다. raise 자리에 ring을 넣어도 되고, alarm bells는 the alarm이라고 해도 된다.

(~에 대해) 경종을 울리다, 우려를 표명하다

» **The massive leak of personal data from Commax has raised alarm bells about the security of personal data managed by online service providers.**
코맥스 사의 개인 정보 대량 유출 사태는 온라인 서비스 사업자들이 관리하고 있는 개인 정보 보안에 대해 경종을 울렸습니다.

- sound alarm bells about
- raise concerns about

» **Economists are raising the alarm that the debt problem should be tackled before it gets out of hand.**
경제학자들은 부채 문제가 손을 쓸 수 없게 되기 전에 해결되어야 한다고 경고합니다.

- sound the alarm that
- express concern that

585 open the door to

open the door to는 어떤 상황으로 가는 문을 열어서 '~이 일어나게 하다, 가능하게 하다'라는 뜻이다. door 뒤에 [for+사람+to부정사]를 붙여서 '사람이 -할 수 있게 해주다'라는 의미로 쓸 수도 있다.

~이 일어나게 하다, 가능하게 하다

» **The President opened the door to diplomatic resolution when he said a deal was always a possibility.**
대통령은 협의가 언제든 가능하다고 말함으로써 외교적 해결 가능성을 시사했습니다.

- create an opportunity for

» **The partnership between hospitals and insurance firms has opened the door for more cancer patients to receive cutting-edge, targeted treatments at lower costs.** *cutting-edge* 최첨단의
병원과 보험사가 파트너십을 체결하면서 더 많은 암 환자들이 저렴한 비용으로 최첨단 표적 치료를 받을 수 있게 되었습니다.

- make it possible for ~ to
- clear the path for ~ to

586 make good on

make good on은 '~을 지키다, 실행하다, 이행하다'라는 뜻이다. 흔히 on 뒤에 promise, threat 등의 명사가 온다.

~을 지키다, 실행하다

» **In today's interview, the President laid out how he plans to make good on his campaign promise to make primary and secondary education free for all students.**

오늘 인터뷰에서 대통령은 초등과 중등 교육을 모든 학생에게 무상으로 지원하겠다는 선거 공약을 어떻게 이행할 계획인지 설명했습니다.

- keep
- deliver on
- fulfill

» **Opinions are divided on whether the President will make good on his threat to shut down the border unless Mexico agrees to ramp up its efforts to reduce illegal crossings.**

멕시코가 불법적 국경 횡단을 줄이기 위한 노력을 강화하지 않는다면 국경을 폐쇄하겠다는 대통령의 위협을 그가 정말 실행에 옮길지에 대해서는 의견이 엇갈립니다.

- follow through with

587 hit the market

hit the market은 어떤 제품이 '출시되다, 시장에 나오다'라는 뜻이다. 출시된 상품이 '상점에 입고되어 팔리기 시작하다'라는 의미의 관련 표현인 hit the (store) shelves도 알아두자.

출시되다, 시장에 나오다

» **Numerous cell phone models have hit the market this year, but next year is expected to see an even greater explosion.**

올해 매우 많은 휴대폰 모델이 시장에 출시되었는데, 내년에는 훨씬 더 많은 모델이 등장할 것으로 보입니다.

- be launched
- arrive in the market
- come out

» **The YouTube video showed a male model sporting a prototype of TrackStar's new trail-running shoes that haven't yet hit the market.**

sport 자랑스럽게 착용하다

유튜브 영상에는 남자 모델이 아직 시장에 출시되지 않은 트랙스타의 새로운 트레일 러닝화 시제품을 신고 있는 모습이 담겨 있었습니다.

- be launched
- be released
- hit the shelves

588 join hands (with)

join hands (with)는 '(~와) 힘을 합치다, 협력하다'라는 뜻이다. hands는 forces로 바꿔 쓸 수 있다.

(~와) 힘을 합치다, 협력하다

» **ATC and NDO have agreed to join hands in delivering medical care to residents in remote areas.**

ATC와 NDO는 외지에 있는 주민들에게 보건 서비스를 제공하는 데 협력하기로 합의했습니다.

• partner
• team up

» **The Screen Actors Guild has decided to join forces with the Writers Guild of America in the latter's fight for higher pay and better protection from AI.**

영화협회는 보수 인상과 AI에 대한 보호 강화를 요구하는 미 작가협회의 투쟁에 힘을 합치기로 결정했습니다.

• collaborate with
• team up with
• align with

589 make no mistake about

make no mistake about은 '~에 대해 오판하지 않다', 다시 말해 '~에 대해 분명히 알다'라는 의미다.

~에 대해 분명히 알다

» **Given the sheer number of violent gun crimes we've had this year, we're in a war. Make no mistake about it.**

sheer (다른 건 섞이지 않은) 순전한

올해 발생했던 총기 범죄 건수만 놓고 봐도 우리는 전쟁 중이나 다름없습니다. 그것을 똑바로 인식해야 합니다.

» **Make no mistake about what brought down the investment company. It was a corrupt leadership that relied on its ties with corrupt politicians.**

그 투자 회사가 무너진 이유는 분명합니다. 바로 부패한 정치가들과의 연줄에 의존한 부패한 경영진 때문입니다.

590 set the stage for

'~의 원인이 되다, ~이 가능하게 해주다'는 뜻으로 우리말에 '발판이 되다'와 유사하다. 유사 표현 set the scene for는 '~의 배경이 되다, ~에 기여하다'라는 뜻으로, 직접적인 인과관계보다는 분위기나 맥락을 조성해준다는 뜻이다.

~의 원인이 되다, ~이 가능하게 해주다

» **The government eased regulations for the financial sector in 2021. Experts say this move set the stage for the failure of the Silicon Valley banks two years later.**

2021년에 정부는 금융 분야에 대한 규제를 완화했습니다. 전문가들은 이 조치가 2년 후 실리콘 밸리 은행들의 파산의 원인이 되었다고 지적합니다.

- pave the way for
- eventually cause

~의 배경이 되다, ~에 기여하다

» **The band spent years covering famous artists on YouTube and building a fan base. This set the scene for their successful debut album.**

그 밴드는 수 년 동안 유튜브에 유명 가수의 노래를 커버한 영상을 올려 팬덤을 구축했습니다. 이것이 데뷔 앨범의 성공 배경이 되었습니다.

- create the backdrop for
- lay the groundwork for
- contribute to

591 set the tone for

'~의 톤을 결정하다'라는 것은 곧 '~의 방향, 흐름, 분위기에 영향을 주다'라는 뜻이다. tone은 mood라고 해도 된다.

~의 방향, 흐름, 분위기에 영향을 주다

» **Netflix's stock soared on the strength of its robust quarterly earnings, which set the tone for most other major entertainment stocks for the day.**

robust 탄탄한

탄탄한 분기 실적 덕분에 넷플릭스의 주가가 급등했고, 그것이 그날 다른 주요 엔터테인먼트 사의 주가 흐름에도 영향을 미쳤습니다.

» **The senator started his press conference with scathing criticisms about the government's feeble response to hate crimes, which set the mood for the entire event.**

상원의원은 혐오 범죄에 대한 정부의 미온적 대응을 신랄하게 질타하며 기자회견을 시작했고, 그런 분위기는 내내 이어졌습니다.

- establish the atmosphere for

592 lead the way

lead the way는 '앞장서다, 선도하다'라는 뜻이다. 같은 뜻을 가진 표현으로는 take the lead가 있다.

앞장서다, 선도하다

» **Wall Street finished higher across the board on the first trading day of the third quarter, with tech stocks leading the way.**

3분기 주식 거래 첫날, 월가는 기술주를 필두로 전반적으로 상승세로 폐장했습니다.

- at the forefront
- in the lead

» **GreenTech Innovations has taken the lead in transforming food waste into stock feed by leveraging cutting-edge bioengineering technology.**

그린테크 이노베이션 사는 최첨단 바이오 기술을 활용해 음식 쓰레기를 가축의 사료로 만드는 일에 앞장서고 있습니다.

- play a leading role
- be at the forefront of (transforming)
- pioneer (transforming)

593 keep track of

keep track of는 '~을 계속 관찰하다, 추적하다, 파악하다'라는 뜻이다.

~을 계속 관찰하다, 추적하다, 파악하다

» **In Kenya, researchers are using GPS services to keep track of wildlife migration.**

케냐에서는 연구원들이 GPS 서비스를 활용하여 야생 동물의 이동 상태를 추적하고 있습니다.

- track
- monitor
- observe

» **My responsibility as an assistant coach is to check in with the members every day and keep track of their progress in training.**

보조 코치로서 저의 임무는 매일 선수들을 체크하고 훈련 진행 상황을 파악하는 것입니다.

- monitor
- record
- keep tabs on

594 come to pass

뭔가가 '실제로 일어나다, 실현되다'라는 의미다. 흔히 prediction, dream, vision, warning 등과 함께 쓴다. 맥락에 따라 앞서 나왔던 come true와 바꿔 쓸 수 있다.

실제로 일어나다, 실현되다

» **With the number of new cases spiking across the nation, the CDC's worst fears have come to pass.**

전국적으로 새로운 (발병) 건수가 급증하면서 미국 질병관리센터가 우려한 최악의 상황이 현실화되었습니다.

- materialize
- be realized
- come true

» **At the beginning of last year, most economists predicted a recession for the US economy, but that forecast didn't come to pass.**

작년 초에 대부분의 경제 전문가들은 미국 경제가 불황에 빠질 것으로 예측했지만, 그 예측은 현실이 되지는 않았습니다.

- happen
- materialize
- pan out

595 go a long way toward(s) -ing

go a long way toward(s) -ing는 '–하는 데 큰 도움이 되다, 기여하다'라는 뜻이다.

–하는 데 큰 도움이 되다, 기여하다

» **The former president's endorsement will go a long way toward shoring up Sarah Powell's campaign after a poor showing in the Texas primary.** *shore up* ~을 뒷받침하다

전 대통령의 지지 표명은 텍사스 경선에서 저조한 성적을 보였던 사라 파월의 선거 운동에 큰 도움이 될 것입니다.

- greatly contribute to -ing
- play a crucial role in -ing
- greatly help (shore up)

» **Secretary White's visit to Istanbul will go a long way toward repairing the fraying relationship between the US and Türkiye.** *fray* (천이) 해어지다

화이트 장관의 이스탄불 방문은 미국과 튀르키예의 흐트러진 관계를 회복하는 데 기여할 것입니다.

- significantly contribute to -ing
- play a vital role in -ing
- make a big difference in -ing

596 take a stand (for/against)

take a stand는 '입장을 정하다, 밝히다'라는 뜻이다. 이 표현 뒤에 for(~을 옹호하는)나 against(~에 반대하는), on(~에 관한) 등을 붙여서 맥락을 구체적으로 설명할 수도 있다.

(~을 옹호하는/~에 반대하는) 입장을 정하다, 밝히다

» **America needs a leader who isn't afraid of taking a stand for its core principles and values and who will courageously uphold them in the face of adversity.**

미국은 국가의 핵심 원칙과 가치를 옹호하는 입장을 천명하는 것을 두려워하지 않고 역경을 마주해도 용감하게 그런 것들을 지킬 수 있는 지도자가 필요합니다.

- advocate for
- champion
- uphold

» **Schools need to teach our children to take a stand against racism and extremism.**

학교는 학생들에게 인종차별과 극단주의에 반대하는 입장을 가지도록 가르쳐야 합니다.

- oppose
- stand up against
- speak out against

597 take the stand

take the stand는 '증언대에 서다, 법정에서 증언하다'라는 의미다.

증언대에 서다, 법정에서 증언하다

» **For a second day in a row, Isaac Fisher is taking the stand in his own defense in the trial for the killing of an elderly woman.**

아이작 피셔는 노년의 여성을 살해한 사건의 재판에서 자신을 변론하기 위해 이틀 연속 증언대에 섭니다.

» **A court source has just confirmed that the anonymous witness agreed to take the stand in the case on the condition that she is shielded by a screen and her voice is altered.**

익명의 목격자가 스크린으로 몸을 가리고 목소리를 변조한다는 조건으로 법정에서 증언하는 것에 동의했다고 방금 법원 소식통이 확인해주었습니다.

- testify

598 raise the bar (for)

raise the bar (for)는 '(~의) 기대 수준을 끌어올리다', '(~의) 기준을 강화하다'라는 뜻이다. 관련 표현으로 set the bar too high/low(기대치를 너무 높게/낮게 잡다)가 있다.

(~의) 기대 수준을 끌어올리다

» **Qatar Airways introduced a number of innovative services last year, raising the bar for passenger experience and setting new standards in the industry.**

카타르 항공사는 작년에 여러 혁신적 서비스를 도입해서 탑승 경험의 수준을 끌어올리고 항공업계의 새로운 표준을 세웠습니다.

- raise the standard for
- set a higher standard for

(~의) 기준을 강화하다

» **A bill introduced by House Republican Alma Woods raises the bar for when it is reasonable for the police to use deadly weapons.**

알마 우즈 공화당 하원의원이 제출한 법안은 경찰이 치명적 무기를 사용할 적절한 상황에 대한 기준을 강화한 것입니다.

- increase the criteria for
- increase the threshold for
- establish stricker guidelines for

599 turn the tide

turn the tide는 '전세를 역전시키다, 상황을 반전시키다'라는 뜻이다. 물결의 방향을 돌리는 것이 곧 상황을 반전시킨다는 말이기 때문이다.

전세를 역전시키다, 상황을 반전시키다

» **A group of international scientists is working on groundbreaking technology that might help to turn the tide in the world's fight against climate change.**

한 국제 과학자 집단은 기후 변화에 대한 전 세계적 싸움에서 전세를 역전시키는 데 도움이 될 수 있는 혁신적 기술을 개발하고 있습니다.

- make a big difference in
- provide a breakthrough in

» **Medical researchers hope that the innovative medicine currently in Phase 3 clinical trials will help turn the tide against dementia.**

의학 연구자들은 현재 3상 임상 시험이 진행 중인 그 획기적인 약이 치매와의 싸움에서 전세를 역전시키는 데 도움이 되기를 희망하고 있습니다.

- make significant progress in the fight

600 beg the question

이 표현은 주어 때문에 '이런 의문이 들다, 이런 질문을 할 수밖에 없다'라는 뜻이다.

이런 의문이 들다

» All these figures clearly indicate that the economy is on a solid recovery path, so it **begs the question**. Why is the President's rating still flagging on the economic front? *flag* 약해지다 *front* 영역

이런 통계 수치를 놓고 보면 경제가 탄탄한 회복세에 있는 것이 분명합니다. 그래서 이런 의문이 들지요. 경제 부분에서 대통령 지지도가 여전히 낮은 이유는 뭘까요?

- make me[us] wonder

» One of the moves the government is considering is sending in a commando unit to rescue the hostages. Of course, that **begs the question** of how risky that's going to be.

정부가 고려하고 있는 대책 중 한 가지는 특공대를 보내서 인질을 구출하는 겁니다. 물론 이럴 경우 얼마나 위험할지 물을 수밖에 없습니다.

- raise the question
- lead to the question

601 take aim at

take aim at은 '~에 총을 겨냥하다'라는 뜻이다. 그래서 '~을 공격과 비난의 표적으로 삼다'라는 의미로 쓴다.

~을 공격과 비난의 표적으로 삼다

» In her press interview, Ingrid Holden **took aim at** the DEA, arguing that the agency is failing at its job of curbing illegal drug trafficking across borders.

잉그리드 홀든은 기자회견에서 마약단속국을 표적으로 삼았습니다. 그녀는 마약단속국이 국경을 넘나드는 불법 마약 밀매를 차단하는 업무를 제대로 못하고 있다고 주장했습니다.

- criticize
- call out
- go after

» The Russian foreign minister **took aim at** what Secretary of State Blinken had said the previous day about increasing arms supplies to Ukraine, warning that the US is playing with fire.

러시아 외상은 전날 블링컨 국무장관이 우크라이나에 무기 공급을 늘리겠다고 했던 발언을 비난하며 미국이 불장난을 하고 있다고 경고했습니다.

- challenge
- take issue with
- take exception to

602 gain ground

gain ground는 '세력을 확장하다, 더 강해지다', '상승하다'라는 의미를 가진 표현이다.

세력을 확장하다, 더 강해지다

» **A new independence movement is gaining ground in Wales. At the forefront of it is a relatively unknown political party predominantly made up of youth.**

웨일즈에서는 새로운 독립 운동이 세를 넓혀가고 있습니다. 이 운동을 이끄는 단체는 주로 청년들로 구성된 비교적 알려지지 않는 정당입니다.

- gain traction
- gain momentum

상승하다

» **Today, we saw US stocks gaining ground on the back of yesterday's dovish message from the Fed chief.**

오늘 미국 주식 시장은 어제 연방준비제도 의장의 온건한 메시지에 힘입어 상승세를 기록했습니다.

- rise
- climb
- rally

603 put ~ into perspective

이 표현은 배경 설명, 예시나 비교를 통해서 '~을 알기 쉽게 설명하다, 이해를 돕다'라는 뜻이다. 이 표현은 To put it into perspective(비교해서 설명하자면) 형태로 문장 앞머리에 자주 쓴다.

~을 알기 쉽게 설명하다, 이해를 돕다

» **Today, a federal judge ruled that former Chicago mayor Mia Hall is unqualified to run for her old post, and we're joined by Dan Colson who's going to put this all into perspective for us.**

오늘 연방법원 판사는 전 시카고시장인 미아 홀에게 시장 선거에 출마할 자격이 없다고 판결했습니다. 이 사건 전체를 쉽게 설명해주기 위해 댄 콜슨이 나와 있습니다.

- help (us) understand (this)
- provide insight into (this)
- give (us) context on (this)

» **Evelyn Woods hit the jackpot by signing on to earn a record $2 million per episode of TBC's new crime show, *On the Run*. To put it into perspective, Douglas Crane, who held the title of the highest-paid TV actor until now, took home $1.3 million per episode.**

take home ~을 타다, 벌다

애블린 우즈는 TBC 새 범죄 드라마 〈도망자〉에서 편당 2백만 달러의 출연료 계약을 하며 대박을 터뜨렸습니다. 비교해서 설명하자면, 지금까지 TV 배우 중에 가장 높은 금액을 받았던 더글라스 크레인의 출연료는 회당 1백 3천만 달러였습니다.

- To provide context
- For context
- By way of comparison

604 draw a line

'한계를 설정하다', '안 된다는 입장을 분명히 하다'라는 뜻이다. 뒤에 in the sand를 붙이기도 한다. draw the line at 형태일 때는 '~만은 안 하겠다고 선을 긋다'라는 의미다.

한계를 설정하다

» **The Supreme Court has the duty to draw a line when a president abuses his power for personal gain.**

대통령이 권한을 남용해서 개인적 이득을 취할 때는 대법원이 한계를 명확히 해줄 의무가 있습니다.

- set limits
- set boundaries

안 된다는 입장을 분명히 하다

» **At the mayors' conference, LA mayor Daniel Holden slammed the federal government for using federal money to force policies on cities and called on fellow mayors to unite and draw a line in the sand.**

시장 회의에서 다니엘 홀든 LA시장은 연방정부가 연방예산을 이용하여 시에 정책을 강요하고 있다고 강하게 비난하면서 동료 시장들에게 연합하여 안 된다는 입장을 분명히 천명할 것을 촉구했습니다.

- take a firm stand

~만은 안 하겠다고 선을 긋다

» **Jackie is as supportive of her children as any other parent but draws the line at being a helicopter mom.**

helicopter mom/dad 자녀에게 지나치게 관여하는 부모

재키는 다른 부모 못지않게 아이들을 뒷바라지하지만, 헬리콥터 엄마가 되는 것에는 절대 반대입니다.

- not go as far as
- not go to the extent of

605 hold the line

'방어선을 지키다', 어떤 압력에 대항해 '입장을 고수하다, 양보하지 않고 버티다'라는 의미다.

방어선을 지키다

» **Ukraine is struggling to hold the line against advancing Russian forces.**

우크라이나는 전진하는 러시아 군대에 맞서 방어선을 지키느라 고전하고 있습니다.

- defend
- hold one's ground

입장을 고수하다, 양보하지 않고 버티다

» **The process is held up in the Senate because of three Republicans refusing to fall in line. Do you believe they will still hold the line if the President applies pressure?** *fall in line* 규정을 따르다

규정을 따르지 않는 세 명의 공화당 의원 때문에 법안이 상원에서 처리되지 않고 있습니다. 대통령이 압력을 가해도 이들이 입장을 고수할 것이라고 생각하십니까?

- stand one's ground
- stick to one's position

606 bear the brunt of

bear the brunt of는 '~에서 가장 큰 피해를 입다'라는 뜻이다. 보통 피해를 입은 지역에 대해 말할 때 쓴다. bear는 take로 바꿔도 된다.

~에서 가장 큰 피해를 입다

» **In the early stages of the war, Mariupol bore the brunt of Russia's brutal attacks.**

전쟁 초기에 마리우폴은 러시아의 무자비한 공격으로 가장 큰 피해를 입었습니다.

- suffer the harshest blows from
- be the primary target of

» **The storm took 35 lives in Oregon which took the brunt of the damage.**

그 태풍으로 가장 큰 피해를 입은 오리건주에서는 35명이 생명을 잃었습니다.

- feel the full force of
- take the biggest hit from

607 hang in the balance

'걸려 있다', '불확실하다'라는 의미로, one's future, one's life, one's fate 등과 어울려 쓴다.

걸려 있다

» **Even at this early hour, we can see many people heading to the polls to choose their new mayor, with the city's future hanging in the balance.**

이른 시간부터 시민들이 새로운 시장을 선출하기 위해 투표장으로 향하고 있습니다. 도시의 미래가 걸린 일입니다.

- at stake
- on the line

불확실하다

» **With the election results too close to call, the fate of the incumbent government hangs in the balance.**

선거 결과가 아주 접전 양상이라서 현 정부의 운명은 불확실한 상태입니다.

- be uncertain
- be up in the air

608 take hold

이 표현은 '퍼지다'라는 뜻일 때는 virus, fire 등과 함께 쓰고, '확실한 효과를 내다'라는 의미일 때는 trend, sanctions 등과 함께 쓴다. 또 democracy 등이 '뿌리를 내리다, 확고히 자리를 잡다'라는 뜻으로도 쓴다.

퍼지다

» **If the foot-and-mouth disease takes hold here, it could wipe out the entire cattle industry.** *wipe out* ~을 완전히 파괴하다

만약 이곳에 구제역이 확산되면, 축산업 전체가 붕괴될 수 있습니다.

- spread
- become prevalent
- take a grip

확실한 효과를 내다

» **If this ceasefire takes hold, it can go a long way toward alleviating the humanitarian crisis unfolding in the region.**

이번 휴전이 효과가 있다면 그 지역에서 벌어지고 있는 인도주의적 위기를 완화하는 데 큰 도움이 될 것입니다.

- become established
- become operational
- be firmly in place

뿌리를 내리다, 자리를 잡다

» **The arrest of the former president for attempting to overturn the election results is proof that democracy is beginning to take hold in the country.**

선거 결과를 뒤집으려 한 혐의로 전 대통령이 체포된 것은 그 나라에 민주주의가 뿌리를 내리기 시작했다는 증거입니다.

- establish oneself
- gain ground
- take root

609 lay the groundwork for

lay the groundwork for는 '~을 위한 기틀, 발판을 마련하다'라는 뜻이다.

~을 위한 기틀, 발판을 마련하다

» **These amendments laid the groundwork for a strong grassroots democracy in the US.**

이 수정 헌법은 미국에서 강력한 풀뿌리 민주주의가 정착하는 토대가 되었습니다.

- pave the way for
- lay the foundation for
- set the stage for

» **This is part of the initiatives the President laid out in his State of the Union address, aimed at laying the groundwork for enduring peace in the Middle East.** *lay out* ~을 설명하다

이것은 대통령이 연두 교서에서 밝혔던 중동에서의 지속적인 평화를 위한 발판을 만드는 대책 중 일부입니다.

- pave the way for
- lay the foundation for
- open the door to

610 call into question

call into question은 '~에 의문을 제기하다'라는 뜻이다. 참고로 동사 question만 써도 같은 의미를 전달할 수 있다.

~에 의문을 제기하다

» **The defense lawyer called into question the integrity of the gun presented as evidence, pointing out that the police had failed to discover it during multiple searches of the house previously.**

피고 측 변호사는 경찰이 전에 여러 번 가택을 수색했을 때는 총을 발견하지 못한 점을 지적하며 증거로 제출된 총이 신빙성이 있는지 의문을 제기했습니다.

- raise doubts about
- cast doubt on
- challenge

» **Graham Winslow hammered away at the President's greatest vulnerability, his old age, calling into question his fitness for office.** *hammer away at* ~를 집중적으로 계속 언급하다

그레이엄 윈슬로우는 대통령의 최대 약점인 고령의 나이에 대해 물고 늘어지며 그가 공직을 수행할 만큼 건강한지에 의문을 제기했습니다.

- question
- cast doubt on
- challenge

611 fall in line

fall in line은 조직이나 지도부의 '명령, 규정을 따르다'라는 뜻이다.

명령, 규정을 따르다

» **Republican leader Philip Craig is confident of getting the bill through, but it's not clear if all Republicans will fall in line (behind him).**

공화당 수장인 필립 크레이그는 법안 통과를 자신하고 있습니다만, 모든 공화당 의원들이 (그의) 방침에 따를지는 불분명합니다.

- comply
- go along with it
- toe the party line

» **The President sacked the minister for not falling in line (with him) on some important policy issues.** *sack* ~을 해고하다

대통령은 몇몇 중요한 정책 문제에서 자신의 의견을 따르지 않은 것을 이유로 장관을 해임했습니다.

- toe the line

612 get a grip on

get a grip on은 '~을 수습하다, 통제하다'라는 의미다.

~을 수습하다, 통제하다

» **The EU chief said that the EU is working closely with the Greek government to get a grip on the country's financial crisis before it starts spilling over into other countries.** *spill over into* ~로 번지다

EU 수장은 그리스의 재정 위기가 다른 국가로 번지기 시작하기 전에 사태를 수습하기 위해 EU가 그리스 정부와 긴밀하게 협력하고 있다고 말했습니다.

- bring ~ under control
- rein in
- contain

» **House Representative Mary Morgan slammed the Biden Administration for failing to get a grip on the rise in drug trafficking.**

메리 모건 하원의원은 바이든 행정부가 증가하는 마약 밀매를 통제하지 못하고 있다며 맹비난했습니다.

- control
- get a handle on
- address

613 come to light

'밝혀지다, 알려지다'라는 뜻이다. 보통 information, evidence, fraud, scheme, video 등의 전모가 드러난다는 의미로 쓴다.

밝혀지다, 알려지다

» **New unsettling details have come to light about the Alaska Airlines Boeing airplane whose door blew off mid-flight earlier this month.** *unsettling* 불안하게 하는

이달 초 비행 도중 문이 떨어져 나갔었던 알래스카 항공사의 보잉 항공기에 대해 새로운 불안감을 주는 사실이 드러났습니다.

- emerge
- be revealed
- be discovered

» **President Parker's nominee for Secretary of Labor, Louis Turner, withdrew his name today after allegations of spousal abuse came to light.**

파커 대통령의 노동부장관 지명자인 루이스 터너는 배우자 폭행 의혹이 알려지자 오늘 사퇴했습니다.

- become known
- be made public
- be exposed

165. MP3

614 take the heat

어떤 일로 '비난을 받다'라는 뜻의 표현인데, 여기서 heat는 '비난'이라는 의미다. 참고로 take the heat off는 '~에 대한 비난을 완화하다'라는 의미다. 또 take the heat out of는 위기나, 과열된 상황 등 '~을 진정시키다, 식히다'라는 뜻이며 이때의 heat는 '열기'를 뜻한다.

비난을 받다

» **The White House is concerned that if the deal falls through, the President will take the heat (for it).** *fall through* 실패하다

백악관은 만약 그 협상이 실패한다면 대통령에게 쏟아질 비난의 화살을 우려하고 있습니다.

• face criticism
• become the target of criticism

~에 대한 비난을 완화하다

» **This is only a stopgap measure, but it'll take the heat off the Baldwin Administration for the delays in getting aid out to the families affected by the wildfires.**

이것은 미봉책에 불과하지만, 산불 피해 가정에 지원이 늦어지는 것으로 인한 볼드윈 행정부에 대한 비난 여론을 완화해줄 것입니다.

• take some pressure off

~을 진정시키다

» **The European debt crisis is posing a grave threat to the rest of the world. Are there specific plans under consideration to take the heat out of the crisis?**

유럽의 부채 위기는 전 세계에 심각한 위협이 되고 있습니다. 위기를 잠재우기 위해 고려되고 있는 구체적인 방안이 있습니까?

• ease
• mitigate
• alleviate

» **Raising interest rates will take the heat out of the overheated housing market, but it also risks slowing down the economy.**

금리를 인상하면 주택 시장의 과열을 식힐 수 있지만, 동시에 경제 둔화의 위험이 있습니다.

• cool (down)
• tamp down
• dampen

615 feel the heat

이 표현은 '압박, 압력을 받다'라는 뜻으로, 여기서 heat는 '압박, 압력'이라는 의미다.

압박, 압력을 받다

» **Russia is upping the ante, threatening to cut off natural gas supply to Europe. That shows it is feeling the heat from international sanctions.** *up the ante* 판돈을 올리다

러시아가 유럽에 천연가스 공급을 중단하겠다며 위협의 수위를 높이고 있습니다. 이건 러시아가 국제 제재로 압박을 느끼고 있다는 것을 보여줍니다.

- feel the pressure
- feel the squeeze

» **World leaders in Rome for the climate summit are feeling the heat from scientists and activists to stop talking and put their money where their mouths are.**

기후정상회의에 참석하기 위해 로마에 온 세계의 지도자들은 과학자와 운동가로부터 회의는 그만하고 행동으로 보여주라는 압박을 받고 있습니다.

- under growing pressure
- face growing pressure

616 do the math

do the math는 '계산하다, 계산기를 두드리다'라는 뜻이다. 관련된 관용 표현인 crunch the numbers는 일반적 계산에서도 쓰고, 예산이나 비용 등을 분석하는 맥락에서 흔하게 사용한다.

계산하다, 계산기를 두드리다

» **About 7 percent of cases end up in hospitalization. So, if you do the math, you can easily see that the number of patients requiring hospitalization will exceed hospital capacity in most states in three weeks.**

이 경우의 약 7퍼센트가 입원합니다. 즉, 계산기를 두드려보면 다수의 주에서 3주 안에 입원이 필요한 환자 수가 병원의 수용 능력을 넘어선다는 것을 쉽게 알 수 있습니다.

- do the calculations
- run the numbers
- crunch the numbers

● |참고| **As the Holden Administration focuses on reducing the deficit, there are big questions about the costs of sending more troops abroad. Joining us to crunch the numbers is the chairman of the Senate Budget Committee, Thomas Right.**

홀든 행정부가 재정 적자 축소에 초점을 맞추면서 더 많은 병력을 해외로 파병하는 비용에 대한 심각한 의문이 제기되고 있습니다. 비용 문제를 분석하기 위해 토마스 라이트 상원 예산위원회 위원장이 저희와 함께하겠습니다.

- analyze the figures
- break down the costs
- calculate the costs

617 paint a picture (of)

paint a picture (of)는 '(~을) 설명하다, 묘사하다'라는 뜻이다. 보통 picture 앞에 rosy(장미빛의, 낙관적인), vivid(생생한), grim(암울한), bleak(암울한) 같은 형용사를 붙여 쓴다.

(~을) 설명하다, 묘사하다

» **The memoir paints a picture of a man who hit rock bottom after a failed marriage and the resilience he showed in bouncing back to be a well-known philanthropist.** *bounce back* 재기하다

이 회고록은 결혼 실패 후 바닥으로 추락했던 남자가 유명한 자선사업가로 재기하는 과정에서 보여준 회복 탄력성을 그리고 있습니다.

- depict
- portray

» **Our Middle East correspondent, Jack Right, has sent a report, which paints a grim picture of a war-ravaged nation where millions of people are displaced and living in makeshift tents.**

잭 라이트 중동 특파원이 기사를 보내왔습니다. 이 기사는 수백만 명이 난민이 되어 임시 텐트에서 생활하고 있는 전쟁으로 황폐화된 나라의 상황을 전해줍니다.

- depict a grim reality in
- portray the harsh reality of

618 make (the) headlines

make (the) headlines는 '언론에 주요 기사로 보도되다'라는 뜻이다. make 자리에 grab을 넣어도 같은 의미다.

언론에 주요 기사로 보도되다

» **While alive, he was larger than life; his personal life and opinions frequently made headlines, thrusting him into the limelight.** *larger than life* 특출나고 존재감이 강한

생전에 그는 특출난 존재감을 보였습니다. 그의 삶과 견해가 자주 언론 주요 기사로 등장하며 주목을 받았습니다.

- grab media attention
- be in the spotlight

» **Up next, a New Zealand coastal town is grabbing headlines with fish raining down from the sky. Stay tuned.**

다음은 뉴질랜드의 한 해안가 마을에 물고기가 하늘에서 비처럼 쏟아져 내려서 헤드라인을 장식하고 있다는 소식입니다. 채널 고정하세요.

- draw media attention
- create a media buzz
- the talk of the town

619 carry weight (with)

carry weight (with)는 '(~에게) 영향력이 있다, 중요하게 받아들여지다'라는 의미다. a lot of 나 much처럼 영향력을 강조하는 말을 weight 앞에 붙이기도 한다.

(~에게) 영향력이 있다

» **The former defense chief still carries a lot of weight with policy makers on security issues.**
그 전임 국방장관은 안보 문제에 관해서는 아직도 정책 입안자들에게 큰 영향력을 갖고 있습니다.

- wield significant influence with
- have substantial sway with

» **This is a gathering of global business leaders, so politicians' opinions don't carry much weight.**
이것은 세계 기업 지도자의 모임이기 때문에 정치인의 의견은 큰 영향력이 없습니다.

- hold much sway
- have much impact
- count for much

620 kick into gear

kick into gear는 뭔가가 '시작되다', '~을 시작하다'라는 뜻이다. gear 앞에 high를 붙여서 kick into high gear라고 하면 '본격적으로 시작되다, 시작하다'라는 말이 된다.

시작되다

» **As early voting kicks into gear nationwide, polls indicate the Democrats are narrowing the gap in some swing states.**
사전 투표가 전국적으로 시작된 가운데, 여론 조사에서는 경합 중인 몇 개의 주에서 민주당이 격차를 줄이고 있는 것으로 나타났습니다.

- start
- begin
- commence

~을 시작하다

» **We're going to kick this program into gear starting in New York City and extending it to other areas gradually.**
우리는 이 프로그램을 뉴욕시에서 시작해서 다른 지역으로 점차 확대해 나갈 겁니다.

- launch
- get ~ started
- kick off

» **Macy's is kicking the holiday shopping season into high gear with a two-day clearance sale starting Friday.**
메이시스 백화점은 금요일부터 이틀 동안 재고 정리 세일로 연말 쇼핑 시즌을 본격적으로 시작합니다.

- rev ~ up

621 move the needle (on)

move the needle (on)은 체중계 바늘을 움직이는 것처럼 어떤 문제 해결에 있어 눈에 띌 정도의 '긍정적 영향을 주다, 변화를 야기하다'라는 뜻이다. 문제의 내용은 뒤에 on을 붙여 표현한다. 사람이 오는 경우 뒤에 with를 붙이는데, 이러면 '~의 태도나 의견을 변화시키다'가 된다.

(~에) 긍정적인 영향을 주다, 변화를 야기하다

» **This is a modest endeavor, but we hope it will help us move the needle on poverty and social inclusion.**

이것은 작은 노력이지만, 이런 노력이 빈곤과 사회 포용에서 긍정적 변화를 가져오는 데 일조할 수 있기를 바랍니다.

- make a difference in
- bring about progress in

» **Despite his best efforts, the President has so far been unable to move the needle with lawmakers who are resistant to passing the bill.**

대통령은 열심히 노력했지만, 아직 그 법안 통과에 반대하고 있는 의원들의 의견을 바꾸지 못하고 있습니다.

- sway
- win (lawmakers) over

622 stay the course

stay the course는 배가 일정한 코스를 유지하듯이 '방침을 유지하다, 정책을 바꾸지 않다'라는 말이다.

방침을 유지하다

» **The Fed chief said yesterday that fighting inflation still remains his top priority, adding that the Fed will stay the course on gradually raising interest rates.**

연준 의장은 어제 인플레이션 완화가 여전히 핵심 과제라며, 단계적으로 금리를 인상하는 현재 방침을 유지하겠다고 첨언했습니다.

» **Unfazed by the threat of a natural gas cut-off, the EU Council has decided to stay the course with its sanctions against Russia.**

unfazed by ~에 동요하지 않는

천연가스 공급을 중단하겠다는 위협에도 불구하고 EU 이사회는 러시아에 대한 제재를 계속 유지하기로 결정했습니다.

- continue

623 feel the pinch (of)

feel the pinch (of)는 꼬집는 것처럼 '(~의) 위기나 경제적 어려움을 피부로 느끼다'라는 뜻이다. 주로 경제적 어려움을 토로할 때 쓴다.

(~의) 위기나 경제적 어려움을 피부로 느끼다

» **As the US and the EU are ramping up sanctions against Russia, Russians are beginning to feel the pinch.**

미국과 EU가 러시아에 대한 경제 제재를 강화하면서 러시아 국민들이 고통을 피부로 느끼기 시작했습니다.

• feel the impact

» **The decline in consumer spending indicates that consumers are starting to feel the pinch of inflation.**

소비 지출이 감소하고 있는 것은 소비자가 인플레이션에 따른 경제적 어려움을 피부로 느끼기 시작했다는 것을 보여줍니다.

• feel the impact of

624 cross the line

cross the line은 말 그대로 '선을 넘다, 도가 지나치다'라는 의미다. 도를 넘는 너무 과한 일을 비유하는 표현이다.

선을 넘다, 도가 지나치다

» **The President is walking a tightrope here and risks crossing the line into illegal territory.**

대통령은 지금 아슬아슬한 줄타기를 하고 있으며 자칫하면 불법적 영역으로 선을 넘을 위험이 있습니다.

» **He clearly made a comment that crossed the line but is refusing to admit to it, let alone apologize.** *let alone* ~는커녕

그는 분명히 정도를 벗어난 발언을 해놓고 사과는커녕 그 사실을 인정조차 하지 않고 있습니다.

• be inappropriate
• be out of line

625 (at the) top of one's mind

(at the) top of one's mind는 '~의 최대 관심사(인)'이라는 뜻이다. 이 표현은 top-of-mind 형태로도 쓴다.

~의 최대 관심사(인)

» **The poll shows that inflation is (at the) top of people's minds as they're heading into the presidential election.**

head into (행사, 절기 등에) 다가가다

여론 조사에 따르면 대통령 선거를 앞두고 인플레이션이 국민의 최대 관심사로 나타났습니다.

- at the forefront of people's mind
- a primary concern for people
- a key issue for voters

» **In today's society, social accountability should be top-of-mind for every CEO.**

현 사회에서 사회적 책임은 모든 CEO가 중시해야 할 개념입니다.

- a priority

626 shed light on

shed light on은 어둠 속에 있는 것에 불을 비추듯 '~을 밝히다'라는 뜻이다. 또한 이해가 가도록 '~을 잘 설명해주다'라는 의미도 가지고 있다.

~을 밝히다

» **First, breaking news. A new document has been discovered, which sheds light on activities that led to the 9/11 attacks.**

먼저, 방금 들어온 소식입니다. 9/11 테러로 연결된 활동을 밝혀주는 새로운 문건이 발견되었습니다.

- reveal details about

~을 잘 설명해주다

» **You've been following the trial, so can you shed light on the judge's ruling today in terms of its significance and implications?**

그동안 재판을 계속해서 취재해오셨는데요, 오늘 판결의 중요성과 시사점에 대하여 설명해주시겠습니까?

- explain
- provide insight into
- put ~ into perspective

627 pull the plug on

pull the plug on은 '~을 중단하다, 중지시키다'라는 의미다. 플러그를 잡아당겨서 빼는 것처럼 어떤 일을 중지시킨다고 생각하면 된다.

~을 중단하다, 중지시키다

» **The President pulled the plug on military aid to the Middle Eastern country, accusing the government of cracking down on political dissidents.** *crack down on* ~을 탄압하다

대통령은 그 중동 국가 정부가 반정부 인사들을 탄압하고 있다고 비난하며 군사 원조를 중단했습니다.

- stop
- terminate
- cut off

» **The footage shows American diplomats boarding a home-bound aircraft one day after the US pulled the plug on the war in Afghanistan.**

그 영상에는 미국이 아프가니스탄 전쟁 중단을 선언한 다음 날 미국 외교관들이 고국행 비행기에 탑승하는 모습이 나와 있습니다.

- end
- halt
- call it quits on

628 wreak havoc on

wreak havoc on은 '~에 큰 피해를 주다, 차질을 빚게 하다'라는 의미다. wreak은 play로 바꿀 수 있고, on은 with로 바꿔도 된다.

~에 큰 피해를 주다, 차질을 빚게 하다

» **The hurricane wreaked havoc on local businesses as it ripped through southern Florida.**

그 태풍은 남부 플로리다를 강타하고 지나가면서 지역 업체에 큰 타격을 주었습니다.

- cause great damage to
- devastate

» **A month ago, ticks began to spread throughout the entire city. These ticks are now playing havoc with the hotel industry just before the holiday season.**

한 달 전부터 진드기가 도시 전체에 퍼지기 시작했습니다. 이 진드기는 휴가철 직전인 호텔 산업에 큰 피해를 주고 있습니다.

- do harm to
- take a toll on
- upend

629 take a (deep) dive into

take a (deep) dive into는 바다 속에 다이빙해서 들어가듯 '~을 자세히 검토하다, 심층적으로 조사하다'라는 의미다. deep dive 자체를 '심층 보도, 조사'란 명사구로 쓰기도 한다. 또, dive를 동사로 써서 dive into라고 해도 '~을 자세히 조사하다'라는 뜻을 전달할 수 있다.

~을 자세히 검토하다, 심층적으로 조사하다

» **A political storm is brewing over the appointment of Justice Ginsburg's replacement. A TBC special report takes a deep dive into this.** *be brewing* (안 좋은 일이) 태동하다

긴즈버그 대법관의 후임자 임명을 둘러싸고 정치적 폭풍이 일어날 조짐이 있습니다. TBC의 특별 보도에서 이 문제를 자세히 들여다보겠습니다.

- delve into
- analyze ~ in depth

» **Coming up, New York Times arts and culture reporter Gloria Brooks will join us to dive into K-Pop that is taking the world by storm.** *take ~ by storm* ~에서 돌풍을 일으키다

다음 순서로는 뉴욕 타임스의 예술 문화 기자인 글로리아 브룩스와 함께 세계를 휩쓸고 있는 케이팝에 대해 자세히 알아보겠습니다.

- take a close look at
- discuss ~ in depth

630 get a foothold

get a foothold는 '발판을 마련하다'라는 뜻이다. get은 gain이나 establish로 바꿔도 좋다. 관련 표현으로는 have a foothold(발판을 가지고 있다), provide ~ with a foothold(~에게 발판을 제공하다) 등이 있다.

발판을 마련하다

» **Partnering with a local company is the easiest way for an external player to get a foothold in the Brazilian market.**

현지 기업과 동업 관계를 맺는 것이 외국 업체가 브라질 시장에 발판을 마련하는 가장 쉬운 방법입니다.

- establish a presence
- penetrate (the Brazilian market)

» **The terrorist group capitalized on Syria's political turmoil to gain a foothold in the region.** *capitalize on* ~을 이용하다

그 테러 집단은 시리아의 정치적 혼란을 틈타서 그 지역에 발판을 마련했습니다.

- establish a presence
- secure a position

631 keep an eye out for

keep an eye out for에는 '~을 조심하다', '~이 있는지 유심히 관찰하다', '관심을 갖고 ~을 기다리다'라는 뜻이 있다.

~을 조심하다

» **We're asking people to keep an eye out for suspicious emails with links to click on saying that you've won some kind of prize.**

어떤 상에 당첨되었다며 링크를 누르라는 수상한 이메일을 주의하시길 당부드립니다.

- stay alert for
- watch out for
- be on the lookout for

~이 있는지 유심히 관찰하다

» **There's a nasty respiratory disease going around among school kids, and the CDC is asking parents to keep an eye out for symptoms like fever, difficulty breathing, and red watery eyes.**

학령 아동 사이에 심한 호흡기 질환이 유행하고 있습니다. 질병관리센터는 열, 호흡 곤란, 눈이 충혈되고 눈물이 나는 증상이 있는지 부모가 유심히 관찰할 것을 당부합니다.

- watch for
- monitor for
- be on the lookout for

관심을 갖고 ~을 기다리다

» **Market analysts are keeping an eye out for earnings reports from Apple and other IT powerhouses that are set to come out in the next couple of weeks.**

시장 분석가들은 앞으로 몇 주 내에 나올 애플과 다른 IT대기업의 수익 보고서를 기다리고 있습니다.

- wait for
- on the lookout for

632 put the squeeze on

put the squeeze on은 '~을 압박하다', '~을 경제적으로 쪼들리게 하다'라는 의미다.

~을 압박하다

» **Conservative groups are putting the squeeze on Republican leader Joshua Robinson to tank the bill when it arrives in the Senate.**

보수 단체들은 공화당 대표인 조슈아 로빈슨에게 그 법안이 상원에 올라오면 통과를 저지하도록 압력을 넣고 있습니다.

- pressure
- turn up the heat on
- put the screws on

170. MP3

~을 경제적으로 쪼들리게 하다

» **The cost of living crisis is putting the squeeze on many families, forcing them to try to stretch their dollars by buying cheaper brands.** *stretch one's dollars* 절약해서 생활하다

생활비 위기로 인해 많은 가구가 경제적으로 쪼들리면서, 사람들은 보다 저렴한 브랜드 상품을 구매하며 절약 생활을 하고 있습니다.

- strain
- squeeze

633 take a turn for the better/worse

take a turn for the better는 '좋아지다'라는 뜻이다. 반대말은 take a turn for the worse(악화되다)라고 한다. 흔히 어떤 사람이나 things, life, weather, economy 등의 명사와 어울려 쓴다.

좋아지다

» **While many stores have closed on the block over the months, the Holdens are hanging tough, believing things will take a turn for the better soon.** *hang tough* 인내하며 버티다

지난 몇 달 동안 이 거리에 많은 가게가 문을 닫았지만 홀든 부부는 곧 상황이 좋아질 것이라고 믿으며 버티고 있습니다.

- improve
- get better
- turn around

악화되다

» **Russia's economy took a turn for the worse in the third quarter as international sanctions began to bite.**

국제 제재의 효과가 본격적으로 나타나면서 3분기 러시아의 경제 상황은 더 악화되었습니다.

- deteriorate
- worsen
- take a hit

634 put a lid on

put a lid on은 끓는 냄비 위에 뚜껑을 덮듯 위기나 문제 상황 등 '~을 억제하다, 완화하다'라는 뜻이다. put 대신 keep을 써서 keep a lid on이라고 하면 '~을 계속 억제하다'라는 뜻이 된다.

~을 억제하다, 완화하다

» **Secretary of State Taylor is leaving for Tel Aviv today on a mission to put a lid on the simmering tensions between Israel and Hezbollah.** *simmer* 부글부글 끓다

테일러 국무장관은 이스라엘과 헤즈볼라 사이의 증폭되는 긴장을 완화하는 임무를 받고 오늘 텔 아비브로 출국합니다.

· defuse
· ease
· tamp down

● |참고| **The Fed is walking a tightrope, trying to keep a lid on inflation without slowing economic growth and tipping the economy into a recession.**

the Fed(the Federal Reserve System) 미국 연방준비제도

연준은 경제 성장을 둔화시키고 경제를 불황에 빠뜨리지 않는 선에서 인플레이션을 계속 억제하려는 외줄타기를 하고 있습니다.

· control
· curb
· rein in

635 come to terms with

come to terms with는 '~을 인정하다, 받아들이다'라는 의미다. fact, reality, tragedy처럼 인정하기 싫은 사실이나 상황을 받아들인다는 뉘앙스가 있다.

~을 인정하다, 받아들이다

» **NATO needs to come to terms with the fact that the Ukraine war is vastly different from those they fought in the past.**

나토는 우크라이나 전쟁이 유럽이 겪었던 과거 전쟁과는 완연히 다르다는 점을 인정해야 합니다.

· acknowledge
· accept
· face

» **It took me days to come to terms with the devastating destruction from Hurricane Otis.**

제가 태풍 오티스로 인한 엄청난 피해 상황을 받아들이기까지 며칠이 걸렸습니다.

· grasp
· accept
· reconcile with

636 take a shot at

take a shot at은 '~을 공격하다, 비난하다', '~을 한번 시도해보다'라는 뜻이다. 비슷한 표현으로 take potshots at(~을 근거 없이 비난하다)이 있다.

~을 공격하다, 비난하다

» **Senator Price took a shot at the President's remarks yesterday about shutting down the border to asylum-seeking refugees, branding them "heartless" and "inhumane".**

프라이스 상원의원은 어제 망명을 원하는 난민들에게 국경을 봉쇄하겠다고 한 대통령의 발언을 공격하며, 그와 같은 발언은 '매정하고 비인도적'이라고 규정했습니다.

- criticize
- condemn
- take issue with

~을 한번 시도해보다

» **Lydia Cater is known for many box-office hit romance movies she has directed. This year, however, she broke that mold by taking a shot at a black comedy, and she's here in the studio to talk about it.**

리디아 카터는 흥행한 로맨스 영화 여러 편의 감독으로 알려져 있습니다. 올해 리디아는 그런 틀을 깨고 블랙코미디 영화에 도전했습니다. 그 이야기를 하고자 이 스튜디오에 감독님이 나와 계십니다.

- try one's hand at
- dabble in
- experiment with

637 put the spotlight on

put the spotlight on은 '~을 조명하다, 부각시키다'라는 뜻이다. the 대신 a를 써도 되고, put 대신 cast나 shine을 쓰기도 한다. 이 표현은 대중의 관심을 끌게 만든다는 의미다.

~을 조명하다, 부각시키다

» **The scandal put a spotlight on the cozy relationship between some lawmakers and media moguls.**

이번 스캔들은 일부 의원들과 언론 재벌 사이의 끈끈한 관계를 부각시켰습니다.

- highlight
- draw attention to
- put ~ into focus

» **Up next, a new body cam video casts the spotlight on the unruly use of deadly force by the police.** *unruly* 제멋대로인

다음 뉴스로는, 새로운 보디 캠 영상 때문에 경찰이 무분별하게 치명적인 무력을 사용하는 것이 주목받고 있다는 소식입니다.

- highlight
- draw attention to
- put the focus on

638 make a dent in

'~에서 진척이 있다'라는 뜻일 때는 in 뒤에 research paper, read list 등을 함께 쓴다. 음식과 관련해서는 주로 부정어와 함께 사용하는데, '~을 먹어서 양을 줄어들게 하다'라는 의미다. 또 '~을 완화하다, 줄이다'라는 의미일 때는 homelessness, violet crime, credit card debt 등과 어울려 쓰고, '~에 악영향을 주다, 악화시키다'라는 의미일 때는 savings, stock value, bottom line, confidence 등과 함께 쓴다. make 자리에 put을 써도 된다.

~에서 진척이 있다

» **This past summer, I took a month off from work and secluded myself in a quiet cabin to make a dent in the book I'm planning to write.**

지난여름, 저는 집필 계획 중인 책의 진도를 나가고자 한 달 동안 휴직하고 조용한 산장에서 은둔했습니다.

- make some progress on
- make headway on
- tackle

» **After months of negotiations, Congress has yet to put a dent in passing comprehensive healthcare reform.**

수개월 동안 협상을 벌였지만 의회는 종합적인 의료 개혁안을 처리하는 데 진척을 보이지 못했습니다.

- achieve progress in
- make headway on
- move the needle on

~을 먹어서 양을 줄이다

» **The portions are huge at the place. We ordered a small platter for four people and barely made a dent in it.**

그 식당은 음식의 양이 아주 많습니다. 우리는 4명이라서 작은 모둠 메뉴를 주문했는데 다 먹고도 양이 거의 줄지 않았더라고요.

~을 완화하다, 줄이다

» **Southern California will get some rain over the weekend but not enough to make a dent in the drought.**

주말에는 남부 캘리포니아에 비가 약간 오겠지만 가뭄을 완화하기에 충분할 정도는 아닙니다.

- alleviate
- mitigate

» **The government hopes that introducing a carbon tax will help put a dent in the federal deficit.**

정부는 탄소세를 도입하는 것이 연방정부의 적자를 줄이는 데 도움이 될 수 있기를 바라고 있습니다.

- reduce
- trim
- shrink

~에 악영향을 주다

» Investors are concerned that the rising overhead costs could **make a dent in** the company's bottom line. *bottom line* 최종 결산 결과
투자자들은 경상비가 증가하는 것이 그 기업의 결산에 악영향을 줄 것으로 우려하고 있습니다.

- affect
- impact

» The recent spate of cyberattacks on major financial institutions **put** a significant **dent in** consumer confidence and stock prices.
최근 주요 금융 기관에 잇따라 발생한 사이버 공격은 소비자의 신뢰와 주가에 큰 타격을 주었습니다.

- deal a blow to
- undermine
- negatively affect

639 put a damper on

put a damper on은 '~을 위축시키다, 흥을 깨다', '~에 차질을 빚게 하다'라는 뜻의 표현이다.

~을 위축시키다, 흥을 깨다

» Rising mortgage rates are **putting a damper on** the housing market.
주택 대출 금리가 상승하면서 주택 시장이 위축되고 있습니다.

- have a negative impact on
- adversely affect
- dampen

~에 차질을 빚게 하다

» A little rain didn't **put a damper on** the half marathon as over 1,000 runners turned out for the event. *turn out* 참석하러 나오다
1천 명이 넘는 주자들이 하프 마라톤 대회에 참가했고, 약간의 비는 행사에 영향을 주지 않았습니다.

- spoil
- ruin

640 get a feel for

'~을 이해하다, ~에 대한 감을 잡다'라는 뜻이다. 이 표현에서는 feel을 '이해, 감'이라는 명사로 썼다. 흔히 game, market, culture, campus, area 등을 for 뒤에 쓴다.

~을 이해하다, ~에 대한 감을 잡다

» **The internship program is a good way to get a feel for what it's like working in journalism.**

이 인턴 프로그램은 저널리즘 분야에서 일하는 건 어떤지 알아볼 수 있는 좋은 방법입니다.

- understand
- get a sense of
- gain insight into

» **With the 100m and 500m finals set for tomorrow, several runners were seen walking or jogging around the track to get a feel for the course.**

100미터와 500미터 경주 결승전이 내일로 예정된 가운데, 몇 명의 선수들이 코스에 대한 감을 잡기 위해 트랙을 따라 걷거나 조깅하는 모습이 보였습니다.

- familiarize oneself with
- get accustomed to

641 see the light of day

see the light of day는 공개되지 않았던 문서나 작품이 '출판되다, 공개되다'라는 뜻이다. 참고로 죄수를 주어로 not see the light of day라고 하면 '교도소에 가서 바깥세상을 보지 못하다'라는 뜻이다.

출판되다, 공개되다

» **In 2021, Daniel Long wrote a piece about the FBI's secret dealings with Russia. The story, however, was killed by the chief editor and never saw the light of day.**

2021년에 다니엘 롱은 FBI와 러시아의 비밀 거래에 관한 기사를 썼습니다. 하지만 그 기사는 편집장이 퇴짜를 놓아 공개되지 않았습니다.

- get published
- make it to print

» **In the interest of transparency, the President agreed to let the memo in question see the light of day.**

대통령은 투명성을 위해 문제가 되고 있는 메모가 공개되는 것에 동의했습니다.

- be made public
- be released to the public

642 put a pause on

put a pause on은 '~을 일시적으로 중단시키다, 막다'라는 뜻이다. pause는 '멈춤'이라는 뜻의 명사다.

~을 일시적으로 중단시키다, 막다

» **In today's meeting, China asked the US to put a pause on the punitive tariffs on cars imported from China.**
오늘 회의에서 중국 측은 중국에서 수입되는 차량에 대한 징벌적 관세를 잠시 유예해 달라고 미국 측에 요청했습니다.

- temporarily suspend
- temporarily halt

» **The ultra-right wing of the Republicans pushed for the government to put a pause on Islamic immigration in the wake of the 9/11 attacks.**
9/11 공격의 여파로 극우 공화당 의원들은 일시적으로 이슬람계의 이민을 막도록 정부를 압박했습니다.

- temporarily freeze
- hit the brakes on

643 put a spin on

put a spin on은 '~에 독창적인 변화를 가미하다', '~을 해석하다, 그럴듯하게 말하다'라는 뜻이다. 참고로 put a positive spin on이라고 하면 '~을 긍정적으로 포장해 말하다'가 된다.

~에 독창적인 변화를 가미하다

» **Are you tired of regular cheeseburgers? Then, put a spin on them with the special sauces developed by an award-winning New Oreland chef, Roger Cox, that are creating a big buzz across southern states.**
일반적인 치즈 버거에 싫증이 나셨나요? 그렇다면 상을 탄 뉴올리언즈 쉐프인 로저 콕스가 개발한 특제 소스로 새로운 맛을 내보세요. 이 소스는 지금 남부 여러 주에서 선풍적 인기를 끌고 있습니다.

- give a unique twist to
- add uniqueness to

~을 해석하다, 그럴듯하게 말하다

» **In today's press conference, the governor attempted to put a (positive) spin on his declining approval ratings.**
오늘 기자회견에서 주지사는 자신의 하락하는 국정 지지율에 대해 (긍정적으로) 그럴듯하게 말하려 했습니다.

- put a good face on
- cast a positive light on

644 take a page out of one's (play)book

take a page out of one's (play)book은 '~의 선례나 전략을 참고하다'라는 뜻이다. 간혹 page 대신 leaf를 쓰는 경우도 있다.

~의 선례나 전략을 참고하다

» **I think we can take a page out of the EU's book when it comes to transitioning to renewable energy.**

재생에너지로 전환하는 과정에 관해서는 EU의 선례를 참고할 수 있습니다.

- benchmark (the EU)
- follow someone's example

» **It's interesting how in today's debate Hazel Parker took a page out of Rodney Carton's playbook and turned the tables on him.** *turn the tables on* ~을 상대로 전세를 역전시키다

오늘 토론회에서 헤이즐 파커가 로드니 카톤의 전략을 차용해서 그를 상대로 전세를 뒤집은 것이 매우 흥미롭습니다.

- adopt someone's strategy
- emulate someone's strategy

645 put a cap on

이 표현은 '상한선을 설정하다'라는 뜻이다. oil prices, greenhouse gas emissions, interest rates 등의 양이나 수, 가격을 표현할 때 쓴다.

~에 상한선을 설정하다

» **With oil prices skyrocketing, the government is thinking of putting a cap on them.**

휘발유 가격이 치솟자, 정부는 가격 상한제를 시행하는 것을 고려하고 있습니다.

- cap
- impose a cap on
- set a limit on

» **One approach under consideration by the government is called the "cap-and-trade system", which involves putting a cap on carbon emissions while allowing emission credits to be traded.**

정부가 고려하고 있는 방법은 '상한 거래 시스템'이라고 합니다. 탄소 배출량에 상한선을 설정하는 동시에 배출권을 거래하도록 허용하는 방식입니다.

- limit
- put a ceiling on
- impose a limit on

646 take a hard line on/against

take a hard line on은 '~에 강력한 정책을 취하다, 강경 대응하다'라는 뜻이다. on 대신에 against를 쓰면 '~에 대항하여 강경한 태도를 취하다'가 된다.

~에 강력한 정책을 취하다, 강경 대응하다

» **President Murphy is charting a different course from his predecessor, Lucas Johnson, who took a hard line on key issues from immigration to health care.**

chart a course 어떤 방향으로 나가다

머피 대통령은 이민부터 보건까지 주요 이슈에서 강경한 입장이었던 전임자 루카스 존슨과 다른 방향으로 나아가고 있습니다.

- take a tough stance on
- adopt a strict position on

~에 대항하여 강경한 태도를 취하다

» **Helsinki is taking a hard line against motorists parking in disabled parking spaces.**

헬싱키는 장애인 구역에 주차하는 운전자에 맞서 강력하게 대응하고 있습니다.

- go tough on
- come down hard on
- crack down on

647 *A* give way to *B*

A give way to *B*는 'A가 B로 바뀌다, A가 끝나고 B가 시작되다'라는 뜻이다.

A가 B로 바뀌다, A가 끝나고 B가 시작되다

» **A night of celebrations instantly gave way to a night of horror as gunshots rang out, and people started running in panic.**

총성이 들리고 사람들이 패닉 상태로 뛰기 시작하면서 축제의 밤은 순식간에 공포의 밤으로 바뀌었습니다.

- be replaced by
- turn into

» **Sizzling heat waves have given way to a storm season in southern states.**

남부에 있는 주에서는 뜨거운 폭염이 지나고 태풍 시즌이 시작되었습니다.

- be replaced by
- transition into
- yield to

648 go hand in hand (with)

go hand in hand (with)는 서로 뗄 수 없을 정도로 '(~과) 밀접한 관계다, 함께 가다'라는 뜻이다. 유사한 표현으로 work hand in hand (with)가 있는데, 이것은 '(~과) 협력하다, 공조하다'라는 의미다.

(~과) 밀접한 관계다, 함께 가다

» **Emission restrictions and the transition to renewable energy are like two sides of the same coin in fighting climate change. They should go hand in hand.**
기후 변화와의 싸움에서 배출 규제와 재생에너지로의 전환은 동전의 양면과 같습니다. 둘은 함께 가야 합니다.

- be closely interconnected

» **In business management, being overly optimistic often goes hand in hand with making poor decisions.**
기업 경영에서 지나친 낙관은 종종 잘못된 결정으로 이어집니다.

- be accompanied by
- lead to

649 bring ~ to justice

bring ~ to justice는 '~에게 법의 심판을 받게 하다'라는 뜻이다.

~에게 법의 심판을 받게 하다

» **We're doing everything we can to bring the perpetrators of this heinous crime to justice.**
저희는 이렇게 극악무도한 범죄를 저지른 가해자들이 법의 심판을 받도록 하기 위해 전력을 기울이고 있습니다.

- prosecute
- make ~ face justice
- ensure that justice is served for

» **Why weren't they brought to justice? How did they manage to get away with the crime?** *get away with* ~을 저지르고도 빠져나가다
왜 그 사람들은 법의 심판대에 서지 않았나요? 그들은 어떻게 범죄를 저지르고도 빠져나갈 수 있었습니까?

650 put to the test

put to the test는 '~을 시험대에 세우다', '~을 검증하다'라는 의미다.

~을 시험대에 세우다

» **Another interesting point is that this election will put to the test the long-standing friendship between the President and Senator Montgomery.** *long-standing* 오래된

또 다른 흥미로운 포인트는 이번 선거로 대통령과 몽고메리 상원의원 간의 오랜 우정이 시험대에 서게 될 것이란 점입니다.

- challenge
- be a litmus test for

~을 검증하다

» **California is running a pilot environmental program to put the concept of a carbon credit marketplace to the test.**

캘리포니아는 탄소 배출권 시장이라는 개념을 검증하기 위해 시범 환경 프로그램을 진행하고 있습니다.

- test
- verify
- validate

651 sign into law

sign into law는 '~에 서명하여 법으로 제정하다'라는 뜻이다. 이 표현의 주어로는 보통 대통령처럼 뭔가에 서명해서 법적으로 효력을 낼 수 있는 행정부 수장이 나온다. 참고로 동사 sign만으로도 같은 의미를 표현할 수 있다. 반대 표현은 veto(거부하다, 기각하다)가 있다.

~에 서명하여 법으로 제정하다

» **This bill is meant to close loopholes in the tax reform bill that the President signed into law last year.**

이 법안은 작년에 대통령이 서명해서 발효시킨 세제개혁법의 허점을 보완하는 데 목적이 있습니다.

» **Today, President Howard signed into law a landmark bill that prohibits kids under 18 from using social media between the hours of 10:30 p.m. and 6:30 a.m.**

오늘 하워드 대통령은 오후 10시 30분부터 오전 6시 30분까지 18세 이하 청소년이 SNS를 사용하는 것을 금지하는 역사적인 법안을 서명하여 발효시켰습니다.

652 live up to one's billing

live up to one's billing은 '~의 기대에 부응하다'라는 뜻이다.

~의 기대에 부응하다

» **The much-hyped showdown between the two archrivals didn't quite live up to its billing.**

큰 기대를 모았던 두 호적수 간의 맞대결은 소문난 잔치에 먹을 것이 없는 격이 되었습니다.

- live up to the hype
- deliver on one's promise

» **We ran the cell phone's camera through a battery of rigorous tests and reached the verdict that it doesn't live up to its billing.**

a battery of 일련의 ~

저희가 그 휴대폰 카메라를 가지고 일련의 엄격한 테스트를 실시하였는데, 성능이 기대에 미치지 못한다는 결론을 내렸습니다.

- live up to expectations
- (be not) all it is cracked up to be
- (be not) worth the buzz

653 play catch-up (with)

play catch-up (with)은 '(~을) 따라잡으려 노력하다, 추격하다'라는 뜻이다. 경쟁이나 업무 등에서 뒤처져 있던 사람이 앞선 사람을 따라잡기 위해 노력한다는 뉘앙스를 가지고 있다.

(~을) 따라잡으려 노력하다, 추격하다

» **Q-Buy splurged $5 billion on the acquisition to bolster its market position, but it's still playing catch-up with Amazon.**

splurge A on B B에 돈을 A만큼 쓰다

큐바이는 시장에서의 입지를 강화화기 위해 기업 인수에 50억 달러라는 거금을 썼지만, 여전히 아마존을 추격하는 입장입니다.

- try to catch up with
- lag behind

» **Recently, there has been a major shake-up in the project team, and many of the newcomers are still playing catch-up.**

shake-up 대대적인 개혁

프로젝트팀 구성이 최근에 아주 크게 바뀌어서 새로 온 팀원들은 아직 업무를 파악하는 중입니다.

- get up to speed

176. MP3

654 run out of steam

증기 기관차의 증기(steam)가 다 소진되어 가는 것처럼 뭔가가 '활력을 거의 다 잃어가다'라는 뜻이다. 유사 표현 lose steam은 활발하던 것이 '시들해져가다, 활력을 잃어가다'라는 의미다. run out of steam이 강도가 더 세다.

활력을 거의 다 잃어가다, 시들해지다

» **The declines in earnings among top US IT firms reinforced investors' fears that the US economy is running out of steam.**

미국의 주요 IT기업들의 수익률이 하락하자 투자자들 사이에 미국 경제가 활력을 잃고 있다는 우려가 커지고 있습니다.

- lose momentum
- decelerate
- slow down

» ***The Half Moon*** **raked in $400 million at the global box office. That isn't bad at all, but it's significantly less than what previous** ***Big Wolf*** **movies earned. Clearly, the franchise is losing steam.**

rake in 거금을 벌다

〈더 하프 문〉은 전 세계 극장 수입으로 4억 달러를 거두어들였습니다. 이것은 분명 나쁜 수치는 아닙니다만, 이전의 〈빅 울프〉 영화들이 벌어들인 금액에 비하면 매우 적습니다. 이 시리즈가 시들해지고 있는 것은 분명해 보입니다.

- lose momentum
- fizzle out
- on the decline

655 go up in smoke

'헛수고가 되다, 날아가다'라는 뜻이다. 흔히 plan, hopes, efforts, money 등이 연기처럼 사라졌다는 의미로 쓴다.

헛수고가 되다, 날아가다

» **All our hard work went up in smoke when the event got canceled at the eleventh hour.**

at the eleventh hour 마지막 순간에

막바지에 행사가 취소되는 바람에 저희가 힘들게 노력한 모든 것이 헛수고가 되었습니다.

- go down the drain
- go to waste
- come to nothing

» **Investors in the stock saw their money go up in smoke when the company declared bankruptcy.**

그 주식에 투자한 사람들은 그 회사가 파산을 선언하면서 투자한 돈을 다 날리게 됐습니다.

- disappear
- evaporate
- vanish into thin air

656 go up in flames

go up in flames는 화재가 나서 '불길에 휩싸이다', '전소되다'라는 뜻의 표현이다.

불길에 휩싸이다

» **Early this morning, a historic building in Watertown went up in flames and burnt down completely. Police are suspecting arson.** *burn down* 전소되다

오늘 새벽에 워터타운에 있는 역사적인 건물이 불길에 휩싸였고 전소되었습니다. 경찰은 방화를 의심하고 있습니다.

- catch fire
- be engulfed in fire
- be destroyed by fire

전소되다

» **Coming up next, wildfires continue to rage in the Napa Valley area, causing homes and wineries to go up in flames.**

다음 뉴스로는 나파 밸리 지역에서 산불이 계속 맹위를 떨치면서, 여러 주택과 와이너리가 전소되었다는 소식을 전해드립니다.

- burn down
- be devastated by the flames

657 go down to the wire

'끝까지 경합하다'라는 뜻이다. game, race, negotiations 등이 막판까지 결과를 알 수 없게 전개되는 것을 의미한다. The presidential race is down to the wire.(대통령 선거는 마지막까지 승부 예측이 힘듭니다.)처럼 down to the wire 앞에 be동사를 붙여 쓰기도 한다.

끝까지 경합하다

» **The game went down to the wire with the outcome uncertain until the final whistle blew.**

마지막 휘슬이 울릴 때까지 결과를 예측하기 힘들 정도로 경기가 팽팽하게 전개되었습니다.

- come down to the final moment
- be decided in the final seconds
- be a nail-biter until the end

» **The negotiations went down to the wire with both sides refusing to budge on key issues.**

양측이 주요 문제에서 양보하지 않으면서 협상이 막판 순간까지 예측 불허로 전개되었습니다.

- come down to the last minute
- stretch to the very end

658 go up in arms

go up in arms는 '분노하며 반대하다'라는 뜻이다. 팔을 들고 항의하는 장면을 떠올려보자. 현재 분노하며 반대하는 상태인 경우에는 go 대신 be동사를 써서 be up in arms라고 한다.

분노하며 반대하다

» **Local environmental groups went up in arms when the city came out with a plan to build a new industrial complex near the protected wetlands.** *come out with* ~을 내놓다

시 정부가 보호 습지 근처에 새로운 산업 단지를 건설한다는 계획을 발표하자 지역 환경 단체들이 반대하고 나섰습니다.

- angrily protest
- voice one's strong opposition
- push back strongly

» **The government has actually begun cracking down on illegal immigrants with the intention of deporting them, and civil rights activists are up in arms about this.**

정부는 실제로 불법 이민자를 추방하기 위한 목적으로 단속을 시작했습니다. 여기에 대하여 민권 운동가들은 강력하게 항의하고 있습니다.

- be in an uproar about
- push back hard against

659 go down in history

go down in history는 말 그대로 '역사에 남다, 역사에 기록되다'라는 뜻이다. 종종 go down in history books라고도 한다.

역사에 남다

» **They will go down in history as one of the most successful rock bands of all time.**

그들은 전 시대를 통틀어 가장 성공적인 록 밴드 중 하나로 역사에 기록될 것입니다.

- make history
- leave one's mark on history

» **We fought and won against great odds. Tonight is a moment that will go down in history.**

우리는 엄청난 역경에 맞서 싸웠고, 승리했습니다. 오늘 밤은 역사에 남을 순간입니다.

- be etched in history
- go into the history books

660 come out of the woodwork

come out of the woodwork는 '난데없이 여기저기에서 나타나다'라는 뜻이다. 문맥에 맞게 '예상치 않았던 사람들이 많이 나오다, 나서다'라는 의미로 해석한다.

난데없이 여기저기에서 나타나다

» **As the scandal unfolds, witnesses and whistleblowers are coming out of the woodwork to shed light on the extent of the corruption.** *unfold* 전개되다

스캔들이 전개되면서 갑자기 여기저기에서 목격자와 내부 고발자들이 등장해서 부패의 규모를 밝히고 있습니다.

- come forward one after another

» **Parents are coming out of the woodwork to protest the principal's decision to let the baseball coach go.**

학부모들이 갑자기 몰려 나와 야구 코치를 해임하려는 교장의 결정에 항의하고 있습니다.

- come out in droves
- come out en masses
- come forward in large numbers

661 not come out of nowhere

not come out of nowhere는 '갑자기 등장한 것이 아니다' 다시 말해, '배경이 있다'라는 뜻이다. 어떤 일이 갑자기 발생한 것이 아니라 맥락이 있다는 뉘앙스를 가지고 있다.

갑자기 등장한 것이 아니다, 배경이 있다

» **As an actor, he didn't come out of nowhere. He had been performing in small theater productions for years, gradually building his reputation before landing a major role in a blockbuster film.** *land* ~을 따내다

그는 갑자기 등장한 배우가 아닙니다. 그는 몇 년 동안 소극장 연극에 출연하면서 차근차근 명성을 쌓아서 블록버스터 영화에서 중요한 역을 따냈습니다.

- not emerge suddenly
- (be) not out of the blue
- (be) not an overnight sensation

» **These conflicts don't come out of nowhere. There's always a background to them, and it's this background that we need to understand to get to the root of the conflicts.**

이런 분쟁은 밑도 끝도 없이 발생하는 것이 아닙니다. 항상 배경이 있습니다. 우리는 분쟁의 원인에 접근하기 위해 이런 배경을 이해해야 합니다.

- (be) not without reason
- (be) not surprising
- (be) not unexpected

662 sing a different tune

sing a different tune은 '의견이나 태도를 바꾸다'라는 뜻이다. sing to a different tune이나 sing a different song이라고 해도 된다.

의견이나 태도를 바꾸다

» **"Defund the police" supporters in Memphis are singing a different tune in the wake of statistics showing a sharp uptick in violent crimes.**

in the wake of ~의 여파로

멤피스시의 '경찰 예산 축소' 옹호론자들은 강력 범죄가 급증했다는 통계가 나온 후에 전과 다른 목소리를 내고 있습니다.

» **Only a week ago, Coach Evans was adamant about including Rodney Lopez in the starting lineup against Liverpool, but he seems to be singing a different tune now.**

adamant about ~에 입장이 완고한

에번스 코치는 일주일 전만 해도 리버풀 전에서 로드니 로페스를 선발 라인업에 넣는 것을 강하게 주장했지만, 지금은 생각이 달라진 것 같습니다.

- change one's mind
- have second thoughts
- backtrack

663 put ~ on the map

put ~ on the map은 '~을 유명하게 만들다, ~의 이름을 알리다'라는 뜻이다. 지도에 표기될 정도로 유명하게 만든다는 말이다.

~을 유명하게 만들다

» **Dubai is famous for many things, but it is the city's homegrown family-owned restaurants that have put it on the map.**

두바이는 여러 가지로 유명하지만, 그 도시가 전 세계적으로 알려지게 된 것은 가족이 운영하는 지역 식당들 덕분입니다.

- make ~ famous
- make ~ popular
- make ~ widely known

» **Maradona is the footballer who put Argentina firmly on the map. In the 1986 World Cup in Mexico, he captained the Argentina national team to victory over West Germany in the final.**

마라도나는 아르헨티나를 세계에 확실히 알린 축구 선수입니다. 마라도나는 1986년 멕시코 월드컵에서 대표팀 주장을 맡아 서독과의 결승전에서 승리를 이끌었습니다.

- make ~ a household name
- put ~ into the spotlight

664 front and center

front and center는 '중요한'이라는 뜻이다. 어떤 내용이 의제나 이슈로서 중요하다고 할 때 많이 쓴다.

중요한

» **Affordable access to quality health care remains front and center in the ongoing debate on health care reform.**

고품질 보건 서비스에 대한 합리적인 접근성은 현재 진행 중인 의료 개혁 논의에서 핵심 주제입니다.

- a key topic
- a central issue
- at the forefront of

» **The Democrats are likely to make gun violence front and center in the upcoming election.**

민주당은 다가오는 선거에서 총기 폭력을 핵심 문제로 부각시킬 것으로 보입니다.

- a focal point
- a key issue
- a primary concern

665 raise red flags

raise red flags는 '우려할 일이다, 경계해야 할 일이다'이라는 뜻이다. 붉은색 깃발을 들어 위험 요소를 경계하자고 신호하는 모습을 떠올리면 된다. red flag에는 '우려할 일, 의심스러운 점'이란 뜻이 있다.

우려하거나 경계해야 할 일이다

» **The state has been collecting an enormous amount of data about immigrant families, but no one knows what they plan to do with it. Critics say that raises red flags.**

주 정부는 이민자 가정에 대하여 많은 데이터를 수집해오고 있는데, 그들이 이것을 어디에 사용할지는 아무도 모릅니다. 비평가들은 이를 우려할 상황이라고 말합니다.

- raise suspicious
- raise alarms

» **The Snapchat feature showing the user's location on a publicly shared map is raising red flags for parents, particularly because the app is popularly used by teens and young adults.**

공용 지도에 사용자의 위치를 보여주는 스냅챗의 기능이 부모들에게 우려의 대상이 되고 있습니다. 특히 해당 앱이 십 대와 청년들에게 널리 사용되고 있기 때문에 더욱 그렇습니다.

- cause concern
- a (big) concern
- raise alarms

666 run afoul of

run afoul of는 '~에 어긋나다, ~을 위반하다'라는 뜻이다.

~에 어긋나다, ~을 위반하다

» **The judge ruled that the abortion ban runs afoul of the Constitution, which guarantees individuals' rights to privacy and self-determination.**

그 판사는 낙태 금지는 사생활과 자기결정을 위한 개인의 권리를 보장하는 헌법에 어긋난다고 판결했습니다.

- violate
- breach
- be in violation of

» **The committee officially launched an investigation into the allegation that Senator Smith ran afoul of Senate ethics rules by accepting pricy gifts and favors from businesspeople.**

위원회는 스미스 상원의원이 기업인들에게 비싼 선물과 특혜를 받고 상원 윤리 규정을 위반했다는 주장에 대해 공식적으로 조사에 착수했습니다.

- violate
- break

667 put ~ on the back burner

'~을 보류하다, 제쳐두다'라는 뜻이다. put 자리에 place를 넣어도 된다. 흔히 put 뒤에 issue, career, project, idea, plans 등의 명사와 어울려 쓴다.

~을 보류하다, 제쳐두다

» **As the oldest child, she took it upon herself to care for her mother while she underwent cancer treatment, which meant putting her career on the back burner for quite a while.**

take it upon oneself to –하는 것을 스스로 떠맡다

집안의 맏이로서 그녀는 암 치료를 받는 어머니를 도맡아 간호했습니다. 그 때문에 자신의 커리어는 한동안 미뤄두어야 했습니다.

- set aside
- put ~ on hold
- take a break from

» **The cable car project has been put on the back burner in the face of fierce pushback from environmental groups.**

환경 단체의 강력한 반발에 부딪혀서 케이블카 사업은 보류되었습니다.

- temporarily suspended
- temporarily shelved
- put on hold

668 take a back seat to

take a back seat to는 '~에게 뒷전으로 밀리다'라는 말이다. 뒷자리에 앉는다는 것으로 우선순위가 뒤로 밀렸다는 것을 표현한다.

~에게 뒷전으로 밀리다

» **For many people here, any worry about climate change takes a back seat to more immediate needs such as food and housing.**

이곳에 사는 많은 사람들에게는 식량이나 주거 같은 더 즉각적인 문제 때문에 기후 변화에 대한 걱정은 뒷전입니다.

- be overshadowed by
- be eclipsed by

» **As a Hollywood star, Dean was a family man through and through. He'd often say, "My acting career takes a back seat to family."**

through and through 하나부터 열까지

딘은 할리우드 스타였지만 아주 가정적이었습니다. 그는 "연기 생활보다는 가정이 더 중요합니다."라고 말하곤 했습니다.

- come after

669 come to a head

come to a head는 종기가 곪는 것처럼 '크게 악화되다'라는 뜻이다. 어떤 문제나 상황이 더 안 좋은 방향으로 간다는 뉘앙스를 가지고 있다.

크게 악화되다

» **The tensions between the two countries came to a head last week when India seized a Chinese cargo vessel bound for Pakistan.**

bound for ~행의

양국의 긴장 관계는 지난주에 인도가 파키스탄으로 향하던 중국 화물선을 억류하면서 크게 악화되었습니다.

- reach a boiling point
- peak
- escalate sharply

» **The economic crisis came to a head when thousands of protesters stormed a government food warehouse and stripped it empty.**

strip 물건을 다 들어내다

수천 명의 시위대가 정부의 식량 창고를 급습해서 물건을 모두 털어가면서 경제 위기가 더욱 심각해졌습니다.

- reach a breaking point
- intensify
- flare up

670 go toe-to-toe (with)

go toe-to-toe (with)는 권투에서 유래된 표현으로, 서로 발끝을 대고 치고받듯이 '(~과) 정면으로 대결하다'라는 뜻이다.

(~과) 정면으로 대결하다

» **Deborah Keating has what it takes to go toe-to-toe with Thompson in a debate and win it.**

have what it takes to -할 수 있는 능력을 갖고 있다

데보라 키팅은 토론에서 톰슨과 정면으로 맞붙어 이길 수 있는 능력을 갖고 있습니다.

- go head-to-head with
- go up against

» **Samsung's latest iteration of the Galaxy S series is set to go toe-to-toe with Apple's flagship smartphones.**

be set to -하려고 예정되어 있다

삼성의 최신 갤럭시 S 시리즈가 애플의 플래그십 스마트폰과 정면 대결을 펼칠 예정이라고 합니다.

- compete directly with
- go up against

671 go back to the drawing board

the drawing board는 '설계도를 그리는 판'을 뜻한다. 따라서 이 표현은 설계도 판으로 돌아가는 것처럼 '처음부터 재검토하다, 다시 설계하다'라는 뜻이다.

처음부터 재검토하다, 다시 설계하다

» **Problems with our health care system can't be fixed by just tinkering with it. Congress needs to go back to the drawing board and work out a comprehensive reform plan to address the root issues.**

tinker with ~을 때우듯 손보다 *work out* ~을 마련하다

우리나라의 의료 시스템은 단순히 빈 곳을 손보는 수준으로는 해결이 안 됩니다. 의회는 제도를 처음부터 재검토하여 근본적인 문제를 해결할 수 있는 종합 개혁안을 마련해야 합니다.

- start with a blank slate
- start afresh
- start from scratch

» **Broadway has been hard hit by the recession, forcing many companies to go back to the drawing board with their planned projects to find ways to cut corners.**

be hard hit by ~으로 피해를 입다 *cut corners* 비용을 줄이다

브로드웨이가 경기 불황으로 큰 타격을 받으면서 많은 회사들이 계획했던 공연을 원점에서부터 재검토하며 비용을 절감할 방안을 찾고 있습니다.

- reevaluate (their ~ projects)
- revise (their ~ projects)

672 hit the ground running

이 표현은 '발이 지면에 닿자마자 뛰다'라는 뜻이다. 처음부터 의욕적으로 '신속하게 일을 시작하다'라는 의미로 쓴다.

즉각적으로 신속하게 일을 시작하다

» **The newly elected president plans to hit the ground running from day one, tackling major reforms in education and healthcare head-on.**

새로 선출된 대통령은 첫날부터 교육과 의료 분야의 주요 개혁 과제를 정면 돌파하면서 업무를 시작할 계획입니다.

- immediately get to work
- dive right in
- start off strong

» **The international relief team is ready to hit the ground running as soon as they receive clearance to set up temporary shelters and distribute food to tens of thousands of displaced residents.**

국제 구호팀은 허가를 받는 즉시 임시 대피소를 설치하고 수만 명의 실향민에게 식량을 배급할 준비가 되어 있습니다.

- immediately get to work
- launch into action

REAL NEWS TIME

큐알코드를 스마트폰으로 찍으면 미국의 주요 뉴스 방송사 영상과 연결됩니다.
배웠던 표현이 실전에서 어떻게 쓰이는지 실제 표현 활용 사례를 통해 확인해보세요.

CNN NEWS | 지각 변동으로 피해를 입은 집

declare a state of emergency 48p ▸ 00:40~

cut off 157p ▸ 00:43~

CNN NEWS | 우주선 스타라이너에서 발생한 소음

come from 214p ▸ 00:08~

allow ~ to 87p ▸ 00:32~

NBC NEWS | 미국 하원의원의 연설

come out 111p ▸ 00:01~

come forward 138p ▸ 00:12~

be involved in 278p ▸ 01:13~

urge ~ to 105p ▸ 01:32~

CNN NEWS | 이스라엘의 레바논 공격 관련 뉴스

take out 153p ▸ 00:44~

CBS NEWS | 리포터의 브리핑을 방해하는 아기 코끼리

grapple with 237p ▸ 00:14~

hang in the balance 369p ▸ 00:17~

NBC NEWS | 실종 소녀가 몇 년 만에 돌아온 사건

show up 122p ▸ 00:21~
look into 223p ▸ 00:46~

ABC NEWS | 실종 아동 재수색과 관련된 뉴스

make (the) headlines 375p ▸ 00:01~

NBC NEWS | 체조 선수 시몬 바일스의 연기

lead to 83p ▸ 00:02~
come down to 175p ▸ 00:04~
put pressure on 36p ▸ 00:12~
need to 82p ▸ 00:18~

CNN NEWS | 비행사가 발견한 미스터리한 물체

figure out 126p ▸ 00:02~
look at 212p ▸ 00:17~

CBS NEWS | 모범수로 조기 출소하게 된 범죄자

be sentenced to 283p ▸ 00:22~
carry out 127p ▸ 00:29~

CBS NEWS | 몬태나 틱톡 금지법에 대한 틱톡 CEO의 의견

point out 120p ▸ 00:06~

CBS NEWS | 도널드 트럼프 총격 사건과 관련한 상원의원의 질의

zero in on 201p ▸ 00:05~
make a decision 34p ▸ 00:10~
in charge (of) 300p ▸ 00:15~

MSNBC NEWS | 루돌프 줄리아니 전 뉴욕 시장의 파산 신청

file for 227p ▸ 00:05~
line up 136p ▸ 00:36~
go away 118p ▸ 00:55~

CNN NEWS | 한국의 미군기지 도넛과 미 현지 도넛 맛의 차이

find out (about) 112p ▸ 00:37~

ABC NEWS | 우크라이나 군대 관련 뉴스

aim to 93p ▸ 00:05~
close in on 199p ▸ 00:17~
urge ~ to 105p ▸ 00:21~

NBC NEWS | 아이돌 그룹 BTS의 군 복무 소식

be expected to 284p ▸ 00:11~

CNN NEWS | 이스라엘의 레바논 공격 관련 뉴스

call for 216p ▸ 00:41~

CNN NEWS | 국가 문해력의 달을 맞아 독서를 권장하는 뉴스

tend to 88p ▸ 00:03~

take a (deep) dive into 381p ▸ 00:38~

ABC NEWS | 어린아이를 구출한 작은 영웅

struggle to 86p ▸ 00:05~

CBS NEWS | 한 소년의 그라피티 아트를 인정한 시장

take a look (at) 29p ▸ 00:13~

reach out to 174p ▸ 00:20~

go through 215p ▸ 00:25~

CNN NEWS | 하원의원의 대법원에 대한 경고

attempt to 92p ▸ 00:15~

ABC NEWS | 불리한 증언할 준비가 된 트럼프의 전 변호사

be based on 278p ▸ 00:02~

fail to 88p ▸ 00:41~

ABC NEWS | 베네수엘라 대통령의 비행기 관련 뉴스

in violation of 318p ▸ 00:16~

put in place 353p ▸ 00:18~

put an end to 43p ▸ 00:44~